불설아미타경소佛說阿彌陀經疏 외

(미타증성게彌陀證性偈 · 불설아미타경소佛說阿彌陀經疏 ·

무량수경종요無量壽經宗要 · 미륵상생경종요彌勒上生經宗要)

화쟁연구소
원효전서 번역총서 08

불설아미타경소佛說阿彌陀經疏 외

-

초판 인쇄 2023년 5월 19일
초판 발행 2023년 6월 5일

-

주저자 박태원
발행인 이방원
책임편집 안효희 책임디자인 박혜옥
마케팅 최성수 · 김 준 경영지원 이병은 · 이석원

-

발행처 세창출판사
신고번호 제1990-000013호
주소 03736 서울시 서대문구 경기대로 58 경기빌딩 602호
전화 02-723-8660 팩스 02-720-4579
이메일 edit@sechangpub.co.kr 홈페이지 www.sechangpub.co.kr
블로그 blog.naver.com/scpc1992 페이스북 fb.me/Sechangofficial 인스타그램 @sechang_official

-

ISBN 979-11-6684-198-9 94150
978-89-8411-815-7 (세트)

_ 이 저서는 2015년 정부(교육부)의 재원으로 한국연구재단의 지원을 받아 수행된 연구임.
(NRF-2015S1A5B4A01036232)

화쟁연구소

원효전서 번역총서 08

불설아미타경소佛說阿彌陀經疏疏 외
(미타증성게彌陀證性偈 · 불설아미타경소佛說阿彌陀經疏疏 ·
무량수경종요無量壽經宗要 · 미륵상생경종요彌勒上生經宗要)

화쟁연구소 번역
주저자 박태원

세창출판사

원효전서를 번역하면서

박태원
(영산대 화쟁연구소 소장, 울산대학교 명예교수)

대학생 때 『기신론소』를 읽으면서 처음 원효(617-686)와 만났다. 대학원 시절에는 원효전서 전체를 원전으로 일람一覽하였다. 박사학위 논문에도 원효를 담았다. 그러고 보니 원효와의 인연이 거의 35년이다.

인간과 세상의 향상진화에 기여할 수 있는 '보편 성찰에 관한 탐구'를 '보편학'이라 불러 본다면, 원효는 한국학 · 한국철학을 보편인문학으로 승격시키는 데 결정적 가교가 될 수 있는 인물이다. 이런 인물을 탐구한 성취에 기대어 새로 운 한국철학 · 인문학을 수립해 보는 것이 언제부턴가 품게 된 학문적 의지이다. 그리고 이 의지를 구현하기 위해 지성공동체의 협업을 펼쳐 보고 싶은 의욕이 나날이 뜨거워진다.

원효 관련 글을 쓸수록 숙제 하나가 뚜렷해졌다. 원효 저서들을 다시 정밀하게 음미하는 동시에 전체를 번역해 보아야겠다는 생각이 간절하였지만 차일피일 미루고 있었다. 더 이상 미루지 못하게 자신을 압박하는 어떤 계기가 필요했다. 2015년에 한국연구재단 토대연구사업으로 '원효전서 번역'을 수행키로 함으로써 그 계기가 마련되었다. 전체는 아닐지라도 이미 원효 저술의 상당 부분이 번역되어 있고, 『기신론소 · 별기』 같은 저술은 다수의 번역이 나와 있다. 저술 일부는 영역英

譯도 되어 있다. 그래서 〈이런 상황에서 굳이 원효전서를 다시 번역할 필요가 있는가?〉라는 질문을 자주 접하였다. 나의 대답은 〈반드시 다시 번역해야 한다〉는 것이었다. 학인의 길을 걷는 내내, 기존 번역들의 번역양식과 내용에 대해 비판의식을 갖고 새로운 대안적 번역양식에 대해 지속적으로 궁리해 왔기 때문이었다. 원효전서 번역을 통해 원효학 수립의 든든한 초석을 놓고 싶은 의욕도 소신의 근거였다.

어떤 인물과 그의 사상에 대한 탐구가 '학學(Science)'의 자격을 갖추려면 다층적이고 다원적인 탐구와 독법이 결합되어 하나의 학적 체계를 구성할 수 있어야 한다. 그리고 한반도 지성사에서 '학學'의 대상이 될 수 있는 인물들 가운데서도 원효는 단연 돋보인다. 그런데 '원효학'이라 부를 만한 내용은 아직 그 토대나 내용이 많이 취약하다. 무엇보다 원효 저술 전체가 제대로 번역되지 않고 있다는 점이 결정적 원인이다.

새로운 번역양식의 시도

가. 현토형 번역과 해석학적 번역

한문으로 저술한 원효의 글을 읽으면서 번역과 관련하여 품게 된 생각 두 가지가 있다. 하나는, 원문에 대한 자신의 이해를 분명하게 확인하려면 무엇보다도 번역을 해보는 것이 최고라는 생각이다. 다른 하나는, 현재 통용되고 있는 '한문고전 번역양식'에 대한 방법론적 회의이다.

한문 저술을 원문대로 읽을 때는 원문 특유의 감각을 생생하게 직접 대면할 수 있다는 점이 가장 큰 장점이다. 그러나 원효 저술처럼 고도의 철학적 내용을 담은 글을 읽을 때는 심각한 난제에 봉착한다. 한문이 지니는 어문학적 특징은 철학적 사유의 표현과 전달에 심각한 문제를 발생시키기 때문이다. 한자어는 같은 용어라도 개념의 범주가 넓고 중층적 의미를 담아낸다. 또 한문 문장은 단어와 단어, 구절과 구절, 문장과 문장의 관계를 확인시키는 접속어가 풍부하지도 않고 정밀하지도 않다. 그래서 작자의 의중을 문장에 정밀하게 담아내는 일에, 또한 독자가 필자의 의중에 명확하게 접근하는 일에, 많은 장애를 겪게 한다. 무릇 철학적 사유를 글에 담고 또 읽어 내려면, 가급적 개념을 명확히 제한할 수 있는 언어, 문장의 의미를 정확하게 표현할 수 있는 규칙을 정밀하게 구사할 수 있는 언어가 요구된다. 그런 점에서 고전한문은 철학적 사유의 그릇으로 사용하기에는 매우 불편하다.

문장을 구성하는 요소들 상호 간의 관계나 문장 안에서의 역할을 결정해 주는 격변화 법칙이 문장에 정밀하게 적용되는 문어文語, 단어의 개념범주가 분명한 언어는 번역작업을 용이하게 해 준다. 독일어처럼 격변화 법칙이 정밀하고 일관성 있게 반영되는 언어는 철학적 사유를 표현하거나 읽고 이해하는 데 매우 편리하다. 빨리어나 산스크리트어도 격변화 법칙이 분명하고 개념의 범주가 분명하기 때문에 문장 번역이나 이해에서 편차가 줄어든다. 이에 비해 고전한문에는 단어의 격변화 법칙이 없다. 한자어 하나가 어미변화 없이 다양한 품사로 구사된다. 그나마 문장 구성요소들의 관계를 파악하는 데 도움이 되는 허사虛辭들도 소략하다. 정밀하지도 않고 풍부하지도 않다. 그래서 단어들 사이의 관계나 단어의 문장 내에서의 역할을 결정하는 일에서 감당해야 할 독자讀者나 번역자의 몫이 너무 크다. 게다가 단어의 개념범주는 넓고도 다층적이다. 사정이 이렇다 보니 한문 해독력이나 문장 구사력을 확보하기 위해서는 다양한 문형들을 거듭 익히는 것이 전통 학습법이 되었다. '백번 읽다 보면 뜻이 저절로 드러난다(讀書百遍義自見)'는 말도 고전한문의 특성과 무관하지 않다.

원효 시대의 한국어, 특히 구어의 내용이 어떤 것이었는지 정확하게 확인하기는 어렵지만, 현재를 기준 삼아 볼 때 한국어는 관계사나 수사법의 정밀성과 풍부함이 어디에 내놓아도 손색이 없는 수준이다. 한자어를 포섭하면서 구사되는 현재의 한국어는, 기록과 수사修辭는 물론 철학적 사유의 그릇으로 정말 탁월하다. 그래서 나는 한국어의 주체로 살아가는 것을 크나큰 행복으로 여긴다. 원효 시절의 한국어가 지금처럼 정밀하고 풍요로웠는지는 알 수 없으나, 한문이 한국어의 구어적 정밀성과 풍요로움을 담아내기에는 턱없이 부족했을 것이다. 원효는 자신의 정교하고 다층적인 사유를 한자와 한문에 담아내는 데 매우 불편했을 것이다. 그러나 어쩔 수 없이 한문을 문어文語로 사용해야만 하는 시절이었다.

원효의 입장에서 볼 때, 다양한 의미일지라도 어쩔 수 없이 동일한 한자어를 쓸 수밖에 없는 경우가 허다했을 것이다. '불변의 본질', '본연', '특성', '면모' 등의 상이한 의미를 '성性'이라는 한 용어에 담아야 했고, '불변 · 독자의 실체 없음'과 '헛됨'도 모두 '공空'에 담아야 했으며, '실체 관념', '특징', '양상', '능력', '모습', '차이'라는 다양한 의미도 '상相'이라는 한 용어에 담아야 했다. 또 '가르침', '진리', '방법', '객관세계', '도리', '대상', '바탕', '존재', '온갖 것', '현상' 등의 의미도 모두 '법法'이라는 말에 담아야 했다. 이런 사례가 부지기수이다. 문장이 전하는 뜻을 결정짓는 핵심 개념의 거의 전부가 이런 사정에 노출되어 있다. 게다가 단어와 단어, 구절과 구절, 문장과 문장의 관계를 이어 주는 접속어가 정교하지 않은 탓에, 순접과 역접뿐 아니라 미세하고 중요한 관계의 차이들을 한문 문장으로는 명확히 구현할 수가 없었다. 그의 사유가 보여 주는 극미세한 분석적 정밀성과 다층 · 다면적 입체성으로 볼 때, 그의 사유와 한문의 관계에는 심각한 불화가 있었을 것이지만, 불화를 해소할 다른 방법도 없었다.

원효 저술뿐 아니라 한문으로 저술된 고전들, 특히 철학적 내용을 담은 고전들에 대한 번역은, 이런 난제들을 얼마나 잘 해결했는가에 따라 번역물의 수준이 결정된다. 그런데 한문고전에 대한 기존의 한글번역본은 과연 이런 난제들을 얼마나 해결하고 있을까? 아니, 번역자나 학인들은 이러한 문제를 해결과제로 인식하고는 있는 것일까? 필자의 생각으로는 회의적이다. 문제의식 자체가 결여되어 있는 것으로 보인다. 그래서 해결의지도 약하고, 해결하려는 시도도 만나기 어렵다.

기존의 원효저서 한글번역본들은 일종의 '현토懸吐형 번역'이다. 원전의 한문용어를 대부분 그대로 채택하면서 최소한의 관계사를 부가하여 한글문장으로 전환시키고 있다. 현토가 전통한문에 결핍되어 있는 관계사들을 최소한의 방식으로 보완하여 의미파악의 보조수단으로 삼는 형태였다면, 근대 이후의 한글번역은 현토의 역할을 한글로 계승한 형태라 할 수 있다. 그런 점에서 선행 번역들은 '현토형 번역' 혹은 '전통형 번역'이라 부를 수 있다.

현토형 번역은, 원전의 어문적 구성요소들을 가급적 원형 그대로 번역문에 반영한다는 점에서, 의미의 변형이나 훼손을 최소화할 수 있는 번역양식으로 간주되곤 한다. 그래서 원효저술 번역의 경우, 예컨대 성性·상相·체體·법法 및 이런 개념들과 결합한 복합어를 모두 원전의 표현 그대로 사용하는 것이 의미 훼손을 막을 수 있다고 주장하면서, 원전 용어들을 그대로 번역어로 채택한다. 그러나 한자는 다의적이고 한문은 다양한 해석이 가능하기에, 원전 용어와 문장의 의미에 대한 번역자의 이해에 따라, 의미단락 구분과 관계사 선정 등 번역문 구성을 위한 선택이 결정된다. 같은 용어라도 맥락에 따라서는 상반되거나 다른 의미로 사용되는 경우가 허다하기 때문에, 번역자는 자신의 관점에 따라 그 의미를 결정하여 번역어에 반영해야 한다. 특히 철학적 문헌의 경우에는 반드시 그렇게 해야 한다. 번역자의 관점에 따라 의미를 선택하고 내용을 명확하게 하는 방식으로 번역해 보면, 원문에 대한 번역자의 이해가 타인뿐 아니라 자신에게도 분명해진다.

'모든 번역은 해석이다'라는 말은 한문으로 된 철학적 문헌, 특히 원효 저술의 경우에도 고스란히 유효하다. 고전은 번역을 통해 '독자와의 대화 자리'로 초대된다. 그러기에 번역은 '대화를 이어 주는 통역'의 역할을 해야 한다. 그러나 한문고전 번역의 현실 풍경은 많이 다르다. 〈풍부한 원어의 의미를 번역으로 제한하면 안 된다〉 〈의미를 제한하는 번역으로 심오한 뜻을 훼손시키지 않아야 한다〉는 등의 논리를 앞세워, 가급적 원전의 표현을 그대로 사용하려는 태도가 일반화되어 있다. 단순개념이든 복합개념이든 원문용어 그대로 가져와 한글문장을 만들고 있다. 그런 번역에서는 문장을 구성하는 '용어들의 맥락적 의미'와 '문장의 의미'를 읽어 내는 역자의 관점 및 이해가 드러나기 어렵다. 번역자나 독자 모두 문장의 의미에 접근하기 어렵다. 특히 독자는, '읽을 수는 있으나 뜻을 알기 어려운 현토형 한글문장' 앞에서 고개를 젓는다. 아무리 심오한 뜻을 품은 용어나 문장이라 해도 뜻을 제한적으로 선택하여 번역해야 한다. 뜻을 제한할 수 없는 용어나 문구는 글의 구성요소가 될 수 없다. 글이란 것은 원래 의미의 제한이다. 그 의미를 선택하여 전달하는 것이 번역이다.

문장의 의미 파악을 현토懸吐적 번역으로 처리하는 현토형 번역양식을 채택하는 것은, 번역자에게는 매우 유리하고 독자에게는 극히 불리하다. 원전 용어의 현토형 배열에는 역자의 이해 내용과 수준을 숨길 공간이 넉넉하여, 역자에게는 편할지 몰라도 독자에게는 불편하고, 학문적 기여도는 취약해진다. 현토형 번역물들 사이의 비교평가는 그저 한문해석의 어문학적 타당성이나 현토의 차이를 기준 삼아 행할 수 있을 뿐인데, 그런 평가는 너무 엉성하다. 번역자만 유리한 일방적 언어게임이 관행이라는 방패를 앞세워 답습되고 있다.

한문고전의 현토형 번역물을 영어번역과 비교해 보면 현토형 번역의 문제점이 분명히 드러난다. 영어번역은 아무리 단순한 개념을 담은 용어라도 원전 표현을 그대로 사용할 수가 없다. 영어에는 한자어가 없기 때문이다. 그래서 해당 용어에 대해 번역자가 선택한 의미를 일일이 영어로 기술해야 한다. 한문을 영어로 옮기려면 모든 용어와 문장에 대한 번역자의 이해를 고스란히 번역문에 반영해야 한다. 따라서 영역본을 읽으면 뜻이 분명하고 이해하기가 쉽다. 원문에 대한 의미 파악이 얼마나 정확한지, 얼마나 좋은 번역인지는, 여러 번역본을 비교하고 평가하는 담론과정에서 결정하면 된다. 달리 말해, 영역은 번역자의 이해가 분명히 드러나므로 차이의 확인과 평가가 용이하다. 그리하여 다른 이해를 반영한 다른 번역이나 더 좋은 번역이 등장하기 쉽다. 영역을 비롯한 외국어 번역본에서는 동일 고전에 대한 새로운 번역이 계속 이어지고, 또 그런 현상을 당연하게 여기는 이유가 여기에 있다. 동일 문헌에 대한 다양한 번역을 통해 번역의 자기 진화가 가능하다. 현토형 한글번역과 영역은 모든 점에서 극명하게 대비된다. 이 차이가 무엇을 의미하는지 주목해야 한다.

전통/현토형 번역의 유용성은 제한된 소수자들만의 협소한 공간에 유폐된다. 전문가를 자처하는 소수자들 사이에서만 유통되고 재생산되는 번역은 폐쇄적 공간에 머물기 마련이다. 학문적 기여가 제한되고, 현재어와의 소통성 부재로 인해 다양한 언어지형들과 상호작용하기가 어려우며, 의미 가독성이 떨어져 연구자들과 대중 지성들의 갈증을 채워 줄 수가 없기 때문이다. 그럼에도 불구하고 한국에서의 동아시아 한문고전 번역, 특히 철학/사상 관련 고전들의 번역에서는 아직도 이러한 폐쇄적 방식이 일반형으로 유통되고 있다.

고전한문으로 기술된 철학적 문헌은 번역자의 관점과 이해한 내용에 따라 번역물 수준의 편차가 특히 심하다. 원효저서의 번역에는 이런 문제가 고스란히 노출된다. 원효는 거의 모든 유형의 불교교학을 통섭通攝적으로 다루고 있기에, 그의 언어를 번역하기 위해서는 다채로운 역량을 준비해야 한다. 어문학적 한문해독력은 물론, 모든 불교교학과 원효사상에 대한 심도 있는 탐구, 연관되는 철학적 성찰에 대한 견실한 소양을 확보해야 한다. 아울러 불교언어의 특수성이 요구하는 근원적 역량도 유념해야 한다. 불교언어는 경험에 의한 검증가능성을 원칙으로 삼는 진리관 위에 수립된 것이기에, 사변적 방식만으로 접근하는 것에는 한계가 있다. 언어에 반영된 그 언어주체의 경험지평에 접근하려는 실존적 노력마저 요구된다. 이 근원적 역량의 향상은 결코 단기간에 가능한 것도 아니고 쉬운 것도 아니지만, 용어와 문장의 의미 파악에서 결정적 역할을 하는 경우가 많기 때문에 간과할 수가 없다. 번역자는 이런 다채로운 역량에 의거하여 최종적으로 자신의 해석학적 관점을 선택한 후, 그 관점에 따라 포착한 문장의 의미를 명확한 형태로 현재어에 담아내야 한다.

원효저서에 대한 기존의 한글번역들은 현토형 번역양식이 안고 있는 문제점들을 그대로 노출하고 있다. 이런 문제점들을 극복할 수 있는 대안은 '해석학적 번역양식'이다. 원전 내용에 대한 번역자의 이해를 명확히 드러내면서 그 이해를 현재어에 담아내는 것을 '해석학적 번역'이라 불러 보자. 해석학적 번역은 통상의 의역이 아니라 '해석학적 직역'이다. 해석학적 번역은, 번역자의 이해를 명확히 드러냄으로써 '의미 가독성'을 높이고 '번역내용에 대한 평가'를 용이하게 하여 더 좋은 번역들이 이어지게 한다. 또한 번역이 현재어와 접속되어 다양한 지식 지형의 현재언어들과 상호작용할 수 있는 '소통성'을 높여 준다.

예를 들어 보자. 원효가 즐겨 구사하는 '一心'이라는 기호는 마음의 역동적 국면을 지시한다. 그런데 '一心'을 '일심'이나 '한마음'으로 번역하면, 원효가 이 기호를 통해 알리려는 역동적 사태가 정태적 존재로 둔갑한다. '一心'을 가변적 현상 이면에 있는 '불변의 본체나 궁극실재'를 지시하는 명사적 의미로 읽으면, 원효의 일심철학은 '모든 현상을 지어내고 자신은 불변의 자리를 지키는 궁극실재에 관한 철학'이 된다. 원효의 의도를 엉뚱하게 굴절시키는 이해이다. 원효철학에 대한 이런 관점이 논리의 옷을 걸치고 이론의 집을 짓는 경우가 허다한데, 현토형 번역의 부작용과 무관하지 않다. '一心'을 해석학적으로 번역하려면, '一心'이라는 기호가 채택되는 철학적 의미맥락을 성찰하고 선택한 의미를 반영하는 번역어를 채택해야 한다. 그래서 필자는 '一心'을 '하나처럼 통하는/통하게 하는 마음'이라 번역한다. 『금강삼매경론』의 '경의 핵심 내용을 밝힘'(辨經宗)이라는 대목에 나오는 문장 일부를 해석학적 번역양식에 따라 번역하면 다음과 같다.

원문: "開說十門爲其宗者, 謂從一門, 增至十門. 一門云何? 一心中, 一念動, 順一實, 修一行, 入一乘, 住一道, 用一覺, 覺一味."

해석학적 번역: "〈'펼치는 방식'(開)으로 말하면 '열 가지 [진리 전개] 방식'(十門)이 근본(宗)이 된다〉라는 것은, '일一로써 펼치는 방식'(一門)으로부터 [숫자를 하나씩] 더하여 '십十으로써 펼치는 방식'(十門)에까지 이르는 것을 말한다. 〈'일一'로써 펼치는 방식〉(一門)이란 무엇인가? '하나처럼 통하는 마음'(一心) 가운데 '하나처럼 통하는 생각'(一念)이 움직여, '하나처럼 통하는 진실'(一實)을 따라 '하나처럼 통하는 수행'(一行)을 닦고, '하나처럼 통하게 하는 가르침'(一乘)으로 들어가 '하나처럼 통하는 길'(一道)에 머무르며, '하나처럼 통하게 하는 깨달음'(一覺)으로써 '한 맛[처럼 서로 통함]'(一味)을 깨닫는 것이다."

해석학적 번역을 구현하기 위해서는, '모든 한자어의 의미 풀어쓰기'와 더불어, 문장 의미에 대한 번역자의 이해를 번역문에 명확하게 반영하는 작업이 이루어져야 한다. 이러한 작업을 위해서는 파악한 뜻을 부연하여 설명하고 단어와 문장들의 관계를 정밀하게 연결시켜 주는 보조문의 삽입이 필수적이다. 원문에는 없어도 의미 전달에 필요한 내용을 원문과 차별 가능한 형태로 적절하게 추가해야 한다. 이를 위해 이 '원효전서 번역' 작업에서는 글자 크기를 달리하는 '[ ]' 기호를 사용하여 그 안에 보조 문구를 기입하는 방식을 적극 활용했다.

기존의 현토형 내지 전통형 번역을 통틀어 '1세대 번역양식'이라 부른다면, 이제는 기존 번역양식의 문제점을 보완한 '2세대 번역양식'이 요청된다. 그리고 이 2세대 번역양식은 '해석학적 번역'이어야 한다. 이번에 시도한 원효전서 번역은 이러한 해석학적 번역양식을 원효저술을 대상으로 구현해 본 것이다. 해석학적 번역본은 원효저서의 외국어 번역을 위한 저본으로 사용하기에도 용이하다. 현행 현토형 번역은 외국어 번역의 저본으로 채택하기가 어렵다. 현재 부분적으로 영역되어 있는 것들은 영어권 학자 스스로 원전의 의미를 파악하여 영어로 옮긴 것이다. 원효저서 전체에 대한 신뢰할 만한 영어번역본의 확보는 원효학 수립의 세계적 협업을 위해 시급한 과제인데, 이번의 번역이 그 가교가 될 수 있기를 기대하고 있다. 아울러 한문 불전佛典뿐 아니라 동아시아 한문고전의 한글번역에 있어서도, 양식 전환의 계기가 되는 한 전범典範을 마련해 보려는 전망까지 품고 있다.

나. 협업적 공동번역시스템에 의한 번역

번역자의 역량이 아무리 출중해도 단독번역 작업은 여러 한계를 수반한다. 아무리 꼼꼼히 챙겨도 놓치는 것이 있다. 관련자료 탐색, 의미파악, 번역문 구성 등 번역의 모든 면에서 혼자서는 해결하기 어려운 문제점들이 발생하기 마련이다. 이런 문제를 해결하려면 다양한 역량을 지닌 사람들이 팀을 이루어 협업하는 방식이 이상적이다.

통상적으로 대형 공동번역은 번역물을 연구자들에게 배분한 후 각 연구자들이 번역한 것을 종합하는 형식이다. 번역어 통일이나 내용의 정합성을 위한 조정과정을 거치기는 해도, 기본적으로는 단독번역들의 종합이 된다. 그러다 보니 문헌마다 담당 번역자의 이해가 단독적으로 반영될 뿐, 의미 파악의 타당성을 공동으로 면밀하게 검토할 수 있는 기회가 결여된다. 무엇보다도 다수의 연구자들이 꾸준히 머리를 맞대고 함께 작업할 수 있는 환경을 확보하기가 어렵기 때문이다. 이번 원효전서 번역은 한국연구재단의 재정지원으로 인해 이런 문제점을 극복할 수 있는 협업적 공동번역 시스템을 구성하여 가동할 수가 있었다.

한역漢譯대장경을 산출했던 번역시스템은 탁월했다. 국가적 지원 아래 구성한 번역시스템은 가히 이상적이었던 것으로 보인다. 산스크리트어에 대한 어문학적 해석력, 한문 번역문의 구성력, 불교언어의 뜻을 읽어 내는 의미파악력 등, 번역에 필요한 최고 수준의 전문가들이 모여 각자의 역량을 결합시킬 수 있는 시스템이었다. 그런 시스템을 현재에 그대로 재현하기는 어려울 것으로 보인다. 그러나 이번 원효전서 번역에서는 그런 시스템의 장점을 조금이라도 닮아 보려고 했다. 그래서 불교학 각 분야 전문연구자들의 역량을 결합할 수 있는 팀을 최소한의 규모로라도 구성하고, 모든 번역문을 독회 세미나를 거쳐 결정했다. 매주 1회 개최되는 '원효전서 독회 세미나'에서 연구자들의 역량을 상승적으로 결합시키면서 모든 번역문을 확정했다. 이 팀 번역시스템은 언제나 다음과 같은 3단계의 작업으로 진행하였다.

1단계: 참여연구자들은 각자 맡은 번역내용과 관련된 교학이론 및 기존의 연구를 소화하는 동시에, 문장 내용, 인용문 원전 내용, 전문 교학용어 등 관련 사항들을 꼼꼼히 분석하고 자료들을 종합한다. 또한 기존의 번역이 있는 경우에는 그 번역들과 대비시키면서 해석학적 번역양식에 맞추어 새로운 번역문을 준비하여 책임연구자에게 전달한다.

2단계: 책임연구자는 참여연구자들이 작성한 번역문 및 관련 자료의 모든 내용을 원문과 대조하여 수정/보완한 새로운 번역문을 작성한다.

3단계: 참여연구자들이 준비한 관련 자료 및 번역과 책임연구자의 번역을 종합하여, 매주 1회 연구자들이 모두 모인 '원효전서 독회 세미나'에서 함께 검토하면서 최종 번역문을 확정한다. 한 용어, 한 구절의 의미나 번역을 둘러싼 다양한 문제와 이견이 제기되고 토론되는 과정에서, 참여자들은 원효사상과 불교철학에 대한 이해 및 번역 역량을 향상시켜 간다.

이 모든 과정에서 번역의 일관성과 정합성을 위해 원문의 의미 파악과 번역문의 최종결정은 책임연구자가 맡았다. 따라서 의미 파악의 오류나 번역문의 문제점이 있다면 전적으로 책임연구자의 허물이다. 책임연구자가 꾸준히 원효연구를 진행했기에 그런 역할을 하긴 했지만, 잘못 이해하거나 놓쳐 버린 뜻을 일깨워 주는 참여연구자들의 혜안과 역량이 있었기에 역할 수행이 가능했다. 이러한 협업적 공동번역은 참여연구자들 각자의 공부 향상에도 크게 기여했지만, 무엇보다 나 자신에게 매우 유익했다. 한 단어 한 구절씩 해석학적 양식으로 꼼꼼히 번역하다 보니, 원문으로 읽을 때는 놓치거나 대충 넘어갔던 내용과 의미들을 새롭게 만날 수 있었다. 그동안 원효와 너무 건성으로 만났다는 것을 확인해야 하는 것은 부끄러움이었지만, 새로운 원효를 만난다는 것은 설레는 기쁨이었다. 거듭 새 모습으로 서 있는 원효를 만나고, 그를 통해 불교철학에 대한 새로운 독법을 전망해 보는 희열 때문에, 나와 참여연구자들 모두 장기간의 혹독한 과정을 기꺼운 마음으로 감내할 수 있었다. 원효와 대화하면서, 비단 불교학이나 종교학뿐만 아니라, 인문학과 철학 자체의 새로운 전망까지 품을 수 있었던 것은 행복을 넘어선 행운이었다.

원효사상의 포괄적 성격 때문에, 원효저서를 번역하려면 원효가 탐구했던 모든 유형의 교학과 불교철학을 소화해야 한다. 따라서 번역과정에서 연구자들은 자연스럽게 넓고 깊고 유기적인 불교 이해와 견실한 학문 역량을 다져 가게 된다. 이러한 성취는 고된 작업과정을 감내해 낸 참여연구자들에게 주어지는 최고의 보상이다.

이번에는 『미타증성게彌陀證性偈』 · 『불설아미타경소佛說阿彌陀經疏』 · 『무량수경종요無量壽經宗要』 · 『미륵상생경종요彌勒上生經宗要』를 묶어 한 권으로 내놓는다. 『중변분별론소』 이후의 원효전서 번역 출간은 영산대 화쟁연구소가 주관한다. 그간 원효전서의 번역과 출간을 주관하였던 울산대 원효학토대연구소가 2021년 9월부터 영산대학교 화쟁연구소로 새롭게 출발하였기 때문이다. 원효학토대연구소를 운영하던 필자의 정년퇴임을 계기로, 원효학 연구를 화쟁인문학의 수립에 초점을 맞추어 집중해 보기 위한 선택이다. 원효전서 번역에서 확보한 인문학의 새로운 전망을 구현해 보고자 하는 의욕이 동기가 되었다. 새 출발을 축하하듯 경사도 있었다. 한국연구재단 토대연구사업(2015-2020)으로 수행한 본 '원효전집 번역'이 '교육부 주관 학술연구지원사업 우수성과'로 선정되었다. 멈추지 말고 더 나아가 보라는 학문공동체의 격려이기에 다시 마음을 다잡는다.

2023년 4월 1일

박 태 원

일러두기

❶ 미타증성게彌陀證性偈는 지눌知訥의 『법집별행록절요병입사기法集別行錄節要並入私記』에 수록되어 전하는데 『한국불교전서』 제1권(843a8~13)에 실린 것을 번역한 것이다. 『불설아미타경소佛說阿彌陀經疏』는 『한국불교전서』 제1권(562c~566a)에 실린 『불설아미타경소佛說阿彌陀經疏』를 저본底本으로 번역한 것이다. 여기에 『대정신수대장경』 제37권에 수록된 원문(T37, 348a~350b)을 대조하여 교감하였다. 한불전에서는 저본에 대해 "明萬曆二十年刊增上寺報思藏本"이라는 각주로써 서지사항을 밝히고 있다. 이에 의거하면, 현존하는 『불설아미타경소』는 만력 20년(1592년)에 명明나라의 증상사增上寺에서 간행된 것임을 알 수 있다. 『무량수경종요無量壽經宗要』는 『한국불교전서』 제1권(553c~562b)에 실린 『무량수경종요無量壽經宗要』를 저본으로 번역한 것이다. 여기에 『대정신수대장경』 제37권에 수록된 원문(T37, 125b~131c)을 대조하여 교감하였다. 한불전에서는 『속장경』 제1편 32투套 3책이 저본이고, 갑본甲本인 대정장의 『무량수경종요無量壽經宗要』는 "寶永八年刊 大谷大學藏本"이라고 서지사항을 밝히고 있다. 이에 따르면, 『무량수경종요無量壽經宗要』는 보영寶永 8년(1711년)에 간행된 대곡대학大谷大學 소장본이다. 『미륵상생경종요彌勒上生經宗要』는 『한국불교전서』 제1권(547b~552c)에 실린 『미륵상생경종요彌勒上生經宗要』를 저본으로 번역한 것이다. 한불전의 설명에 따르면 『속장경』 제1편 35투套 4책에 수록된 것을 저본으로 하고 대정장 제38권에 수록된 것을 갑본甲本으로 삼은 것이다.

❷ 『불설아미타경』의 본문과 이에 대한 원효의 해설(疏)을 구분하기 쉽

도록 『아미타경』의 본문(T12, 346b~348a)은 글상자 안에 넣었다.

❸ 『불설아미타경소佛說阿彌陀經疏』와 『무량수경종요無量壽經宗要』에 대한 원효의 과문科文은 각주에 소개하였다. 『미륵상생경종요彌勒上生經宗要』 본문에서는 크게 열 가지 소주제로 나누어 원효의 설명이 전개되고 있으므로 별도의 과문科文을 제시하지 않는다.

❹ 모든 원문 교감은 해당 원문의 각주에서 교감의 내용 및 그 근거와 이유를 밝히는 것을 기본방식으로 하였다. 문맥에 따른 교감의 경우에는 해당 번역문의 각주에서 그 근거와 이유를 밝히기도 했다. 또한 교감할 필요는 있어도 원효의 의도를 고려하거나 당시 문헌의 판본을 보존하는 의미가 있다고 판단되는 경우라면, 문맥에 저촉되지 않는 사례에 한하여 교감하지 않은 경우도 있다.

❺ 학인들의 연구를 돕기 위해 각 문단마다 해당 원문의 출처를 밝혀 두었다.

❻ 원전 개념어의 뜻을 풀어 번역하는 경우, 번역문은 작은 따옴표(' ')로 표시했고 해당하는 한문 개념어는 괄호 안에 제시했다. 또한 번역문에서 '[ ]'로 표시된 보조문의 내용은 단어와 문장 및 문맥에 대한 번역자의 이해를 나타낸 것이다.

❼ 원전의 개념어나 문맥의 해석을 위해 역주가 필요한 경우에는 관련된 경론經論의 문구를 제시함으로써 해석의 근거를 밝히는 것을 역주 작성의 원칙으로 삼았다. 참고한 사전과 연구서들에 관해서도 출처를 밝혔다.

❽ 『한국불교전서韓國佛敎全書』는 H, 『대정신수대장경大正新修大藏經』은 T, 『만자속장경卍字續藏經』은 X로 약칭했다.

❾ 원효가 인용하고 있는 경론들의 산스크리트본이 현존하는 경우, 해당하는 산스크리트 문구들을 찾아 번역하여 역주에 반영시킴으로써 한역漢譯 내용과 대조해 볼 수 있게 하였다. 원효가 인용하고 있는 경론들의 내용과 현존하는 산스크리트본의 해당 내용을 대조할 때 사용한 참고문헌과 약호는 다음과 같다.

〈약호〉

『불설아미타경소佛說阿彌陀經疏』

Sukhvy. *Sukhāvatīvyūha*, ed. by Atsuuji ASHIKAGA, Kyoto: Hozokan, 1965.

BoBh. *Bodhisattvabhūmi*, ed. by U. Wogihara, Tokyo, 1930–1936(repr. Tokyo, 1971).

『무량수경종요無量壽經宗要』

ASBh. *Abhidharmasamuccayabhāṣya*, ed. by N. Tatia, Patna: Kashi Prasad Jayaswal Research Institute, 1976.

BoBh. *Bodhisattvabhūmi*, ed. by U. Wogihara, Tokyo, 1930–1936(repr. Tokyo, 1971).

PvsP. *Pañcaviṃśatisāhasrikā Prajñāpāramitā VI–VIII*, ed. by Takayasu Kimura, Tokyo: Sankibo Busshorin 2006.

RGV. *Ratnagotravibhāga Mahāyānottaratantraśāstra*, ed. by E. H.

Johnston, Patna: The Bihar Research Society, 1950.

Śrbh. *Śrāvakabhūmi of Ācārya Asaṅga*, ed. by Karunesha Shukla, J. P. Jayaswal Research Institute, Patna, 1973; 『瑜伽論聲聞地第一瑜伽處 ー サンスクリット語テキストと和譯』, 大正大學綜合佛教硏究所 聲聞地 硏究會, 東京: 山喜房佛書林, 1998.

Sukhvy. *Sukhāvatīvyūha*, ed. by Atsuuji ASHIKAGA, Kyoto: Hozokan, 1965.

VP. *Vajracchedikā Prajñāpāramitā*, ed. by Edward Conze, [SOR XIII], Rome, 1957.

『미륵상생경종요彌勒上生經宗要』

AKBh. *Abhidharmakośabhāṣya,* ed. by P. Pradhan, Tibetan Sanskrit Work Series 8, Patna, 1967(repr. 1975).

Gaṇḍavy. *Gaṇḍavyūhasūtram*, ed. by P.L. Vaidya. Darbhanga: The Mithila Institute, 1960 (Buddhist Sanskrit Texts No. 5).

SP. *Saddharmapuṇḍarīka,* ed. by H. Kern and Bunyiu Nanjio, Tokyo: Meicho-Fukyū-Kai, 1977(1st. 1908-1912).

YBh. *The Yogācārabhūmi of Ācārya Asaṅga*, Part 1, ed. by V. Bhattacharya, University of Calcutta, 1975.

차례

미타증성게彌陀證性偈

불설아미타경소佛說阿彌陀經疏

* ② 이전의 과문 항목은 본문에 구분하여 표기하기 어려워 ②부터 표시한다. 자세한 내용은 79면, 역주 73) 참고.

무량수경종요『無量壽經宗要』

미륵상생경종요彌勒上生經宗要

해제

원효의 『아미타경소阿彌陀經疏』는 구마라집鳩摩羅什이 번역한 『불설아미타경佛說阿彌陀經』(1권)을 저본底本으로 삼은 것이다. 『불설아미타경佛說阿彌陀經』은 소경小經이라 부르기도 한다. '극락의 장엄'(Sukhāvatī-vyūha)이라는 동일한 경명經名의 산스크리트본에 대본大本과 소본小本이 전하는데, 이 『아미타경』은 소본을 한역漢譯한 것이기 때문이다. 그리고 산스크리트 대본의 한역漢譯은 『무량수경無量壽經』 혹은 별칭으로서 『대아미타경大阿彌陀經』이라고 부르기도 한다. 양쪽 모두 티베트어본도 전한다. 소경인 『불설아미타경』의 한역漢譯으로는 모두 3종이 있었다고 전하나 구나발타라求那跋陀羅가 한역한(유송劉宋, 454~456년간) 『소무량수경小無量壽經』(1권)은 현존하지 않고 구마라집이 402년에 한역한 『불설아미타경佛說阿彌陀經』(1권)과 당唐나라 때 현장玄奘이 한역한(650년) 『칭찬정토불섭수경稱讚淨土佛攝受經』(1권)이 현존한다. 이 가운데 구마라집이 번역한 『불설아미타경』(1권)이 널리 유통되었다. 대본을 한역한 『무량수경無量壽經』에 비해 『아미타경』은 그 분량이 1/10 정도에 불과해서 『무량수경』의 요약본으로도 볼 수 있다.

원효의 『무량수경종요無量壽經宗要』는 『대아미타경大阿彌陀經』이라 부르는 『무량수경』(2권)의 내용을 주석한 것이다. 정토淨土를 찬탄하고 염불에 의한 왕생극락을 권유하는 내용이 그 중심을 이루고 있다.

원효의 『미륵상생경종요彌勒上生經宗要』는 『미륵상생경彌勒上生經』의 핵심을 거론한 것이다. 『미륵상생경彌勒上生經』의 정식 명칭은 『관미륵보살상생도솔천경觀彌勒菩薩上生兜率天經』 또는 『불설관미륵보살상생도솔천경佛說觀彌勒菩薩上生兜率天經』이라고 한다. 유송劉宋 때 저거경성沮渠京聲이 한역漢譯하였다. 『불전해설사전』(정승석 편, pp.112~113)의 설명에 따르면, 대정장 제14권에 수록된 여섯 가지 미륵경전 가운데서 가장 늦게 성립된 것이라고 한다. 주요 내용은 미륵보살이 12년 뒤 목숨을 마치고 도솔천에 태어나, 그곳에서 56억만 년 동안 밤낮으로 설법하여 모든 신과 대중들을 교화하는 것으로 구성되어 있다. 미륵보살을 따라 도솔천에 왕생하는 방법으로는, 십선十善의 실천과 미륵보살의 모습을 생각하고 그 이름을 부르는 것으로도 가능하다고 설한다.

『불설아미타경佛說阿彌陀經』과 『무량수경無量壽經』은 아미타 부처가 계시는 정토淨土, 『미륵상생경彌勒上生經』은 미륵보살이 계시는 도솔천兜率天에 왕생하는 것을 염원하게 하는 경전들이라는 점에서 유사한 맥락을 지닌다. 지금 여기에서의 삶이 아닌 사후 미래의 삶을 주제로 삼는 경전의 등장은 얼핏 후기 대승불교의 비非불교적 양상인 것으로 보이지만, 경전의 내용을 음미해 보면 그렇지가 않다. 완벽한 몸과 환경을 보장하는 사후세계에서의 영생으로써 변화와 괴로움에 노출된 현재의 삶을 대체하려는 내세 지향의 기획과는 다르기 때문이다. 대승불교에서 등장한 왕생 지향 문헌들은 그 관심과 취지의 초점이 '지금 여기의 삶'을 일탈하지 않는다. 이들 경전에서는 '사후에 전능자의 시혜로써 주어지는 절대 완벽한 불멸의 삶'이라는 발상은 어디에서도 찾아볼 수 없다. 이들 왕생 계열 경전들의 관심은 '미래의 삶을 설정하여 현재의 삶을 더 나은 것으로 변화시키려는 기획'으로 일관하고 있다. '미래 염원에 의거한 현실의 재구성'을 추구하는 셈이다. 삶의 인과적 연속과 그 의도적 기획 가능성을 설하는 불교적 인생관을 정토 왕생 및 도솔천 왕생과 연결시켜, 결과적으로는 금생을 향상시키려는 노력으로 이끌려는 것이다. 〈왕생하고자 하는 세계가 보여주는 수승한 미래의 삶을 누리기 위해서는 금생의 수행적 노력들이 선행되어야 한다〉는 것이 왕생 계열 경전들을 관통하는 핵심이다. 불교적 정체성을 유지하면서도 강력한 대중적 호소력을 확보하기 위한 노력의 대승불교적 산물이라 하겠다.

원효는 왕생 계열 경전들의 이러한 취지에 적극적으로 호응하고 있다. 대승불교가 보여 주는 심원한 철학적 통찰과 광대무변한 이타적 염원을 쌍으로 품어 자신의 삶에 새기려는 원효로서는 자연스러운 반응이다. 『아미타경소』·『무량수경종요』·『미륵상생경종요』는 깊은 철학적 혜안과 중생을 향한 끝 모를 자애와 연민을 결합시키려는 원효의 시도를 담아내고 있다. 『아미타경소』·『무량수경종요』·『미륵상생경종요』의 대의大意에 대한 원효의 기술 내용을 보면 원효의 사상이 원숙해진 단계에서 저술된 것임을 추정케 한다.

미타증성게彌陀證性偈

미타증성게彌陀證性偈[1]

—아미타 부처가 본연을 증득한 것을 기리는 계송—

석원효釋元曉 지음

> 乃往過去久遠世, 有一高士號法藏. 初發無上菩提心, 出俗入道破諸相.
> 雖知一心無二相, 而愍群生沒苦海. 起六八大超誓願, 具修淨行離諸穢.
> [H1, 843a8~13]

지나간 과거 아득히 먼 시절에,
한 고귀한 분 계셨으니 법장法藏이라 불렀네.

최고의 깨달음을 구하는 마음 처음 일으키자,
세속을 떠나 수행 길에 들어 온갖 '실체 관념'(相)을 깨뜨렸다네.

비록 '하나처럼 통하는 마음'(一心)에는 '별개의 실체가 없음'(無二相)을 알았지만,
뭇 중생이 고통의 바다에 빠져있음을 가엾이 여겼네.

마흔여덟 가지 크고 뛰어난 서원을 일으켜,
'청정한 행위'(淨行)를 갖추어 닦아 온갖 번뇌의 오염에서 벗어났다네.

---

1 지눌知訥의 『법집별행록절요병입사기法集別行錄節要並入私記』에 수록되어 전한다.

불설아미타경소佛說阿彌陀經疏

『불설아미타경소佛說阿彌陀經疏』[1]

唐海東 新羅國 沙門 元曉述

당나라 때 해동 신라국의 출가수행자 원효가 짓다

將釋此經, 三門分別. 初述大意, 次釋經宗致, 其第三者, 則入文釋.
[H1, 562c5~6; T37, 348a10~11]

앞으로 이 『아미타경大阿彌陀經』[2]을 해석함에 '세 가지 방식'(三門)으

---

1 〈한불전〉(H1, 562c2)과 〈대정장〉(T37, 348a7)의 『불설아미타경소佛說阿彌陀經疏』에서는 저본底本에 대해 "明萬曆二十年刊增上寺報思藏本"이라는 각주로써 서지사항을 밝히고 있다. 따라서 본 번역은 만력 20년(1592년)에 명明나라의 증상사增上寺에서 간행된 판본에 의거한 것이다.

2 아미타경阿彌陀經: 원효가 주석한 이 『불설아미타경佛說阿彌陀經』은 줄여서 『미타경彌陀經』이라 하고, 소경小經이라 부르기도 한다. 『아미타경』을 소경으로 부르는 이유는 '극락의 장엄'(Sukhāvatī-vyūha)이라는 동일한 경명經名의 산스크리트본에 대본大本과 소본小本이 전하는데, 이 『아미타경』은 소본을 한역漢譯한 것이기 때문이다. 따라서 산스크리트 대본의 한역漢譯은 『무량수경無量壽經』으로 구별해서 부르고 때로는 별칭으로서 『대아미타경大阿彌陀經』이라고 부르기도 한다. 양쪽 모두 티베트어본도 전한다. 소경인 이 『불설아미타경』의 한역漢譯으로는 모두 3종이 있었다고 전하나 구나발타라求那跋陀羅가 한역한(유송劉宋, 454~456년간) 『소무량수경小無量壽經』(1권)은 현존하지 않고 구마라집鳩摩羅什이 402년에 한역한 『불설아미타경佛說阿彌陀經』(1권)과 당唐나라 때 현장玄奘이 한역한(650년) 『칭찬정토불섭수경稱讚淨土佛攝受經』(1권)이 현존한다. 이 가운데 구마라집이 번역한 『불설아미타경』(1권)이 널리 유통되었으니, 원효가 주석한 『아미타경소阿彌陀經疏』 역시 구마라집이 번역한 것을 저본底本으로 삼은 것이다. 산스크리트어본 가운데 대본을 한역한 『무량수경無量壽經』(2권)에 비하면

로 나누어 해설한다. 첫 부분은 '전체의 취지를 서술하는 것'(述大意)이고, 다음은 '경의 근본 이치를 해석하는 것'(釋經宗致)이며, 그 세 번째는 [『아미타경阿彌陀經』의] '본문에 들어가 해석하는 것'(入文釋)이다.

Ⅰ. 전체의 취지를 서술함(述大意)

第一述大意者, 夫衆生心之爲心也, 離相離性, 如海如空. 如空之故, 無相不融, 何有東西之處, 如海之故, 無性是守, 豈無動靜之時? 爾乃或因染業, 隨五濁而長流, 或承淨緣, 絶四流而永寂. 若斯動靜, 皆是大夢, 以覺望之, 無流無寂, 穢土淨國, 本來一心, 生死涅槃, 終無二際. 然無二之覺, 取之良難, 迷一之夢, 去之不易. 所以大聖, 垂迹有遐有邇, 所陳言教, 或褒或貶. 至如牟尼善逝, 現此穢土, 誡五濁而勸往, 彌陀如來, 御彼淨國, 引三輩而導生.

[H1, 562c7~17; T37, 348a11~21]

첫 번째로 '전체의 취지'(大意)를 서술해 보자면 [다음과 같다.] 중생들의 마음이 '마음'(心)으로 삼는 것은 '불변 · 독자의 실체에서 벗어나 있고'(離相) '불변 · 독자의 본질에서도 벗어나 있으니'(離性), [실체나 본질에 의해 막히거나 갈라짐이 없는] 바다와도 같고 허공과도 같다. 허공과 같기 때문에 어우러지지 못하는 차이(相)들이 없으니 어찌 동쪽과 서쪽이라는 곳이 [불변 · 독자의 실체로] 있겠으며, 바다와 같기 때문에 [자

『아미타경』은 그 분량이 1/10 정도에 불과해서 『무량수경』의 요약본으로 볼 수도 있겠으나, 정토淨土를 찬탄하고 염불에 의한 왕생극락을 권유하는 내용이 그 중심을 이루고 있다. 『대아미타경大阿彌陀經』이라 부르는 『무량수경』(2권)의 내용에 대한 원효의 해석은 『무량수경종요無量壽經宗要』에서 따로 살펴볼 수 있다.

기만의 본질을] 지키는 특징(性)이 없으니 어찌 움직이거나 고요한 때가 없겠는가? [마음이란] 이러한 것이어서, 어떤 경우는 '오염된 행위'(染業)를 원인으로 하여 '다섯 가지로 오염됨'(五濁)[3]을 따르면서 [근본무지에 매인 채] 오래도록 흘러 다니기도 하고, 또 어떤 경우는 '온전하게 해주는 조건들'(淨緣)을 수용하여 '네 가지 [번뇌의] 거센 물결'(四流)[4]을 끊

---

3 오탁五濁: 말법 시대가 되면 나타나는 '다섯 가지 오염된 상태'가 발생하는 경우를 가리킨다. 『법원주림法苑珠林』(T53, 1005a24~c27 참조)에 따르면, '다섯 가지 오염된 상태'는 ① 겁탁劫濁: 굶주림, 질병, 전쟁 등으로 세상이 오염되는 것. ② 견탁見濁: 갖가지 삿된 견해와 사상이 난무하는 것. ③ 번뇌탁煩惱濁: 중생들의 마음이 온갖 번뇌에 의해 오염되는 것. ④ 중생탁衆生濁: 해로운 행위를 일삼는 악한 인간들이 넘쳐 세상이 오염되는 것. ⑤ 명탁命濁: 본래 8만 년인 인간들의 수명이 점차 줄어드는 것이라고 한다. 그런데 이 오탁五濁의 개념은 『잡아함경雜阿含經』에서 말법시대에 대해 설명하는 가운데 제시되고 있어서 흥미롭다. 곧 권32 제906 「법손괴경法損壞經」(T2, 226c1~8)에서 "佛言. 如是, 迦葉! 命濁, 煩惱濁, 劫濁, 衆生濁, 見濁, 衆生善法退減故, 大師爲諸聲聞多制禁戒, 少樂習學. 迦葉! 譬如劫欲壞時, 眞寶未滅, 有諸相似僞寶出於世間, 僞寶出已, 眞寶則沒. 如是, 迦葉! 如來正法欲滅之時, 有相似像法生, 相似像法出世間已, 正法則滅."이라는 서술을 통해 오탁으로써 말법末法을 묘사하고 있음을 알 수 있다. 이 내용은 『별역잡아함경別譯雜阿含經』 제121경(T2, 419b20~24. "佛告迦葉. 如是, 如是. 衆生命濁, 結使濁, 衆生濁, 劫濁, 見濁, 衆生轉惡, 正法亦末, 是故如來爲諸弟子多制禁戒, 少有比丘, 能順佛語, 受持禁戒, 諸衆生等, 漸漸退沒.")에서도 나타나고 있어 오탁의 연원을 가늠해 볼 수 있다. 대승경전에서는 『묘법연화경妙法蓮華經』 권1(T9, 7b23~27. "舍利弗! 諸佛出於五濁惡世, 所謂劫濁, 煩惱濁, 衆生濁, 見濁, 命濁. 如是, 舍利弗! 劫濁亂時, 衆生垢重, 慳貪嫉妬, 成就諸不善根故, 諸佛以方便力, 於一佛乘分別說三.") 등에서 명시되고 있으므로 주목할 필요가 있다.

4 사류四流: 유流는 산스크리트어인 'ogha'의 뜻을 옮긴 말로서 '거센 물결'을 의미하므로 주로 폭류暴流로 한역漢譯되었다. 거센 물결이 순식간에 사람과 집을 휩쓸어 가는 것처럼, 사람들의 마음을 휩쓸어 가는 것을 가리키니 번뇌의 별명이 되는 것이다. 따라서 사류는 사폭류四暴流로 부르기도 한다. 이 사류는 한역본에 따라서는 사류四流, 사대폭하四大暴河, 사폭하四瀑河로 옮기기도 한다. 『잡아함경雜阿含經』 제1172경(T2, 313c20~21)에서 "浚流者, 譬四流; 欲流, 有流, 見流, 無明流."라고 하여 '감각적 욕망'(欲, kāma)과 '[불변의 실체로] 있다[는 생각]'(有, bhava), '[치우치거나 잘못된] 견해'(見, dṛṣṭi), 근본무지(無明, avidya)의 네 가지를 거센

고 '[근본무지에 매여 흘러 다니는 것을] 완전히 그치기도 하는 것'(寂)이다.

만약 이러한 움직임(動)과 고요함(靜)이 모두 커다란 꿈[과 같은 것]이어서 [꿈에서] 깨어나 그것들을 바라본다면 '[근본무지에 매인 채] 흘러감'(流)도 없고 '[근본무지에 매여 흘러 다니는 것을] 완전히 그침'(寂)도 없으니, [그럴 때는] '오염된 세상'(穢土)과 '온전한 세상'(淨國)[이라는 것]도 본래 '하나처럼 통하는 마음'(一心)[이 드러낸 것]이고, '[근본무지에 매인] 삶과 죽음'(生死)과 '[근본무지에서 풀려난] 열반'(涅槃)에도 끝내 '[별개인] 둘로 나뉘는 구분'(二際)이 없다. 그러나 '둘로 나누지 않는 깨달음'(無二之覺)은 취하기가 실로 어렵고, '[본래] 하나인 것을 [별개의 것으로] 잘못 아는 꿈'(迷一之夢)은 제거하기가 쉽지 않다. 그러므로 위대한 성인은 '교화를 펼침'(垂迹)[5]에 '멀리 고려한 것'(遐)도 있고 '가깝게 고려한 것'(邇)도 있으며, 펼치는 '언어와 가르침'(言教)에 '칭찬하는 것'(褒)도 있고 '꾸짖는 것'(貶)도 있는 것이다.

물결로 보고 있다. 또 『대방광불화엄경大方廣佛華嚴經』 권24(T9, 549c17~18)에서 "是諸衆生爲諸煩惱暴水所沒, 欲・有・見・無明, 四流所漂."라고 하여 거센 물결에 표류하고 있는 중생들의 모습을 제시하고 있는 경우도 살펴볼 수 있다. 『유가사지론瑜伽師地論』에서는 사폭류四暴流가 나타나고 있는데, 권89(T30, 803b12~19)에서 "復次欲貪瞋等欲界所繫煩惱. 行者欲界所繫上品煩惱未斷未知, 名欲暴流. 有見無明三種暴流. 如其所應當知亦爾, 謂於欲界未得離欲, 除諸外道名欲暴流, 已得離欲名有暴流. 若諸外道從多論門. 當知有餘二種暴流, 謂諸惡見略攝爲一, 名見暴流. 惡見因緣略攝爲一, 說名第四無明暴流."라고 하여 순서에는 차이가 있지만 구체적인 설명을 제시하고 있다.

5 수적垂迹: 불보살이 중생을 구제하려는 자비로써 자신을 세상에 드러내는 교화행위를 수적이라 한다. 『불광대사전』(p.3129)의 설명에 따르면, 불보살이 수적으로써 세상에 나타난 모습이 화신化身이고, 불보살의 본래의 모습인 본지本地는 법신法身과 보신報身이 이에 해당한다고 한다. 이에 대한 근거로서 『대일경大日經』의 '본지가지설本地加持說'과 『법화경法華經』의 「수량품壽量品」 등을 제시하고 있지만 『법화경』, 『유마경』, 『대일경』에 대한 갖가지 주석 문헌에서 주로 나타나고 있는 개념이다.

'석가모니 부처님'(牟尼善逝)[6] 같은 분에 이르러서는 이 '오염된 세상'(穢土)에 나타나시어 [세상의] '다섯 가지로 오염됨'(五濁)을 '깨우쳐 가르쳐 주면서'(誡) '[극락세계에] 왕생할 것'(往)을 권하였고, [아]미타彌陀[7] 여래께서는 저 '[극락세계의] 온전한 세상'(淨國)을 주관하면서 '[상품上品·중품中品·하품下品, 이] 세 부류의 무리들'(三輩)을 [그들의 자질에 맞게] 이끌면서 중생들을 인도하는 것이다.

今是經者, 斯乃兩尊出世之大意, 四輩入道之要門, 示淨土之[8]可願, 讚妙德而可歸. 妙德可歸者, 耳聞經名, 則入一乘而無反, 口誦佛號, 則出三界而不還, 何況禮拜專念讚詠觀察者哉? 淨土可願者, 浴於金妙蓮池, 則離有生之染因, 遊玉樹檀林, 則向無死之聖果. 加復見佛光入無相, 聞梵響悟無生. 然後乃從第五門出, 回轡生死之苑, 憩煩惱之林. 不從一步, 普遊十方世界, 不舒一念, 遍現無邊三世. 其爲樂也, 可勝度乎, 極樂之稱, 豈虛也哉? 言"佛說"者, 從金口之所出, 千代不刊之

6 모니선서牟尼善逝: 모니牟尼(Muni)는 성자라는 뜻으로 석가모니를 가리키는 말이고, 선서善逝는 팔리어/산스크리트어인 'sugata'의 뜻을 옮긴 말이다. 'su-'는 접두어로서 '잘, 뛰어난, 훌륭한'의 뜻이고, 'gata'는 과거분사로서 동사어근 '√gam(가다)'에서 파생된 말이다. 따라서 [깨달음의 세계 혹은 열반의 세계로] '잘 가신 이'라는 뜻으로 새길 수 있는 말이다.

7 아미타阿彌陀: 범어 'amita'의 발음을 옮긴 말이다. 'amita'는 부정접두어 'a-'에 과거분사인 'mita'가 결합된 것이다. 'mita'는 '재다, 측정하다, 헤아리다'는 뜻을 지닌 동사어근 '√mā'에서 파생한 말이므로 'amita'는 '잴 수 없는', '측정할 수 없는', '헤아릴 수 없는' 등의 뜻이 되는데, 한역漢譯으로는 '무량無量'이다. 『아미타경阿彌陀經』 권1(T12, 347a25~29)의 "舍利弗, 於汝意云何? 彼佛何故號阿彌陀. 舍利弗! 彼佛光明無量, 照十方國無所障礙, 是故號爲阿彌陀. 又舍利弗! 彼佛壽命, 及其人民無量無邊阿僧祇劫, 故名阿彌陀."라는 서술에 의거하면, 아미타 부처의 목숨(āyus)을 헤아릴 수 없다는 측면을 가리킬 때에는 무량수불無量壽佛, 지혜의 빛(ābha)을 측정할 수 없다는 측면을 강조할 때에는 무량광불無量光佛이라고 부르는 것임을 알 수 있다.

8 문맥으로 볼 때 '之'는 '而'의 오기로 보인다. '而'로 교감하여 번역한다.

教. "阿彌陀"者, 含實德之所立, 萬劫無盡之名. 能所合擧, 以標題目, 故言"佛說阿彌陀經"也.

[H1, 562c17~563a11; T37, 348a21~b5]

지금 이 경전은 이 두 세존께서 세상에 나타나신 '으뜸 되는 뜻'(大意)이고, '[비구 · 비구니 · 우바새 · 우바이, 이] 네 부류의 무리들'(四輩)이 깨달음의 길로 들어가는 '요긴한 문'(要門)이며, '온전한 세상'(淨土)을 보여 바랄 수 있게 하고 ['온전한 세상'(淨土)에서의] '차이들을 포괄할 수 있는 능력'(妙德)[9]을 찬탄하여 [그 능력에] 귀의하게 한다.

〈['온전한 세상'(淨土)에서의] '차이들을 포괄할 수 있는 능력'에 귀의하게 한다〉(妙德可歸)는 것은 [다음과 같은 뜻이다.] 귀로 경의 명칭을 들으면 곧 '하나처럼 통하는 가르침'(一乘)으로 들어가 [이전으로] 되돌아감이 없고, 입으로 부처님의 이름을 외면 곧 '[욕망세계(欲界) · 유형세계(色界) · 무형세계(無色界), 이] 세 가지 세계'(三界)에서 벗어나 [그 세계들로] 돌아가지 않는데, 하물며 [아미타 부처님을] 예배하고 '오로지 생각하며'(專念) [아미타 부처님의 이름을] 찬탄하여 부르고 [아미타 부처님의 '온전한 세상'(淨土)을] 관찰하는 사람이야 어떻겠는가?

'온전한 세상을 바라게 한다'(淨土可願)는 것은 [다음과 같은 뜻이다.] [아미타 부처님이 관장하는 '온전한 세상'(淨土)의] 황금으로 만들어진 오묘한 연꽃[들이 가득한] 연못에서 목욕을 한다는 것은 곧 '['여섯 가지 미혹세

9 묘덕妙德: 불교적 성찰의 맥락에서 채택되는 '묘妙'라는 말은 '불변 · 독자의 실체나 본질의 벽'을 허물어 차이들이 동거하고 왕래할 수 있는 국면을 지시한다. 그런 의미를 고려하여 '묘덕'을 '차이들을 포괄할 수 있는 능력'이라 번역하였다. '묘각妙覺'은 그러한 능력이 깨달음의 수준으로 고도화된 것을 의미하는 것으로 보인다.

계'(六道)에 다시] 태어나게 되는 오염된 원인'(有生之染因)에서 벗어나는 것이고, 옥구슬[이 열리는] 나무와 향나무[로 채워진] 숲에서 노닌다는 것은 곧 '[근본무지에 매인] 죽음이 없는 성스러운 결실'(無死之聖果)로 향하는 것이다. 나아가 [아미타] 부처님의 빛을 보고 '불변·독자의 실체나 본질이 없는 지평'(無相)으로 들어가고, '[아미타] 부처님의 설법'(梵響)[10]을 듣고 '[불변·독자의 실체나 본질이] 생겨남이 없는 경지'(無生)를 깨닫는 것이다.

그 뒤에 [정토淨土에 왕생往生하기 위한 다섯 가지 수행 가운데] '다섯 번째 방법'(第五門)[인 회향迴向][11]으로부터 나와 '[근본무지에 매여] 태어나고 죽

---

10 범향梵響: 부처님의 설법을 가리키는 말(『불광대사전』, p.4650)이다. 한편 『불교어대사전』(p.1270)의 '범음梵音' 항목에는 브라만(Brahma 梵王)의 음성(susvara, svartā)이라는 설명이 나타나는데, 이 사전에 따르면 청정하고 존중할 만하다는 점에서 부처님의 음성을 나타내는 말로 쓰인 것으로 보고 있다. 따라서 본래는 범천梵天으로 대표되는 신성한 하늘의 소리가 불교경전에서 부처님의 음성을 가리키는 말로도 쓰이게 된 것으로 이해할 수 있다. 이를테면, 『화엄경』 권28(T10, 789c5~6)에서 "舌相長廣能柔軟, 色若赤銅衆寶光, 聲如梵響緊那羅, 衆生聞者咸欣悅."이라는 서술이 나타나는데, 이것은 팔부중八部衆의 하나로서 음악의 신인 긴나라(緊那羅, Kimnara)의 소리를 범향이라 하면서 부처님의 설법을 찬탄하는 말로 쓰인 사례가 될 것이다.

11 오념문五念門: 제5문이란 오념문의 다섯 번째 수행이고, 오념문이란 아미타불의 극락세계에 왕생하기 위해 닦아야 할 다섯 가지 수행의 방식을 가리킨다. 오념문의 각각에 대해서는 『무량수경우파제사無量壽經優波提舍』의 다음과 같은 서술에서 그 내용을 자세하게 파악할 수 있다. 『무량수경우파제사』 권1(T26, 231b10~24). "若善男子善女人, 修五念門成就者, 畢竟得生安樂國土, 見彼阿彌陀佛. 何等五念門? 一者禮拜門, 二者讚歎門, 三者作願門, 四者觀察門, 五者迴向門. 云何禮拜? 身業禮拜阿彌陀如來應正遍知, 爲生彼國意故. 云何讚歎? 口業讚歎, 稱彼如來名, 如彼如來光明智相, 如彼名義, 欲如實修行相應故. 云何作願? 心常作願, 一心專念畢竟往生安樂國土, 欲如實修行奢摩他故. 云何觀察? 智慧觀察, 正念觀彼, 欲如實修行毘婆舍那故, 彼觀察有三種. 何等三種? 一者, 觀察彼佛國土功德莊嚴. 二者, 觀察阿彌陀佛功德莊嚴, 三者觀察彼諸菩薩功德莊嚴. 云何迴向? 不捨一切苦惱衆生, 心常作願迴向爲首成就大

는 [윤회하는] 동산'(生死之苑)으로 고삐를 돌려 번뇌의 숲에서 쉬는 것이다. [그리하여] 한 걸음 나아가지 않고도 '모든 세계'(十方世界)에 두루 노닐고, [과거 · 현재 · 미래에 빠져드는] 한 생각도 펼치지 않고 '끝없는 과거 · 현재 · 미래의 [모든] 때'(無邊三世)를 두루 나타낸다.[12] 그것을 즐거움으로 삼는 것은 헤아림을 넘어서 있으니, [정토淨土를 칭하는] '궁극의 즐거움'(極樂)이라는 이름이 어찌 빈말이겠는가?

[『불설아미타경佛說阿彌陀經』'이라는 경전명칭에서] "부처님께서 설한"(佛說)이라고 말한 것은, '[금과 같은] 부처님 입'(金口)으로부터 나온 것이어

悲心故." 이에 따르면 극락세계로 갈 수 있는 수행의 종류는 예배문禮拜門, 찬탄문讚歎門, 작원문作願門, 관찰문觀察門, 회향문迴向門의 다섯이다. 본문에서 원효가 제5문이라고 한 것은 이 가운데 회향문을 가리킨다. 각각의 내용을 살펴보면, 첫 번째 예배문은 '신체의 행위'(身業)로서 아미타 부처에게 예배하는 것이다. 두 번째 찬탄문은 '언어 행위'(口業)로서 아미타 부처의 이름과 그의 지혜광명 등을 찬탄하는 것이다. 세 번째 작원문은 마음에 늘 바람(願)을 만들어 내어 한결같은 마음으로 반드시 정토세계에 갈 것을 생각하는 것이다. 네 번째 관찰문은 극락세계의 장엄莊嚴함을 살펴보는 것이다. 다섯 번째 회향문은 세상의 모든 중생들을 저버리지 않겠다는 마음을 언제나 간직하여 '위대한 연민의 마음'(大悲心)을 성취하는 것이다. 여기서 인용한 『무량수경우파제사』는 인도의 바수반두(vasubandhu, 世親)의 저술로 알려진 것으로 중국 원위元魏 시대 보리유지菩提留支가 한역漢譯한 것이다. 『유심안락도遊心安樂道』(H1, 574a8~22)에서는 이 경론을 『왕생론往生論』이라 부르며 이 오념문에 대해 서술한 경론의 전문을 그대로 인용하고 있어서 주목된다.

12 "不舒一念, 遍現無邊三世."라는 구절에서 '一念'이라는 것은 '과거나 현재나 미래의 범주/계열에 빠져들어 그것에 집착하거나 갇혀 버리는 생각의 최소 단위'를 의미하는 것으로 보인다. 정토淨土에 왕생往生하는 수행의 궁극은 그러한 생각에서 자유로워져 생각마다 과거 · 현재 · 미래에 빠져들거나 갇히지 않아, '생각을 일으키면서도 과거 · 현재 · 미래와 온전하게 접속하는 지평이 열리는 것'이라는 의미를 펼치는 것으로 보인다. "[과거 · 현재 · 미래에 빠져드는] 한 생각도 펼치지 않고 '끝없는 과거 · 현재 · 미래의 [모든] 때'(無邊三世)를 두루 나타낸다."는 번역은 이런 이해를 반영한 것이다.

서 '수많은 세월'(千代)이 지나도 '훼손되지 않는 가르침'(不刊之教)이라는 것이다. "아미타阿彌陀"라는 [명칭]은 '참된 능력'(實德)을 갖추어 수립된 것이어서 만겁이 지나도록 사라지지 않는 이름이다. [이처럼] '설하는 이'(能)와 '설해진 것'(所)을 합쳐서 제목으로 삼았으니, 따라서 "부처님께서 설하신 아미타 [부처님과 극락정토에 대한] 가르침"(佛說阿彌陀經)이라고 말하였다.

第二辯經宗致者, 此經直以超過三界二種淸淨, 以爲其宗, 令諸衆生, 於無上道, 得不退轉, 以爲意致. 何者名爲二種淸淨? 如『論』說言, "此淸淨有二種, 一者, 器世間淸淨, 二者, 衆生世間淸淨", 乃至廣說故. 然入此淸淨, 有其四門. 一圓滿門. 唯佛如來, 得入此門, 如『本業經』說. 二一向門. 八地已上菩薩, 得入此門, 如『攝大乘論』說. 三純淨門. 唯有第三極歡喜地已上菩薩, 得入此門, 如『解深密經』說. 四正定聚門. 唯無退者, 得入此門, 無邪定聚及不定聚, 如兩卷經說.

[H1, 563a12~23; T37, 348b5~15]

II. 경의 근본적인 이치를 밝힘(辨經宗致)

두 번째로 '경의 근본적인 이치'(經宗致)를 밝히면 [다음과 같다.] 이 경은 단지 '[욕망세계(欲界) · 유형세계(色界) · 무형세계(無色界), 이 세 가지 세계'(三界)를 뛰어넘게 하는 '두 가지의 온전함'(二種淸淨)을 그 근본(宗)으로 삼고, 모든 중생으로 하여금 '최고의 [경지로 나아가는] 길'(無上道)에서 '뒤로 물러나지 않게'(不退轉) 하는 것을 '[그 근본적인] 뜻의 이치'(意致)로 삼는다.

어떤 것을 '두 가지의 온전함'(二種淸淨)이라고 부르는가? 『왕생론往生論』에서 "이 온전함(淸淨)에는 두 가지가 있으니, 첫 번째는 '물질적 환경세계의 온전함'(器世間淸淨)이고, 두 번째는 '중생 세상의 온전함'(衆生世間淸淨)이다" 등으로 자세하게 설한 것[13]과 같은 것이다.

그런데 이 [두 가지] 온전함(淸淨)으로 들어가는 데는 '네 가지 문'(四門)이 있다. 첫 번째는 '완전한 문'(圓滿門)이다. 오직 부처인 여래만이 이 문으로 들어갈 수 있으니, 『본업경本業經』에서 설한 것[14]과 같다. 두 번째는 '오직 향상하는 문'(一向門)이다. ['열 가지 본격적인 수행경지'(十地)의] 여덟 번째 경지'(八地) 이상의 보살들이 이 문으로 들어갈 수 있으니, 『섭대승론攝大乘論』에서 설한 것[15]과 같다. 세 번째는 '순수하고 청정한 문'(純淨門)이다. 오직 ['12가지 본격적인 수행경지'(12地)의] 세

13 여기서 『왕생론』은 앞에서 제시한 『무량수경우파제사量壽經優婆提舍』를 가리킨다. 그러나 여기서 원효는 『론』이라고 지칭하고 있어서 『왕생론往生論』으로 옮긴 것이지만, 동일한 문헌임은 앞의 각주에서 밝힌 그대로이다. 원효가 직접 인용한 『왕생론』의 내용을 포함하여 인용문 바로 앞의 경문과 뒤의 경문을 모두 소개하면 다음과 같다. 『소』에서 직접 인용한 부분은 밑줄로 표시하였다. 『왕생론』 권1(T26, 232b22~c2). "又向說佛國土功德莊嚴成就, 佛功德莊嚴成就, 菩薩功德成就. 此三種成就願心莊嚴, 略說入一法句故. 一法句者, 謂淸淨句, 淸淨句者, 謂眞實智慧無爲法身故. <u>此淸淨有二種應知. 何等二種? 一者器世間淸淨, 二者衆生世間淸淨</u>. 器世間淸淨者, 向說十七種佛國土功德莊嚴成就, 是名器世間淸淨. 衆生世間淸淨者, 如向說八種佛功德莊嚴成就, 四種菩薩功德莊嚴成就, 是名衆生世間淸淨. 如是一法句, 攝二種淸淨應知."

14 여기에 나오는 사문四門이나 원만문圓滿門에 관한 내용은 『본업경』에 나타나지 않는다. 다만, 다음의 구절이 원효가 『본업경』의 내용을 거론한 뜻에 부합하는 것으로 보인다. 『보살영락본업경菩薩瓔珞本業經』 권1(T24, 1016a5~7). "一切衆生乃至無垢地, 盡非淨土住果報故. 唯佛居中道第一法性之土."(『아미타경소』, 정목 해설, 자연과 인문, 68~69쪽 참고).

15 일향문一向門의 근거로서 제시한 경증은 『섭대승론석攝大乘論釋』의 다음 구절이 원효가 거론한 취지에 부합하는 것으로 보인다. 『섭대승론석攝大乘論釋』 권15(T31, 263b7~11). "論曰. 出出世善法功能所生. 釋曰. 二乘善名出世, 從八地已上乃至佛地, 名出出世. 出世法爲世法對治, 出出世法爲出世法對治. 功能以四緣爲相, 從出出世善法功能, 生起此淨土故, 不以集諦爲因."(『아미타경소』, 정목 해설, 자연과 인문, 71쪽 참고).

번째[이자 '열 가지 본격적인 수행경지'(10地)의 첫 번째]인 '지극한 환희를 누리는 경지'(極歡喜地)[16] 이상의 보살만이 이 문으로 들어갈 수 있으니, 『해심밀경解深密經』[17]에서 설한 것과 같다.

---

16 보살 십이주十二住와 극환희주極歡喜住: 극환희주 및 아래에 나오는 무가행무공용무상주無加行無功用無相住와 최상성만보살주最上成滿菩薩住의 세 가지는 보살의 십이주 중에서 세 번째와 아홉 번째와 열두 번째에 각각 해당한다. 『유가사지론』 권47(T30, 552c28~553a4)에서는 "云何菩薩十二住等? 嗢拕南曰. 種性勝解行, 極喜增上戒, 增上心三慧, 無相有功用, 無相無功用, 及以無礙解, 最上菩薩住, 最極如來住."라고 하여 ① 종성주種性住(種性), ② 승해행주勝解行住(勝解行), ③ 극환희주極歡喜住(極喜), ④ 증상계주增上戒住(增上戒), ⑤ 증상심주增上心住(增上心), ⑥ 각분상응증상혜주覺分相應增上慧住 · ⑦ 제제상응증상혜주諸諦相應增上慧住 · ⑧ 연기유전지식상응증상혜주緣起流轉止息相應增上慧住(三慧), ⑨ 유가행유공용무상주有加行有功用無相住(無相有功用), ⑩ 무가행무공용무상주無加行無功用無相住(無相無功用), ⑪ 무애해주無礙解住(無礙解), ⑫ 최상성만보살주最上成滿菩薩住(最上菩薩住)의 보살 십이주十二住와 마지막으로 ⑬ 여래주如來住(最極如來住)까지 거론하는데, 거의 동일한 내용이 『보살지지경菩薩地持經』 권9(T30, 939c16 이하)에도 나온다. 『보살지지경』에서는 ① 종성주에 대해 "云何種性住? 是菩薩性自賢善, 性自能行功德善法, 性賢善故率意方便, 諸善法生不待思惟, 然後能得種性菩薩."(T30, 939c29~a3)이라고 하여 십주十住 이상인 정정취正定聚의 종성보살種性菩薩이 되기 위한 과정이라 설명하고, ② 승해행주에 대해 "云何解行住? 是菩薩初發心未得淨心地, 未得淨心地菩薩所有諸行, 是名解行住."(T30, 940a7~8)라고 하여 십주十住의 초주初住인 발심주發心住에서 초발심初發心을 일으켰으나 아직 견도 초지初地인 정심지淨心地를 얻지 못한 과정이라 설명하는 것으로 보아 ①종성주種性住와 ② 승해행주勝解行住는 지전보살地前菩薩의 과정을 가리키며, ③ 극환희주極歡喜住에 대해 "云何歡喜住? 菩薩淨心住是名歡喜住."(T30, 940a17~18)라고 하여 견도 초지인 정심주淨心住가 곧 극환희주極歡喜住라고 하므로 이하 ③~⑫까지의 십주十住가 각각 십지十地에 해당하는 것으로 보인다. 마지막으로 언급한 ⑬ 여래주如來住에 대해서는 『유가사지론』 권47(T30, 553a16~19)에서 "如來住者, 謂過一切諸菩薩住, 現前等覺大菩提住. 此中最後如來住者, 於後究竟瑜伽處最後建立品."이라고 하여, 여래주如來住는 보살 십이주十二住에서 ⑫ 최상성만보살주最上成滿菩薩住까지 거치고 나서 성취되는 최후건립품最後建立品으로서, 보살 십지十地에서 제십 법운지第十法雲地까지 거치고 나서 성취되는 등각지等覺地에 해당하는 것으로 보인다. 보살 십이주十二住 체계에서 보살 십지十地에 해당하는 하는 것들을 짝지어보면 다음과 같다.

네 번째는 ‘방향이 정해진 문’(正定聚門)이다. 오직 ‘퇴보함이 없는 자’(無退者)만이 이 문으로 들어갈 수 있고, ‘해로운 세계로의 타락이 정해진 부류’(邪定聚) 및 ‘[깨달음의 세계로 갈지, 타락하여 해로운 세계로 갈지] 방향이 정해져 있지 않은 부류’(不定聚)는 [이 문으로 들어가는 경우가] 없으니 『무량수경無量壽經』(두 권)』에서 설한 것[18]과 같다.

십이주 十二住	極歡喜住	增上戒住	增上心住	覺分相應增上慧住	諸諦相應增上慧住	緣起流轉止息相應增上慧住	有加行有功用無相住	無加行無功用無相住	無礙解住	最上成滿菩薩住	如來住
십지 十地	① 歡喜地	② 離垢地	③ 發光地	④ 焰慧地	⑤ 難勝地	⑥ 現前地	⑦ 遠行地	⑧ 不動地	⑨ 善慧地	⑩ 法雲地	等覺地

17 순정문純淨門에 대한 『해심밀경解深密經』의 설명: 『해심밀경解深密經』의 제7 「지바라밀다품地波羅蜜多品」은 보살의 십지十地가 주제인데, 부처님이 관자재보살에게 행한 설법에서 등장한다. 여기서는 보살 십지의 초지初地를 극희지極喜地라고 부르는데, “善男子! 成就大義, 得未曾得出世間心, 生大歡喜, 是故最初名極喜地.”(T16, 704a14~15)라고 하여 ‘세속에서 벗어난 마음’(出世間心)의 성취를 크게 기뻐하는 경지로 설명되고 있다(『아미타경소』, 정목 해설, 자연과 인문, 74쪽 참고). 그런데 순정문純淨門의 내용과 직결되는 내용은 이 단원이 시작되는 부분에서 “善男子! 當知諸地四種清淨, 十一分攝? 云何名爲四種清淨能攝諸地? 謂增上意樂清淨攝於初地.”(T16, 703b19~21)라고 하여 초지를 증상의락청정增上意樂清淨이라고 설명한 대목에서 드러나는 것으로 보인다. 이와 같은 서술은 뒤에서 “觀自在菩薩復白佛言. 世尊! 如是諸地, 幾種殊勝之所安立? 佛告觀自在菩薩曰. 善男子! 略有八種. 一者, 增上意樂清淨, 二者, 心清淨, 三者, 悲清淨, 四者, 到彼岸清淨, 五者, 見佛供養承事清淨, 六者, 成熟有情清淨, 七者, 生清淨, 八者, 威德清淨. 善男子! 於初地中, 所有增上意樂清淨, 乃至威德清淨 …”(T16, 704c9~15)이라고 말한 부분에서 보살 십지十地 전체에서 초지의 청정성에 대한 의미를 좀 더 구체적으로 파악할 수 있다.

18 『무량수경無量壽經』(두 권)』에서 설한 것: 중국 조위曹魏 때 인도 출신의 승려인 강승개康僧鎧가 번역한 『불설무량수경佛說無量壽經』을 가리킨다. 이 경전은 상, 하 두 권으로 이루어져 있기 때문에 『양권무량수경兩卷無量壽經』이라고 한 것이다. 본문에서 거론한 내용은 하권下卷의 서두에서 찾아볼 수 있는데, “佛告阿難. 其有衆生生彼國者, 皆悉住於正定之聚. 所以者何? 彼佛國中無諸邪聚及不定之聚.”(T12, 272b8~10)라고 한 서술을 가리킨다.(『아미타경소』, 정목 해설, 자연과 인문, 78쪽 참고.) 〈산스크리트본의 해당 내용: Sukhvy., p.40. tasmin khalu punar

通論, 極樂世界具此四門, 今此經宗二種淸淨, 正示第四正定聚門. 不定聲聞及說凡夫, 亦得生故. 『論』說, "二乘種不生", 決定種性, 不得生故. 『聲王經』說, "安樂世界阿彌陀佛, 有父母者", 是變化女, 非實報女. 『論』說"女人不生彼"者, 無實女故, 知變鳥此亦如是故. 又復雖有父母, 而非胎生, 寔是化生, 假爲父母. 如彼經言, "若四衆能正受彼佛之名號, 以此功德, 臨命終時, 阿彌陀佛, 卽與大衆, 往此人所, 令其得見. 見已尋生慶悅, 倍增功德. 以是因緣, 所生之處, 永離胞胎穢欲之形, 純處鮮妙寶蓮華中, 自然化生, 具大神通, 光明赫奕." 當知父母假寄之耳.

[H1, 563a23~b13; T37, 348b15~27]

통틀어서 논하면 극락세계는 이 '네 가지 문'(四門)을 다 갖추고 있지만, 지금 이 (『불설아미타佛說阿彌陀』)경은 '두 가지의 온전함'(二種淸淨)을 근본으로 삼아 네 번째인 '방향이 정해진 문'(正定聚門)만을 '곧바로 제시한 것'(正示)이다. '[깨달음의 세계로 갈지, 타락하여 해로운 세계로 갈지] 방향이 정해져 있지 않은 부류'(不定[聚])인 '[가르침을] 들어서 [혼자] 부처가 되려는 수행자'(聲聞) 및 범부라 부르는 사람들도 '[극락세계에] 태어날 수 있기'(得生)[19] 때문이다. [또한] 『왕생론往生論』에서 "'[성문聲聞,

---

ānanda buddhakṣetre ye sattvā upapannā utpadyanta upapatsyante, sarve te niyatāḥ samyaktve yāvan nirvāṇāt. tat kasya hetoḥ. nāsti tatra dvayo rāśyor vyavasthānaṃ prajñaptir vā, yad idam: aniyatyasya vā mithyātvaniyatasya vā.; 실로 아난다여, 그 붓다의 나라에 태어났거나 태어나고 있거나 태어날 중생은 모두 열반에 이르기까지 올바로 결정된 자들이다. 왜 그런가? 거기에는 두 가지 무리의 확립이나 설정은 없기 때문이다. 곧 정해지지 않았거나 잘못 정해진 [무리의 확립이나 설정은 없다.]〉

19 이것은 『불설아미타경佛說阿彌陀經』의 구절을 원효가 그대로 인용한 것이 아니라, 그 대의를 설명한 것이다. 이를테면 "又舍利弗! 彼佛有無量無邊聲聞弟子, 皆阿

연각緣覺] 두 부류에 속하는 수행자'(二乘)는 [극락세계에] 태어날 수 없다."[20]라고 한 것은 [성문聲聞과 연각緣覺으로만] '결정되다시피 한 종류의 사람들'(決定種性)은 [극락세계에] 태어날 수 없기 때문이다.

『성왕경聲王經』[21]에서는 "'편안하고 즐거운 [정토淨土] 세계'(安樂世界)의 아미타불에게는 부모인 분이 있다."[22]라고 설하였는데, 이는 '[아미타불의 공덕과 장엄에 따라 모습이] 바뀌어 나타난 여성'(變化女)이지 '실제로 [과거에 지은 업業의] 결과를 받아 나타난 여성'(實報女)[의 몸은] 아닌 것이다. [또] 『왕생론』에서 "여성은 [극락極樂인] 저곳에 태어날 수 없다."라고 설한 것도 [극락세계에는] 실제로 [과거에 지은 업業의 결과로 나타

羅漢, 非是算數之所能知. 諸菩薩亦復如是."(T12, 347a29~b2)라고 말한 경문에서 극락정토에서 아미타불과 함께하고 있는 성문聲聞들의 존재를 확인할 수 있다. 또한 "舍利弗! 衆生聞者, 應當發願願生彼國. 所以者何? 得與如是諸上善人俱會一處. 舍利弗! 不可以少善根福德因緣得生彼國."(T12, 347b7~10)이라고 한 구절에서 성문과 범부 모두 극락세계에 태어난다고 설하는 내용을 확인할 수 있다.

20 일명 『왕생론往生論』이라고 부르는 『무량수경우파제사無量壽經優波提舍』는 정토에 왕생하기를 발원하고 찬탄하는 바수반두의 게송으로 서두가 시작된다. 이 가운데 원효가 인용한 내용은 "女人及根缺, <u>二乘種不生</u>, 衆生所願樂, 一切能滿足."(T26, 231a14~15)이라고 말하는 게송 가운데 밑줄 친 부분만 인용한 것이다.

21 『성왕경聲王經』: 『아미타고음성왕다라니경阿彌陀鼓音聲王陀羅尼經』을 가리킨다. 『불광대사전佛光大辭典』(p.3686)에 따르면, 『고음성왕경鼓音聲王經』, 『고음성경鼓音聲經』으로 약칭된다고 한다. 이 경은 대정장大正藏 제12권 보적부寶積部에 수록되었는데, 번역자는 알려져 있지 않다. 1권으로 이루어져 있는데, 부처님께서 첨파대성瞻波大城이라는 곳에서 여러 비구에게 아미타불의 안락세계(極樂淨土)에 대해서 설하는 내용으로 구성되어 있다.

22 『아미타고음성왕다라니경阿彌陀鼓音聲王陀羅尼經』의 내용 가운데는 아미타 부처의 아버지인 월상月上, 어머니는 수승묘안殊勝妙顔, 아들은 월명月明이라는 구체적인 명칭이 나온다. 아미타 부처의 어머니도 여인이기 때문에 여인의 몸으로 정토에 왕생할 수 있는가 하는 문제를 논하기 위해 원효는 이 경전의 내용을 거론한 것으로 이해할 수 있다. 관련되는 경문은 다음과 같다. 『아미타고음성왕다라니경阿彌陀鼓音聲王陀羅尼經』 권1(T12, 352b23~25). "阿彌陀佛如來・應・正遍知, 父名月上, 轉輪聖王; 其母名曰殊勝妙顔; 子名月明."

난] 여인은 없기 때문이니, '[아미타불의 공덕과 장엄에 따라] 변화하여 나타난 새들'(變鳥)도 이와 같음[23]을 알아야 하는 것이다. 또한 [아미타불에게] 비록 부모가 있지만 [아미타불은] '모태에서 태어난 것'(胎生)이 아니고 사실은 '변화하여 생겨난 것'(化生)이니, [태생을] 빌려 부모로 삼은 것이다.

이를테면 저 『성왕경聲王經』에서 [다음과 같이] 말한 것과 같다. "만약 '[비구 · 비구니 · 우바새 · 우바이, 이] 네 부류의 대중'(四衆)이 저 [아미타] 부처님의 명칭을 바르게 받아 지니면, 이 '이로운 능력'(功德) 때문에 [그가] 목숨을 마칠 때 아미타불이 곧 대중들과 함께 이 사람이 있는 곳으로 가서 그로 하여금 [아미타불을] 뵐 수 있도록 한다. [그가 아미타불을] 뵙고 나면 기뻐하는 희열을 일으키고 [아미타불의 명칭을 지니는] '이로운 능력'(功德)을 배로 늘린다. 이 인연 때문에 [그가] 태어나게 되는 곳은 '태아를 품는 깨끗하지 않은 애욕의 형태'(胞胎穢欲之形)에서 완전히 벗어나니, '청정한 곳'(純處)인 '아름답고 오묘한 보배[와 같은] 연꽃'(鮮妙寶蓮華) 가운데 '자연히 변화하여 생겨나'(自然化生), '위대한 특별한 능력'(大神通)을 갖추고 광명이 크게 빛난다."[24] [그러므로 극락세계에 있는

23 『불설아미타경佛說阿彌陀經』의 경문에 따르면, 극락세계에는 갖가지 아름다운 빛깔을 띤 새들이 있어 아름다운 소리를 내어 부처님의 진리를 전한다. 그런데 이 새들은 모두 아미타불이 변화시켜 만들어 낸 것이라고 한다. 해당되는 경문은 다음과 같다. 『불설아미타경佛說阿彌陀經』 권1(T12, 347a12~20). "復次舍利弗! 彼國常有種種奇妙雜色之鳥. 白鵠孔雀鸚鵡舍利迦陵頻伽共命之鳥. 是諸衆鳥, 晝夜六時出和雅音, 其音演暢五根五力七菩提分八聖道分如是等法. 其土衆生聞是音已, 皆悉念佛念法念僧. 舍利弗! 汝勿謂此鳥實是罪報所生. 所以者何? 彼佛國土無三惡趣. 舍利弗! 其佛國土尙無三惡道之名, 何況有實? 是諸衆鳥皆是阿彌陀佛, 欲令法音宣流變化所作."

24 원효가 인용한 이 경문의 원문은 다음과 같다. 『아미타고음성왕다라니경阿彌陀鼓音聲王陀羅尼經』 권1(T12, 352b13~17). "若有四衆, 能正受持彼佛**(之)**名號, 以此功德臨欲終時, 阿彌陀**(佛)**即與大衆往此人所, 令其得見. 見已, 尋生慶悅, 倍增功德. 以是因緣, 所生之處, 永離胞胎穢欲之形, 純處鮮妙寶蓮花中, 自然化生, 具大神通, 光明赫奕." 여기서 밑줄을 치고 굵게 표시한 글자는 인용한 내용과 서로 다른 부분을 가

아미타불의] 부모는 임시로 의지한 것일 뿐이라는 것을 알아야 한다.

又彼經言, "阿彌陀佛, 與聲聞俱, 如來 · 應供 · 正遍知, 其國號曰清泰. 聖王所住, 其城縱廣十千由旬", 而『觀經』說, "彼佛身, 高六十萬億那由他恒河沙由旬", 城小身大, 不相當者, 當知彼佛有衆多, 城隨衆大小, 城亦大小, 大城之中, 示以大身, 小城之中, 現以小身. 『聲王經』"十千由旬"者, 是與聲聞俱住之城, 當知佛身相當而住. 『觀經』所說"身高大"者, 當知其城亦隨廣大, 與諸大衆俱住處故. 如『兩卷經』及此經中, 池中蓮華大小懸殊, 隨池有大小, 其華亦大小. 當知城身大小亦爾. 其餘相違, 準此而通.

[H1, 563b13~c2; T37, 348b27~c9]

또 저 『성왕경聲王經』에서는 "아미타불은 '[가르침을] 들어서 [혼자] 부처가 되려는 수행자'(聲聞)들과 함께 계셨으니, [아미타불은] '진리와 같게 오신 분'(如來)이고 '마땅히 대접받아야 할 분'(應供)이며 '모든 것을 바르게 아는 분'(正遍知)이며, 그 [아미타불이 계시는] 나라는 '온전하고 편안한 곳'(淸泰)이라 부른다. '성스러운 [진리의] 왕[인 아미타불]'(聖王)께서 머무시는 그 성은 높이와 넓이가 일만 유순由旬[25][에 이르는 것]이

리키고, 괄호를 치고 굵게 표시한 글자는 원문에는 없는데 인용문에 들어 있다는 표시이다.

25 유순由旬: 고대 인도에서부터 거리를 재는 단위의 하나로 쓰인 것인데 산스크리트어 '요자나(yojana)'의 발음을 옮긴 말이다. 'yojana'는 동사어근 '√yuj(묶다)'에서 파생한 말로서 산스크리트어 사전(M. Moniar Williams, *Sanskrit English Dictionary*, p.858)에 따르면 '결합', '연결'을 의미한다고 되어 있다. 이 사전에 따르면 현대 영어권의 마일(mile)로 따져서 대략 4~9마일에 해당한다고 추정하고 있으므로 1요자나는 대략 6~15km 정도에 해당한다고 볼 수 있다. 한편 『불광대사전佛光大辭典』(p.1473)의 설명에 따르면, 소 수레를 타고 하루 동안 갈 수 있는 거리를 가리킨다고 하거나 『대당서역기』의 기록에 의거하여 제왕의 군대가 하루

다."[26]라고 하였고, 『관무량수경觀無量壽經』에서는, "저 [아미타] 부처님의 몸은 높이가 60조 나유타 항하사 유순이다."[27]라고 말했으니, [아미타불이 머무는] 성은 작은데 [아미타불의] 몸은 커서 서로 들어맞지 않는 것은 [다음과 같이] 알아야 한다. 저 [아미타] 부처님에게는 많은 대중이 있고 성은 대중들의 많고 적음에 따라 성 또한 크고 작은 것이니, 큰 성 가운데서는 커다란 [부처] 몸을 보이고, 작은 성 가운데서는 작은 [부처] 몸을 나타내는 것이다. 『성왕경聲王經』에서 "일만 유순"(十千由旬)이라고 한 것은 '[가르침을] 들어서 [혼자] 부처가 되려는 수행자'(聲聞)들과 함께 머무르는 성이기에 부처의 몸도 [그 성문聲聞들의 규모에] 맞추어 [그 정도 크기의 성에] 머무르는 것임을 알아야 한다. [또] 『관무량수경觀無量壽經』에서 말한 "[아미타] 부처님 몸은 높고 크다."(身高大)라는 것은 그 성도 역시 [아미타 부처의 몸을] 따라서 광대할 것이라는 것을 알아야 하니, 모든 대중과 함께 머무르는 곳이기 때문이다.

『무량수경無量壽經』(2권) 및 이 『관무량수경觀無量壽經』에서 연못에 있는 연꽃들의 크고 작음이 두드러지게 차이 나는 것[28]은 연못이 크고

동안 행군하는 거리를 의미한다고도 서술되어 있다.

26 원효가 인용한 경문은 다음에 제시한 대정장大正藏의 원문과 동일하다. 『아미타고음성왕다라니경阿彌陀鼓音聲王陀羅尼經』(T12, 352b21~23). "阿彌陀佛與聲聞俱, 如來・應・正遍知, 其國號曰清泰. 聖王所住, 其城縱廣十千由旬."

27 여기서 『관경觀經』이란 유송劉宋 때 강량야사畺良耶舍가 424년에 한역漢譯한 『불설관무량수불경佛說觀無量壽佛經』을 가리킨다. 줄여서 『관무량수경觀無量壽經』이라고도 하고, 극락세계에 대한 16관법觀法이 주요한 주제가 되므로 『십육관경十六觀經』이라고도 부른다. 원효가 인용한 것은 다음의 원문에서 밑줄 친 부분이다. 『불설관무량수불경佛說觀無量壽佛經』 권1(T12, 343b16~19). "阿難當知! 無量壽佛身, 如百千萬億夜摩天閻浮檀金色. <u>佛身高六十萬億那由他恒河沙由旬</u>; 眉間白毫右旋宛轉, 如五須彌山."

28 『불설무량수경佛說無量壽經』(2권)에서는 여러 가지 보배 연꽃이 가득한데 그 보배 연꽃 하나하나마다 백천억의 잎이 있다(T12, 272a22~23. "又衆寶蓮華周滿世界, 一一寶華百千億葉")라고 하였고, 『관무량수경』에서는 연꽃의 잎의 크기가 작은 것

작음에 따라서 그 연꽃들도 크고 작은 것이다. [아미타불이 머무는] 성과 [아미타불의] 몸이 크고 작은 것도 그러한 것임을 알아야 한다. 그 나머지 [극락세계를 묘사하는 데] 서로 어긋나는 것도 여기에 준하면 통할 것이다.

或說,『聲王經』中說"有父母", 是顯彼佛所住穢土. 是義不然. 所以然者, 彼經既說"寶蓮華中自然化生, 具大神通, 光明赫奕," 又下文言, "有二菩薩, 一名觀世音, 二名大勢至. 此二菩薩, 侍立左右." 此等悉是淨土相故, 不異『觀經』之所說故. 當知彼經所說提婆達多及魔王等, 悉於淨土變化所作. 不由此等爲非淨土, 如化畜生非穢土故. 且止乘論, 還釋本文.

[H1, 563c2~11; T37, 348c9~17]

어떤 사람은 〈『성왕경聲王經』에서 "[아미타불에게도] 부모가 있다."라고 말한 것은 저 [아미타] 부처님이 머무르고 있는 곳이 '[번뇌에] 오염된 땅'(穢土)이라는 것을 나타낸다.〉라고 말한다. [그러나] 이 뜻은 그렇지 않다. 그 까닭은 [다음과 같다.] 저 [『성왕聖王』]경에서는 이미 "보배와 같은 연꽃 가운데서 저절로 '변화하여 생겨나'(化生) '크나큰 특별한 능력'(大神通)을 갖추니 광명이 크고 아름답다."[29]라고 말씀하셨고, 또 그 아래의 경문에서는 "두 보살이 있으니, 첫 번째는 관세음보살이라 부

이 세로와 가로가 250유순(T12, 342c26~27. "華葉小者縱廣二百五十由旬")이라고 한 것처럼 묘사한 연꽃들의 크기에는 큰 차이가 나타난다는 사실을 지적한 것이다.

29 대정장의 『아미타고음성왕다라니경阿彌陀鼓音聲王陀羅尼經』에서의 관련 내용 전문은 다음과 같다. 밑줄 친 부분이 원효가 직접 인용한 것이다. 『성왕경聖王經』 권1(T12, 352b15~17). "以是因緣, 所生之處, 永離胞胎穢欲之形, 純處鮮妙寶蓮花中, 自然化生, 具大神通, 光明赫弈."

르고 두 번째는 대세지보살이라 부른다. 이 두 보살이 [아미타불의] 좌우에서 모시고 서 있다."[30]라고 말씀하셨다. 이런 것들은 모두 '[번뇌의 오염이 없는] 온전한 세상의 양상'(淨土相)이기 때문에 『관무량수경觀無量壽經』에서 설한 내용과 다르지 않은 것이다.

[또] 저 [『성왕聖王』]경에서 설한[31] 제바달다 및 마왕 등은 모두 '[번뇌의 오염이 없는] 온전한 세상'(淨土)에서 '[아미타불의 공덕과 장엄에 따라] 변화하여 만들어진 것'(變化所作)임을 알아야 한다. 이 [제바달다나 마왕]들 때문에 '[번뇌의 오염이 없는] 온전한 세상'(淨土)이 아니라고 해서는 안 되니, '변화하여 생겨난 동물'(化畜生)은 '[번뇌에] 오염된 세상'(穢土)[의 것]이 아닌 것과도 같은 것이다. ['근본 이치'(宗致)에 대한] '덧붙인 논의'(乘論)는 그치고 다시 [경전의] 본문을 해석한다.

III. [『아미타경阿彌陀經』의] 본문에 들어가 해석함(入文解釋)

> 此下第三, 入文解釋. 文有三分, 序, 正, 流通.
>
> [H1, 563c12~13; T37, 348c17~18]

이 아래는 [『아미타경阿彌陀經』을 해석하는 '세 가지 방식'(三門) 가운데] 세 번째로 [『아미타경阿彌陀經』의] '본문에 들어가 해석하는 것'(入文解釋)이다. 글에 세 부분이 있으니, '서론 부분'(序[分])과 '[경의 내용을] 본

30 인용한 경문은 다음과 같다. 이 가운데 밑줄 친 부분이 원효가 직접 인용한 것이다. 『성왕경聖王經』 권1(T12, 353a18~20). "阿彌陀佛於大寶花結加趺坐. 有二菩薩, 一名觀世音, 二名大勢至, 是二菩薩, 侍立左右."

31 이 내용은 앞에서 거론한 아미타불의 부모님의 명칭을 제시한 경문 다음에 나온다. 관련되는 경문은 다음과 같다. 『성왕경聖王經』 권1(T12, 352b27~28). "爾時魔王名曰無勝, 有提婆達多, 名曰寂靜."

격적으로 설한 부분'(正[說分])과 '[세상에] 널리 퍼뜨리게 하는 부분'(流通[分])이다.

1. 서론부분(序分)

『불설아미타경佛說阿彌陀經』[T12, 346b28~29]

如是我聞. 一時, 佛在舍衛國祇樹給孤獨園, 與大比丘僧千二百五十人俱.

이와 같이 나는 들었다. 한때 부처님께서 사위국의 기수급고독원에서 뛰어난 수행승들의 무리 1250인과 함께 계셨다.

序分之中, 有其六句. 於中前二, 是其標句, 其後四事, 證成前二. 言"如是"者, 總擧所聞之法, 表有信順之心. 言"我聞"者, 別提能聞之人, 表無違諍之意. 下四則引二對證成. 明憶聞時處, 成能聞之不謬, 旣有大師大衆, 證所說之可信. 於中委悉, 如常可知.

[H1, 563c13~19; T37, 348c18~24]

'서론 부분'(序分)에는 여섯 구절이 있다. 그 가운데 앞의 두 구절은 그 '전체를 드러내는 구절'(標句)이고, 그 뒤의 '네 가지 사실'(四事)은 앞의 두 구절[에 나오는 내용]을 증명하는 것이다. "이와 같이"(如是)라고 말한 것은 '들은 가르침'(所聞之法)을 통틀어 거론하여 '믿고 따르는 마음'(信順之心)이 있음을 드러낸 것이다. "나는 들었다."(我聞)라고 말한 것은 가르침을 들은 사람을 별도로 제시하여 '[가르침을] 거스르거나 다투려는 뜻'(違諍之意)이 없음을 드러낸 것이다.

아래의 네 구절은 곧 ['여시如是'와 '아문我聞'의] 두 가지를 끌어와 그에 대해 증명하는 것이다. [첫 번째는] [가르침을] 들은 때와 장소를 또렷하게 기억하여 [가르침을] 들은 사람의 착오가 없음을 증명한 것이고, [두 번째는] 이미 '뛰어난 수행자의 많은 무리'(大師大衆)가 있었다는 것으로써 설해진 것이 믿을 수 있음을 증명하는 것이다. 그 내용에서 자세한 것은 [경전들에서 말하는] 통상의 것과 같아서 알 수 있을 것이다.

『불설아미타경佛說阿彌陀經』 [T12, 346b29~c9]

皆是大阿羅漢, 衆所知識. 長老舍利弗, 摩訶目乾連, 摩訶迦葉, 摩訶迦栴延, 摩訶拘絺羅, 離婆多, 周梨槃陀迦, 難陀, 阿難陀, 羅睺羅, 憍梵波提, 賓頭盧頗羅墮, 迦留陀夷, 摩訶劫賓那, 薄俱羅, 阿㝹樓馱, 如是等諸大弟子. 幷諸菩薩摩訶薩, 文殊師利法王子, 阿逸多菩薩, 乾陀訶提菩薩, 常精進菩薩, 與如是等諸大菩薩及釋提桓因等, 無量諸天大衆俱.

이들은 모두 '위대한 성자'(大阿羅漢)로서 대중들에게 알려진 이들이었다. 장로[32] 사리불, 마하목건련, 마하가섭, 마하가전연, 마하구치라, 이바다, 주리반타카, 난타, 아난타, 라후라, 교범파제, 빈두로파라타, 가류타이, 마하겁빈나, 박구라, 아누루타 등의 '[부처님의] 위대한 제자'(大弟子)들이었다. 또한 '위대한 보살'(菩薩摩訶薩)인 문수사리법왕자, 아일다보살, 건타하제보살, 상정진보살들이 이들과 같은 '위대한 보살'(大菩薩)들 및 '신神들 가운데 [가장] 힘센 인드라'(釋提桓因)[33] 등의 헤아릴 수 없이 많은 '온갖 하늘 세계'(諸

32 장로長老: 범어 'āyuṣmān'을 한역漢譯한 말이다. 'āyuṣmān'은 중성명사 'āyuṣ'(생명, 목숨, 장수)에 접미사 '-mant'(-를 지닌)가 붙어서 만들어진 것이다. 따라서 우리말로는 '다른 이보다 연륜이 있는' 정도의 뜻을 지닌 말인데, 불교경론을 한역할 당시에는 '장로'라는 번역어가 선택되었다.

33 석제환인釋提桓因: 범어 'Śakra-Devānām indra'를 한역漢譯한 말이다. 음역하여 석가제환인다라釋迦提桓因陀羅 또는 줄여서 석제환인釋提桓因, 석가제바釋迦提婆, 제석환인帝釋桓因 등으로 부르기도 한다. 범어를 우리말로 옮기면 '신들 중에서 [가장] 힘센 인드라'의 뜻이므로 천제석天帝釋, 천주天主로 옮기기도 한다. 인드라(Indra) 신은 인도의 베다(Veda) 시대부터 힘센 신격으로서 흔히 전쟁의 신, 번개를 다스려 비를 내리게 하는 신 등으로서 존숭되었다. 이 인드라신이 불교에 유입되면서 도리천忉利天에 머무르면서 아수라와 같은 악한 존재를 물리치고 하늘세계를 다스리는 왕으로서의 이미지에 불교를 수호하는 역할을 덧붙임으로써 불교에서도 중시된다. 동아시아 문화에서는 제석천帝釋天이라는 이름으로 존중된다.

天)의 대중들과 함께 하였다.

第六序, 大衆有三, 先聲聞衆, 次菩薩衆, 後雜類衆. 聲聞衆中, 舍利弗者, 此云身子, 目揵連者, 此云讃誦, 迦葉者, 此云飮光, 迦旃延者, 此云扇繩, 摩訶拘絺羅者, 此云大膝, 離婆多者, 此云假和合, 周利槃特伽者, 此云蛇奴, 或云小道. 難陀, 此云慶喜, 阿難陀, 此云歡喜, 羅睺羅, 此云覆障, 或云宮生. 憍梵波提, 此云牛呞, 賓頭盧, 此云耆年, 頗羅墮, 此云利根. 迦留陀夷, 此云黑上, 此是悉達未出家時師也. 劫賓那, 此云房宿, 薄拘羅, 此云善容, 阿㝹樓馱, 此云無貧, 或云如意. 菩薩衆中, 阿逸多者, 此云無能勝, 乾陀訶提者, 赤色. 餘則可知.

[H1, 563c19~564a9; T37, 348c24~349a7]

['서론 부분'(序分)을 구성하는 여섯 구절 가운데] 여섯 번째인 서문[에 등장하는] 대중들[의 부류]에는 세 가지가 있으니, 먼저는 '[부처님 가르침을 직접] 들어서 부처가 되려는 수행자들'(聲聞衆)이고, 다음은 '[자신의 이로움과 타인의 이로움을 함께 추구하는] 보살 수행자들'(菩薩衆)이며, 마지막은 '[그 밖의] 갖가지 유형의 신적 존재들'(雜類衆)이다. '[부처님 가르침을 직접] 들어서 부처가 되려는 수행자들'(聲聞衆) 가운데 '사리불'은 '신자身子'[34]라 [한역漢譯]하며, '목건련'은 찬송讚誦[35]이라 [한역漢譯]하며, '가섭'

34 신자身子: 석가모니 부처의 10대 제자 중의 하나인 사리불舍利弗을 가리킨다. 사리불은 팔리어 사리풋타(Sāriputta/범어Śāriputra)의 발음을 옮긴 것으로, 여기서 풋타(putta)는 '아들/제자'를 의미하므로 이 말의 뜻을 옮겨 사리자舍利子라 부르기도 한다. 따라서 사리불舍利弗, 사리자舍利子, 사리부다라奢利富多羅 등의 한역어漢譯語가 쓰이는데, '신자'라는 번역어는 경론經論에서는 채택된 사례가 나타나지 않고 몇몇 후대의 주석문헌에서 등장하고 있다. 여기서 '신身'은 부처님의 신체/유골을 뜻하는 팔리어 사리라(sarīra/범어śarīra)의 발음과 혼동한 데서 비롯한 말이 아닌가 추정할 수 있다. 일찍이 원측도 『반야바라밀다심경찬』에서 이 번역

은 음광飮光이라 [한역漢譯]하며, '가전연'은 선승扇繩이라 [한역漢譯]하며, '마하구치라'는 대슬大膝이라 [한역漢譯]하며, '이바다'는 가화합假和合이라 [한역漢譯]하며, '주리반특가'는 사노蛇奴 또는 소도小道라고 [한

어가 잘못임을 지적한 바 있다. 『불설반야바라밀다심경찬佛說般若波羅蜜多心經贊』(H1, 4a22~b2) "云舍利弗多羅, 此翻舍利名鸜鵒, 弗多羅此云子, 母眼靑精, 似鸜鵒限, 故立母名, 號爲鸜鵒. 『明度經』曰, 鶖鷺子或云優婆提舍者, 從父立號, 舊翻身子者謬也." 그런데 『불광대사전』(p.3498)에 따르면, 사리불의 어머니는 마가다국의 왕사성에 있는 바라문 논사論師의 딸이었다고 하는데, 태어날 때부터 눈이 독수리(舍利鳥)와 같아서 사리舍利라는 이름을 얻게 되었다고 한다. 그러므로 사리자舍利子는 사리의 아들이라는 뜻이 된다. 또 한편으로는 사리불의 이름은 우파팃사(Upatissa)라고도 하는데 이것은 그의 아버지로부터 얻은 이름이었다고 한다. 한역漢譯으로는 우파저사優波底沙, 우파제사優波提舍, 우파제수優波帝須라고 한다. 이에 근거하면 신자身子는 사리의 아들이라는 뜻에 부합한다고 볼 수도 있다. 물론 이때에도 어머니의 이름을 따면서 사리를 사리라(sarīra/범어śarīra)로 혼용한 경우는 동일하다.

35 이하에서 원효는 『아미타경』의 서문에 등장하는 성문대중들의 이름을 열거하면서 그 한역어漢譯語를 낱낱이 밝히고 있다. 그런데 이때의 한역 명칭들이 어떤 문헌에 근거해서 제시한 것인지를 밝히는 일은 간단하지가 않다. 예컨대 '목건련'을 찬송讚誦의 뜻으로 한역하는 경우를 찾아보면, 『법화경』의 주석서에서 이와 같은 사례를 확인할 수 있다. 곧 지의智顗의 『묘법연화경문구妙法蓮華經文句』(T34, 13b26)과 길장吉藏의 『법화의소法華義疏』(T34, 459c7~10)에서 '목건련'을 찬송讚誦으로 한역한 사례가 나타난다. 이들 문헌의 설명에 따르면, 찬송讚誦은 목건련의 어머니의 성씨를 따른 것이라고 하는데, 자식이 없음을 근심하던 목건련의 부모가 구율타 나무에서 기도를 올린 뒤 목건련을 얻었으므로 구율타拘律陀 또는 구율타俱律陀라는 이름을 얻게 되었다고 한다. 이러한 관점은 『아미타경』의 주석서에 드러나는데, 규기窺基의 『아미타경소阿彌陀經疏』(T37, 315c14)에서 찬송讚誦으로 번역한 사례를 찾아볼 수 있다. 그러나 원효가 참조한 문헌은 수隋나라의 혜정慧淨이 주석한 『아미타경의술阿彌陀經義述』로 보인다. 원효가 주석한 내용과 가장 근접한 기술이 나타나기 때문이다. 『아미타경의술阿彌陀經義述』 권1(T37, 308b17~25). "舍利弗, 此云身子, 鈍若有邊則段陀, 利若有邊則身子, 告往知來, 雄才隼夾, 神慧□悟. 目連此云讚誦, 迦葉此云飮光, 俱絺羅此云大膝, 周利槃陀迦此云蛇奴, 難陀此云慶喜, 阿難此云歡喜, 羅睺此云覆障, 憍梵波提此云牛王, 賓頭盧此云上座, 頗羅墮此云利根, 迦留陀夷此云黑色, 劫賓那此云房宿, 薄俱羅此云善容, 阿㝹樓馱此云如意. 如是等諸大弟子, 結定也."

역漢譯]한다. [또] '난타'는 경희慶喜라 [한역漢譯]하며, '아난타'는 환희歡喜라 [한역漢譯]하며, '라후라'는 복장覆障 또는 궁생宮生이라 [한역漢譯]한다. [또] '교범파제'는 우시牛呞라 [한역漢譯]하며, [수행자 '핀도라-바라드와자'의] '빈두로'[36]는 기년耆年이라 [한역漢譯]하며, '파라다'는 이근利根이라 [한역漢譯]한다. '가류타이'는 흑상黑上이라 [한역漢譯]하는데, 이 사람은 싯타르타(悉達) 태자가 아직 출가하지 않았을 때의 스승이었다. [또] '겁빈나'劫賓那는 방숙房宿이라 [한역漢譯]하며, '박구라'薄拘羅는 선용善容이라 [한역漢譯]하며, '아누루타'는 무빈無貧 혹은 여의如意라고 [한역漢譯]한다. [자신의 이로움과 타인의 이로움을 함께 추구하는] 보살 수행자들'(菩薩衆) 가운데 '아일다'는 무능승無能勝이라 [한역漢譯]하고, '건타하제'는 적색赤色이라고 [한역漢譯]한다. 나머지 [보살중菩薩衆과 잡류중雜類衆에 대해서는 살펴보면] 알 수 있을 것이다.

---

36 빈두로賓頭盧: 팔리어 및 범어 '핀도라Piṇḍola-바라드와자bharadvāja'를 음역音譯한 말이다. 16아라한 중의 첫 번째 인물로 빈도라발라사賓度羅跋羅闍, 빈도라발라타사賓度羅拔囉墮舍, 빈두로파라타서賓頭盧頗羅墮誓로도 옮긴다. 『불광대사전』(p.5932)의 설명에 따르면, '빈두로'는 이름으로 부동不動의 뜻이고, '발라타사'는 바라문 가문의 한 성씨로서 이근利根의 뜻이라고 한다. 빈두로는 신통력이 특히 뛰어나 세상 사람들 앞에서 보여 주기를 즐기다가 세존께 크게 꾸지람을 듣고 추방을 당하였다고 한다. 나중에서야 다시 돌아오게 되었지만, 열반에 드는 것을 허락받지 못하고 마리산摩梨山에 영원히 머무르면서 중생을 교화하게 되었다고 한다. 그런데 원효의 주석에서는 '빈두로'와 '파라타'를 따로 분리시켜 다른 사람인 것처럼 보인다. 이것은 바로 위의 각주에서 제시한 『아미타경의술阿彌陀經義述』의 서술에서도 '빈두로'와 '파라타'를 구분하여 서술한 방식이 나타나고 있다. 그런데 지의智顗의 『아미타경의기阿彌陀經義記』에서는 이 부분을 "賓頭盧頗羅墮翻走閉門"으로 옮기고 있어서 동일인물로 파악한 점이 드러난다. 따라서 이러한 문제점을 고려하여 여기서는 "[수행자 '핀도라-바라드와자'의] '빈두로'는 기년耆年이라 [한역漢譯]하며, '파라다'는 이근利根이라 [한역漢譯]한다."로 옮긴다.

2. [경의 내용을] 본격적으로 설한 부분(正說分)

"爾時佛告"已下, 第二正說分. 於中有三, 一者, 正示二種淸淨果, 二者, 勸修二種正因, 其第三者, 引例證成. 初中有二, 略標, 廣解. 標中二句, 先標依果, 後標正報. 釋中亦二, 先釋依果, 後釋正報.

[H1, 564a9~15; T37, 349a7~11]

"그때 부처님께서 말씀하셨다."(爾時佛告) 이하는 ['『아미타경阿彌陀經』의 본문에 들어가 해석함'(入文解釋)의 세 부분 가운데] 두 번째인 '[경의 내용을] 본격적으로 설한 부분'(正說分)이다. 이 가운데 세 가지가 있으니, 첫 번째는 ['온전한 환경'(器世間淸淨)[인 극락세계]와 '중생사회를 온전하게 하는 과보'(衆生世間淸淨)[인 아미타불], 이] '두 가지 온전한 과보를 곧바로 드러낸 것'(正示二種淸淨果)이고, 두 번째는 ['온전한 환경'(器世間淸淨)[인 극락세계]와 '중생사회를 온전하게 하는 과보'(衆生世間淸淨)[인 아미타불]을 과보로 얻게 하는] '두 가지 바른 원인을 닦을 것을 권하는 것'(勸修二種正因)이며, 세 번째는 '사례를 끌어와 [그에 대해] 증명하는 것'(引例證成)이다.

첫 번째에도 두 가지가 있으니, [첫째는] '간략하게 [핵심을] 밝힘'(略標)이고 [둘째는] '자세하게 해석함'(廣解)이다. '[간략하게] 핵심을 밝힘'([略]標)에도 두 구절이 있는데, 먼저는 '[행위의] 과보가 의지하는 온전한 환경'(依果)[인 극락세계]를 간략히 밝힌 것이고 나중은 '[행위로 인해] 직접 받은 온전한 과보'(正報)[37][인 아미타불]을 간략히 밝힌 것이다. '[자세하게]

37 의과依果와 정보正報: 의과依果는 의보依報라고도 하는데 '의지하는 과보'라는 뜻으로 정보의 반대말이다. 『망월불교대사전望月佛教大辭典』(289b)에 따르면, 유정有情의 몸의 의지하는 국토기세계國土器世界의 과보를 말한다고 한다. 『금강경찬요간정기金剛經纂要刊定記』 권3(T33, 193b11~12)에서는, "色是依報即外四大, 身是正報即內五蘊, 搏取者即和合義也."라고 하여 사람이 살아가는 데 필요한 물질적 토대를 의보依報라 하고, 신체를 정보正報라고 구분하고 있다. 또 지의智顗의

해석함'([廣]釋)에도 두 가지가 있으니, 먼저는 '[행위의] 과보가 의지하는 온전한 환경'(依果)[인 극락세계]를 자세히 밝힌 것이고 나중은 [행위로 인해] 직접 받은 온전한 과보'(正報)[인 아미타불]을 자세히 밝힌 것이다.[38]

依果淸淨之中, 義門有二, 文相有六. 別總功德有其十五. 義門二, 一釋名門, 二辨相門. 六者名門開二, 相門分四故. 別總十五者, 別有十四, 總成一故. 別有十四者, 六文之中, 有其四例, 前一各有一, 後二各有二, 第三文中開三, 第四文中分五. 是故合有十四功德.

[H1, 564a15~22; T37, 349a11~17]

『인왕호국반야경소仁王護國般若經疏』 권4(T33, 276a11~12)에서는 "如來三業下, 二歎法身果報. 淨土即是依報, 今明法身即是正報."라고 하여, 정토淨土를 의보, 여래의 법신法身을 정보로 구분하고 있다. 그리고 혜정慧淨의 『아미타경의술阿彌陀經義述』 권1(T37, 308c16~17)에서는 "依報, 則極樂世界, 正果, 即有佛號阿彌陀."라고 하여 극락세계가 의보依報이고 아미타불이 정과正果라고 하는데, 원효의 『아미타경』 해석에 나오는 의과와 정보의 내용과 통하는 해석이다.

38 이상의 해설에 따라 '[경의 내용을] 본격적으로 설한 부분'(正說分)의 내용을 과문科文하면 다음과 같다.

1) ['온전한 환경'(器世間淸淨)[인 극락세계]와 '중생사회를 온전하게 하는 과보'(衆生世間淸淨)[인 아미타불], 이] '두 가지 온전한 과보를 곧바로 드러낸 것'(正示二種淸淨果)
   (1) '간략하게 [핵심을] 밝힘'(略標)
      ① '[행위의] 과보가 의지하는 온전한 환경'(依果)[인 극락세계]를 간략히 밝힌 것
      ② '[행위로 인해] 직접 받은 온전한 과보'(正報)[인 아미타불]을 간략히 밝힌 것
   (2) '자세하게 해석함'(廣解)
      ① '[행위의] 과보가 의지하는 온전한 환경'(依果)[인 극락세계]를 자세히 밝힌 것
      ② '[행위로 인해] 직접 받은 온전한 과보'(正報)[인 아미타불]을 자세히 밝힌 것
2) ['온전한 환경'(器世間淸淨)[인 극락세계]와 '중생사회를 온전하게 하는 과보'(衆生世間淸淨)[인 아미타불]을 과보로 얻게 하는] '두 가지 바른 원인을 닦을 것을 권하는 것'(勸修二種正因)
3) '사례를 끌어와 [그에 대해] 증명하는 것'(引例證成).

'[행위의] 과보가 의지하는 온전한 환경'(依果淸淨)[인 극락세계에 관한 자세한 해석] 가운데 [극락에 갖추어진 공덕功德의] '뜻[을 설명하는] 측면'(義門)에는 두 가지가 있고, '글의 양상'(文相)에는 여섯 가지가 있다. [또] '[극락에] 개별적으로 갖추어진 이로움'(別功德)과 '총괄적으로 갖추어진 이로움'(總功德)에는 15가지가 있다. '뜻[을 설명하는] 측면'(義門) 두 가지 가운데, 첫 번째는 '명칭을 해석하는 측면'(釋名門)이고 두 번째는 '특징을 구별하는 측면'(辨相門)[39]이다. [글의 양상이] 여섯 가지라는 것은, '명칭[을 해석하는] 측면'([釋]名門)이 두 가지로 펼쳐지고 '특징을 구별하는 측면'([辨]相門)이 네 가지로 나뉘어져 있기 때문이다.

개별과 총괄[을 합하여] 15가지라는 것은, '개별[적으로 갖추어진 이로움]'(別[功德])에 14가지가 있고, '총괄[적으로 갖추어진 이로움]'(總[功德])이 한 가지를 이루고 있기 때문이다. '개별[적으로 갖추어진 이로움]'(別[功德])에 14가지가 있다는 것은 [다음과 같은 이유에서이다.] '여섯 가지 문단'(六文) 가운데는 그 네 종류가 있으니, 앞의 [두 문단에서는] 한 문단에 각각 하나[의 이로움(功德)]이 있고, 뒤의 두 문단[인 다섯 번째와 여섯 번째]에 각각 두 개[의 이로움(功德)]이 있으며, 세 번째 문단에서는 세 가지 [이로움(功德)]을 펼치고, 네 번째 문단에서는 다섯 가지 [이로움(功德)]을 구분하고 있다. 이런 까닭에 합하여 '14가지 이로움'(十四功德)이 있는 것이다.

---

39 석명문釋名門과 변상문辨相門: 원효가 『아미타경』의 내용을 본격적으로 설하는 부분인 정설분正說分에서 이 두 문을 열어 극락세계의 뜻과 그 특징을 해석하는 방식은 다른 『아미타경』의 주석서에서는 유사한 예가 보이지 않는다. 이와 같은 방식은 『법화경』을 주석하면서 4문門, 5문門, 6문門, 7문門 등에 걸쳐 『법화경』을 종횡무진으로 해석한 수隨나라 길장吉藏의 방식을 참고할 필요가 있을 것이다. 원효가 주석에서 명문名門과 상문相門으로 나누어 해석하는 방식은 길장의 『법화의소法華義疏』에서 유사한 사례를 찾아볼 수 있다. 『법화의소法華義疏』 권9(T34, 583b25~26). "今以四門釋之, 一來意門, 二釋名門, 三體相門, 四階位門."

『불설아미타경佛說阿彌陀經』[T12, 346c10~14]

爾時, 佛告長老舍利弗. “從是西方, 過十萬億佛土, 有世界, 名曰極樂. 其土有佛, 號阿彌陀, 今現在說法. 舍利弗! 彼土何故名爲極樂? 其國衆生無有衆苦, 但受諸樂, 故名極樂.”

그때 부처님께서 장로 사리불에게 말씀하셨다. “여기에서 서쪽으로 부처님이 계신 세상'(佛土) 10조 [개]를 지나가면 [한] 세계가 있으니, 이름하여 '탁월한 즐거움'(極樂)[이 가득한 세계]라고 부른다. 그 세계에 [한] 부처가 있어 아미타라고 불리는데, 지금 현재에도 진리의 가르침을 설하고 있다.

사리불아! 그 세상을 어째서 '탁월한 즐거움'(極樂)[이 가득한 세계]라고 부르는가? 그 세상의 중생들에게는 갖가지 괴로움(苦)이 없고 단지 온갖 즐거움(樂)만을 누리니, 따라서 '탁월한 즐거움'(極樂)[이 가득한 세계]라고 부르는 것이다.”

第一文言“無有衆苦, 但受諸樂”者, 是無諸難功德成就. 如論頌言, “永離身心惱, 受樂常無間”故.

[H1, 564a22~24; T37, 349a17~19]

첫 번째 문단에서 말한 “[그 세상의 중생들에게는] 갖가지 괴로움(苦)이 없고 단지 온갖 즐거움(樂)만을 누린다.”(無有衆苦, 但受諸樂)라는 것은, '갖가지 고난이 없는 이로움'(無諸難功德)이 이루어진 것이다. 『왕생론往生論』에서 게송으로 말한 “몸과 마음의 괴로움에서 완전히 벗어나고, 즐거움을 누림은 한결같아 끊어짐이 없다네.”[40]라는 것과 같다.

40 논論: 여기서 논은 『왕생론往生論』을 가리킨다. 앞의 각주에서 밝힌 것처럼, 『왕생론往生論』은 『무량수경우파제사원생게無量壽經優波提舍願生偈』의 별칭別稱이다. 이 내용은 원효가 『무량수경우파제사원생게無量壽經優波提舍願生偈』 권1(T26, 231a12)에 나오는 게송 “永離身心惱, 受樂常無間”을 그대로 인용한 것이다.

『불설아미타경佛說阿彌陀經』[T12, 346c14~16]

又舍利弗! 極樂國土, 七重欄楯, 七重羅網, 七重行樹, 皆是四寶周匝圍繞. 是故彼國名曰極樂.

또한 사리불이여! '탁월한 즐거움이 가득한 나라'(極樂國土)에는 일곱 겹의 난간(欄楯)[41]과 일곱 겹의 그물(羅網)[42]과 일곱 겹의 가로수(行樹)[가 있으니], 그 모든 것들은 '네 가지 보배'(四寶)[43]가 주위를 둘러싸고 있다. 그러므

41 난순欄楯: 여기서 난간으로 옮긴 난순欄楯은 불교에서 불탑의 외곽을 둘러싸는 울타리인 돌담을 가리키는데, 난순을 설치하여 탑을 보호하고 장식하여 불탑의 품격을 높이는 건조물이다. 『불광대사전』(p.6852)에 따르면 건물의 난간, 가로수를 둘러싸는 목책木柵 등을 난순이라 하는데, 세로 부분을 난欄, 가로 부분을 순楯이라고 구분하였다. 그런데 경의 본문에 나오는 것처럼 일곱 겹이라는 표현은 『아미타경』뿐만 아니라 경론에서 폭넓게 나타나고 있는데, 특히 『아함경』에서도 이미 이와 같은 발상을 확인할 수 있다. 이를테면, 『장아함경長阿含經』「유행경遊行經」에서 과거 대선견大善見왕이 다스리던 구사파제拘舍婆提라는 도성都城을 묘사하는 장면에서 "其城七重, 遶城欄楯亦復七重."(T1, 21b17~18)이라는 서술을 확인할 수 있기 때문이다. 이에 따르면, 성곽이 일곱 겹이고 난순 또한 일곱 겹이라는 발상의 연원을 살펴볼 수 있다. 더구나 『장아함경』 권제19 「세기경世記經」에서는 염라대왕의 궁궐을 묘사하는 장면에서 "其城七重, 七重欄楯, 七重羅網, 七重行樹."(T1, 126b10~11)라는 표현이 나오고 있어서 『아미타경』의 본문과 일치하고 있는 사실도 확인할 수 있다.

42 그물(羅網): 이때의 그물은 어업용이 아니라, 장식용 그물을 가리킨다. 곧 진주나 갖가지 보배 구슬을 줄지어 매달은 장식용의 그물을 의미하는 것이다. 다음에 제시한 경문의 밑줄 친 부분은 온전한 세상에 대한 묘사에서 장식 그물이 등장하고 있는 장면을 확인시켜 준다. 『대반야바라밀다경大般若波羅蜜多經』 권399(T6, 1065c29~1066a2)에서, "其路邊有法涌菩薩所營七寶大般若臺, 以赤栴檀而爲塗飾, 懸寶鈴鐸出微妙音, 周匝皆<u>垂眞珠羅網</u>."

43 사보四寶: 네 가지 보물이란 금, 은, 유리, 수정(파려)이다. 지의智顗의 『아미타경의기阿彌陀經義記』 권1(T37, 306c13~14)에서 "其樹七重, 皆是四寶, 金・銀・瑠璃・玻瓈等寶."라는 서술이 나타나고, 송宋나라 때 지원智圓이 주석한 『아미타경소阿彌陀經疏』 권1(T37, 354b25)에서 "四寶者, 金・銀・琉璃・水精也."이라고 서술한 사례에서도 이를 확인할 수 있다. 『아미타경』의 다음 경문에서 칠보七寶가 열거되는데, 이 가운데 금, 은, 유리, 파려를 먼저 언급하고 있는 사실에서도 이를 알 수 있다. 한편 명明나라 지욱智旭의 경우처럼 이 사보四寶를 실제의 보물이 아

로 그 나라를 '탁월한 즐거움'(極樂)[이 가득한 세상]이라고 부르는 것이다.

第二文言"七重欄楯羅網行樹"者, 是莊嚴地功德成就. 如論頌言, "雜華[44]異光色, 寶欄遍圍繞"故.

[H1, 564a24~b3; T37, 349a19~21]

두 번째 문단에서 말한 "일곱 겹의 난간과 그물과 가로수[가 있으니]"(七重欄楯羅網行樹)라는 것은 '[살아가는] 땅을 훌륭하게 가꾸는 이로움'(莊嚴地功德)이 이루어진 것이다. 『왕생론往生論』에서 게송으로 말한 "갖가지 나무들이 아름다운 빛깔로 다채롭고, 보배 난간이 두루 둘러싸고 있네."[45]라는 것과 같다.

『불설아미타경佛說阿彌陀經』 [T12, 346c16~347a6]

又舍利弗! 極樂國土有七寶池, 八功德水, 充滿其中, 池底純以金沙布地. 四邊階道, 金·銀·琉璃·頗梨合成. 上有樓閣, 亦以金·銀·琉璃·頗梨·車磲·赤珠·馬瑙而嚴飾之. 池中蓮花大如車輪, 青色青光, 黃色黃光, 赤色赤光, 白色白光, 微妙香潔. 舍利弗!極樂國土成就, 如是功德莊嚴.

또한 사리불이여! '탁월한 즐거움이 가득한 나라'(極樂國土)에는 '일곱 가지 보물'(七寶)[46]로 이루어진 연못이 있으니 '여덟 가지 이로움이 있는 물'(八

니라, 불교사상의 핵심적 가치를 4보로 이해하는 해석도 나타난다. 지욱은 상락아정常樂我淨을 4보로 보았다. 『아미타경요해阿彌陀經要解』 권1(T37, 367c4~5). "各言七重者, 表七科道品. 皆是四寶者, 表常樂我淨四德."

44 한불전과 대정장의 『아미타경소』에는 '華'자로 나온다. 그러나 원효가 인용한 대정장의 『왕생론往生論』 원문에는 '華'자가 아니라 '樹'자로 되어 있다. '樹'자로 교감하여 번역한다.

45 이 내용도 『무량수경우파제사無量壽經優波提舍偈』의 게송 가운데 "雜樹異光色, 寶欄遍圍繞"(T26, 231a3) 부분을 인용한 것이다.

46 칠보七寶: 일곱 가지 보물 또는 일곱 종류의 보물을 뜻한다. 이를테면, 『장아함경

功德水)[47]이 그곳을 가득 채우고, 연못의 바닥은 완전히 금모래가 깔려 있다. 가장자리 네 곳[에 있는] 계단 길은 금, 은, 유리, 파리 [등의 보물]들이 합해져서 만들어졌다. [그] 위에는 누각이 있는데 [그] 또한 금金, 은銀, 유리琉璃, 파리頗梨, 차거車磲, 적주赤珠, 마노馬瑙로써 장엄하게 꾸며져 있다. 연못 속의 연꽃은 크기가 수레바퀴와 같고, 푸른색은 푸르게 빛나며 노란색은 노랗게 빛나고 빨간색은 빨갛게 빛나며 하얀색은 하얗게 빛나면서 미묘하고 향기롭고 깨끗하다. 사리불이여! '탁월한 즐거움이 가득한 나라'(極樂國土)에

長阿含經』 권제3 「유행경流行經」(T1, 21c11~13. 何謂七寶? 一金輪寶, 二白象寶, 三紺馬寶, 四神珠寶, 五玉女寶, 六居士寶, 七主兵寶.)에 나타난 것처럼 인도의 성왕聖王들이 보유하고 있다고 여기는 전차, 코끼리 등 나라의 힘을 상징하는 일곱 가지를 칠보라고 부를 때도 있다. 그러나 위의 경문처럼 극락세계를 장식하는 일곱 가지 보석을 흔히 칠보라고 부른다. 경문에서 제시한 것처럼 금金(suvarṇa), 은銀(rūpya), 유리瑠璃(vaiḍūrya), 파려頗黎(sphaṭika), 차거硨磲(musāragalva), 적주赤珠(lohita-muktikā), 마노瑪瑙(aśma-garbha) 등의 일곱 가지가 칠보인데, 경전에 따라 보물의 종류에는 약간의 차이가 있다. 『불설무량수경佛說無量壽經』(T12, 270a8)에서는 금金, 은銀, 유리琉璃, 산호珊瑚, 호박琥珀, 차거車渠, 마노瑪瑙를 칠보로 제시하였고, 『불설대아미타경佛說大阿彌陀經』(T12, 331c11~12)에서는 황금黃金, 백은白銀, 수정水晶, 유리瑠璃, 산호珊瑚, 호박琥珀, 차거硨磲를 칠보라 하였으며, 『대승동성경大乘同性經』(T16, 646c23~24)에서는 금金, 은銀, 유리琉璃, 마니摩尼, 진주眞珠, 차거車渠, 마뇌馬碯, 적진주赤眞珠를 칠보로 열거하고 있다.

47 팔공덕수八功德水: 극락세계와 같은 이상세계에 있는 연못을 가득 채우고 있는 여덟 가지 뛰어난 이로움이 있는 물을 뜻한다. 팔지덕수八支德水, 팔미수八味水, 팔정수八定水라고도 한다. 여기서 여덟 가지는 맑음(澄淨), 시원함(淸冷), 감미로움(甘美), 부드러움(輕軟), 윤택함(潤澤), 편안함(安和), '마실 때 굶주림과 목마름 등의 헤아릴 수 없이 많은 허물과 근심을 없애 줌'(飮時除飢渴等無量過患), '마시고 나면 반드시 모든 감각기관과 육신을 잘 길러 줌'(飮已定能長養諸根四大)이다. 이 팔공덕수八功德水에 대한 묘사는 정토계열 경론뿐만 아니라 『아함경』에서부터 『반야경』, 『화엄경』에 이르기까지 거의 모든 경론에서 거론되고 있지만, 대부분 명칭으로서만 나타날 뿐이고 8공덕수의 내용에 대해서는 『칭찬정토불섭수경稱讚淨土佛攝受經』에서 살펴볼 수 있다. 『칭찬정토불섭수경稱讚淨土佛攝受經』 권1(T12, 348c23~28). "極樂世界淨佛土中, 處處皆有七妙寶池, 八功德水彌滿其中. 何等名爲八功德水? 一者澄淨, 二者淸冷, 三者甘美, 四者輕軟, 五者潤澤, 六者安和, 七者飮時除飢渴等無量過患, 八者飮已定能長養諸根四大, 增益種種殊勝善根, 多福衆生常樂受用."

이루어져 있는 것은 이와 같은 '이로운 것들로 꾸며짐'(功德莊嚴)이니라.

第三文中, 有三功德. "池水金沙"者, 是莊嚴水功德成就. 如『論』頌言, "諸池帶七寶, 淥水含八德. 下積黃金沙, 上耀靑蓮色"故. "階道樓閣有金銀等"者, 是種種事功德成就. 如『論』頌言, "備諸珍寶性, 具足妙莊嚴"故. "蓮華如輪, 靑色靑光"等者, 莊嚴妙色成就功德. 如『論』頌言, "無垢光焰熾, 明淨耀世間"故.

[H1, 564b3~10; T37, 349a21~27]

세 번째 문단에는 ['개별적으로 갖추어진 이로움'(別功德) 14가지 가운데] '세 가지 이로움'(三功德)이 있다. [첫 번째 이로움인] "[일곱 가지 보물로 이루어진] 연못, [여덟 가지 이로움이 있는] 물, [연못 바닥의] 금모래"(池水金沙)는 '물을 장엄하게 가꾸는 이로움'(莊嚴水功德)이 성취된 것이다. 『왕생론往生論』에서 게송으로 말한 "모든 연못은 일곱 가지 보물을 두르고 있고, 맑은 물은 여덟 가지 이로움을 품었네. 아래로는 황금 모래가 쌓였고, 위로는 푸른 연꽃이 빛난다."[48]라는 것과 같다. "[연못의 가장자

48 이 게송은 『왕생론』이라 부르는 대정장의 『무량수경우파제사無量壽經優波提舍』에는 나오지 않는다. 『왕생론』의 저자인 세친의 주석에 따르면 [수水, 지地, 허공虛空, 이] 세 가지 장엄공덕성취 가운데 장엄수莊嚴水에 해당하는 게송으로 "寶華千萬種, 彌覆池流泉, 微風動華葉, 交錯光亂轉"(T26, 230c29~231a1)을 거론하고 있기 때문이다. 따라서 원효의 주석에서 거론한 『왕생론』의 해당 게송은 대정장에 수록된 『무량수경우파제사無量壽經優波提舍』에서는 찾을 수 없다는 점, 『왕생론』의 저자인 세친의 설명에서 거론되고 있는 관련 게송은 전혀 다르다는 점에서 인용과정에서 착오가 있었거나 또 다른 〈론〉의 가능성을 추정해 볼 수 있다. 그러나 원효가 인용한 해당 게송은 다른 경론에서는 검색되지 않으므로 『왕생론』의 또 다른 판본의 존재 가능성을 고려할 필요도 있을 것이다. 신라의 승려로 알려져 있는 석현일釋玄一의 『무량수경기無量壽經記』에서는 이와 같은 혼선을 지적하고 있어서 흥미롭다. 현일이 문제를 제기한 내용은 다음의 글에서 괄호 안의

리 네 곳에 있는] 계단 길과 누각에 있는 금, 은 등"(階道樓閣有金銀等)이라는 것은 '갖가지 사물의 이로움'(種種事功德)이 성취된 것이다. 『왕생론』에서 게송으로 말한 "갖가지 보물의 특징을 갖추었고 절묘한 장식을 모조리 갖추었네."[49]라는 것과 같다. "연꽃은 [크기가] 수레바퀴와 같고 푸른색은 푸르게 빛나며"(蓮華如輪, 青色青光) 등으로 말한 것은 '장엄한 오묘한 색깔'(莊嚴妙色)을 성취하는 이로움이다. 『왕생론』에서 게송으로 말한 "오염되지 않은 불꽃이 타올라 세상을 밝고 온전하게 비추네."[50]라는 것과 같다.

> 『불설아미타경佛說阿彌陀經』[T12, 347a7~11]
>
> 又舍利弗! 彼佛國土常作天樂, 黃金爲地, 晝夜六時, 天雨曼陀羅華. 其國衆生, 常以淸旦, 各以衣祴, 盛衆妙華, 供養他方十萬億佛, 卽以食時還到本國, 飯食經行. 舍利弗! 極樂國土成就, 如是功德莊嚴.
>
> 또한 사리불이여! 저 '부처님이 계신 세상'(佛國土)에는 항상 '하늘의 음악'(天樂)이 연주되고, 황금이 땅이 되며, 밤낮으로 여섯 번 하늘에서는 만다라[51] 꽃비가 내린다.

내용에 나오는데, 원효의 주석과 동일한 내용을 확인하기 쉽게 밑줄을 쳤다. 『무량수경기無量壽經記』 권1(X22, 65c13~15). "一云第二正明池水. 如論云, 寶華千萬種, 彌覆池流泉, 流風動華葉, 交錯光亂轉故. (勘一論本無諸池帶七寶淥水食八德下散黃金沙上曜青蓮色)."

49 이 내용은 원효가 『무량수경우파제사無量壽經優波提舍』 권1(T26, 230c25)에 나오는 게송 "備諸珍寶性, 具足妙莊嚴."을 그대로 인용한 것이다.

50 이 내용은 『무량수경우파제사無量壽經優波提舍』 권1(T26, 230c26)에 나오는 게송 "無垢光焰熾, 明淨曜世間."을 인용한 것이다. 여기서 게송의 후반부인 "明淨曜世間"을 보면 '요曜'로 되어 있어, 원효가 '요耀'로 인용한 것과는 차이가 있다. 그러나 뜻은 동일하므로 원효의 인용문을 교감하지 않고 그대로 두었다.

51 만다라曼荼羅: 범어 'mānāra, mānārava, mandāraka'의 소리를 옮긴 말이다. 의역意譯하면 천묘天妙, 열의悅意, 적의適意, 잡색雜色, 원圓, 유연성柔軟聲, 격闃, 백白 등으로 옮기고, 만타근화曼陀勒華, 만나라화曼那羅華, 만타라범화曼陀羅梵華,

그 세상의 중생들은 언제나 맑은 아침에 각자 옷자락으로 온갖 오묘한 꽃들을 가득 담아 다른 세계[에 계시는] 10조의 부처님께 [가서] 공양을 올리고, 밥 먹을 때에는 자기가 있는 세상으로 돌아와 밥을 먹고 나서 '걸어 다니며 수행'(經行)한다. 사리불이여! '탁월한 즐거움이 가득한 나라'(極樂國土)에 이루어져 있는 것은 이와 같은 '이로운 것들로 꾸며짐'(功德莊嚴)이니라.

第四文中, 有五功德. 一妓樂功德, 常住天樂故. 二寶地功德, 黃金爲地故. 三雨華功德, 六時雨華故. 如『論』頌曰, "金地作天樂, 雨華散其間. 歡樂無疲極, 晝夜未嘗眠"故. 四自在功德, 乘通遊行故. 五受用功德, 飯食經行故. 如『論』頌曰, "供養十方佛, 報得通作翼. 愛樂佛法味, 禪三昧爲食"故. 然彼土食有二種. 一者內食, 如此論說. 二者外食, 如餘經說. 如『兩卷經』言, "若欲食時, 七寶鉢器, 自然在前, 百味飯食, 自然盈滿. 雖有是食, 而無食者, 但見色聞香, 意以爲足." 今此經言"飯食經行"者, 文相合於受用外食也.

[H1, 564b10~23; T37, 349a28~b10]

네 번째 문단에는 '다섯 가지 이로움'(五功德)이 있다. 첫 번째는 '음악의 이로움'(妓樂功德)이니, 언제나 하늘의 음악이 있기 때문이다. 두 번째는 '보물[로 만들어진] 땅의 이로움'(寶地功德)이니, 황금이 땅이 되기 때문이다. 세 번째는 '꽃비가 내리는 이로움'(雨華功德)이니, [하루에] 여섯 번 꽃비가 내리기 때문이다. 『왕생론』에서 게송으로 말한 "황금의 땅에서 하늘의 음악을 연주하면 꽃비가 저 공중에 흩날리네. 마음

만타라범화曼陀羅帆華라고도 하는데 그 가운데 큰 꽃을 마하만다라화摩訶曼陀羅華라고 부르기도 한다(『불광대사전』, p.4398 참조). 만다라화는 하늘 세계의 꽃이라 부르지만, 콩과에 속하는 것으로 붉은 색의 꽃이 피는데 학명學名으로는 'Erythrina indica(Coral tree)'라고 한다.

껏 즐기면서 피로하여 끝남이 없고, 밤낮으로 아직 잠든 적이 없다네."[52]라는 것과 같다. 네 번째는 '[다니는데] 자유자재하는 이로움'(自在功德)이니 '특별한 능력'(通)으로 [부처님들이 계시는 다른 세계들도] 자유롭게 다니기 때문이다. 다섯 번째는 '지녀서 사용하는 이로움'(受用功德)이니 밥을 먹고 나서 걸어 다니며 수행하기 때문이다. 『왕생론』에서 게송으로 말한 "'온 세상의 부처님'(十方佛)께 공양 올리니 [그] 과보로 '특별한 능력'(通) 얻어 날개가 돋아나네. 부처님 진리의 맛을 좋아하고 즐기며 선禪[으로 성취한] 삼매三昧를 밥으로 여긴다네."[53]라는 것과 같다.

그런데 저 [극락極樂] 세상의 음식에는 두 가지가 있다. 첫 번째는 '[정신을 살찌우는] 내면의 음식'(內食)이니 이 『왕생론』에서 말한 것과 같다. 두 번째는 '[몸을 살찌우는] 외면의 음식'(外食)이니 다른 경전에서 말하는 것과 같다. 『불설무량수경佛說無量壽經』에서 말한 "만약 밥이 먹고 싶어지면 '일곱 가지 보물'(七寶)[로 만들어진] 밥그릇이 저절로 눈앞에 있고, 갖가지 맛의 음식과 밥이 저절로 가득 채워지네. 비록 이러한 음식이 있어도 먹는 일이 없는 것은 단지 색깔을 보고 향기만 맡아도 마음을 채우기 때문이라네."[54]라는 것과 같다. 지금 이 『아미타

---

52 대정장의 『무량수경우파제사無量壽經優波提舍』에서는 인용한 내용이 발견되지 않는다.

53 『무량수경우파제사無量壽經優波提舍』에서는 인용한 전문이 발견되지 않지만 후반부 게송인 "愛樂佛法味, 禪三昧爲食."(T26, 231a11)은 『왕생론』의 내용을 그대로 인용한 것이다.

54 전문은 다음과 같다. 이 가운데 밑줄 친 부분이 원효의 주석에서 인용된 것이다. 『불설무량수경佛說無量壽經』 권1(T12, 271b25~c4). "阿難! 彼佛國土諸往生者, 具足如是清淨色身, 諸妙音聲, 神通功德, 所處宮殿, 衣服, 飮食, 衆妙華香莊嚴之具, 猶第六天自然之物. 若欲食時, 七寶應器, 自然在前, 金銀琉璃車渠瑪瑙珊瑚虎珀, 明月真珠如是衆鉢隨意而至, 百味飮食, 自然盈滿. 雖有此食, 實無食者, 但見色聞香, 意以爲食, 自然飽足. 身心柔軟, 無所味著. 事已化去, 時至復現." 〈산스크리트본의 해당 내용:

경』에서 “밥을 먹고 나서 걸어 다니며 수행한다.”(飯食經行)라고 말한 것은 글의 내용이 ‘[몸을 살찌우는] 외면의 음식을 지녀서 사용함’(受用外食)에 해당한다.

『불설아미타경佛說阿彌陀經』[T12, 347a12~20]

復次舍利弗! 彼國常有種種奇妙雜色之鳥, 白鵠·孔雀·鸚鵡·舍利·迦陵頻伽·共命之鳥, 是諸衆鳥, 晝夜六時, 出和雅音. 其音演暢, 五根·五力·七菩提分·八聖道分, 如是等法. 其土衆生, 聞是音已, 皆悉念佛·念法·念僧. 舍利弗! 汝勿謂, 此鳥實是罪報所生. 所以者何? 彼佛國土, 無三惡趣. 舍利弗! 其佛國土, 尙無三惡道之名, 何況有實? 是諸衆鳥, 皆是阿彌陀佛欲令法音宣流變化所作.

또한 사리불이여! 저 [극락極樂]세상에는 언제나 기묘한 여러 색깔을 지닌 온갖 새들이 있으니, 고니(白鵠), 공작孔雀, 앵무鸚鵡, 지빠귀(舍利),[55] 가릉빈가迦陵頻伽[56]·공명조共命鳥[57] 등 이 온갖 새들이 밤낮으로 여섯 번 부드

Sukhvy., p.40. api tu khalu punar yathārūpam evāhāram ākāṃkṣanti, tathārūpam āhṛtam eva saṃjānanti.; 또 적절한 방식으로 식사를 원하면, 그와 같은 방식으로 이미 포만감을 느낀다. (※한역과 대응하는 현존 산스크리트본의 문장은 매우 축약된 형태이다.)〉

55 사리舍利: 범어로는 ‘śāri’ 또는 ‘śārikā’, 팔리어로는 ‘sārī’ 또는 ‘sālikā’의 발음을 옮겨 사리奢利, 사리奢唎, 사리가奢梨迦라고 하며, 지빠귀 또는 티티새라고 부르는 철새의 한 종류이다. 다른 새의 울음소리를 잘 따라 한다고 해서 백설조百舌鳥라 부르기도 한다. 『불광대사전』(p.3495)에 따르면, 구욕조鴝鵒鳥, 앵욕조鸚鵒鳥, 추로조鶖鷺鳥, 추로조鶖露鳥, 춘구조春鸜鳥, 반설조反舌鳥 등으로도 부른다고 한다.

56 가릉빈가迦陵頻伽: 범어로는 ‘kalaviṅka’, 팔리어로는 ‘karavīka’라고 부르는 새로서, 히말라야산에서 태어나 극락세계에 사는데 그 자태가 곱고 매우 아름다운 소리를 내는 새라고 한다. 『불광대사전』(p.3965)에 따르면, 가라빈가歌羅頻伽, 갈라빈가羯邏頻迦, 가란빈가迦蘭頻伽, 가릉비가迦陵毘伽라고 음역音譯하는데, 약칭하여 가릉빈迦陵頻, 가루빈迦婁賓, 가릉迦陵, 갈비羯毘, 갈필鶡鵯, 갈비羯脾, 빈가頻伽 등으로 부른다고 한다. 의역意譯하여 호성조好聲鳥, 미음조美音鳥, 묘성조妙聲鳥 등의 이름으로도 부른다. 『불교어대사전』(p.152)의 설명에 따르면, 정토만다라淨土曼茶羅 등에서는 주로 사람의 머리에 새의 몸을 띤 모습으로 묘사된다고 한다.

럽고 우아한 소리로 지저귄다. 그 소리는 '[해탈을 성취하게 하는 신信 · 정진精進 · 염念 · 정定 · 혜慧의] 다섯 가지 능력의 수행'(五根), '['다섯 가지 능력의 수행'(五根)으로 얻은] 다섯 가지 힘'(五力), '깨달음을 성취하게 하는 [염念, 택법擇法, 정진精進, 희喜, 경안輕安(猗), 정定, 사捨의] 일곱 가지 수행'(七菩提分), '여덟 가지 진리다운 수행으로 이루어진 해탈의 길'(八聖道分)과 같은 진리를 널리 펼친다. 그 [부처님이 계시는 극락極樂] 세상의 중생들은 이 소리를 듣고 나면 모두 다 '부처님을 늘 생각하고'(念佛) · '부처님의 진리에 대해 늘 생각하며'(念法) · '수행공동체를 늘 생각한다'(念僧).

사리불이여! 그대는 '이 새들은 실제로는 죄를 지은 과보로 생겨난 것'이라고 말해서는 안 된다. 어째서인가? 저 '부처님이 계신 세상'(佛國土)에는 '[지옥地獄 · 아귀餓鬼 · 축생畜生, 이] 세 가지 해로운 삶의 길'(三惡趣)이 없[기 때문이]다. 사리불이여! 저 '부처님이 계신 세상'(佛國土)에는 '[지옥地獄 · 아귀餓鬼 · 축생畜生, 이] 세 가지 해로운 삶의 길'(三惡道)이라는 이름조차 없거늘 어찌 [나쁜 과보의] 실제가 있겠는가? 이 온갖 새들은 모두 아미타부처님이 진리의 소리가 널리 퍼지게 하려고 [그런 모습으로] 변화시켜 만든 것이다.

第五文中, 有二功德. 如變化功德, 化作衆鳥, 說妙法故. 如『論』頌曰, "種種雜色鳥, 各各出雅音, 聞者念三寶, 忘想入一心"故. 二大義功德, 無惡道等之名體故. 如『論』頌曰, "大乘善根男[58], 等無譏嫌名, 女

57 공명조共命鳥: 인도의 전설적인 새의 하나로서 범어로 '생명 · 목숨'(jiva)을 의미하는 'jivaṃ-jīvaka'를 그 이름으로 삼고 있으므로 이 뜻을 옮겨 명명조命命鳥, 생생조生生鳥라고도 부른다. 『불교어대사전』(p.274)의 설명에 따르면, 몸은 하나인데, 머리는 두 개이고, 마음도 둘인 새라고 한다. 또 가릉빈가와 마찬가지로 사람의 머리에 새의 몸을 띤 모습이라고 한다. 이에 따르면 공명조라는 명칭은 머리는 둘일지라도 그 몸은 하나이기 때문에 하나가 죽으면 곧 둘 다 죽는다는 점을 드러내고 있는 것으로 이해할 수 있다.

58 한불전에는 '男'으로 되어 있지만, 인용한 원문인 『무량수경우파제사無量壽經優波提舍』에는 '界'이다. '界'자로 교감하여 번역한다.

人及根缺二乘種不生"故. 案云, 經說無有惡道譏嫌, 論顯無有人道譏嫌. 互擧之爾, 義如所說.

[H1, 564b23~c6; T37, 349b10~16]

다섯 번째 문단에는 ['개별적으로 갖추어진 이로움'(別功德) 14가지 가운데] '두 가지 이로움'(二功德)이 있다. [첫 번째 이로움은] '변화에 응하는 이로움'(如變化功德)이니, [아미타불의 바람에 따라] 갖가지 새들을 만들어 '오묘한 진리'(妙法)를 설하기 때문이다. 『왕생론』에서 게송으로 말한 "여러 색깔을 지닌 온갖 새들이 저마다 아름다운 소리로 지저귀니, 듣는 이는 '[부처(佛)·진리(法)·수행공동체(僧), 이] 세 가지 보배'(三寶)를 늘 생각하여 [갖가지로 분별하는] 생각을 잊고 '하나처럼 통하는 마음'(一心)[경지]로 들어간다네."[59]라는 것과 같다.

두 번째는 '위대한 면모의 이로움'(大義功德)이니, '[지옥地獄·아귀餓鬼·축생畜生의 경험으로 살아가는] 나쁜 세계'(惡道)라는 이름에 해당하는 내용(體)이 없기 때문이다. 『왕생론』에서 게송으로 말한 "대승의 '이로운 능력'(善根)[이 갖추어진] 세상에는 한결같이 헐뜯거나 싫어하는 이름[을 지닌 사람]이 없고, 여성이나 신체의 결핍[에 대한 차별]과 '[성문聲聞, 연각緣覺] 두 부류의 수행자'(二乘) 종류가 생겨나지 않는다네."[60]라는

59 이 게송은 『왕생론』에서 발견되지 않는다. 중국 명明나라 때 운서염불종雲棲念佛宗을 일으킨 학승인 주굉袾宏의 저서 『불설아미타경소초佛說阿彌陀經疏鈔』 권3(X22, 651a5~6)에는 "變化功德者, 如論頌云. 種種雜色鳥, 各各出雅音, 聞者念三寶, 忘相入一心."이라고 하여 밑줄 친 부분이 원효가 인용한 내용과 동일하다.

60 『무량수경우파제사無量壽經優波提舍』 권1(T26, 231a13~14). "大乘善根界, 等無譏嫌名, 女人及根缺, 二乘種不生". "女人及根缺, 二乘種不生."이라는 구절을 "여성이나 신체의 결핍[에 대한 차별]과 '[성문聲聞, 연각緣覺] 두 부류의 수행자'(二乘) 종류가 생겨나지 않는다네."라고 번역하였다. "생각하건대, 『아미타경』에서는 '[지옥地獄·아귀餓鬼·축생畜生의 경험으로 살아가는] 나쁜 세계에서의 헐뜯거나 싫어함'(惡道譏嫌)이 없음을 말한 것이고, 『왕생론』에서는 '인간 세상에서의 헐뜯거나

것과 같다.

생각하건대, 『아미타경』에서는 '[지옥地獄 · 아귀餓鬼 · 축생畜生의 경험으로 살아가는] 나쁜 세계에서의 헐뜯거나 싫어함'(惡道譏嫌)이 없음을 말한 것이고, 『왕생론』에서는 '인간 세상에서의 헐뜯거나 싫어함'(人

싫어함'(人道譏嫌)이 없음을 드러낸 것이다. 서로 다른 것을 거론하지만 [그] 뜻은 설하는 것을 같이한다."(案云, 經說無有惡道譏嫌, 論顯無有人道譏嫌. 互擧之爾, 義如所說.)라는 원효의 해설은 이러한 번역을 지지해 준다. 문구대로 직역하면 "여인과 신체의 결핍을 지닌 자와 이승의 부류가 생겨나지 않는다."라고 번역해야 한다. 그러나 '모든 차이 현상'(一切法相)들을 '불변 · 독자의 본질/실체 관념'으로 차별하는 왜곡과 오염을 무아無我 · 공空 · 연기緣起의 통찰에 의거하여 치유하려는 것이 붓다 이래 모든 불교의 핵심 생명력이며, 원효는 이 점을 누구보다 깊게 이해하고 철저한 논리로 일관되게 펼치고 있다는 점을 고려하면, 마치 정토에는 여성이나 신체적 결핍자들이 없다는 식으로 이해하게 하는 번역은 불교사상의 정체성과 충돌한다. 자칫 여성과 소수자들을 차별하고 혐오하는 세속적 시선의 불교적 반영이 되고 만다. "女人及根缺, 二乘種不生"이라는 구절을 "여성이나 신체의 결핍[에 대한 차별]과 '[성문聲聞, 연각緣覺] 두 부류의 수행자'(二乘) 종류가 생겨나지 않는다네."라고 번역한 것은 이런 점을 고려한 해석학적 선택이다. 원효는 『무량수경종요無量壽經宗要』(H1, 555a6~7)에서 이 구절의 의미를 "〈여성이나 신체의 결핍[에 대한 차별]〉이라 말한 것은 [정토淨土인] 저곳에 태어날 때는 여성이나 신체의 결핍[을 이유로 차별과 혐오의 대상이 되는 것]이 아니라는 것일 뿐 이 [사바세계 예토穢土의] 여성[이나 신체의 결핍을 지닌 자] 등이 '[번뇌의 오염이 없는] 온전한 세상'(淨土)에 태어날 수 없다는 뜻은 아니다."(言'女人及根缺'者, 謂生彼時, 非女非根缺耳, 非此女等, 不得往生.)라고 해설하고 있는데, 이 또한 이러한 해석학적 선택을 지지하는 근거로 볼 수 있다. 만약 〈정토에는 여성이나 신체 결핍자들이 없다.〉는 식으로 번역하거나 이해한다면, 그런 정토관은 성 차별과 소수자 차별의 불교적 변주일 수밖에 없다. 남성이나 신체조건이 완벽한 사람들만으로 채워진 세상은 있을 수도 없고, 그런 세상을 염원하게 하는 언어들은 차이에 대한 무지와 폭력, 기만의 표현일 뿐이다. 그런 정토는 결코 인간의 희망이 될 수 없다. 정토사상이나 원효의 정토염불 수행을 음미할 때는 이 점을 충분히 숙고해야 한다. 만약 정토사상이나 원효의 관점이 차이에 대한 차별과 오염을 승인하는 것으로 볼 논거가 된다면, 그러한 정토사상이나 원효사상은 지식 고고학적 의미는 있을지 몰라도 현재와 미래의 현실 문제를 해결해 가는 철학적 가치를 확보할 수 없다. 그리고 원효저술을 관통하는 철학적 통찰과도 명백히 충돌한다.

道識嫌)이 없음을 드러낸 것이다. 서로 다른 것을 거론하지만 [그] 뜻은 설하는 것을 같이한다.

『불설아미타경佛說阿彌陀經』[T12, 347a21~24]

舍利弗! 彼佛國土, 微風吹, 動諸寶行樹及寶羅網, 出微妙音, 譬如百千種樂, 同時俱作. 聞是音者, 皆自然生念佛念法念僧之心. 舍利弗! 其佛國土成就, 如是功德莊嚴.

사리불이여! 그 '부처님이 계신 세상'(佛國土)에서는 잔잔한 바람이 불어 모든 보물[로 만들어진] 나무와 보물[로 만들어진] 그물을 움직여 미묘한 소리를 내니, 비유하면 10만 가지의 악기가 동시에 함께 울리는 것과 같다. 이 소리를 듣는 이는 모두 '부처님을 늘 생각하는 마음'(念佛心)과 '부처님의 진리에 대해 늘 생각하는 마음'(念法心)과 '수행공동체를 늘 생각하는 마음'(念僧心)을 저절로 일으킨다. 사리불이여! 그 '부처님이 계신 세상'(佛國土)에 이루어져 있는 것은 이와 같은 '이로운 것들로 꾸며짐'(功德莊嚴)이니라.

第六文中, 有二功德. 如『論』說言"莊嚴虛空功德成就"者, 偈言"無量寶交絡, 羅網虛空中. 種種鈴發響, 宣吐妙法音"故. 二者, 莊嚴性功德, 如『論』說言"莊嚴性功德成就"者, 偈言"正道大慈悲, 出生[61]善根"故. 今言"自然間[62]生念三寶心"者, 正是性心, 以依出世善根種子, 不待功用, 自然生故. 正念三寶, 離邪歸正, 結道衆行, 故名正道. 念此三寶勝妙功德, 回施一切, 名大慈悲.

[H1, 564c7~16; T37, 349b16~24]

여섯 번째 문단에는 ['개별적으로 갖추어진 이로움'(別功德) 14가지 가운데]

61 대정장의 『무량수경우파제사』 원문에는 '生'이 아니라 '世'로 나온다. 여기서는 원문에 의거하여 '出世'로 보고 번역하였다.

62 『아미타경』 원문에는 '間'이 없다. 불필요하게 추가된 잉자剩字로 보인다.

‘두 가지 이로움’(二功德)이 있다. 『왕생론』에서 “허공을 탁월하게 꾸미는 이로움이 성취된다.”[63]라고 말한 것은, 게송에서 말한 “헤아릴 수 없이 많은 보물이 이리저리 얽혀 있고, [보물로 장식된] 그물을 허공에 펼치고 있네. [그 그물에 달려 있는] 온갖 방울들은 소리를 내면서 ‘오묘한 진리의 소리’(妙法音)를 펼친다네.”[64]라는 것이다.

['두 가지 이로움’(二功德) 가운데] 두 번째는 ‘본연을 탁월하게 꾸미는 이로움’(莊嚴性功德)이니, 『왕생론』에서 “본연을 탁월하게 꾸미는 이로움이 성취된다.”[65]라고 말한 것은 게송에서 말한 “진리다운 길에서 행하는 크나큰 자비는 세속에서 풀려나는 이로운 능력이네.”[66]라는 것이다.

지금 “저절로 ‘[부처(佛) · 진리(法) · 수행공동체(僧), 이] 세 가지 보배’를 늘 생각하는 마음을 일으키네.”(自然生念三寶心)[67]라고 말한 것은 바로

---

63 여기서 『논』의 설명이라고 한 ‘莊嚴虛空功德成就’ 부분은 『왕생론』에는 그 내용이 보이지 않아서 의문을 들게 하는 부분이다.

64 원효가 인용한 『왕생론』의 게송은 원문과는 밑줄 친 부분에서 약간의 차이가 있다. 『무량수경우파제사無量壽經優波提舍』 권1(T26, 231a4~5). “無量寶交絡, 羅網遍虛空, 種種鈴發響, 宣吐妙法音.”

65 여기서 말하는 장엄성공덕莊嚴性功德은 『왕생론』에서 제시한 17가지 공덕장엄 가운데 세 번째에 해당한다. 17가지 항목을 모두 열거하면 다음과 같다. 『무량수경우파제사無量壽經優波提舍』 권1(T26, 231b27~c8). “觀察彼佛國土功德莊嚴者, 有十七種事應知. 何者十七? 一者, 淸淨功德成就. 二者, 量功德成就. 三者, 性功德成就. 四者, 形相功德成就. 五者, 種種事功德成就. 六者, 妙色功德成就. 七者, 觸功德成就. 八者, 莊嚴功德成就. 九者, 雨功德成就. 十者, 光明功德成就. 十一者, 聲功德成就. 十二者, 主功德成就. 十三者, 眷屬功德成就. 十四者, 受用功德成就. 十五者, 無諸難功德成就. 十六者, 大義門功德成就. 十七者, 一切所求功德成就.”

66 이 내용은 다음 구절의 후반부를 인용한 것인데, 밑줄 친 부분에서 차이가 보인다. 『무량수경우파제사無量壽經優波提舍』 권1(T26, 230c22~23). “究竟如虛空, 廣大無邊際, 正道大慈悲, 出世善根生.”

67 위에 나온 『아미타경』 본문의 “皆自然生念佛念法念僧之心” 부분을 거론하면서 축약시켜 표현한 것이다.

‘본연과 통하는 마음’(性心)이니, ‘세속에서 풀려나는 이로운 능력의 종자’(出世善根種子)에 의거함으로써 애쓰는 것을 기다리지 않고도 저절로 생겨나기 때문이다. ‘[부처(佛)·진리(法)·수행공동체(僧), 이] 세 가지 보배’(三寶)를 ‘잊지 않고 온전하게 간직하면’(正念) 잘못(邪)에서 벗어나 올바름(正)으로 돌아가서 ‘진리다운 길’(道)에서의 갖가지 수행과 이어지니, 그러므로 ‘진리다운 길’(正道)이라고 한다. [그리고] 이 ‘[부처(佛)·진리(法)·수행공동체(僧), 이] 세 가지 보배’(三寶)의 ‘수승하고 오묘한 이로움’(勝妙功德)을 늘 생각하여 모든 중생에게 돌려 베푸는 것을 ‘크나큰 자비’(大慈悲)라고 한다.

上來合有十四功德, 無不超過三界六道, 是故總名清淨世界. 如『論』說言“莊嚴清淨功德成就”者, 偈言“觀彼世界相, 勝過三界道”故. 或有『論』說十八圓滿, 今此經中, 依果清淨, 說此十五. 若加後說正報四句, 則有十九清淨功德. 然經與論有同有異, 於中委悉, 準之可知.

[H1, 564c16~22; T37, 349b24~c1]

이상으로 [『아미타경』의 본문에] 나오는 것을 [모두] 합하면 ‘14가지 이로움’(十四功德)이 있는데, [이 이로움들은] ‘[욕망세계(欲界)·유형세계(色界)·무형세계(無色界), 이] 세 가지 세계’(三界)와 ‘[지옥地獄·아귀餓鬼·축생畜生·아수라阿修羅·천상天上·인간人間, 이] 여섯 가지 미혹세계’(六道)를 넘어서지 않는 것이 없기 때문에 [이 이로움들로 꾸며진 곳을] 총괄하여 ‘온전한 세계’(淸淨世界)라고 부른다. 『왕생론』에서 “온전함을 탁월하게 꾸미는 이로움이 성취된다.”[68]라고 말한 것은, 게송에서 말한 “저 [극락極樂] 세계의 면모(相)를 살펴보니 ‘[욕망세계(欲界)·유형세계(色界)·

68 여기서 거론한 ‘장엄청정공덕성취莊嚴淸淨功德成就’는 『왕생론』에서 제시한 17가지 공덕장엄 가운데 첫 번째 항목(T26, 231b28~29)으로 나온다.

무형세계(無色界), 이] 세 가지 세계의 길'(三界道)을 훌쩍 뛰어넘어 섰네."[69]라는 것이다.

혹 어떤 『논』[70]에서는 '18가지 완전함'(十八圓滿)을 말하지만, 지금 이 경전에서는 '[행위의] 과보가 의지하는 온전한 환경'(依果淸淨)을 이러한 15가지[71]로 설하였다. 만약 뒤에서 설명하는 '[행위로 인해] 직접

---

69 『무량수경우파제사無量壽經優波提舍』 권1(T26, 230c21). "觀彼世界相, 勝過三界道."

70 〈논〉이라 한 것은 『불지경론佛地經論』을 가리키는 것으로 보인다. 권 제1에서 원효가 거론한 정토의 18원만사圓滿事를 설명하고 있기 때문이다. 『해심밀경소解深密經疏』 권1(X21, 185c17~186a2)에서도 원측은 『불지경론』의 해당 내용을 제시하면서 불국정토佛國淨土에 갖추어져 있는 18원만사圓滿事에 주목하였다. 『불지경론』에서 제시된 18원만사의 내용을 살펴보면 다음과 같다. 『불지경론佛地經論』 권1(T26, 292b25~c1). "論曰: 此顯如來住處圓滿, 謂佛淨土. 如是淨土復由十八圓滿事故, 說名圓滿, 謂顯色圓滿, 形色圓滿, 分量圓滿, 方所圓滿, 因圓滿, 果圓滿, 主圓滿, 輔翼圓滿, 眷屬圓滿, 住持圓滿, 事業圓滿, 攝益圓滿, 無畏圓滿, 住處圓滿, 路圓滿, 乘圓滿, 門圓滿, 依持圓滿."

71 15가지 의과청정依果淸淨: 의과청정에 대한 설명은 『불설아미타경佛說阿彌陀經』 본문의 제2 정설분正說分의 세 부분 가운데 첫 번째인 '정시이종청정과正示二種淸淨果'를 이루는 주요 내용이다. 정설분正說分의 서두에 나왔던 원효의 해설에 의거하면 별공덕別功德 14가지와 총공덕總功德 1가지를 합하여 모두 15가지의 의과청정을 제시하고 있다는 점을 알 수 있다. 그러나 의과청정의 의문義門을 명문名門과 상문相門으로 먼저 둘로 나누고, 여섯 문단에 걸쳐 15가지 공덕에 대해 설명하고 있어서 복잡하므로 도표로 구분하여 정리하면 다음과 같다.

정설분 正說分	의과 청정 依果 淸淨	약표 略表	표의과 表依果 여섯 문단 15가지 공덕	제1문단	별別공덕 한 가지	'모든 어려움이 없는 이로움'(無諸難功德)
				제2문단	별別공덕 한 가지	'[살아가는] 땅을 훌륭하게 가꾸는 이로움'(莊嚴地功德)
				제3문단	별別공덕 세 가지	① '물을 장엄하게 가꾸는 이로움'(莊嚴水功德), ② '갖가지 사물의 이로움'(種種事功德), ③ '장엄한 오묘한 색깔의 이로움'(莊嚴妙色功德)
				제4문단	별別공덕	① '음악의 좋음'(妓樂功德),

받은 온전한 과보[인 아미타불에 대해 설한] 네 구절'(正報四句)을 추가한다면 곧 '19가지 온전한 이로움'(十九淸淨功德)이 있는 것이다. 그러나 경전과 논서[의 설명]에는 같은 것도 있고 다른 것도 있으니, 이에 대한 자세한 내용은 이런 내용에 견주어 보면 알 수 있을 것이다.

『불설아미타경佛說阿彌陀經』[T12, 347a25~29]

舍利弗! 於汝意云何? 彼佛何故號阿彌陀? 舍利弗! 彼佛光明無量, 照十方國, 無所障礙, 是故號爲阿彌陀. 又舍利弗! 彼佛壽命及其人民, 無量無邊阿僧祇劫, 故名阿彌陀. 舍利弗! 阿彌陀佛, 成佛已來, 於今十劫.

사리불이여! 그대의 생각은 어떠한가? 저 부처님을 어째서 아미타라 부르[는 것이라고 생각하]는가? 사리불이여! 저 부처님의 광명이 '한계가 없어서'(無量) '온 세상'(十方國)을 비추는 데 막아서는 것이 없으니, 그러므로 '아미타'라고 부르는 것이다. 또한 사리불이여! 저 부처님의 수명과 그 [부처님이 계신 극락세계에 사는] 사람들[의 수명]은 '헤아릴 수 없고 끝도 없이 긴 것'(無量無邊阿僧祇劫)이니, 그러므로 '아미타'라 부르는 것이다. 사리불이여! 아미타 부처님은 부처가 된 이래 지금까지 '10겁[의 오랜 세월]'(十劫)이 [지났]다.

					다섯 가지	② '보물[로 만들어진] 땅의 좋음'(寶地功德), ③ '꽃비가 내리는 좋음'(雨華功德), ④ '[다니는 데] 자유자재하는 이로움'(自在功德), ⑤ '지녀서 사용하는 이로움'(受用功德)
				제5문단	별別공덕 두 가지	'변화에 응하는 이로움'(如變化功德), '위대한 면모의 이로움'(大義功德)
				제6문단	별別공덕 두 가지	'허공을 탁월하게 꾸미는 이로움'(莊嚴虛空功德), '[해탈의] 본연을 장엄하게 가꾸는 이로움'(莊嚴性功德)
					총總공덕 한 가지	'온전함을 장엄하게 가꾸는 이로움'(莊嚴淸淨功德)

"舍利弗! 於汝意云何?" 此下, 第二正報清淨. 於中, 示顯四種功德. 一者, 主功德, 二者, 伴功德, 三者, 大衆功德, 四者, 上首功德. 主功德中, 略出二種, 一者, 光明無量, 二者, 壽命無量. 準此經文, 釋阿彌陀, 此土譯之, 應云無量. 又言"成佛已來, 於今十劫"者, 爲遣疑情. 有人疑言, '壽雖無量, 要有始終, 未知今者爲始爲未[72]'. 今解言, 今旣所過, 唯經十劫, 當知今後無量劫住故.

[H1, 564c23~565a8; T37, 349c1~9]

② [행위로 인해] 직접 받은 온전한 과보[인 아미타불]을 해석함(釋正報淸淨)[73]

"사리불이여! 그대의 생각은 어떠한가?"(舍利弗! 於汝意云何?) 이하는

---

72 '未'는 '末'의 오기로 보인다. 대정장본에는 '末'로 되어 있다.

73 앞서의 역주에서 밝힌 '[경의 내용을] 본격적으로 설한 부분'(正說分)의 아래와 같은 과문科文에서 ②에 해당하는 것이다. 그 이전의 과문 항목은 본문에 구분하여 표기하기 어려워 여기서부터 표시한다.

1) ['온전한 환경'(器世間淸淨)[인 극락세계]와 '중생사회를 온전하게 하는 과보'(衆生世間淸淨)[인 아미타불], 이] '두 가지 온전한 과보를 곧바로 드러낸 것'(正示二種淸淨果)
   (1) '간략하게 [핵심을] 밝힘'(略標)
      ① '[행위의] 과보가 의지하는 온전한 환경'(依果)[인 극락세계]를 간략히 밝힌 것
      ② '[행위로 인해] 직접 받은 온전한 과보'(正報)[인 아미타불]을 간략히 밝힌 것
   (2) '자세하게 해석함'(廣解)
      ① '[행위의] 과보가 의지하는 온전한 환경'(依果)[인 극락세계]를 자세히 밝힌 것
      ② '[행위로 인해] 직접 받은 온전한 과보'(正報)[인 아미타불]을 자세히 밝힌 것
2) ['온전한 환경'(器世間淸淨)[인 극락세계]와 '중생사회를 온전하게 하는 과보'(衆生世間淸淨)[인 아미타불]을 과보로 얻게 하는] '두 가지 바른 원인을 닦을 것을 권하는 것'(勸修二種正因)
3) '사례를 끌어와 [그에 대해] 증명하는 것'(引例證成).

두 번째인 '[행위로 인해] 직접 받은 온전한 과보[인 아미타불]'(正報淸淨)[에 관한 것]이다. 여기에서는 '4가지 이로움'(四種功德)을 제시하고 있다. [그] 첫 번째는 '주인공[인 아미타 부처님이 누리는] 이로움'(主功德)이고, 두 번째는 '[아미타 부처님을] 따르는 [이들이 누리는] 이로움'(伴功德)이며, 세 번째는 '[극락정토에 사는] 대중들[이 누리는] 이로움'(大衆功德)이고, 네 번째는 '가장 높은 위치에 있는 제자[가 누리는] 이로움'(上首功德)이다.

'주인공[인 아미타 부처님이 누리는] 이로움'(主功德)에서는 간략하게 두 가지를 드러내었으니, 첫 번째는 '[아미타불의] 광명이 한계가 없음'(光明無量)이고, 두 번째는 '[아미타불이 누리는] 수명이 헤아릴 수 없음'(壽命無量)이다. 이 경전의 본문에 견주어 아미타(Amita)[라는 말의 뜻]을 해석하여 이 땅에서 그것을 번역하면 마땅히 '한계가 없고 헤아릴 수 없음'(無量)이라고 불러야 하는 것이다.

또 "부처가 된 이래 지금까지 '10겁[의 오랜 세월]'(十劫)이 [지났]다."(成佛已來於今十劫)라고 말한 것은 의문을 없애기 위함이다. 어떤 이는 [다음과 같이] 의문을 말한다. 〈'[아미타불의] 수명이 비록 헤아릴 수 없이 많다고 해도 반드시 시작과 끝은 있어야 하는 것인데, 지금이 시작이 되는지 끝이 되는지 알지 못하겠다.〉 이제 해설하여 말해 보면, 이제까지 이미 지나간 것이 단지 10겁十劫을 지난 것이니, 지금 이후로도 '헤아릴 수 없는 오랜 세월'(無量劫) 동안 머무를 것임을 알아야 한다.

『불설아미타경佛說阿彌陀經』[T12, 347a29~b3]

又舍利弗! 彼佛有無量無邊聲聞弟子, 皆阿羅漢, 非是算數之所能知. 諸菩薩亦復如是. 舍利弗! 彼佛國土成就, 如是功德莊嚴.

또 사리불이여! 저 부처님에게는 헤아릴 수 없고 끝도 없이 많은 '[가르침을] 들어서 부처가 되려는 수행자'(聲聞)인 제자들이 있는데 [그들은] 모두 아라한으로 숫자로 셀 수 없을 정도이다. 모든 보살도 이와 같다. 사리불이여! 그 '부처님이 계신 세상'(佛國土)에 이루어져 있는 것은 이와 같은 '이로운 것들'(功德)로 탁월하게 꾸며져 있다.

第二, 伴功德者, "聲聞弟子, 皆阿羅漢"故. 論云, "莊嚴眷屬功德成就者, 偈言'如來淨華衆, 正覺華生故.'"[74] 案云, 此言"淨華衆"者, 謂得七種淨華之衆. 何等爲七? 一者, 戒淨, 二者, 心淨, 三者, 見淨. 四, 度疑淨, 五, 道非道知見淨, 六, 行知見淨, 七, 行斷知見淨. 於中廣說, 出『瑜伽論』. 有此七種浮華之衆, 從佛正覺華中化生也.

[H1, 565a8~16; T37, 349c9~16]

['4가지 이로움'(四種功德) 가운데] 두 번째인 '[아미타 부처님을] 따르는 [이들이 누리는] 이로움'(伴功德)이라는 것은 [『아미타경』의 본문에서 말한] "[가르침을] 들어서 부처가 되려는 수행자인 제자들이 있는데 [그들은] 모두 아라한이다."(聲聞弟子, 皆阿羅漢)라는 말이 그것이다. 『왕생론』에서는 [이렇게] 말한다. "〈[속하는] 무리들을 탁월하게 꾸미는 이로움이 성취된다.〉라는 것을, 게송에서는 〈여래의 온전하여 탁월한 대중은 '완전한 깨달음의 탁월함'(正覺華)으로부터 변화하여 생겨나는 것이다.〉라고 말한다."[75]

생각건대, 여기서 말한 "[여래의] 온전하여 탁월한 대중"([如來]淨華衆)이라는 것은 '일곱 가지 온전함의 탁월함을 얻은 대중(得七種淨華之衆)을 가리킨다. 어떤 것이 일곱 가지인가? 첫 번째는 '행위단속이 온전

74 대정장본 『왕생론』의 원문에는 "眷屬功德成就者, 偈言'如來淨華衆, 正覺華化生故.'"(T26, 231c28~29)로 나온다. 밑줄 친 부분처럼, 원문의 "華化生"이 "華生"으로 인용되어 있다. 여기서는 누락된 '化'자를 넣어 번역한다. 또한 인용한 원문의 첫 부분인 "眷屬功德成就者"에서 그 의미를 명확히 하기 위해 "莊嚴"을 추가한 것도 확인할 수 있다.

75 『왕생론』 권1(T26, 231c28~29), "眷屬功德成就者, 偈言'如來淨華衆, 正覺華化生故.'"

함'(戒淨)이고, 두 번째는 '마음이 온전함'(心淨)이며, 세 번째는 '견해가 온전함'(見淨)이다. 네 번째는 '의심을 넘어섬이 온전함'(度疑淨)이고, 다섯 번째는 '진리와 진리 아닌 것에 대해 이해하는 것이 온전함'(道非道知見淨)이며, 여섯 번째는 '수행에 대해 이해하는 것이 온전함'(行知見淨)이고, 일곱 번째는 '수행[마저] 끊음에 대해 이해하는 것이 온전함'(行斷知見淨)이다. 이에 대한 자세한 설명은 『유가론』[76]에 나온다. 이 '일곱 가지로 뚜렷하게 탁월해진 대중'(七種浮華之衆)이 있으니, [이들은] 부처님의 '완전한 깨달음의 탁월함'(正覺華)으로부터 '변화하여 생겨난 것'(化生)이다.

『불설아미타경佛說阿彌陀經』[T12, 347b4~7]

又舍利弗! 極樂國土衆生生者, 皆是阿鞞跋致. 其中多有一生補處, 其數甚多, 非是算數所能知之, 但可以無量無邊阿僧祇劫說.

또 사리불이여! '탁월한 즐거움이 가득한 나라'(極樂國土)의 중생으로 태어나는 이들은 모두 '물러나지 않는 경지'(阿鞞跋致)[77][에 있는 이들]이다. 그 가운데 많은 이들은 '한 생애만 더 지나면 부처의 자리를 대신할 수 있는 보

76 이 내용은 『유가사지론瑜伽師地論』의 권 제94에 나온다. 『유가사지론瑜伽師地論』(T30, 838a25~28). "云何名爲七種淸淨? 一戒淸淨, 二心淸淨, 三見淸淨, 四度疑淸淨, 五道非道智見淸淨, 六行智見淸淨, 七行斷智見淸淨." 또한 둔륜遁倫의 『유가론기瑜伽論記』에도 이에 해당하는 설명이 있는데, 견도위見道位·수도위修道位·무학도위無學道位로써 갖가지 수행도를 분류하면서 7가지 청정을 제시하고 있다. 『유가론기瑜伽論記』 권24(T42, 852c11~20). "七淨中, 初戒淨心淨, 在見道前. 第三見染. 第四度疑淨, 在見道. 第五第六, 在修道, 第七在無學道. 初戒淨是別解脫戒, 心淨是得四禪, 三見淸淨, 即諦現觀有學正見. 四度疑淨, 於三寶疑畢竟斷, 即四不壞淨. 五道非道知見淨, 即了知正見前行之道是爲正道, 由此能斷修所斷惑. 六行知見淨, 於道非道得善巧已, 遠離非道遊於正道. 七行斷智見淨, 即於修道四種行遠."

77 아비발치阿鞞跋致: '물러나지 않는 경지'(不退/不退轉)를 의미하는데, 아비발치阿毘跋致라고도 한역한다. '아비발치'라는 말은 산스크리트어 'avaivartika'의 발음을 옮긴 것이다.

살'(一生補處)인데, 그 수가 매우 많아 숫자로 셀 수 없을 정도라서 단지 '헤아릴 수도 없고 끝도 없이 긴 세월'(無量無邊阿僧祇劫)[처럼 많다]라고 말할 수 있을 뿐이다.

第三, 大衆功德者, "衆生生者, 皆是阿鞞跋致"故. 乃至十念功德生彼國者, 入正定聚, 永無退故. 『論』言, "'何者, 莊嚴大衆功德成就?', 偈言'人天[78]不動衆, 淸淨智海生故'". 案云, 皆依如來智海含潤, 入正定聚, 無動轉故. 第四, 上首功德者, "其中多有一生補處, 乃至阿僧祇說"故. 言, "'何者, 莊嚴上首功德成就?', 偈言'如須彌山王, 勝妙無過者故.'" 案云, 一生菩薩, 十地中勝, 如妙山王故. 論中具顯八種莊嚴, 此經略示四種功德. 上來二文, 合爲第一, 示顯二種淸淨果已竟.

[H1, 565a16~b3; T37, 349c16~26]

['4가지 이로움'(四種功德) 가운데] 세 번째인 '[극락정토에 사는] 대중들[이 누리는] 이로움'(大衆功德)이라는 것은 [『아미타경』의 본문에서 말한] "[극락정토에] 중생으로 태어나는 이들은 모두 물러나지 않는 경지[에 있는 이들]이다."(衆生生者, 皆是阿鞞跋致)라는 말이 그것이다. 그리고 '['아미타 부처님'을 부르며 지니는] 열 가지 생각의 이로움'(十念功德)[79]으로 저 ['탁월한

78 『왕생론』의 원문(T26, 231a21)에는 "天人不動衆, 淸淨智海生."으로 되어 있다. 담란曇鸞의 『무량수경우파제사원생게주無量壽經優波提舍願生偈註』 권2(T40, 840a1~ 2)에도 "天人不動衆, 淸淨智海生故."로 나오므로, 이에 의거하여 '天人'으로 교감하여 번역한다.

79 십념공덕十念功德: 십념十念이란 열 가지에 대해서 늘 생각하는 수행을 가리킨다. 이 열 가지에 해당하는 것은 경전마다 차이가 있다. 극락정토에 대해 설하고 있는 경전의 계열에서 십념은, 아미타 부처님이 계시는 극락정토에 태어나고자 원하는 이는 누구나 지극한 신심으로 아미타 부처님의 명칭을 부르면서 지니는 열 가지 생각을 뜻한다. 이는 아미타 부처가 세운 48가지 서원誓願 가운데 다음과 같은 제18원願에 해당하는 것이다. 『불설무량수경佛說無量壽經』 권1(T12, 268a26~28).

즐거움이 가득한'(極樂)] 나라에 태어나는 이들은 '깨달음의 세계로 방향이 정해진 부류'(正定聚)로 들어가서 물러나는 일이 끝내 없기 때문이다. 『왕생론』에서는 [이렇게] 말한다. "〈어떤 것이 [극락정토에 사는] 대중들을 탁월하게 꾸미는 이로움이 성취된 것인가?〉라는 것을, 게송에서는 〈하늘과 인간[세계]의 동요하지 않는 대중은 온전한 지혜의 바다로부터 생겨나는 것이다.〉라고 말한다."[80] 생각건대, [이들 대중은] 모두 '바다와 같은 여래의 지혜'(如來智海)에 의거하여 [그 지혜를] 품고 젖어들어 '깨달음의 세계로 방향이 정해진 부류'(正定聚)로 들어가서 동요

"設我得佛, 十方衆生, 至心信樂, 欲生我國, 乃至十念, 若不生者, 不取正覺, 唯除五逆, 誹謗正法." 그런데 원효는 『불설무량수경종요佛說無量壽經宗要』에서 이 십념十念의 의미를 두 가지 측면으로 나누고 있어 주목된다. 곧, 아미타불의 명호를 외우는 것은 십념十念의 현료의顯了義에 해당하는 것이라 하는 것과 아울러, 은밀의隱密義에 해당하는 십념十念을 『미륵발문경彌勒發問經』의 내용을 인용하면서 별도로 제시하고 있다. 은밀의隱密義로서의 십념十念의 내용은, 칭명염불稱名念佛을 통해 극락왕생을 기원하는 기존의 정토신앙과는 달리, 중생들에게 자비심을 일으키도록 도와주는 등 중생들이 스스로 보살행을 실천하도록 이끄는 것을 십념十念으로 제시하면서 초지初地 이상의 보살이 갖출 수 있는 수행으로 파악하고 있다. 극락정토에 대한 원효의 관점이 드러나는 흥미로운 대목이다. 관련 내용은 다음과 같다. 『무량수경종요無量壽經宗要』 권1(T37, 129a2~21). "此經中說下輩十念, 一言之內, 含有二義. 謂顯了義及隱密義. 隱密義者, 望第三對純淨土果, 以說下輩十念功德. 此如彌勒發問經言. 爾時彌勒菩薩白佛言. '如佛所說阿彌陀佛功德利益, 若能十念相續不斷念彼佛者, 即得往生. 當云何念?' 佛言. '非凡夫念, 非不善念, 非雜結使念, 具足如是念, 即得往生安養國土. 凡有十念, 何等爲十? 一者, 於一切衆生常生慈心, 於一切衆生不毀其行. 若毀其行, 終不往生. 二者, 於一切衆生深起悲心, 除殘害意. 三者, 發護法心, 不惜身命, 於一切法不生誹謗. 四者, 於忍辱中生決定心. 五者, 深心清淨, 不染利養. 六者, 發一切種智心, 日日常念, 無有廢忘. 七者, 於一切衆生, 起尊重心, 除我慢意, 謙下言說. 八者, 於世談話, 不生味著心. 九者, 近於覺意, 深起種種善根因緣, 遠離憒鬧散亂之心. 十者, 正念觀佛, 除去諸根.' 解云. 如是十念, 既非凡夫. 當知初地以上菩薩, 乃能具足十念, 於純淨土."

80 『무량수경우파제사無量壽經優波提舍』 권1(T26, 232a24~25). "何者, 衆莊嚴? 偈言' 天人不動衆, 淸淨智海生故.'"

하거나 변하는 일이 없기 때문이다.

['4가지 이로움'(四種功德) 가운데] 네 번째인 '가장 높은 위치에 있는 제자[가 누리는] 이로움'(上首功德)이라는 것은 [『아미타경』의 본문에서 말한] "그 가운데 많은 이들은 '한 생애만 더 지나면 부처의 자리를 대신할 수 있는 보살'(一生補處)인데 … '[단지 헤아릴 수도 없고 끝도 없이] 긴 세월'([無量無邊]阿僧祇劫)[처럼 많다]라고 말할 수 있을 뿐이다."라는 말이 그것이다. [『왕생론』에서는 이렇게] 말한다. "〈어떤 것이 가장 높은 위치에 있는 제자를 탁월하게 꾸미는 이로움이 성취된 것인가?〉라는 것을, 게송에서는 〈[그 제자는] 수미산의 가장 높은 곳과 같으니, 수승하고 절묘하여 뛰어넘을 자가 없는 것이다.〉라고 말한다."[81] 생각건대, '한 생애[만 더 지나면 부처의 자리를 대신할 수 있는] 보살'(一生[補處]菩薩)은 '열 가지 [본격적인] 수행경지'(十地) 가운데서도 탁월하니, 마치 오묘한 산의 가장 높은 곳과 같기 때문이다. 『왕생론』에서는 '여덟 가지의 탁월하게 꾸밈'(八種莊嚴)[82]을 모두 나타내었지만, 이 경전에서는 '네 가지 이로움'(四種功德)만을 간략하게 제시하였다.

위에 나오는 [의과依果와 정보正報에 대해 자세하게 밝힌] 두 부분의 글을 합쳐 [세 부분으로 이루어진 '경의 내용을 본격적으로 설한 부분'(正說分)의] 첫 번째[인 정시이종청정과正示二種淸淨果]가 되니, '['온전한 환경'(器世間淸淨)인 극락세계와 '중생사회를 온전하게 하는 과보'(衆生世間淸淨)인 아미타불, 이] 두 가지 온전한 과보를 드러내는 것'(示顯二種淸淨果)이 [여기에서]

---

81 『무량수경우파제사無量壽經優波提舍』 권1(T26, 232a25~26). "何者, 上首莊嚴? 偈言'如須彌山王勝妙無過者故.'"

82 『왕생론』에서 나타내고 있는 '여덟 가지 장엄'(八種莊嚴)은 좌座, 신身, 구口, 심心, 중衆, 상수上首, 주主, 불허작주지不虛作住持이다. 『무량수경우파제사無量壽經優波提舍』 권1(T26, 232a14~19). "應知云何觀佛功德莊嚴成就. 觀佛功德莊嚴成就者, 有八種應知. 何等八種? 一者, 座莊嚴, 二者, 身莊嚴, 三者, 口莊嚴, 四者, 心莊嚴, 五者, 衆莊嚴, 六者, 上首莊嚴, 七者, 主莊嚴, 八者, 不虛作住持莊嚴."

끝난다.

『불설아미타경佛說阿彌陀經』[T12, 347b7~10]

舍利弗! 衆生聞者, 應當發願, 願生彼國. 所以者何? 得與如是諸上善人, 俱會一處. 舍利弗! 不可以少善根福德因緣, 得生彼國.

사리불이여! 중생으로서 [이러한 극락정토에 관한 말을] 들은 자라면 '바람을 일으켜서'(發願) 저 ['탁월한 즐거움이 가득한'(極樂)] 나라에 태어나기를 원해야 한다. 어째서인가? 이와 같은 '수준 높은 좋은 자질을 지닌 사람들'(諸上善人)과 같은 자리에서 함께 만날 수 있기 때문이다.

사리불이여! 얼마 안 되는 '이로운 능력'(善根)과 '복을 누릴 자질'(福德)을 '원인과 조건'(因緣)으로 삼아서는 저 ['탁월한 즐거움이 가득한'(極樂)] 나라에 태어날 수가 없다.

"衆生聞者, 應當發願", 自此已下, 第二勸修二種淨因.[83] 就中有四, 一勸發願, 二明修因, 三示受果, 四結勸. 言第二文中, 明二種因, 一者正因, 二者助因. 正因中言"不可以少善根福德因緣, 得生彼國"者, 顯示大菩提心, 攝多善根, 以爲因緣, 乃得生故. 如「菩薩地發心品」文, "又諸菩薩最初發心, 能攝一切菩提分法殊勝善根爲上首故, 能遠[84]一切有情處所三業惡行, 功德相應." 案云, 菩薩初發菩提之心, 能攝一切殊勝善根, 能斷惡業, 功德相應. 是故說言"非[85]少善根福德因緣, 得生彼國", 所以得知. 此爲因者, 『兩卷經』中, 攝九品因, 以爲三輩, 三中皆有發菩提心. 『論』中唯顯此文意言, "大乘善根男,[86] 等無譏嫌名." 此

83 '正因'이 '淨因'으로 바뀌었지만 뜻이 통하기에, 교감하지 않고 그대로 두었다.

84 한불전에는 '遠'으로 되어 있지만, 대정장본의 『아미타경소』(T37, 360a5)와 『유가사지론』 원문에는 모두 '違'로 나오기 때문에 '違'로 교감하여 번역한다.

85 경전 본문은 '不可'이다. '不可'로 교감하여 번역한다.

86 한불전에는 '男'으로 되어 있지만, 인용한 원문인 『무량수경우파제사無量壽經優波

意正言，生彼國者，雖有九品，齊因大乘發心善根，所以等無譏嫌之名也.

[H1, 565b3~21; T37, 349c26~350a13]

2) ['온전한 환경'(器世間清淨)[인 극락세계]와 '중생사회를 온전하게 하는 과보'(衆生世間清淨)[인 아미타불]을 과보로 얻게 하는] 두 가지 바른 원인을 닦을 것을 권함(勸修二種正因)

(1) 바람을 일으킬 것을 권유함(勸發願)

"중생으로서 [이러한 극락정토에 관한 말을] 들은 자라면 바람을 일으켜야 한다."(衆生聞者, 應當發願)[라고 말한] 이 문장부터 그 이하는 [세 부분으로 이루어진 '경의 내용을 본격적으로 설한 부분'(正說分)의] 두 번째인 '['온전한 환경'(器世間清淨)[인 극락세계]와 '중생사회를 온전하게 하는 과보'(衆生世間清淨)[인 아미타불]을 과보로 얻게 하는] 두 가지 온전한 원인을 닦을 것을 권하는 것(勸修二種淨因)'[에 대한 내용]이다. 여기에는 네 가지가 있으니 첫 번째는 '바람을 일으킴을 권유함'(勸發願)이고, 두 번째는 '닦아 익히는 원인을 밝힘'(明修因)이며, 세 번째는 '받는 결실을 제시함'(示受果)이고, 네 번째는 '[발원發願을] 권하면서 맺음'(結勸)이다.

(2) 닦아 익히는 원인을 밝힘(明修因)

두 번째 문단[87]에서 말한 것은 '두 가지 원인'(二種因)을 밝힘이니, 첫

提舍』에는 '界'이다. '界'로 교감하여 번역한다.

87 『아미타경』의 본문에서 뒤의 문장인 "舍利弗! 不可以少善根福德因緣, 得生彼國."을 가리킨다. 따라서 앞의 문장인 "舍利弗! 衆生聞者, 應當發願, 願生彼國. 所以者何? 得與如是諸上善人, 俱會一處." 부분이 첫 번째 문단으로서 '바람을 일으킴을 권유

번째는 '[정토淨土에 태어나는] 온전한 원인'(正因)이고, 두 번째는 '[정토淨土에 태어나도록] 도움을 주는 원인'(助因)이다.[88]

① [정토淨土에 태어나는] 온전한 원인(正因)

'[정토淨土에 태어나는] 온전한 원인'(正因)에서 말한 "얼마 안 되는 이로운 능력과 '복을 누릴 자질'(福德)을 원인과 조건으로 삼아서는 저 ['탁월한 즐거움이 가득한'(極樂)] 나라에 태어날 수가 없다."(不可以少善根福德因緣, 得生彼國)라는 것은 '깨달음을 구하는 위대한 마음'(大菩提心)을 드러내 보인 것이니, ['깨달음을 구하는 위대한 마음'(大菩提心)으로] '많은 이로운 능력'(多善根)을 포섭하여 [그 능력을] '원인과 조건'(因緣)으로 삼아야 ['탁월한 즐거움이 가득한 나라'(極樂國土)에] 태어날 수 있기 때문이다.

마치 [『유가사지론瑜伽師地論』의] '보살의 수행단계에서 [처음으로 깨달음을 구하는] 마음을 내는 [것에 대해 논하는] 단원'(菩薩地發心品)[89]의 글에

함'(勸發願)에 해당하겠지만, 권발원勸發願에 대한 해설은 생략되었다.

88 이 설명에 따라 세 부분으로 이루어진 정설분正說分의 내용에서 두 번째인 권수이종정인勸修二種正因을 과문科文하면 다음과 같다.
2) '두 가지 올바른 원인을 닦을 것을 권하는 것(勸修二種正因)'
(1) '바람을 일으킴을 권유함'(勸發願)
(2) '닦아 익히는 원인을 밝힘'(明修因)
① '[정토淨土에 태어나는] 온전한 원인'(正因)
② '[정토淨土에 태어나도록] 도움을 주는 원인'(助因)
(3) '받는 결실을 제시함'(示受果)
(4) '[발원發願을] 권하면서 맺음'(結勸)

89 보살지발심품菩薩地發心品: 이 명칭은 『보살지지경菩薩地持經』에서 '보살지'를 뽑고, 『보살지지경』 권1의 제2 「보살지지방편처발보리심품菩薩地持方便處發菩提心品」을 '발심품'으로 줄여서 가리킨 것으로 볼 수도 있겠지만, 원효가 인용한 내용은 그 대의와 그 취지가 통하는 부분이 있기는 하여도 해당 내용이 『보살지지

서 "또한 모든 보살의 '처음으로 [깨달음을 구하려고] 일으킨 마음'(最初發心)은 '깨달음을 성취하게 하는 모든 수행'(一切菩提分法)과 '탁월한 이로운 능력'(殊勝善根)을 포섭하기 위해 선행되어야 하기 때문에 '모든 중생'(一切有情)의 근거인 '[신체(身) · 언어(口) · 생각(意)으로 이루어지는] 세 가지 행위'(三業)의 '해로운 짓'(惡行)을 저버리고 [깨달음을 구하는 마음의] 능력(功德)과 서로 어울릴 수 있는 것이다."[90]라고 한 것과 같다.

생각건대, 보살이 처음으로 일으킨 '깨달음을 구하는 마음'(菩提之心)은 모든 '탁월한 이로운 능력'(殊勝善根)을 포섭할 수 있어 '해로운 행위'(惡業)를 끊을 수 있기에 [깨달음을 구하는 마음의] 능력(功德)과 서로 어울릴 수 있는 것이다. 그러므로 "얼마 안 되는 이로운 능력과 '복을

경』에 그대로 나오지 않기 때문에 출처로 보기에는 적절하지 않다. 한편 『유가사지론瑜伽師地論』은 다섯 부분으로 본문이 이루어져 있는데, 그 첫 번째가 본지분本地分이다. 여기에서는 수행의 단계를 모두 17가지로 분류하고 있는데, 이 가운데 제15단계가 바로 보살지菩薩地이다. 아래에서 원효가 인용한 내용은 『유가사지론』의 「本地分中菩薩地第十五初持瑜伽處發心品第二」라고 명명한 단원에 나오는데 이 제목을 '보살지발심품'이라고 약칭한 것이다.

90 『유가사지론瑜伽師地論』 권35(T30, 480c6~9). "又諸菩薩最初發心, 能攝一切菩提分法, 殊勝善根爲上首故, 是善極善是賢極賢是妙極妙, 能違一切有情處所三業惡行, 功德相應." 여기서 밑줄 친 부분은 인용문에서 제외된 글을 가리킨다. 이 내용은 『보살지지경菩薩地持經』 권1(T30, 889c4~7)의 "是故初發心攝受一切菩提善根. 爲上導, 爲極巧便, 爲功德具足, 爲極賢善, 爲極眞實. 於一切衆生悉捨惡行, 於世間出世間正願爲上無上."이라고 말한 내용과, 또한 권1(T30, 889c13~16)의 "是故初發心是大悲所依, 依初發心, 建立菩薩菩提分法及衆生所作, 菩薩所學悉能修習. 是故初發心是菩薩學之所依."라고 설명한 내용 등이 뜻을 이해하는 데 참고가 된다. 〈산스크리트본의 해당 내용: BoBh., p.12. sa cittotpādaḥ sarvabodhipakṣakuśalamūlasaṃgrahāya pūrvaṃgamatvāt kuśalaḥ paramakauśalyaguṇayuktaḥ bhadraḥ paramabhadraḥ kalyāṇaḥ paramakalyāṇaḥ sarvasattvādhiṣṭhānakāyavāṅmanoduścaritavairodhikaḥ.; 발심은 모든 보리분법과 선근을 포함하기 위해 선행되어야 하기 때문에, 선하고 최고의 능숙함이라는 공덕과 연결되어 있으며, 어진 것이며 최고로 어진 것이며, 좋은 것이며 최고로 좋은 것이며, 모든 중생들의 근거인 신구의의 악행과 반대인 것이다.〉

누릴 자질'(福德)을 원인과 조건으로 [삼아서는] 저 ['탁월한 즐거움이 가득한'(極樂)] 나라에 태어날 수가 없다."(不可少善根福德因緣, 得生彼國)라고 말하였으니, [그] 까닭을 알 수 있다. 이 [처음 일으키는 '깨달음을 구하는 마음']을 [극락정토에 태어나는] 원인으로 삼는 것은, 『무량수경無量壽經』에서 〈'아홉 가지 [차별화된 모습으로 극락세계에 태어나는] 원인'(九品因)을 포섭하여 '[상품上品, 중품中品, 하품下品의] 세 부류'(三輩)로 삼는데, 그 셋에 모두 '깨달음을 향해 마음을 일으킴'(發菩提心)이 있다.〉[91]는 것[과 같은 것]이다.

『왕생론』에서는 오로지 이 글의 뜻만을 드러내어 [게송으로] 말하기를, "대승의 '이로운 능력'(善根)[이 갖추어진] 세상에는 한결같이 헐뜯거나 싫어하는 이름[을 지닌 사람]이 없고 [여성이나 신체의 결핍[에 대한 차별]과 '[성문聲聞, 연각緣覺] 두 부류의 수행자'(二乘) 종류가 생겨나지 않는다네.]"[92]라고 하였다. 이 뜻은 〈저 ['탁월한 즐거움이 가득한'(極樂)] 나라에 태어난 이들에게 비록 '아홉 가지 [차별화된 모습으로 극락세계에 태어나는] 부류'(九品)가 있지만 모두 '대승의 [깨달음을 향해] 마음을 일으키는 이로운 능력'(大乘發心善根)에 따르기 때문에 [그들에게는] 한결같이 헐뜯거나 싫어하는 이름[을 지닌 사람]이 없다.〉는 것을 곧바로 말한 것이다.

有人難言. 〈若要發大心, 方生淨土者, 不應生彼, 而證小果. 彼無退具故, 若乃退大, 而證小果, 無有是處故. 又『兩卷經』中, 十八願中言,

---

91 이 내용은 『불설무량수경佛說無量壽經』에 나오는 구절을 인용한 것이 아니라 그 대의만을 간략하게 풀어쓴 것이다. '[상품上品, 중품中品, 하품下品의] 세 부류'(三輩)가 모두 보리심菩提心을 일으킨다는 내용은 『불설무량수경』 하권(T12, 272b16~c10) 등에서 살펴볼 수 있다.

92 『무량수경우파제사無量壽經優波提舍』 권1(T26, 231a13~14)의 밑줄 친 부분을 생략하고 앞부분만 인용한 것이다. "大乘善根界, 等無譏嫌名, <u>女人及根缺, 二乘種不生.</u>"

"設我得佛, 十方衆生, 至心信樂, 欲生我國, 乃至十念, 若不生者, 不取正覺. 唯除五逆, 誹謗正法." 若未發大心, 不得生者, 則應亦揀未發心. 而不揀故, 明知不必然. 不至心爲至心, 言之所揀, 故更不須揀.〉雖有是破, 皆不應理. 所以然者, 發菩提心, 旣是正因, 未發心者, 直是無因, 而非有障, 何須揀別? 五逆謗法, 乃是障礙, 非直無因, 故須揀別. 是故此難, 無所聞也. 又非生彼, 退菩提心, 但在此間, 先發大心, 熏成種子, 後時退心, 下地現行. 良由先發大心, 種子不失, 故得作因, 以生彼國, 而退現行, 大乘之心故, 生彼國, 取小果耳. 是故彼難, 還顯自短之耳.

[H1, 565b21~c14; T37, 350a13~28]

어떤 사람은 [다음과 같이] 비판하여 말한다.

〈만약 '[깨달음을 구하는] 위대한 마음'(大[菩提]心)을 일으켜야 비로소 '[번뇌의 오염이 없는] 온전한 세상'(淨土)에 태어나는 것이라면, 저 ['[번뇌의 오염이 없는] 온전한 세상'(淨土)에] 태어나서는 '낮은 [지위에 머무는] 결과'(小果)를 증득하지 않아야 한다. [왜냐하면] 저 ['[번뇌의 오염이 없는] 온전한 세상'(淨土)]에는 ['깨달음을 구하는 위대한 마음'(大菩提心)]에서 물러나는 경우가 없으므로 '[깨달음을 구하는] 위대한 [마음](大[菩提心])'에서 물러나 '낮은 [지위에 머무는] 결과'(小果)를 증득한다는 것은 맞지 않기 때문이다. 또 『무량수경無量壽經』 가운데 '[아미타불의 48가지 바람(願) 가운데] 18번째 바람'(十八願)에서도 "내가 부처가 되어 '모든 곳의 중생'(十方衆生)들이 '지극한 마음'(至心)으로 [나의 발원發願을] 믿고 좋아하여 나의 [탁월한 즐거움이 가득한] 나라에 태어나고자 하거나 '['아미타 부처님'이라는 명칭을] 열 번 [부르며] 늘 생각하는데도'(十念) 만약 [나의 극락국토極樂國土에] 태어나지 못한다면 [나는] '완전한 깨달음'(正覺)[인 부처]를 취하지 않을 것이다. [그러나] 오직 '[해탈의 길을] 거스르는 다섯 가지'(五逆)[93][의 심각한 잘못을 저지른 이]와 '올바른 진리'(正法)를 비방한 사람은 제외한

다."라고 말하였다.[94] 만약 '[깨달음을 구하는] 위대한 마음'(大[菩提]心)을

93 오역五逆: [해탈을] 거스르는 다섯 가지 죄를 가리킨다. 무거운 죄라는 뜻에서 오중죄五重罪, 무간지옥에 떨어지는 과보를 받는 죄라는 뜻에서 오무간업五無間業, 오불구죄五不救罪 등으로 부르기도 한다. 어머니를 죽이는 것, 아버지를 죽이는 것, 아라한을 죽이는 것, 수행자 무리의 화합을 깨뜨리는 것, 부처님의 몸에 상처를 내어 피를 흘리게 하는 것, 이 다섯 가지가 오역죄에 해당한다. 그런데 문헌마다 제시하는 다섯의 내용이나 순서에는 차이가 나타난다. 인도 찬술 문헌에서는 어머니를 살해하는 죄를 그 첫 번째로 삼은 데 비해, 동아시아 문헌에서는 아버지를 살해하는 죄를 첫 번째로 삼은 것 등이 대표적이다. 『불광대사전』(p.1142)에서는 『대살차니건자소설경大薩遮尼乾子所說經』 권4에 보이는 내용에 근거하여 별도로 대승의 오역을 제시하기도 한다. 곧 앞에서 제시한 다섯 가지 죄는 소승의 오역에 해당한다는 설명이다. 그런데 『대살차니건자소설경』의 서술만으로 대승의 오역을 따로 설정할 수 있을지는 의문이 든다. 더구나 이 경전에서는 대승의 오역이라는 확정도 나타나지 않기 때문에 소승과 대승의 오역이라는 구분은 적절해 보이지 않는다. 단지 경론, 특히 주석서에 따라 오역의 내용이나 그 경중輕重의 차이에 대한 갖가지 서로 다른 해석이 있는 정도로 이해하는 것이 타당할 것이다. 『대살차니건자소설경』의 내용과 일반적으로 제기되는 오역죄의 내용을 제시하고 있는 『능가아발다라보경』의 서술을 차례로 살펴보면 다음과 같다. 『대살차니건자소설경大薩遮尼乾子所說經』 권4(T9, 336b1~12). "大王! 有五種罪, 名爲根本. 何等爲五? 一者破壞塔寺焚燒經像, 或取佛物法物僧物, 若教人作見作助喜, 是名第一根本重罪. 若謗聲聞辟支佛法及大乘法, 毁呰留難隱蔽覆藏, 是名第二根本重罪. 若有沙門信心出家, 剃除鬚髮身著染衣, 或有持戒或不持戒, 繫閉牢獄枷鎖打縛, 策役驅使責諸發調, 或脫袈裟逼令還俗, 或斷其命, 是名第三根本重罪. 於五逆中若作一業, 是名第四根本重罪. 謗無一切善惡業報, 長夜常行十不善業, 不畏後世, 自作教人堅住不捨, 是名第五根本重罪."; 『능가아발다라보경楞伽阿跋多羅寶經』 권3(T16, 498a18~19). "佛告大慧: '云何五無間業? 所謂, 殺父母及害羅漢, 破壞衆僧, 惡心出佛身血."

94 『불설무량수경佛說無量壽經』(T12, 268a26~28). "設我得佛, 十方衆生, 至心信樂, 欲生我國, 乃至十念, 若不生者, 不取正覺. 唯除五逆, 誹謗正法." 〈산스크리트본의 해당 내용: Sukhvy, p.14. sacen me bhagavan bodhiprāptasyāprameyāsaṃkhyeyeṣu buddhakṣetreṣu ye sattvāḥ mama nāmadheyaṃ śrutvā, tatra buddhakṣetre cittaṃ preṣayeyur, upapattaye kuśalamūlāni ca pariṇāmayeyus, te ca tatra buddhakṣetre nopapadyeran, antaśo daśabhiś cittotpādaparivartaiḥ, sthāpayitvānantaryakāriṇaḥ saddharmapratikṣepāvaraṇāvṛtāṃś ca sattvān, mā tāvad aham anuttarāṃ samyaksaṃbodhim abhisaṃbudhyeyam.; 세존이시여, 만약 내가 깨달음을 얻었음에도 불구하고, 무량하고 무한한 불국토에서, [다섯 가

아직 일으키지 않아서 ['[번뇌의 오염이 없는] 온전한 세상'(淨土)에] 태어날 수 없다면, [깨달음을 구하는 위대한] 마음을 아직 일으키지 않은 사람도 당연히 가려내어 [제외해야] 한다. 그러나 [무량수경에서는] [깨달음을 구하는 위대한 마음을 일으키지 않은 이를] 가려내어 [제외하지] 않았기 때문에, 그렇게 [깨달음을 구하는 위대한 마음을 아직 일으키지 않은 사람을 제외]하지 않았음을 알 수 있다. [그리고] '지극하지 못한 마음'(不至心)이라거나 '지극한 마음'(至心)이라는 것은 말로 구분하는 것일 뿐이니, 그러므로 [오역五逆과 비방정법誹謗正法을] 다시 가려내어 [제외하지는] 않아야 한다.〉

비록 이런 비판(破)이 있지만 모두 이치에 맞지 않다. 그 까닭은 [다음과 같다.] '깨달음을 향해 마음을 일으키는 것'(發菩提心)은 '[정토淨土에 태어나는] 온전한 원인'(正因)이기에 [그] 마음을 아직 일으키지 않은 사람은 단지 [정토淨土에 태어나는] 원인(因)이 없는 것이지 [정토淨土에 태어나지 못하는] 장애(障)가 있는 것은 아니니, 어찌 가려내고 구별하여 [제외할] 필요가 있겠는가? [또한] '[해탈의 길을] 거스르는 다섯 가지'(五逆)[의 심각한 잘못]과 '[올바른] 진리를 비방하는 것'([誹]謗[正]法)은 장애이지 단지 [정토淨土에 태어나는] '원인이 없는 것'(無因)은 아니니, 따라서 반드시 가려내고 구별하여 [제외]해야 하는 것이다. 그러므로 이러한 비난(難)은 긍정할 것이 없다.

또한 저 ['[번뇌의 오염이 없는] 온전한 세상'(淨土)]에 태어나 '깨달음을 구하는 마음'(菩提心)에서 물러나는 것이 아니라, 단지 이 세상에 있을 때 먼저 '[깨달음을 구하는] 위대한 마음'(大心)을 일으키고 [그것을] 거듭 익

지] 무간업을 지은 자와 정법을 비방한 자를 제외한 중생들이 내 이름을 듣고, 그 불국토에 마음을 향하며, [거기에] 태어나기 위해 선근을 회향하고, 나아가 열 가지 발심을 일으켰는데도, 그들이 그 불국토에 태어나지 못한다면, 나는 최고의 바른 깨달음을 깨닫지 않을 것입니다.〉

혀 [정토淨土에 태어나는] 종자를 이루었지만 나중에 [깨달음을 구하는] 마음을 퇴행시켜 [정토淨土의] '낮은 지위'(下地)에 나타나는 것이다. 참으로 먼저 '[깨달음을 구하는] 위대한 마음'(大心)을 일으켜 [그] 종자를 잃지 않기 때문에 '[결과를] 만드는 원인'(作因)을 얻어서 저 [탁월한 즐거움이 가득한] 나라에 태어났지만 [낮은 지위로] 물러나 나타난 것이니, '대승의 [깨달음을 구하는] 마음'(大乘之心) 때문에 저 [탁월한 즐거움이 가득한] 나라에 태어났으면서도 '낮은 [지위에 머무는] 결과'(小果)만을 가질 뿐인 것이다. 그러므로 저 비판은 오히려 자신의 단점만 드러낼 뿐이다.

『불설아미타경佛說阿彌陀經』[T12, 347b10~13]

舍利弗! 若有善男子善女人, 聞說阿彌陀佛, 執持名號, 若一日, 若二日, 若三日, 若四日, 若五日, 若六日, 若七日, 一心不亂,

사리불이여! 만약 어떤 훌륭한 남자나 훌륭한 여자가 아미타 부처님에 대한 말씀을 듣고서 ['아미타 부처님'이라는] 명칭(名號)을 '놓치지 않으면서'(執持), 하루나 이틀이나 사흘이나 나흘이나 닷새나 엿새나 이레 동안을 '한결같은 마음'(一心)으로 [늘 생각하여] 흩어지지 않게 하면,

第二明助因者. "執持名號, 一心不亂"故, 阿彌陀如來, 不可思議功德所成之名號故. "一日乃至七日"者, 勝人速成, 劣者遲熟故. 『聲王經』說, "十日誦名"者, 劣人十日乃成故. 或一二日等, 是下品因, 五六七日者, 是中品因, 乃至十日, 成上品因故.

[H1, 565c14~20; T37, 350a28~b4]

② [정토淨土에 태어나도록] 도움을 주는 원인(助因)

['닦아 익히는 원인을 밝힘'(明修因)의 두 가지 가운데] 두 번째는 '[정토淨土에 태어나도록] 도움을 주는 원인'(助因)을 밝히는 것이다. "['아미타 부처

님'이라는] 명칭(名號)을 놓치지 않으면서 한결같은 마음으로 [늘 생각하여] 흩어지지 않게 한다."(執持名號, 一心不亂)라고 한 까닭은, 아미타 여래[라는 명칭]은 '생각으로 헤아리기 어려운 이로운 능력'(不可思議功德)으로 성취한 명칭이기 때문이다.

"하루 동안 및 이레 동안"(一日乃至七日)이라고 한 것은 뛰어난 사람은 빨리 이루고, 부족한 사람은 늦게 이루기 때문이다. 『성왕경聲王經』에서 말하는 "십 일 동안 ['아미타 부처님'이라는] 명칭(名號)을 외운다."[95]라는 것은 부족한 사람은 십 일이 되어서야 이루기 때문이다. 하루나 이틀 [동안 칭명염불稱名念佛 수행을 지속하는 것] 등은 [정토에 태어나는 중생 가운데] '낮은 부류의 중생들[이 되는] 원인'(下品因)이고, 닷새나 엿새 [동안 칭명염불稱名念佛 수행을 지속하는 것]은 [정토에 태어나는 중생 가운데] '중간 부류의 중생들[이 되는] 원인'(中品因)이며, 십일 [동안 칭명염불稱名念佛 수행을 지속하면] '[능력이 뛰어난] 높은 부류의 중생들[이 되는] 원인'(上品因)을 성취하는 것이다.

> 『불설아미타경佛說阿彌陀經』 [T12, 347b13~17]
>
> 其人臨命終時, 阿彌陀佛與諸聖衆, 現在其前, 是人終時, 心不顚倒, 卽得往生阿彌陀佛極樂國土. 舍利弗! 我見是利, 故說此言. 若有衆生, 聞是說者, 應當發願

95 여기서 『성왕경聲王經』은 『아미타고음성왕다라니경阿彌陀鼓音聲王陀羅尼經』을 약칭하여 부른 것인데, 원효가 인용한 경문 그대로가 나오지는 않지만 뜻이 통하는 구절은 보인다. 경문을 인용하면서 취지만 살린 것으로 짐작된다. 해당하는 내용은 다음과 같다. 『아미타고음성왕다라니경』(T12, 352b28~c11). "若有受持彼佛名號, 堅固其心, 憶念不忘, 十日十夜除捨散亂, 精勤修習念佛三昧, 知彼如來常恒住於安樂世界, 憶念相續勿令斷絕, 受持讀誦此鼓音聲王大陀羅尼, 十日十夜, 六時專念, 五體投地, 禮敬彼佛, 堅固正念悉除散亂; 若能令心念念不絕, 十日之中必得見彼阿彌陀佛, 并見十方世界如來及所住處. 唯除重障鈍根之人, 於今少時所不能覩. 一切諸善皆悉迴向, 願得往生安樂世界, 垂終之日, 阿彌陀佛與諸大衆, 現其人前安慰稱善, 是人即時甚生慶悅. 以是因緣, 如其所願, 卽得往生."

生彼國土.

그 사람이 목숨을 마칠 때 아미타 부처님이 '온갖 고귀한 무리들'(諸聖衆)과 함께 그 사람 앞에 나타나기에 이 사람이 죽을 때 마음이 [두려움으로] 뒤집히지 않아 곧 아미타 부처님이 계신 '탁월한 즐거움이 가득한 나라'(極樂國土)에 태어나게 된다. 사리불이여! 나는 이러한 이로움을 보기 때문에 이 말을 설하는 것이다. 만약 어떤 중생이 [극락왕생에 대한 나의] 이 말을 듣는다면, 그 나라에 태어나려는 '바람을 일으켜야'(發願) 한다.

"其人"已下, 第三受執. "我見"已下, 第四結勸. 上來四文合, 爲第二勸修因竟.

[H1, 565c20~22; T37, 350b4~6]

⑶ 받는 결실을 제시함(示受果)[96]

"그 사람"(其人) 이하는 [네 부분으로 이루어진 '두 가지 바른 원인을 닦을 것을 권하는 것'(勸修二種正因) 가운데] 세 번째인 '받게 되는 [결과를 제시]'([示]受執[果])[하는 부분]이다. "나는 [이러한 이로움을] 보기 [때문에]"(我見) 이하는 ['두 가지 바른 원인을 닦을 것을 권하는 것'(勸修二種正因)의] 네 번째인 '[발원發願을] 권하면서 마무리함'(結勸)이다.

이상의 네 가지 문단이 합쳐져서 [세 부분으로 이루어진 '경의 내용을 본격적으로 설한 부분'(正說分) 가운데] 두 번째인 '[두 가지 바른 원인을] 닦을 것을 권하는 것'(勸修[二種正]因)을 마치게 된다.

---

96 『소』에서는 '受執'으로 나오지만, 앞에서 과문科文한 '두 가지 바른 원인을 닦을 것을 권하는 것'(勸修二種正因)의 네 가지 구분에 의거하여 '받는 결실을 제시함'(示受果)이라고 과문하였다.

『불설아미타경佛說阿彌陀經』[T12, 347b18~348a6]

舍利弗! 如我今者, 讚歎阿彌陀佛不可思議功德. 東方亦有阿閦鞞佛·須彌相佛·大須彌佛·須彌光佛·妙音佛, 如是等恒河沙數諸佛, 各於其國, 出廣長舌相, 遍覆三千大千世界, 說誠實言, "汝等衆生, 當信, 是稱讚不可思議功德一切諸佛所護念經."

舍利弗! 南方世界有日月燈佛·名聞光佛·大焰肩佛·須彌燈佛·無量精進佛, 如是等恒河沙數諸佛, 各於其國, 出廣長舌相, 遍覆三千大千世界, 說誠實言, "汝等衆生, 當信, 是稱讚不可思議功德一切諸佛所護念經."

舍利弗! 西方世界有無量壽佛·無量相佛·無量幢佛·大光佛·大明佛·寶相佛·淨光佛, 如是等恒河沙數諸佛, 各於其國, 出廣長舌相, 遍覆三千大千世界, 說誠實言, "汝等衆生, 當信, 是稱讚不可思議功德一切諸佛所護念經."

舍利弗! 北方世界有焰肩佛·最勝音佛·難沮佛·日生佛·網明佛, 如是等恒河沙數諸佛, 各於其國, 出廣長舌相, 遍覆三千大千世界, 說誠實言, "汝等衆生, 當信, 是稱讚不可思議功德一切諸佛所護念經."

舍利弗! 下方世界有師子佛·名聞佛·名光佛·達摩佛·法幢佛·持法佛, 如是等恒河沙數諸佛, 各於其國, 出廣長舌相, 遍覆三千大千世界, 說誠實言, "汝等衆生, 當信, 是稱讚不可思議功德一切諸佛所護念經."

舍利弗! 上方世界有梵音佛·宿王佛·香上佛·香光佛·大焰肩佛·雜色寶華嚴身佛·娑羅樹王佛·寶華德佛·見一切義佛·如須彌山佛, 如是等恒河沙數諸佛, 各於其國, 出廣長舌相, 遍覆三千大千世界, 說誠實言, "汝等衆生, 當信, 是稱讚不可思議功德一切諸佛所護念經."

사리불이여! 내가 지금 하는 것처럼, 아미타 부처님이 지닌 '생각으로 헤아리기 어려운 이로운 능력'(不可思議功德)을 찬탄하여라. 동쪽 [세계]에 또한 아촉비불阿閦鞞佛·수미상불須彌相佛·대수미불大須彌佛·수미광불須彌光佛·묘음불妙音佛이 계시니, 이와 같은 '갠지스강의 모래알만큼 수없이 많은 부처님'(恒河沙數諸佛)은 각각 그 나라에서 '넓고 긴 혀로 설법하는 모습'(廣長舌相)[97]을 나타내어 [설법으로] '끝없는 모든 세계'(三千大千世界)[98]를

97 광장설廣長舌: 고대 인도의 종교에서는 전륜성왕轉輪聖王과 같은 위대한 사람에

두루 덮으면서 정성을 담아 진실되게 [다음과 같이] 말씀하신다. "그대들 중

게 갖추어져 있는 특별한 신체적 모습을 묘사하는 경우가 일반적이다. 불교의 경론에서도 석가모니 부처님에게 이와 같은 특별한 신체적 특징이 갖추어져 있다고 말하는데, 공통적으로 '32가지 특징'(三十二相)을 제시하고 있다. 『아미타경』의 본문에 나오는 '넓고 긴 혀로 설법하는 모습'(廣長舌相)은 『장아함경』의 「대본경大本經」에서 확인할 수 있듯이 이 32상相 가운데 27번째로 제시되어 있다. 『장아함경長阿含經』 권1(T1, 5b14). "二十七, 廣長舌, 左右舐耳." 이 「대본경」의 서술처럼, 이때의 긴 혀는 좌우의 귀를 핥을 수 있을 만큼 길다고 여기는 당시의 생각을 알 수 있다. 또 『중아함경中阿含經』의 권11 「삼십이상경三十二相經」에서는 "復次, 大人廣長舌, 廣長舌者, 舌從口出遍覆其面, 是謂大人大人之相."(T1, 494a19~21)이라고 하였으니, 넓고 긴 혀란 얼굴을 모두 덮을 만큼이라는 생각도 가능할 수 있다. 이와 같은 광장설廣長舌의 발상이 『대반야경』, 『법화경』, 『화엄경』 등 대승의 주요 경전으로 이어지면서 부처님의 넓고 긴 혀가 온 세상을 덮는다는 묘사로 나타나게 된다. 나아가 광대한 혀를 갖춘 모습으로 온갖 진리를 설한다는 발상으로 전개되고 있는 점을 살펴볼 수 있다. 이와 같은 관점이 『아미타경』 본문의 서술과 같은 형태로 확립되었다는 것은 『불설대승무량수장엄경佛說大乘無量壽莊嚴經』 권2에 나오는 내용(T12, 323a27~b9)과 『불설대아미타경佛說大阿彌陀經』 권2(T12, 337a6~11) 등에서도 확인할 수 있다.

98 삼천대천세계三千大天世界: 고대 인도의 우주관에 따르면, 우주의 중심에는 '수미須彌'라는 거대한 산이 있다고 한다. 이 수미산의 주위에는 4대륙과 바다가 있는데 모두 구산팔해九山八海를 이루며 겹겹이 둘러싸고 있다. 이 수미산을 가장 아래에서 떠받치고 있는 풍륜風輪으로부터 시작하여 해, 달, 수미산須彌山, 사천왕四天王, 삼십삼천三十三天, 야마천夜摩天, 도솔천兜率天, 낙변화천樂變化天, 타화자재천他化自在天, 범세천梵世天 등을 아울러 1소세계一小世界라 부른다고 한다(『불광대사전』, p.523 참조). 이 소세계 1천개가 모인 것을 1소천세계小千世界라 하고, 1소천세계가 1천 개 모인 것을 1중천세계中千世界, 1중천세계가 1천 개 모인 것을 1대천세계大千世界라고 한다. 따라서 '삼천三千'이라는 말은 3000개를 가리키는 말이 아니라, 1000을 세 번에 걸쳐 곱한다는 뜻이 된다. 또한 이 결과로 전개되는 10억 개의 소세계가 매우 광대하므로 이를 '대천大天'이라고 부른다. 이와 같이 수미산을 중심으로 하는 하나의 소세계에서 천 배씩 곱해 가면서 각각 소천, 중천, 대천으로 구분하는 방식은 이미 『아함경』에서 살펴볼 수 있다. 『장아함경』 권제18(T1, 114c5~7). "如一小千世界, 爾所小千千世界, 是爲中千世界. 如一中千世界, 爾所中千千世界, 是爲三千大千世界." 한편 『아비달마구사론』의 「분별세품」 ④에서도 1000배씩 세 번을 곱하여 이 삼천대천세계를 설명하는 방식을 찾아볼 수 있는 것은 물론이고, 「분별세품」 ④의 거의 전체에 걸쳐 이 세계에 대한 가장 자

생은 이 '생각으로 헤아리기 어려운 이로운 능력'(不可思議功德)을 지칭하여 찬탄하는 '모든 부처님이 보호하면서 늘 생각하는 경전'(一切諸佛所護念經)을 믿어야 한다."

사리불이여! 남쪽 세계에도 일월등불日月燈佛 · 명문광불名聞光佛 · 대염견불大焰肩佛 · 수미등불須彌燈佛 · 무량정진불無量精進佛이 계시니, 이와 같은 '갠지스강의 모래알만큼 수없이 많은 부처님'(恒河沙數諸佛)은 각각 그 나라에서 '넓고 긴 혀로 설법하는 모습'(廣長舌相)을 나타내어 [설법으로] '끝없는 모든 세계'(三千大千世界)를 두루 덮으면서 정성을 담아 진실되게 [다음과 같이] 말씀하신다. "그대들 중생은 이 '생각으로 헤아리기 어려운 이로운 능력'(不可思議功德)을 지칭하여 찬탄하는 '모든 부처님이 보호하면서 늘 생각하는 경전'(一切諸佛所護念經)을 믿어야 한다."

사리불이여! 서쪽 세계에도 무량수불無量壽佛 · 무량상불無量相佛 · 무량당불無量幢佛 · 대광불大光佛 · 대명불大明佛이 계시니, 이와 같은 '갠지스강의 모래알만큼 수없이 많은 부처님'(恒河沙數諸佛)은 각각 그 나라에서 '넓고 긴 혀로 설법하는 모습'(廣長舌相)을 나타내어 [설법으로] '끝없는 모든 세계'(三千大千世界)를 두루 덮으면서 정성을 담아 진실되게 [다음과 같이] 말씀하신다. "그대들 중생은 이 '생각으로 헤아리기 어려운 이로운 능력'(不可思議功德)을 지칭하여 찬탄하는 '모든 부처님이 보호하면서 늘 생각하는 경전'(一切諸佛所護念經)을 믿어야 한다."

사리불이여! 북쪽 세계에도 유염견불有焰肩佛 · 최승음불最勝音佛 · 난저불難沮佛 · 일생불日生佛 · 망명불網明佛이 계시니, 이와 같은 '갠지스강의 모래알만큼 수없이 많은 부처님'(恒河沙數諸佛)은 각각 그 나라에서 '넓고 긴 혀로 설법하는 모습'(廣長舌相)을 나타내어 [설법으로] '끝없는 모든 세계'(三千大千世界)를 두루 덮으면서 정성을 담아 진실되게 [다음과 같이] 말씀하신다. "그대들 중생은 이 '생각으로 헤아리기 어려운 이로운 능력'(不可思議功

세한 설명을 살펴볼 수 있다. 『아비달마구사론阿毘達磨俱舍論』 권제11(T29, 61a5~11). "四大洲日月, 蘇迷盧欲天, 梵世各一千, 名一小千界. 此小千千倍, 說名一中千, 此千倍大千, 皆同一成壞. 論曰, 千四大洲乃至梵世, 如是總說爲一小千. 千倍小千名一中千界, 千中千界總名一大千."

德)을 지칭하여 찬탄하는 '모든 부처님이 보호하면서 늘 생각하는 경전'(一切諸佛所護念經)을 믿어야 한다."

사리불이여! 아래쪽 세계에도 사자불師子佛 · 명문불名聞佛 · 명광불名光佛 · 달마불達摩佛 · 법당불法幢佛 · 지법불持法佛이 계시니, 이와 같은 '갠지스강의 모래알만큼 수없이 많은 부처님'(恒河沙數諸佛)은 각각 그 나라에서 '넓고 긴 혀로 설법하는 모습'(廣長舌相)을 나타내어 [설법으로] '끝없는 모든 세계'(三千大千世界)를 두루 덮으면서 정성을 담아 진실되게 [다음과 같이] 말씀하신다. "그대들 중생은 이 '생각으로 헤아리기 어려운 이로운 능력'(不可思議功德)을 지칭하여 찬탄하는 '모든 부처님이 보호하면서 늘 생각하는 경전'(一切諸佛所護念經)을 믿어야 한다."

사리불이여! 위쪽 세계에도 범음불梵音佛 · 숙왕불宿王佛 · 향상불香上佛 · 향광불香光佛 · 대염견불大焰肩佛 · 잡색보화엄신불雜色寶華嚴身佛 · 사라수왕불娑羅樹王佛 · 보화덕불寶華德佛 · 견일체의불見一切義佛 · 여수미산불如須彌山佛이 계시니, 이와 같은 '갠지스강의 모래알만큼 수없이 많은 부처님'(恒河沙數諸佛)은 각각 그 나라에서 '넓고 긴 혀로 설법하는 모습'(廣長舌相)을 나타내어 [설법으로] '끝없는 모든 세계'(三千大千世界)를 두루 덮으면서 정성을 담아 진실되게 [다음과 같이] 말씀하신다. "그대들 중생은 이 '생각으로 헤아리기 어려운 이로운 능력'(不可思議功德)을 지칭하여 찬탄하는 '모든 부처님이 보호하면서 늘 생각하는 경전'(一切諸佛所護念經)을 믿어야 한다."

"如我今者, 讚歎"已下, 大分第三引例證成. 於中有四. 一者, 引餘佛說, 證有可信, 二者, 釋此經名, 成有勝利, 三者, 擧願無違, 重勸發心, 四者, 歎法希, 結勸信受. 初中先辨自所稱讚, 後引六方諸佛同讚.

[H1, 565c22~566a4; T37, 350b6~10]

3) 사례를 끌어와 [그에 대해] 증명하는 것(引例證成)

“내가 지금 하는 것처럼 … 찬탄하여라.”(如我今者, 讚歎) 이하는 [‘경의 내용을 본격적으로 설한 부분’(正說分)을] 크게 나눈 [세 가지 가운데] 세 번째인 ‘사례를 끌어와 [아미타불의 이로운 능력에 대해] 증명하는 것’(引例證成)이다. 여기에는 네 가지가 있다. 첫 번째는 [극락세계에 계시는 아미타 부처님] 이외의 부처님들이 행하는 설법을 끌어와 믿을 수 있음을 증명함이고, 두 번째는 이 경전의 명칭을 해석하여 뛰어난 이로움이 있음을 수립함이며, 세 번째는 [극락세계에 태어나려는] 바람은 어긋남이 없음을 내세워 마음을 일으킬 것을 거듭 권유함이고, 네 번째는 [아미타경의] 도리가 매우 드문 것임을 찬탄하여 ‘믿어 간직할 것’(信受)을 권유하면서 마무리함이다.[99]

---

99 이상의 해설에 따라 ‘[경의 내용을] 본격적으로 설한 부분’(正說分)의 내용 전체를 과문科文하면 다음과 같다.

1) [‘온전한 환경’(器世間清淨)[인 극락세계]와 ‘중생사회를 온전하게 하는 과보’(衆生世間清淨)[인 아미타불], 이] ‘두 가지 온전한 과보를 곧바로 드러낸 것’(正示二種清淨果)
   (1) ‘간략하게 [핵심을] 밝힘’(略標)
      ① ‘[행위의] 과보가 의지하는 온전한 환경’(依果)[인 극락세계]를 간략히 밝힌 것
      ② ‘[행위로 인해] 직접 받은 온전한 과보’(正報)[인 아미타불]을 간략히 밝힌 것
   (2) ‘자세하게 해석함’(廣解)
      ① ‘[행위의] 과보가 의지하는 온전한 환경’(依果)[인 극락세계]를 자세히 밝힌 것
      ② ‘[행위로 인해] 직접 받은 온전한 과보’(正報)[인 아미타불]을 자세히 밝힌 것
2) [‘온전한 환경’(器世間清淨)[인 극락세계]와 ‘중생사회를 온전하게 하는 과보’(衆生世間清淨)[인 아미타불]을 과보로 얻게 하는] ‘두 가지 바른 원인을 닦을 것을 권하는 것’(勸修二種正因)
   (1) ‘바람을 일으킴을 권유함’(勸發願)
   (2) ‘닦아 익히는 원인을 밝힘’(明修因)
      ① ‘[정토淨土에 태어나는] 온전한 원인’(正因)

(1) [극락세계에 계시는 아미타 부처님] 이외의 부처님들이 행하는 설법을 끌어와 믿을 수 있음을 증명함(引餘佛說, 證有可信)

첫 번째[인 '[극락세계에 계시는 아미타 부처님] 이외의 부처님들이 행하는 설법을 끌어와 믿을 수 있음을 증명함'(引餘佛說, 證有可信)]에서는, 먼저 [부처님] 자신이 [아미타 부처님이 지닌 '생각으로 헤아리기 어려운 이로운 능력'(不可思議功德)을] 지칭하여 찬탄하는 것을 밝혔고, 나중에는 '[동東·남南·서西·북北·하下·상上, 이] 여섯 방향[의 세계]에 계시는 모든 부처님이 함께 칭찬[하는 사례]를 끌어왔다.

---

② '[정토淨土에 태어나도록] 도움을 주는 원인'(助因)
(3) '받는 결실을 제시함'(示受果)
(4) '[발원發願을] 권유하면서 마무리함'(結勸)
3) '사례를 끌어와 [그에 대해] 증명하는 것'(引例證成)
(1) '[극락세계에 계시는 아미타] 이외의 부처님들을 끌어와 믿을 수 있음을 증명함'(引餘佛說證有可信)
① '스스로 칭찬하는 것을 밝힘'(辨自所稱讚)
② '[동東·남南·서西·북北·하下·상上, 이] 여섯 방향에 계시는 모든 부처님들께서 함께 칭찬[하는 사례를] 끌어옴'(引六方諸佛同讚)
(2) '이 경전의 명칭을 해석하여 뛰어난 이로움이 이루어짐'(釋此經名成有勝利)
(3) '[극락세계에 태어나려는] 바람은 어긋남이 없음을 들어 거듭 마음을 일으킬 것을 권유함'(擧願無違重勸發心)
(4) '[아미타불이 설한] 진리가 흔치 않은 것임을 찬탄하고 믿어 간직할 것을 권유하면서 마무리함'(歎法希結勸信受)
① '[석가모니 부처님] 자신이 다른 [세계에 계시는 모든] 부처님을 칭찬함'(己讚他)
② '다른 [세계에 계시는 모든] 부처님이 [석가모니 부처님] 자신을 칭찬함'(他讚己)
③ '찬탄을 맺으며 믿을 것을 권유함'(結歎勸信).

『불설아미타경佛說阿彌陀經』[T12, 348a7~12]

舍利弗! 於汝意云何? 何故名爲'一切諸佛所護念經'? 舍利弗! 若有善男子善女人, 聞是經受持者及聞諸佛名者, 是諸善男子善女人, 皆爲一切諸佛共所護念, 皆得不退轉於阿耨多羅三藐三菩提. 是故, 舍利弗! 汝等皆當信受我語及諸佛所說.

사리불이여! 그대의 생각은 어떠한가? 어째서 [이 『아미타경』을] '모든 부처님이 보호하면서 늘 생각하는 경전'(一切諸佛所護念經)이라고 부르는가? 사리불이여! 만약 어떤 훌륭한 남자나 훌륭한 여자가 이 경을 듣고 '받아 간직하는 사람'(受持者)이나 '모든 부처님의 명칭을 듣는 사람'(聞諸佛名者)이라면, 이 모든 훌륭한 남자나 훌륭한 여자는 모든 부처님께서 함께 보호하고 늘 생각해 주는 바가 되니, [그들은] 모두 '최고의 깨달음'(阿耨多羅三藐三菩提)[으로 향하는 마음]에서 '뒤로 물러나지 않는 [경지]'(不退轉)를 얻을 것이다. 그러므로 사리불이여! 그대들은 모두 나의 말과 모든 부처님께서 설하신 것을 믿고 받아들여야 한다.

"於汝意云何?"已下, 是第二文. 於中有三. 問次第三勸信.

[H1, 566a4~5; T37, 350b10~11]

(2) 이 경전의 명칭을 해석하여 뛰어난 이로움이 있음을 수립함(釋此經名, 成有勝利)

"그대의 생각은 어떠한가?"(於汝意云何) 이하는 [네 부분으로 이루어진 '사례를 끌어와 [아미타불의 이로운 능력에 대해] 증명하는 것'(引例證成)의] 두 번째 문단이다. 여기에는 세 가지가 있다. [첫째는] 질문(問)이고, [다음은 불퇴전不退轉을 성취하는 것을 말하는] 두 번째이며, 셋째는 '믿을 것을 권유함'(勸信)이다.

『불설아미타경佛說阿彌陀經』[T12, 348a13~17]

舍利弗! 若有人, 已發願, 今發願, 當發願, 欲生阿彌陀佛國者, 是諸人等, 皆得不退轉於阿耨多羅三藐三菩提, 於彼國土, 若已生, 若今生, 若當生. 是故, 舍利弗! 諸善男子善女人, 若有信者, 應當發願生彼國土.

사리불이여! 만약 어떤 사람이 '이미 바람을 일으켰거나'(已發願) '지금 바람을 일으키거나'(今發願) '[앞으로] 바람을 일으켜서'(當發願) 아미타 부처님이 계신 나라에 태어나고자 원한다면, 이 모든 사람은 다 '최고의 깨달음'(阿耨多羅三藐三菩提)[으로 향하는 마음]에서 '뒤로 물러나지 않는 [경지]'(不退轉)를 얻어, 저 [아미타 부처님의] 나라에 이미 태어났거나 지금 태어나거나 [앞으로] 태어날 것이다. 그러므로 사리불이여! 모든 훌륭한 남자와 훌륭한 여자로서 만약 [아미타 부처님께] 믿음이 있는 사람이라면, 그 나라에 태어나려는 '바람을 일으켜야'(發願) 한다.

"若有人, 發願[100]"已下, 是第三文, 先示願勢, 後勸發願.

[H1, 566a5~7; T37, 350b11~12]

(3) [극락세계에 태어나려는] 바람은 어긋남이 없음을 들어 거듭 마음을 일으킬 것을 권유함(擧願無違重勸發心)

"만약 어떤 사람이 이미 바람을 일으켰거나"(若有人, 已發願) 이하는 [네 부분으로 이루어진 '사례를 끌어와 [그에 대해] 증명하는 것'(引例證成)의] 세 번째 문단인데, 먼저 '바람이 지닌 힘'(願勢)을 나타내었고, 나중에는 '바람을 일으킬 것'(發願)을 권하였다.

100 원문에 따르면 '已發願'이어야 한다. '已發願'으로 교감하여 번역한다.

『불설아미타경佛說阿彌陀經』[T12, 348a18~26]

舍利弗! 如我今者, 稱讚諸佛不可思議功德, 彼諸佛等, 亦稱說我不可思議功德, 而作是言. "釋迦牟尼佛, 能爲甚難希有之事, 能於娑婆國土五濁惡世劫濁·見濁·煩惱濁·衆生濁·命濁中, 得阿耨多羅三藐三菩提, 爲諸衆生, 說是一切世間難信之法." 舍利弗! 當知, 我於五濁惡世, 行此難事. 得阿耨多羅三藐三菩提, 爲一切世間, 說此難信之法, 是爲甚難.

사리불이여! 내가 지금 [온 세상에 계시는] 모든 부처님의 '생각으로 헤아리기 어려운 이로운 능력'(不可思議功德)을 지칭하여 찬탄하는 것처럼, 저 모든 부처님도 또한 나의 '생각으로 헤아리기 어려운 이로운 능력'(不可思議功德)을 지칭하여 이렇게 말한다. "석가모니 부처님께서 매우 어렵고도 보기 드문 일을 하기 위하여 '[번뇌를 겪을 수밖에 없는] 사바세계[101]'(娑婆國土)

101 사바세계娑婆世界: 『불교어대사전』(中村元, p.603)에 따르면, 사바娑婆는 산스크리트어 'sahā'의 음사音寫로서 인토忍土, 감인토堪忍土, 인계忍界 등으로 한역漢譯되며, 어원적으로 '참다, 인내하다'는 의미라고 한다. 그리하여 세상의 중생들은 안으로는 갖가지 번뇌에 시달리고, 밖으로는 나쁜 환경에 의해 고통을 겪지 않으면 안 되는 이 현실세계를 '사바'라고 부른다는 것이다. 『불광대사전』(p.4077)에서는 이 'sahā'의 음역音譯으로 '사하沙訶, 사가娑呵, 삭하索訶' 등을 열거하고, 의역意譯으로는 인忍, 감인堪忍, 능인能忍, 인토忍土 등의 단어를 제시하고 있다. 또한 사바세계(Sahā-lokadhātu)는 석가모니가 중생을 교화하고 있는 바로 이 세상을 가리킨다고 한다. 이 'sahā'의 어원에 대해서는 모니에르(Monier Williams)의 설명(Sanskrit English Dictionary, pp.1192~1193)이 도움 되는데, 여기서는 'sahā'의 어원을 동사어근 '√sah'(① 이기다, 지배하다; ② 참다, 견디다, 이겨내다)에서 비롯된 말로 보아, 'sahā'를 '√sah' ②의 뜻으로 파생된 여성명사로 파악하였다. 이에 대한 경증經證으로는 다음 내용이 도움이 된다. 『비화경悲華經』 권5(T3, 199c19~23). "爾時, 寶藏如來告火鬘言, '善男子! 未來之世, 過一恒河沙等阿僧祇劫, 入第二恒河沙等阿僧祇劫後分之中, 此佛世界當名娑婆. 何因緣故, 名曰娑婆? 是諸衆生忍受三毒及諸煩惱, 是故彼界名曰忍土."; 『마하반야바라밀경摩訶般若波羅蜜經』 권1(T8, 218a28~b2). "寶積佛報普明言. '善男子! 西方度如恒河沙等國, 有世界名娑婆, 佛號釋迦牟尼, 今現在欲爲諸菩薩摩訶薩說般若波羅蜜, 是其神力.'"; 『묘법연화경妙法蓮華經』 권4(T9, 33a7~9). "爾時十方諸佛, 各告衆菩薩言, '善男子! 我今應往娑婆世界, 釋迦牟尼佛所, 并供養多寶如來寶塔."

'다섯 가지로 오염된 해로운 세상'(五濁惡世)의 '[굶주림, 질병, 전쟁 등으로 비참한 고통을 겪어야 하는] 시대에 의한 오염'(劫濁),[102] '[잘못된] 견해에 의한 오염'(見濁),[103] '번뇌에 의한 오염'(煩惱濁),[104] '[해로운 짓을 저지르는 악

102 겁탁劫濁: 겁劫(kalpa)은 고대 인도의 시간 단위에서 가장 오랜 시간을 가리킬 때 쓰이는 개념이고, 탁濁(kaṣāya)은 오염이므로 오염된 시대를 의미하는 말이다. 여기서 시대를 오염시키는 것으로는 『대승비분타리경大乘悲分陀利經』 권4(T3, 263b25~27)에서 "飢饉劫時我當勸化衆生, 行檀波羅蜜令住其中, 我以六波羅蜜, 除滅一切飢饉之劫濁亂鬪諍及與怨嫉, 於衆生所除滅結垢."라고 한 서술에 따르면 굶주림, 전쟁, 원한 등이 거론된다. 또 『문수사리문경文殊師利問經』 권2(T14, 503b26~28)에 나오는 "云何劫濁? 三災起時, 更相殺害, 衆生飢饉, 種種疾病, 此謂劫濁."의 서술에 의거하면, 겁탁은 삼재三災가 일어나는 혼탁한 시대에 이르러 온갖 살생, 상해, 굶주림, 질병 등이 창궐하는 시절을 뜻한다. 이에 대한 자세한 설명은 『유가사지론』의 다음과 같은 구절에서 살펴볼 수 있다. 『유가사지론瑜伽師地論』 권44(T30, 538a20~24). "如於今時漸次趣入饑饉中劫, 現有衆多饑饉可得, 漸次趣入疫病中劫, 現有衆多疫病可得. 漸次趣入刀兵中劫, 現有衆多互相殘害刀兵可得, 昔時不爾, 是名劫濁."

103 견탁見濁: 견見은 견해(dṛṣṭi)이고, 탁濁(kaṣāya)은 오염이므로, 잘못된 견해에 따른 오염의 발생을 의미한다. 『문수사리문경文殊師利問經』 권2(T14, 503c5~6)의 "云何見濁? 邪見, 戒取見, 取常見・斷見, 有見・無見, 我見・衆生見, 此謂見濁."이라는 서술에 따르면, 사견邪見, 계취견戒取見, 취상견단견取常見斷見, 유무견有無見, 아견我見・중생견衆生見 등의 다섯 가지가 견탁에 해당한다. 한편 『유가사지론』 권44(T30, 538a17~20)에서는 "如於今時有情多分爲壞正法爲滅正法, 造立衆多像似正法, 虛妄推求邪法邪義以爲先故, 昔時不爾, 是名見濁."이라고 하여, 정법正法이 쇠퇴하고 소멸하여 갖가지 상법像法을 만들어 잘못된 가르침을 허망하게 추구하게 되는 것을 견탁이라 하였다. 이와 같은 관점은 『보살지지경菩薩地持經』 권7(T30, 929a1~2)에서 "若於今世, 法壞法沒, 像法漸起邪法轉生, 是名見濁."이라고 서술한 내용에서도 동일한 이해를 확인할 수 있다.

104 번뇌탁煩惱濁: 여기서 번뇌는, 『문수사리문경文殊師利問經』 권2(T14, 503c4~5)의 "云何煩惱濁? 多貪, 多瞋, 多癡, 此謂煩惱濁."이라고 한 서술처럼, 탐진치貪瞋痴가 많아지는 것을 번뇌에 의한 오염이라고 부른다. 번뇌탁에 대한 자세한 설명은 『유가사지론』 권44(T30, 538a14~17)에서 "如於今時有情多分習非法貪不平等貪, 執持刀劍執持器仗鬪訟諍競, 多行諂誑詐僞妄語攝受邪法, 有無量種惡不善法現可了知, 昔時不爾, 是名煩惱濁."이라고 말한 것에서 살펴볼 수 있다. 이에 따르면 중생들이 비법非法을 자주 익혀 지나친 탐욕을 부리고, 흉기를 들어 서로 싸우며, 갖가지

한] 중생들에 의한 오염'(衆生濁)[105], '[이전보다] 수명[이 줄어드는] 오염'(命濁)[106] 속에서 '최고의 깨달음'(阿耨多羅三藐三菩提)을 얻어서 온갖 중생들을 위하여 모든 세상 사람들이 믿기 어려운 이 도리를 설하신다."

사리불이여! [그대는] 내가 '다섯 가지로 오염된 해로운 세상'(五濁惡世)에서 이 어려운 일을 한다는 것을 알아야 한다. [사바세계의 오탁악세五濁惡世에서] '최고의 깨달음'(阿耨多羅三藐三菩提)을 얻어 '모든 세상 사람들'(一切世

해로운 말로 서로를 해치고 잘못된 가르침을 받아들이는 등의 헤아릴 수 없이 많은 해로움이 횡행하게 되는 것을 번뇌탁이라고 한다.

105 중생탁衆生濁: 오염을 일으키는 중생의 내용에 대해서는 경론마다 조금씩 차이가 있다. 먼저 『보살지지경菩薩地持經』 권7(T30, 928c24~27)에 의하면 "若諸衆生不識父母, 不識沙門婆羅門及宗族尊長, 不修義理, 不作所作, 不畏今世後世惡業果報, 不修慧施, 不作功德, 不修齋法, 不持禁戒, 是名衆生濁."이라고 하여, 부모, 수행자, 연장자를 존중하지 않고, 올바른 도리를 익히지 않으며, 해야 할 일도 하지 않으면서 나중에 생겨날 해로운 결과를 두려워하지 않는 사람들을 중생으로 본다. 『보살선계경菩薩善戒經』 권6(T30, 994a7~10)에서도 "如今衆生不能孝養父母師長和上沙門婆羅門等, 不隨義行, 不畏現在及未來世, 不樂惠施, 不喜福德, 不樂受齋持戒精進, 是名衆生濁."이라고 하여, 유사한 문제점 및 지혜와 보시를 즐겨하지 않고 유익함을 기뻐하지 않으며 도리를 지켜 정진하지 않는 사람들의 문제점을 거듭 강조하고 있다. 한편 『문수사리문경文殊師利問經』 권2(T14, 503b28~c1)의 "云何衆生濁? 惡衆生, 善衆生, 下・中・上衆生, 勝・劣衆生, 第一衆生, 不第一衆生, 此謂衆生濁."이라고 한 서술에 따르면, 해로운 사람과 이로운 사람이 있고, 상중하로서 그 자질에 뛰어나거나 부족한 차별이 존재하는 것을 중생탁이라고 부르고 있어 다른 관점을 보이기도 한다.

106 명탁命濁: 명命은 사람들이 세상에서 누리는 목숨(āyu)인데, 이것이 오염된다는 뜻을 『보살지지경菩薩地持經』 권7(T30, 928c23~24)에서는 "謂今世短壽人極壽百歲, 是名命濁."이라고 하여 사람들의 목숨이 짧아져서 100년밖에 누리지 못하게 되는 문제점이라고 한다. 또 『문수사리문경文殊師利問經』 권2(T14, 503c1~4)에서 "云何命濁? 十歲衆生, 二十, 三十, 四十, 五十, 六十, 七十, 八十, 九十歲, 百歲, 二百歲, 四百歲, 八百歲, 乃至千歲, 有長短故, 此謂命濁."이라고 한 것처럼, 사람마다 누리는 목숨에 길거나 짧은 정도의 차별이 심하게 나타나는 것을 오염으로 보기도 한다. 때로는 『유가사지론』 권44(T30, 538a7~9)에서 말한 "如於今時人壽短促, 極長壽者不過百年, 昔時不爾, 是名壽濁."의 경우처럼 명탁 대신 수탁壽濁 또는 수명탁壽命濁으로 표현되는 경우도 있다.

間)을 위하여 이 믿기 어려운 도리를 설하는 것, 이것은 매우 어려운 일이다.

"如我今者"已下, 是第四文. 於中有三, 先己讚他, 次他讚己, 其第三者, 結歎勸信. 上來三分, 正說文竟.

[H1, 566a7~9; T37, 350b13~15]

(4) [『아미타경』의] 진리가 흔치 않은 것임을 찬탄하고, 믿어 간직할 것을 권유하면서 마무리함(歎法希結勸信受)

"내가 지금 … [찬탄하는] 것처럼"(如我今者) 이하는 [네 부분으로 이루어진 '사례를 끌어와 [그에 대해] 증명하는 것'(引例證成)의] 네 번째 문단이다. 여기에는 세 가지가 있으니, 먼저는 '[석가모니 부처님] 자신이 다른 [세계에 계시는 모든] 부처님을 찬탄함'(己讚他)이고, 다음은 '다른 [세계에 계시는 모든] 부처님이 [석가모니 부처님] 자신을 찬탄함'(他讚己)이며, 그 세 번째는 '찬탄하고 믿을 것을 권유하면서 마무리함'(結歎勸信)이다.

이상의 '[크게 나눈] 세 가지 단락'(三分)으로 '[경의 내용을] 본격적으로 설한 부분'(正說分)의 글이 끝난다.

『불설아미타경佛說阿彌陀經』[T12, 348a26~28]

佛說此經已, 舍利弗及諸比丘, 一切世間天人阿修羅等, 聞佛所說, 歡喜信受, 作禮而去.

부처님께서 이 경을 설하시고 나자 사리불과 모든 비구, '모든 세상'(一切世間)에 있는 천신과 인간, 아수라 등은 부처님께서 말씀하신 것을 듣고 매우 기뻐하면서 '믿고 간직하고'(信受) 예를 올리고 나서 물러갔다.

"佛說"已下, 是流通分.『佛說阿彌陀經』疏終.

[H1, 566a9~11; T37, 350b15~16]

"부처님께서 설하시고"(佛說) 이하는 '[세상에] 널리 퍼뜨리게 하는 부분'(流通分)이다.『불설아미타경』의 해설(疏)을 끝낸다.

무량수경종요『無量壽經宗要』

『무량수경종요無量壽經宗要』

釋元曉 撰[1]

원효 지음

將申兩卷經旨,[2] 略啓四門分別. 初述教之大意, 次簡經之宗致, 三者擧人分別, 四者就文解釋.

[H1, 553c5~7; T37, 125b28~c1]

앞으로 두 권으로 이루어진 『양권무량수경兩卷無量壽經』[3]의 취지를

---

1 대정장본의 『양권무량수경종요兩卷無量壽經宗要』에는 '選'으로 되어 있는데, 한불전에서 교감하고 있듯이 '撰'의 오기로 보인다.

2 저본인 대정장본의 『양권무량수경兩卷無量壽經』(寶永八年刊 大谷大學藏本)에는 '將申兩卷經旨'(T37, 125b28)로 되어 있지만 한불전에서는 '原夫經旨欲明'으로 교감하고 있다. 그러나 굳이 교감할 이유가 없어 본 본역에서는 대정장본에 따라 '將申兩卷經旨'로 번역한다. 보영寶永은 근대 일본에서 쓰였던 연호로서 서기로는 1711년에 해당된다.

3 양권무량수경兩卷無量壽經: 조위曹魏 때 인도의 승려인 강승개康僧鎧(Saṃghavarman)가 252년에 번역한 『무량수경無量壽經』을 가리키는데, 상하上下 두 권으로 이루어져 있어서 『양권무량수경』이라고 한다. 이 경전은 '극락의 장엄(Sukhāvatī-vyūha)'이라는 동일한 경명經名의 산스크리트어본 가운데 대본大本을 한역漢譯한 것으로, 이 외에도 수차례에 걸쳐 거듭 한역된 이역본異譯本이 전하고 있는데 이 가운데 지겸支謙(3세기)이 한역한 『아미타경阿彌陀經』 두 권이 가장 오래된 것이다. 원효가 주석한 『불설아미타경佛說阿彌陀經』은 이 두 가지 산스크리트어본 중에서 소본小本을 한역漢譯한 것이고, 이 『무량수경』은 대본大本을 한역한 것이다. 지겸이 한역한 경전을 『아미타경』이라고 부른 것이나, 강승개가 번역한 경전의 명칭을 『양권무량수경』이라고 구별해서 부른 것은 대본大本을 한역한 사실을

펼침에 대략 '네 가지 방식'(四門)으로 구분하여 펼친다. 처음은 '가르침의 전체 취지'(敎之大意)를 서술하는 것이고, 다음은 '경전의 핵심과 목적'(經之宗致)을 밝히는 것이며, 세 번째는 '사람을 거론하여 구분함'(擧人分別)이며, 네 번째는 '[『무량수경』의] 본문에 의거하여 해석함'(就文解釋)이다.

言大意者, 然夫衆生心性, 融通無礙, 泰若虛空, 湛猶巨海. 若虛空故, 其體平等, 無別相而可得, 何有淨穢之處? 猶巨海故, 其性潤滑, 能隨緣而不逆, 豈無動靜之時? 爾乃或因塵風, 淪五濁而隨轉, 沈苦浪而長流, 或承善根, 截四流而不還, 至彼岸而永寂. 若斯動寂, 皆是大夢, 以覺言之, 無此無彼. 穢土淨國, 本來一心, 生死涅槃, 終無二際. 然歸原大覺, 積功乃得, 隨流長夢, 不可頓開. 所以聖人垂迹, 有遐有邇, 所設言敎, 或褒或貶. 至如牟尼世尊, 現此娑婆, 誡五惡而勸善, 彌陀如來, 御彼安養, 引三輩而導生. 斯等權迹, 不可具陳矣.

[H1, 553c8~554a1; T37, 125c1~12]

Ⅰ. 가르침의 전체 취지를 서술함(述敎之大意)

[첫 번째로] '전체의 취지'(大意)를 말하는 것은 [다음과 같다.] 저 '중생 마음의 본연'(衆生心性)은 '서로 녹아들 듯 통하여 걸림이 없으니'(融通無礙), 크기는 허공과 같고 깊이는 거대한 바다와 같다. 허공과 같은 것이기 때문에 그 본연(體)은 평등하여 '별개인 불변·독자의 실체'(別

드러내기 위해서라고 볼 수 있다. 양쪽 모두 티베트어본도 전한다. 이 『무량수경종요無量壽經宗要』는 바로 『대아미타경大阿彌陀經』이라 부르는 『무량수경無量壽經』(2권)에서 전하고자 하는 취지의 핵심에 대한 원효의 해석인 것이다.

相)를 얻을 수 없으니, 어찌 '[번뇌의 오염이 없는] 온전한 세상'(淨土)이나 '[번뇌에] 오염된 세상'(穢土)인 곳이 [불변·독자의 실체로 따로] 있겠는가? [또] 거대한 바다와 같은 것이기 때문에 그 [중생 마음의] 본연(性)은 부드럽고 적셔 주어 조건(緣)들에 따르면서 거스르지 않는데, 어찌 움직일 때나 고요할 때가 없겠는가?

그렇기에 혹은 '바람처럼 엄습하는 대상세계'(塵風) 때문에 [겁탁劫濁·견탁見濁·번뇌탁煩惱濁·중생탁衆生濁·명탁命濁, 이] '다섯 가지로 오염[된 세상]'(五濁[惡世])[4]에 빠져 떠돌아다니거나 '파도처럼 밀려드는 괴로움'(苦浪)에 빠져 오랫동안 흘러 다니기도 하고, 혹은 '이로운 능력'(善根)을 소중히 받들어 '[번뇌를 일으키는] 네 가지 거센 물결'(四流)[5]을

---

4 오탁악세五濁惡世: 오탁五濁: 말법 시대가 되면 나타나는 '다섯 가지 오염된 상태'가 발생하는 경우를 가리킨다. 『법원주림法苑珠林』(T53, 1005a24~c27 참조)에 따르면, '다섯 가지 오염된 상태'는 ① 겁탁劫濁: 굶주림, 질병, 전쟁 등으로 세상이 오염되는 것. ② 견탁見濁: 갖가지 삿된 견해와 사상이 난무하는 것. ③ 번뇌탁煩惱濁: 중생들의 마음이 온갖 번뇌에 의해 오염되는 것. ④ 중생탁衆生濁: 해로운 행위를 일삼는 악한 인간들이 넘쳐 세상이 오염되는 것. ⑤ 명탁命濁: 본래 8만 년인 인간들의 수명이 점차 줄어드는 것이라고 한다. 그런데 이 오탁五濁의 개념은 『잡아함경雜阿含經』에서 말법시대에 대해 설명하는 가운데 제시되고 있어서 흥미롭다. 곧 권32 제906 「법손괴경法損壞經」(T2, 226c1~8)에서 "佛言. 如是, 迦葉! 命濁, 煩惱濁, 劫濁, 衆生濁, 見濁, 衆生善法退減故, 大師爲諸聲聞多制禁戒, 少樂習學. 迦葉! 譬如劫欲壞時, 眞寶未滅, 有諸相似僞寶出於世間, 僞寶出已, 眞寶則沒. 如是, 迦葉! 如來正法欲滅之時, 有相似像法生, 相似像法出世間已, 正法則滅."이라는 서술을 통해 오탁五濁으로써 말법末法을 묘사하고 있음을 알 수 있다. 이 내용은 『별역잡아함경別譯雜阿含經』 제121경(T2, 419b20~24. "佛告迦葉. 如是, 如是. 衆生命濁, 結使濁, 衆生濁, 劫濁, 見濁, 衆生轉惡, 正法亦末, 是故如來爲諸弟子多制禁戒, 少有比丘, 能順佛語, 受持禁戒, 諸衆生等, 漸漸退沒.")에서도 나타나고 있어 오탁五濁의 연원을 가늠해 볼 수 있다. 대승경전에서는 『묘법연화경妙法蓮華經』 권1(T9, 7b23~27. "舍利弗! 諸佛出於五濁惡世, 所謂劫濁, 煩惱濁, 衆生濁, 見濁, 命濁. 如是, 舍利弗! 劫濁亂時, 衆生垢重, 慳貪嫉妬, 成就諸不善根故, 諸佛以方便力, 於一佛乘分別說三.") 등에서 명시되고 있으므로 주목할 필요가 있다.

5 사류四流: 유流는 산스크리트어인 'ogha'의 뜻을 옮긴 말로서 '거센 물결'을 의미

끊어 버려 [다시는 그 번뇌의 물결로] '되돌아가지 않고'(不還) '[번뇌에서 풀려난] 저세상'(彼岸)에 이르러 언제나 '[불변 · 독자의 실체로 보는 분별에 의한 번뇌의] 동요가 없다'(寂). [그러나] 이와 같은 [번뇌에 의한] 동요(動)나 [번뇌에 의한 동요가 그친] 평온(寂)도 모두 커다란 꿈이니, 깨어나서 그것에 대해 말하면 [본래부터] '[번뇌에 묶인] 이 세상'(此[岸])도 [불변 · 독자의 실체로는] 존재하지 않고 '[번뇌에서 풀려난] 저세상'(彼[岸])도 [불변 · 독자의 실체로는] 존재하지 않는다. '[번뇌에] 오염된 세상'(穢土)이나 '[분별하는 번뇌가 없는] 온전한 나라'(淨國)는 '본래부터 하나처럼 통하는 마음'(本來一心)[의 현상]이고, '[번뇌에 얽매인] 삶과 죽음'(生死)이나 [번뇌에서 풀려난] 열반涅槃도 궁극적으로는 '두 가지 별개의 극단'(二際)이 아니다.

그러나 '근원으로 돌아가는 위대한 깨달음'(歸原大覺)은 '[깨달음에 필요한] 능력'(功)을 쌓아야 얻을 수 있으니, [번뇌의] 물결을 따라 흐르는 오래된 꿈을 단번에 깨뜨릴 수는 없는 것이다. 그러므로 '[깨달음을 성취한] 성스러운 사람'(聖人)이 [깨달음을 얻는] '행적을 보여 줌'(垂迹)에는 [그 과정이] '먼 것'(遐)도 있고 '가까운 것'(邇)도 있으며, 펼치는 '언어적 가르침'(言敎)은 칭찬하기도(褒) 하고 꾸짖기도(貶) 하는 것이다.

하므로 주로 폭류暴流로 한역漢譯되었다. 갖추어서 말하면 사폭류四暴流가 된다. 거센 물결이 순식간에 사람과 집을 휩쓸어 가는 것처럼 사람들의 마음을 휩쓸어 가는 것을 가리키니, 유流는 번뇌의 별명이 되는 것이다. 이 사류의 개념은 『증일아함경』 등의 초기불전에서 이미 나타나고 있다. 『증일아함경增一阿含經』 권23(T2, 670a12~13)에서는 "云水者, 四流是也. 云何爲四? 所謂欲流, 有流, 無明流, 見流."라고 말하고 있다. 『아비달마대비바사론阿毘達磨大毘婆沙論』 권51(T27, 446c15~28), 『대보적경大寶積經』 권39(T11, 228a10~12), 『대방등대집경大方等大集經』 권2(T13, 13a4), 『사리불아비담론舍利弗阿毘曇論』 권19(T28, 651b20) 등의 대소승의 경론에서도 이 내용을 확인할 수 있는데, 『유가사지론』의 서술처럼 무명류無明流와 견류見流의 순서가 바뀌어 제시되는 경우도 나타난다. 『유가사지론瑜伽師地論』 권8(T30, 314c18~19). "四暴流, 謂欲暴流, 有暴流, 見暴流, 無明暴流. 如暴流軛亦爾."

석가모니 세존 같은 분에 이르러서는 이 '[번뇌를 겪을 수밖에 없는] 사바세계'(娑婆)에 나타나시어 '다섯 가지 해로운 행위'(五惡)[6]를 훈계하고 '이로운 행위'(善)를 권하였으며, 아미타 여래는 저 '안락함이 가득한 세상'(安養)[7][인 극락정토]를 다스리면서 '[상품上品 · 중품中品 · 하품下品, 이] 세 부류의 무리들'(三輩)을 이끌어 [극락정토極樂淨土에] 태어나게 하신다. 이와 같은 '방편으로 삼는 행적'(權迹)은 이루 다 말할 수가 없다.

今此經者, 蓋是菩薩藏教之格言, 佛土因果之眞典也, 明願行之密深, 現果德之長遠. 十八圓淨, 越三界而迢絶, 五根相好, 侔六天而不嗣.

[H1, 554a1~4; T37, 125c12~15]

지금 이 경전은 '대승 보살[의 길을 설한] 경전'(菩薩藏)[8] 가르침의 '표

6 오악五惡: 오계五戒를 어기는 것이다. 오계는 산스크리트어 pañca-śīla의 번역어로 재가在家 신도가 지켜야 할 다섯 가지 계율이다. ① 불살생계不殺生戒 — 살아 있는 것을 의도적으로 죽이지 말라. ② 불투도계不偸盜戒 — 정당하게 주어진 것이 아닌 것을 훔치지 말라. ③ 불사음계不邪婬戒 — 음란한 짓을 하지 말라. ④ 불망어계不妄語戒 — 거짓말하지 말라. ⑤ 불음주계不飮酒戒 — 술 마시지 말라.

7 안양安養: 극락세계極樂世界를 가리키는 또 다른 이름이다. 『불광대사전』(p.2408)의 설명에 따르면, 안양국安養國, 안양정토安養淨土, 안양세계安養世界 등의 용례가 경론에 나타나는데, 이 세계에 태어나는 사람들은 마음은 편안하고(安) 몸은 '잘 간수되기'(養) 때문에 안양이라고 부른다고 한다.

8 보살장菩薩藏: 대승의 보살이 수행하는 원인과 증득하는 결과 등에 대해 설한 대승의 경전을 총칭하는 말이다. 범어 'piṭaka'는 물건을 담는 바구니를 뜻하는 말이었는데, 중국에서 한역하면서 창고를 의미하는 '장藏'으로 옮겼다. 『해심밀경解深密經』 권4(T16, 705a21~26)에서는 "佛告觀自在菩薩曰: '善男子! 由五種相應當修學, 一者, 最初於菩薩藏波羅蜜多相應微妙正法教中, 猛利信解. 二者, 次於十種法行, 以聞 · 思 · 修所成妙智, 精進修行. 三者, 隨護菩提之心. 四者, 親近眞善知識. 五者, 無間勤修善品.'"이라고 하여 보살이 익혀 배워야 할 다섯 가지 가르침 중에서 첫 번째 항목으로 보살장을 거론하고 있다. 또 『대방광불화엄경大方廣佛華嚴經』 권41(T9,

준이 되는 말'(格言)이고, '[아미타] 부처님이 계신 세상'(佛土)[에 태어나는] '원인과 결과'(因果)[에 대해 설한] '참된 경전'(眞典)이니, [극락정토極樂淨土에 태어나는 원인인] '바람과 실천'(願行)의 심오함을 밝힌 것이고, [극락정토極樂淨土에 갖추어진] '과보의 이로움'(果德)이 '오래 지속되는 것'(長遠)임을 드러낸 것이다.

[또] '[정토淨土에 갖추어진] 18가지 완전하고 온전[한 이로움]'(十八圓淨)[9]은 '[욕망세계(欲界) · 유형세계(色界) · 무형세계(無色界), 이] 세 가지 세계'(三界)[의 이로움들]을 넘어서서 [그 이로움들] 멀리 초월하고, [극락정토極樂淨土에 태어난 사람들이 지닌] '[눈 · 귀 · 코 · 혀 · 몸, 이] 다섯 가지 감관의 탁월함'(五根相好)은 '[욕망세계欲界에 속하는] 여섯 가지 하늘세계'(六天)[10]

657a5~20)에서는 10종의 보살장에 대해 자세하게 설명하는 서술이 나타나고 있어서, 대승의 가르침을 '보살의 수행'이라는 핵심어로써 해석하려는 흐름을 확인할 수 있다.

9 십팔원정十八圓淨: 부처님이 계시는 정토淨土에 갖추어져 있는 18가지의 완전하고도 수승한 이로움을 가리킨다. 갖추어서 말하면 십팔원만정十八圓滿淨이 된다. 『불지경론佛地經論』 권1(T26, 292b25~c3)에서는 "論曰: 此顯如來住處圓滿, 謂佛淨土. 如是淨土復由十八圓滿事故, 說名圓滿, 謂顯色圓滿, 形色圓滿, 分量圓滿, 方所圓滿, 因圓滿, 果圓滿, 主圓滿, 輔翼圓滿, 眷屬圓滿, 住持圓滿, 事業圓滿, 攝益圓滿, 無畏圓滿, 住處圓滿, 路圓滿, 乘圓滿, 門圓滿, 依持圓滿. 由十九句如其次第顯示如是十八圓滿, 即此圓滿所嚴宮殿名佛淨土. 佛住如是大宮殿中說此契經."이라고 하여 십팔원정을 모두 제시하고 있다. 이에 따르면 십팔원정은 ① 현색원만顯色圓滿, ② 형색원만形色圓滿, ③ 분량원만分量圓滿, ④방소원만方所圓滿, ⑤ 인원만因圓滿, ⑥ 과원만果圓滿, ⑦ 주원만主圓滿, ⑧ 보익원만輔翼圓滿, ⑨ 권속원만眷屬圓滿, ⑩ 주지원만住持圓滿, ⑪ 사업원만事業圓滿, ⑫ 섭익원만攝益圓滿, ⑬ 무외원만無畏圓滿, ⑭ 주처원만住處圓滿, ⑮노원만路圓滿, ⑯ 승원만乘圓滿, ⑰문원만門圓滿, ⑱ 의지원만依持圓滿이다.

10 육천六天: 인도불교의 우주관에 따르면 '[욕망세계欲界 · 유형세계色界 · 무형세계無色界, 이] 세 가지 세계'(三界)에는 거기에 해당하는 고유의 하늘이 있다고 보았다. 『아비달마구사론阿毘達磨俱舍論』의 설명에 의거하면, 욕망세계欲界에 육천六天, 유형세계色界에 17十七天, 무형세계無色界에 사천四天이 있어서 27천天(다른 경론에서는 28천)의 하늘세계를 제시하고 있다. 본문에서 말한 육천六天은 이 분

[에 있는 모든 신]을 다 찾아보아도 견줄 만한 [상대가] 없다.

珍著[11]法味, 遂養身心, 誰有朝餓夜渴之苦? 玉林芳風, 溫涼常適, 本無冬寒夏熱之煩. 羣仙共會, 時浴八德蓮池, 由是長別偏可厭之皓皺. 勝侶相從, 數[12]遊十方佛土, 於玆遠送以難慰[13]之憂勞, 況復聞法響, 入無相, 見佛光, 悟無生? 悟無生故, 無所不生, 入無相故, 無所不相. 極淨極樂, 非心意之所度, 無際無限, 豈言說之能盡? 但以能說五人之中, 佛爲上首, 依正二報之內, 長命爲主, 故言『佛說無量壽經』. 設其一軸, 不足開心, 若至其三, 有餘兩掌. 今此經者, 有上有下, 無缺無餘, 適爲掌珍. 言之卷上, 故言遒『佛說無量壽經卷上』.

[H1, 554a4~18; T37, 125c16~27]

[이 극락정토極樂淨土에 태어난 사람들은] 진귀한 가르침의 맛으로 몸과 마음을 기르니, 어느 누구에게 아침에 굶고 저녁에 목마른 고통이 있겠는가? 옥구슬[같은 아름다운] 숲과 향기로운 바람으로 따뜻함과 서늘함이 언제나 알맞아 본래부터 겨울의 추위나 여름의 더위와 같은 괴

류체계에 나오는 욕계의 육천을 가리킨다. 이를 간략하게 욕육천欲六天이라 부르기도 한다. 6천에 해당하는 하늘은 사왕천四王天, 도리천忉利天, 야마천夜摩天, 도솔천兜率天, 낙변화천樂變化天, 타화자재천他化自在天이다.

11 한불전의 한글번역본인 『불설무량수경』(동국대출판부, 2017, 95쪽)에는 '著'자를 '香'자로 교감하였다. 그 근거로 『유심안락도』(T47, 110c2)의 동일한 문장에서는 '珍香'으로 나온다는 점을 들었다. 여기서도 '香'으로 교감하여 번역한다.

12 『불설무량수경종요』(동국대출판부, 2017, 95쪽)에서는 위의 교감과 마찬가지로 『유심안락도』(T47, 110c5)에 의거하여 '數'를 '遠'자로 교감하고 있다. 그러나 원문대로 '數'으로 보는 것이 의미상 더 적절하므로 교감하지 않고 '數'으로 번역한다.

13 한불전에는 '叞+心'로 되어 있는 판본이 있다고 교감하였으나, 여기서는 '慰'로 보고 번역한다.

로움이 없다. 고귀한 무리가 함께 모여 '여덟 가지 이로움이 있는 연꽃들[이 가득한] 연못'(八德蓮池)[14]에서 수시로 목욕하니, 이로 인해 [사람들이] 특히 싫어하는 백발과 주름살[진 모습]에서 오랫동안 비껴나 있다. [또] 뛰어난 벗들이 서로를 따르면서 '부처님이 계신 온 세상'(十方佛土)으로 자주 다니면서 그곳에서 위로하기 어려운 근심거리를 멀리 보내 버리거늘, 하물며 [아미타 부처님께서 설하는] '가르침의 소리'(法響)를 듣고 '불변·독자의 본질/실체가 없는 지평'(無相)으로 들어가 '깨달음의 광명'(佛光)을 보고 '[불변·독자의 본질/실체로서] 생겨난 것이 없음'(無生)을 깨닫는 일은 또 어떠하겠는가? '[불변·독자의 본질/실체로서] 생겨난 것이 없음'(無生)을 깨닫기 때문에 '생겨나지 않는 것이 없고'(無所不生), '불변·독자의 본질/실체가 없는 지평'(無相)으로 들어가기 때문에 '[사실 그대로 존재하는] 양상이 아닌 것이 없다'(無所不相).

[이와 같은] '지극한 온전함'(極淨)과 '지극한 즐거움'(極樂)은 '마음과 생각'(心意)으로 헤아려지는 것이 아니고 제한과 한계도 없으니, 어찌 '말과 설명'(言說)으로 다할 수 있겠는가? 다만 [이 극락정토極樂淨土에 대

14 팔덕연지八德蓮池: 극락세계와 같은 이상세계에 있는 연못을 가득 채우고 있는 여덟 가지 뛰어난 이로움이 있는 물을 뜻한다. 팔지덕수八支德水, 팔미수八味水, 팔정수八定水라고도 한다. 여기서 여덟 가지는 맑음(澄淨), 시원함(淸冷), 감미로움(甘美), 부드러움(輕軟), 윤택함(潤澤), 편안함(安和), 마실 때 굶주림과 목마름 등의 헤아릴 수 없이 많은 허물과 근심을 없애 줌(飮時除飢渴等無量過患), 마시고 나면 반드시 모든 감각기관과 육신을 잘 길러 줌(飮已定能長養諸根四大)이다. 이 팔공덕수八功德水에 대한 묘사는 정토계열의 경론뿐만 아니라 『아함경』에서부터 『반야경』, 『화엄경』에 이르기까지 거의 모든 경론에서 거론되고 있지만, 대부분 명칭으로서만 나타날 뿐이고 8공덕수의 내용에 대해서는 『칭찬정토불섭수경稱讚淨土佛攝受經』에서 살펴볼 수 있다. 『칭찬정토불섭수경稱讚淨土佛攝受經』 권1(T12, 348c23~28). "極樂世界淨佛土中, 處處皆有七妙寶池, 八功德水彌滿其中. 何等名爲八功德水? 一者澄淨, 二者淸冷, 三者甘美, 四者輕軟, 五者潤澤, 六者安和, 七者飮時除飢渴等無量過患, 八者飮已定能長養諸根四大; 增益種種殊勝善根, 多福衆生常樂受用."

해] 설할 수 있는 '다섯 사람'(五人)[15] 중에서 부처님이 으뜸(上首)이고 '[행위의] 과보가 의지하는 온전한 환경[인 극락세계]'(依報)와 '[행위로 인해] 직접 받은 온전한 과보[인 아미타불]'(正報)[16]이라는 '두 가지 과보'(二報) 안에서 '[길고도] 긴 수명'(長命)[17]을 주제로 삼기 때문에 『부처님이 설하

---

15 오인五人: 여기에서 말한 다섯 사람이 누구인지 확정하기가 쉽지 않다. 그런데 길장吉藏이 저술한 『관무량수경의소觀無量壽經義疏』 권1(T37, 233c24~25)에서 "說法有五人, 一佛, 二弟子, 三諸天, 四化人, 五仙人."이라고 말한 것에 따르면, 다섯이란 부처님, 부처님의 제자, 온갖 천신天神, 화생化生으로 나타난 사람, 신선을 가리키는 것으로 볼 수 있다. 이는 혜정慧淨의 『아미타경의술阿彌陀經義述』 권1(T37, 308a5~7)에서 "說法五人, 一佛說, 二弟子說, 三諸天說, 四神仙說, 五變化說, 今是佛說, 故名主成就."라고 한 서술에서도 확인되는데, 다만 4와 5의 순서가 바뀌어 있다.

16 의보依報와 정보正報: 의과依果와 정과正果라고 부르기도 한다. 의보依報는 '의지하는 과보'라는 뜻으로 정보正報의 반대말이다. 『망월불교대사전望月佛教大辭典』(289b)에 따르면, 유정有情의 몸의 의지하는 국토기세계國土器世界의 과보를 말한다고 한다. 『금강경찬요간정기金剛經纂要刊定記』 권3(T33, 193b11~12)에서는, "色是依報即外四大, 身是正報即內五蘊, 攝取者即和合義也."라고 하여 사람이 살아가는 데 필요한 물질적 토대를 의보依報라 하고, 신체를 정보正報라고 구분하고 있다. 또 지의智顗의 『인왕호국반야경소仁王護國般若經疏』 권4(T33, 276a11~12)에서는 "如來三業下, 二歎法身果報. 淨土即是依報, 今明法身即是正報."라고 하여, 정토淨土를 의보依報, 여래의 법신法身을 정보正報로 구분하고 있다. 그리고 혜정慧淨의 『아미타경의술阿彌陀經義述』 권1(T37, 308c16~17)에서는 "依報, 則極樂世界, 正果, 即有佛號阿彌陀."라고 하여 극락세계가 의보依報이고 아미타불이 정과正果라고 하는데, 원효의 『아미타경』 해석에 나오는 의과依果와 정보正報의 내용과 통하는 해석이다.

17 장명長命: 아미타 부처의 이름에서 유래하는 말이다. 산스크리트어 'amita'는 '잴 수 없는', '측정할 수 없는', '헤아릴 수 없는' 등의 뜻이기에, 한역漢譯으로는 '무량無量'이 된다. 『아미타경阿彌陀經』 권1(T12, 347a25~29)의 "舍利弗, 於汝意云何? 彼佛何故號阿彌陀. 舍利弗! 彼佛光明無量, 照十方國無所障礙, 是故號爲阿彌陀. 又舍利弗! 彼佛壽命, 及其人民無量無邊阿僧祇劫, 故名阿彌陀."라는 서술에 의거하면, 아미타 부처의 목숨(āyus)을 헤아릴 수 없다는 측면을 가리킬 때에는 무량수불無量壽佛, 지혜의 빛(ābha)을 측정할 수 없다는 측면을 강조할 때에는 무량광불無量光佛이라고 부르는 것임을 알 수 있다. 따라서, 장명長命은 산스크리트어 'amitāyus'

는 '한량없는 수명'에 관한 경전(佛說無量壽經)』이라고 말한 것이다. [책 분량으로 본다면] 두루마리(軸) 하나를 마련해서는 마음을 열어 주기에 부족하고, 두루마리가 셋이라면 두 손[으로 들기]에는 남는 부분이 있을 것이다. [그런데] 지금 이 경전은 상권과 하권으로 되어 있어서 모자람도 없고 남음도 없기에 적절히 [두] 손안의 보물이 된다. [그 두 손안의 보물 가운데 하나를] 상권(卷上)이라 말했으니, 따라서 『불설무량수경권상佛說無量壽經卷上』이라고 부르는 것이다.

第二簡宗致者, 此經正以淨土因果爲其宗體, 攝物往生, 以爲意致. 總標雖然, 於中分別者, 先明果德, 後顯因行.

[H1, 554a19~21; T37, 125c28~126a1]

II. 경전의 핵심과 목적을 밝힘(簡經之宗致)

[『양권무량수경兩卷無量壽經』의 취지를 펼치는 '네 가지 방식'(四門) 가운데] 두 번째인 '핵심을 밝히는 것'(簡宗致)[의 내용은 다음과 같다.] 이 경전은 곧바로 '온전한 세상'(淨土)[에 태어나는] '원인과 결과'(因果)를 그 핵심(宗體)으로 삼았고, '중생들을 끌어안아 [극락세계에] 태어나게 하는 것'(攝物往生)을 '의도하는 목적'(意致)으로 삼았다. '총괄적인 설명'(總標)은 비록 그렇지만 그 가운데서 [다시 내용을] 나누어 보자면, 먼저는 '[극락정토極樂淨土에 갖추어진] 과보의 이로움을 밝힌 것'(明果德)이고 나중은 '[과보를 성취하는] 원인이 되는 수행을 드러낸 것'(顯因行)이다.[18]

의 번역어인 무량수無量壽의 뜻을 가리킨 말이다.

18 이 구절과 다음 구절에 이어지는 원효의 설명에 따라 본문의 내용을 과문科文하면 다음과 같다.

果德之內, 略有四門. 一淨不淨門, 二色無色門, 三共不共門, 四漏無漏門.

[H1, 554a21~23; T37, 126a1~3]

1. [극락정토極樂淨土에 갖추어진] 과보의 이로움을 밝힘(明果德)

'[극락정토極樂淨土에 갖추어진] 과보의 이로움'(果德) 안에는 대략 '네 가지 측면'(四門)이 있다. 첫 번째는 '온전한 측면'(淨門)과 '온전하지 못한 측면'(不淨門)이고, 두 번째는 '유형적인 측면'(色門)과 '무형적인 측면'(無色門)이며, 세 번째는 '공유할 수 있는 [외부의 환경적인] 측면'(共門)과 '공유하지 못하는 [내부의 심리적인] 측면'(不共門)이고, 네 번째는 '번뇌가 스며듦[19]이 있는 측면'(漏門)과 '번뇌가 스며듦이 없는 측면'(無漏門)이다.

---

1. '가르침의 전체 취지를 서술함'(述教之大意)
2. 경의 근본 이치를 밝힘(簡經之宗致)
   1) '[극락정토極樂淨土에 갖추어진] 결실과 이로움을 밝힘'(明果德)
      ① '온전한 측면'(淨門)과 '온전하지 못한 측면'(不淨門)
      ② '유형적인 측면'(色門)과 '무형적인 측면'(無色門)
      ③ '공유하는 [외부의 환경적인] 측면'(共門)과 '공유하지 못하는 [내부의 심리적인] 측면'(不共門)
      ④ '번뇌가 스며듦이 있는 측면'(漏門)과 '번뇌가 스며듦이 없는 측면'(無漏門)
   2) '[성취의] 원인이 되는 수행을 드러냄'(顯因行)
3. '사람을 거론하여 구분함'(擧人分別)
4. '[『무량수경』의] 본문에 의거하여 해석함'(就文解釋)

19 루漏: 번뇌를 의미하는 용어로서 팔리어 'āsava' 및 산스크리트어 'āśrava'를 한역漢譯한 것이다. 팔리어-영어 사전(T.W. Rhys Davids & William Stede, *Pali English Dictionary*, pp.114~115.)에 의하면, 이 말의 어원은 방향을 지시하는 접두어 'ā'(~쪽으로)에 동사어근 '√sru'가 결합된 것으로 이해할 수 있다. 따라서 'āsava' 또는 'āśrava'가 '루漏'로 한역된 것은 적절하게 보인다. 팔리어-영어 사전

第一明淨不淨門者, 略以四對顯其階降. 謂因與果相對故, 一向與不一向相對故, 純與雜相對故, 正定與非正定相對故.

[H1, 554a23~b3; T37, 126a3~5]

1) '온전한 측면'(淨門)과 '온전하지 못한 측면'(不淨門)

[네 부분으로 이루어진 '[극락정토極樂淨土에 갖추어진] 과보의 이로움을 밝힘'(明果德) 가운데] 첫 번째인 〈'온전한 측면'(淨門)과 '온전하지 못한 측면'(不淨門)을 밝히는 것〉에서는 대략 '네 가지 상대적인 짝'(四對)[20]으로써

의 설명에 따르면 '습기가 유입 또는 유출하는 상태'(that which flows outflow & influx)를 뜻하므로, 이 말이 가장 먼저 쓰인 초기불전에서부터 '마음에 번뇌가 스며들어 오염시키는 과정 및 상태'를 주로 가리키면서 번뇌의 별칭으로 기능하였음을 알 수 있다. 여기에 부정접두어 'an'을 추가한 팔리어 'anāsava'는 무루無漏로 한역되니, 곧 번뇌가 없어진 경지를 지시하는 용어가 되는 것이다. 이후 대소승의 경론에서는 흔히 특정한 현상의 상태를 설명하고 규정할 때 유루법有漏法과 무루법無漏法의 분류법을 하나의 도구로서 활용하게 되는데, 본문의 경우도 이에 해당한다고 볼 수 있다.

20 사대四對: '상대하는 네 가지 짝'(四對)을 통하여 '[극락정토極樂淨土에 갖추어진] 과보의 이로움을 밝히는 것'(明果德)은 다른 문헌에서는 동일한 사례를 찾을 수 없다. 이를테면, 수隋나라 혜원慧遠의 저술인 『무량수경의소無量壽經義疏』 등에서도 과덕果德을 해석하는 사대四對의 체계는 나타나지 않는다. 그런데 원효의 저서인 『아미타경소阿彌陀經疏』의 서두에서 제시한 사문四門의 서술에서 유사한 관점을 살펴볼 수 있다. 관련 내용(H1, 563a17~23)은 다음과 같다. "그런데 이 [두 가지] 온전함(淸淨)으로 들어가는 데는 '네 가지 문'(四門)이 있다. 첫 번째는 '완전한 문'(圓滿門)이다. 오직 부처인 여래만이 이 문으로 들어갈 수 있으니, 『본업경本業經』에서 설한 것과 같다. 두 번째는 '오직 향상하는 문'(一向門)이다. '['열 가지 본격적인 수행경지'(十地)의] 여덟 번째 경지'(八地) 이상의 보살들이 이 문으로 들어갈 수 있으니, 『섭대승론攝大乘論』에서 설한 것과 같다. 세 번째는 '순수하고 청정한 문'(純淨門)이다. 오직 ['12가지 본격적인 수행경지'(12地)의] 세 번째[이자 '열 가지 본격적인 수행경지'(12地)의 첫 번째]인 '지극한 환희를 누리는 경지'(極歡喜地) 이상의 보살만이 이 문으로 들어갈 수 있으니, 『해심밀경解深密經』에

그 지위의 차이를 나타낸다. '원인[이 되는 지위]와 결과[가 되는 지위]를 상대적인 짝으로 삼는 것'(因與果相對), '한결같이 향상만 하는 것과 한결같이 향상하지 못하는 것을 상대적인 짝으로 삼는 것'(一向與不一向相對), '순일한 것과 뒤섞인 것을 상대적인 짝으로 삼는 것'(純與雜相對), '방향이 정해진 부류[21]와 방향이 정해지지 않은 부류를 상대적인 짝으로 삼는 것'(正定與非正定相對)이 그것이다.

所言因與果相對門者, 謂金剛以還菩薩所住, 名果報土, 不名淨土, 未離苦諦之果患故. 唯佛所居, 乃名淨土, 一切勞患, 無餘滅故. 依此義故, 『仁王經』云, "三賢十聖住果報, 唯佛一人居淨土, 一切衆生蹔[22]住報, 登金剛源[23]居淨土."

[H1, 554b3~9; T37, 126a5~10]

서 설한 것과 같다. 네 번째는 '방향이 정해진 문'(正定聚門)이다. 오직 '퇴보함이 없는 자'(無退者)만이 이 문으로 들어갈 수 있고, '해로운 세계로의 타락이 정해진 부류'(邪定聚) 및 '[깨달음의 세계로 갈지, 타락하여 해로운 세계로 갈지] 방향이 정해져 있지 않은 부류'(不定聚)는 [이 문으로 들어가는 경우가] 없으니 『무량수경無量壽經』(두 권)』에서 설한 것과 같다."

21 정정正定: 정정은 삼정취三定聚 가운데 정정취正定聚를 가리키는 말이다. 정취定聚란 깨달음의 세계로 방향이 정해진 부류를 뜻하는데, 깨달음의 세계로 방향이 정해졌는가의 여부에 따른 세 가지 부류를 삼취중생三聚定聚이라고 부른다. 첫 번째인 정정취正定聚는 깨달음의 세계에 도달하는 것이 정해진 부류의 사람들이다. 두 번째인 사정취邪定聚는 해로운 세계로 떨어지는 것이 정해진 부류의 사람들이다. 세 번째인 부정취不定聚는 '깨달음으로 향상할지 해로운 세계로 타락할지 아직 정해지지 않은 부류의 사람들'을 가리키는 말이다. 이에 대한 자세한 설명은 해당 내용에 대한 원효의 해석이 등장하는 이 문단의 후반부에서 다시 추가한다.

22 한불전에서는 이 '잠蹔'자가 '잠暫'자로 된 판본이 있다고 교감하였다. 이 교감대로 대정장본에는 '暫'(T8, 828a2)으로 나오지만, 동일한 글자이므로 그대로 두었다.

23 한불전과 대장정본 모두 '源'자로 나오지만, 『인왕경仁王經』의 원문에 따라 '原'자로 교감하여 번역한다. 동국대출판부의 『무량수경종요無量壽經宗要』(100쪽)에서도 '原'자로 교감하였다.

(1) 원인[이 되는 지위]와 결과[가 되는 지위]를 상대적인 짝으로 삼음(因與果相對)

[앞에서] 말한 ['네 가지 상대적인 짝'(四對)으로써 '온전한 측면'(淨門)과 '온전하지 못한 측면'(不淨門)을 밝히는 것 가운데 첫 번째 짝인] '원인[이 되는 지위]와 결과[가 되는 지위]를 상대적인 짝으로 삼는 방식'(因與果相對門)이라는 것은 [다음과 같다.] '금강[석金剛石과 같은 단단한 선정] '(金剛[喩定])[24][을 성취한 경지] 이하의 보살이 머무는 곳을 '[삼계三界의 번뇌에서 벗어나지 못한] 과보[로 태어난] 세상'(果報土)이라 부르지 '[번뇌의 오염이 없는] 온전한 세상'(淨土)이라고 부르지는 않으니, '[현실 속에서] 괴로움[을 겪을 수밖에 없다는] 진리'(苦諦)[에서 생겨나는] 결과인 근심에서 아직 벗어나지 못했기 때문이다. 오직 부처님이 계시는 곳만을 '[번뇌의 오염이 없는] 온전한 세상'(淨土)이라고 부르니, 모든 걱정과 근심이 남김없이 사라졌기 때문이다. 이 뜻에 의거하였기에 『인왕경仁王經』에서는 [다음과 같이] 말하였다. "'[십주十住·십행十行·십회향十迴向, 이] 세 가지 단계에 이른 현

24 금강유정金剛喩定: '금강석처럼 굳센 선정'(金剛喩定)을 지칭하며 '금강정金剛定' '금강삼매金剛三昧'라고도 한다. 삼승三乘의 수행 중 최후의 선정으로서 일반적으로는 52위 중 묘각위妙覺位 이전의 등각위等覺位에 해당하는데, 이 선정으로 인해 가장 미세한 번뇌가 끊어져 가장 높은 지위인 불과佛果를 얻는다. 성문승聲聞乘에서 금강유정은 번뇌를 끊는 수행 중 마지막 단계인 무간도無間道에서 발생하는 선정으로서, 금강유정으로 인해 발생하는 지혜가 '진지盡智'이며 이 진지로 인해 무학의 아라한과가 이루어진다. 관련되는 경론의 내용은 다음과 같다. 『아비달마구사론』 권24(T29, 126c23~26). "金剛喩定是斷惑中最後無間道所生, 盡智是斷惑中最後解脫道. 由此解脫道與諸漏盡, 得最初俱生, 故名盡智. 如是盡智至已生時, 便成無學阿羅漢果."; 『성유식론』 권10(T31, 54c13~15). "由三大劫阿僧企耶修習無邊難行勝行, 金剛喩定現在前時, 永斷本來一切麤重, 頓證佛果, 圓滿轉依." 한편 원효의 『금강삼매경론』 권2(T34, 979b10~14)에서는 다음과 같은 설명도 나온다. "若對生得無明住地, 即金剛心爲無間道, 妙覺初心爲解脫道. 無間道時與無明俱, 解脫道起方能正斷. 若對諸識戲論種子, 則其前心爲無間道, 與彼種子俱起俱滅, 最後一念金剛喩定是解脫道, 正斷種子."

자'(三賢[位])[25]와 "열 가지 본격적인 수행 단계에 이른 성자'(十聖)[26]는 '[삼계三界의 번뇌에서 벗어나지 못한] 과보[로 태어난] 세상'(果報[土])에 머무르고, 오로지 부처님 한 분만이 '[번뇌의 오염이 없는] 온전한 세상'(淨土)에 계시니, 모든 중생은 잠시 '[삼계三界의 번뇌에서 벗어나지 못한] 과보[로 태어난] 세상'(果報[土])에 머무르다가 '금강[석金剛石과 같은 단단한] 선정'(金剛喩定)[을 이루는] 근원[이 되는 자리]에 오르면 '[번뇌의 오염이 없는] 온전한 세상'(淨土)에 살게 된다네."[27]

---

25 삼현三賢: 십주十住・십행十行・십회향十廻向의 단계를 가리키니, 보살의 52위位에서 제11위부터 제40위까지에 해당하는 정정취正定聚인 보살이 여기에 해당한다. 원효가 인용한 이 경문의 앞부분인 권1 제3「보살교화품菩薩敎化品」(T8, 826b22~30)에서 "佛言: 大王! 五忍是菩薩法: 伏忍上中下, 信忍上中下, 順忍上中下, 無生忍上中下, 寂滅忍上中下, 名爲諸佛菩薩修般若波羅蜜. 善男子! 初發想信, 恒河沙衆生修行伏忍, 於三寶中生習種性十心信心, 精進心, 念心, 慧心, 定心, 施心, 戒心, 護心, 願心, 迴向心. 是爲菩薩能少分化衆生, 已超過二乘一切善地, 一切諸佛菩薩長養十心爲聖胎也."라고 설하는 부분에 주목할 필요가 있다. 곧 여기서 가리키는 '복인伏忍'은 오인五忍 중 첫 번째로서, 견도見道 초지初地 이전의 십주・십행・십회향인 삼현위三賢位의 사람이 아직 무루지無漏智를 얻지는 못했지만 유루有漏의 우수한 지혜로 번뇌를 제어하여 일어나지 못하게 하는 활동을 말한다. 여기서 '인忍'이란 지혜의 마음으로 불법佛法에 편안히 자리 잡는 것을 말한다. '성태聖胎'는 이 초지初地 이전의 삼현위에 있는 수행자들을 가리키는 말로 복인伏忍 수행을 통해 불가佛家에 태어날 가능성을 갖는다는 점에서 태아라고 부르는 것으로 보인다.

26 십성十聖: 열 명의 성인이란 '열 가지 [본격적인] 수행경지'(十地)에 이른 보살을 가리키는 말이다. 위에서 십주十住・십행十行・십회향十廻向의 경지에 있는 보살을 삼현三賢이라 하였으니, 현성賢聖의 개념으로 그 경지의 차이를 나타낸 것으로 볼 수 있다.

27 이 글은 다음의 경문을 그대로 인용한 것이다. 『불설인왕반야바라밀경佛說仁王般若波羅蜜經』 권1 제3「보살교화품菩薩敎化品」(T8, 828a1~2). "三賢十聖住果報, 唯佛一人居淨土, 一切衆生暫住報, 登金剛原居淨土." 한편 『인왕호국반야바라밀다경仁王護國般若波羅蜜多經』에도 거의 동일한 구절이 보인다. 『인왕호국반야바라밀다경仁王護國般若波羅蜜多經』 권1 제3「보살행품菩薩行品」(T8, 838a1~2). "三賢十聖住果報, 唯佛一人居淨土. 一切有情皆暫住, 登金剛原常不動."

第二一向與不一向相對門者, 謂八地以上菩薩住處, 得名淨土, 以一向出三界事故, 亦具四句一向義故. 七地以還一切住處, 未名淨土, 以非一向出三界故. 或乘願力出三界者, 一向四句不具足故. 謂一向淨,[28] 一向樂, 一向無失, 一向自在. 七地以還出觀之時, 或時生起報無記心·末那四惑於[29]時現行, 故非一向淨, 非一向無失. 八地以上, 卽不如是. 依此義故,『攝大乘』云, "出出世善法功能所生起.[30] 釋曰. 二乘善名出世, 從八地以上乃至佛地, 名出出世. 出世法名[31]世法對治, 出出世法爲出世法對治, 功能以四緣爲相. 從出出世善法功能, 生起此淨土故, 不以集諦爲因."[32] 乃至廣說故.

[H1, 554b9~24; T37, 126a11~24]

(2) 한결같이 향상만 하는 것과 한결같이 향상하지 못하는 것을 상대적인 짝으로 삼음(一向與不一向相對)

['네 가지 상대적인 짝'(四對) 가운데] 두 번째인 '한결같이 향상만 하는

---

28 한불전에서는 이 '일향정一向淨'이 누락된 판본이 있다고 교감하였다. 대정장본에서는 '一向淨'을 누락시키면서, 교감주를 통해 이 부분이 없어서 의문이라는 표시만 하였다. 사구四句의 내용상 있어야 하므로 '一向淨'이 있는 것으로 보고 번역하였다.

29 한불전에서는 '於'자가 '于'자로 되어 있는 판본이 있다고 교감하였고, 대정장본에서는 '于'자로 되어 있지만, 어느 쪽을 택하든 동일한 뜻이므로 교감하지 않고 그대로 두었다.

30 『섭대승론석攝大乘論釋』 원문에는 '起'자가 없다.

31 『섭대승론석攝大乘論釋』 원문에 의거하여 '名'자를 '爲'자로 교감하여 번역한다.

32 『섭대승론석攝大乘論釋』 권15(T31, 263b7~11). "論曰. 出出世善法功能所生. 釋曰. 二乘善名出世, 從八地已上乃至佛地, 名出出世. 出世法爲世法對治, 出出世法爲出世法對治, 功能以四緣爲相, 從出出世善法功能, 生起此淨土故, 不以集諦爲因." 위 교감주에서 밝혔듯이, 여기서 밑줄 친 부분이 원효가 인용한 문장과 차이가 있다.

것과 한결같이 향상하지 못하는 것을 상대적인 짝으로 삼는 방식'(一向與不一向相對門)이라는 것은 [다음과 같다.]

'['열 가지 본격적인 수행경지'(十地)의] 여덟 번째 경지'(八地)[인 부동지不動地] 이상에 오른 보살이 머무르는 곳을 '[번뇌의 오염이 없는] 온전한 세상'(淨土)이라고 부르니, '한결같이 향상만 하는 것'(一向)으로써 '[욕망세계(欲界) · 유형세계(色界) · 무형세계(無色界), 이] 세 가지 세계'(三界)[에 얽매이는] 일에서 벗어나기 때문이고, 또한 '[일향정一向淨 · 일향락一向樂 · 일향무실 · 一向無失 · 일향자재一向自在, 이] 네 가지 구절의 내용으로 한결같이 향상만 하는 면모'(四句一向義)를 갖추었기 때문이다.

'[십지十地의] 일곱 번째 경지'(七地)[인 원행지遠行地 보살의 단계] 이하의 모든 [보살들이] 머무는 곳은 아직 '[번뇌의 오염이 없는] 온전한 세상'(淨土)이라고 부르지 않으니, '한결같이 향상만 하는 것'(一向)으로써 '[욕망세계(欲界) · 유형세계(色界) · 무형세계(無色界), 이] 세 가지 세계'(三界)[에 얽매이는] 일에서 벗어나는 것은 아니기 때문이다. [또한] 혹 '[중생구제를 위한] 다짐과 바람의 힘'(願力)에 올라타서 '[욕망세계(欲界) · 유형세계(色界) · 무형세계(無色界), 이] 세 가지 세계'(三界)에서 벗어나는 자일지라도 '[일향정一向淨 · 일향락一向樂 · 일향무실 · 一向無失 · 일향자재一向自在, 이] 네 가지 구절의 내용으로 한결같이 향상함'(四句一向)을 두루 갖추지는 못했기 때문이다.

[네 가지 '한결같이 향상함'(一向)이란] '온전해지는 것으로 한결같이 향상함'(一向淨), '안락해지는 것으로 한결같이 향상함'(一向樂), '[성취한 것을] 잃어버림이 없는 것으로 한결같이 향상함'(一向無失), '자유자재하는 것으로 한결같이 향상함'(一向自在)을 가리킨다. '[십지十地의] 일곱 번째 경지'(七地)[인 원행지遠行地] 이하의 [보살들이] '[사실대로] 이해하는 수행에서 나올'(出觀) 때, 어떤 때에는 〈[삼계三界의 번뇌에서 벗어나지 못한] 결과인 '이롭지도 않고 해롭지도 않은 마음'〉(報無記心)[33]이나 '제7말나식에 동반되는 네 가지 번뇌'(末那四惑)[34]를 일으킴이 그때 나타나

니, 그러므로 '온전해지는 것으로 한결같이 향상함'(一向淨)도 아니고,

---

33 무기심無記心: 무기심이란 '이롭지도 않고 해롭지도 않아 선악의 과보를 일으키지 않는 마음'을 가리키는 것이다. 『유가사지론瑜伽師地論』 권54(T30, 595c15~16)에서는 "謂欲界有四心, 善心・不善心・有覆無記心・無覆無記心."이라고 하는데, 본문에 나오는 무기심이 유부有覆인지 무부無覆인지를 곧바로 확정하기는 어렵다. 제8 부동지不動地에 이르지 못한 이들에게 나타나는 문제점이라는 인용문의 문맥에 따르면, 이때의 무기심을 제7식의 유부무기有覆無記로 제한해서 이해할 수 있을 것이다. 그러나 제8식의 무부무기심無覆無記心을 포함시켜 이해할 수 있는 가능성은 여전하고, 『유가사지론瑜伽師地論』 권1(T30, 281b4~6)의 "當知亦是時非時死, 或由善心或不善心或無記心."이라는 설명을 고려하면, 이때의 무기심은 제7식의 유부무기有覆無記에 제한되지 않고, 죽기 직전에 가질 수 있는 선심善心이나 불선심不善心으로 확정할 수 없는 성격을 가리키는 것을 뜻하는 것으로도 볼 수 있을 것이다. 어떤 경우일지라도 '선이나 불선으로 판정하기 어려운 성격으로서의 마음'을 지칭하는 것이기에 '이롭지도 않고 해롭지도 않아 과보를 일으키지 않는 마음'으로 번역하였다.

34 말나사혹末那四惑: 유식唯識에서 말하는 제7말나식에 상응하는 '네 가지 근본번뇌'를 가리키며, 제7말나식에 동반되는 네 가지 번뇌를 의미한다. 네 가지는 '불변・독자의 본질/실체인 자아가 있다는 견해'(我見/我執, ātmadṛṣti), '아견我見으로 인한 어리석음'(我癡, ātmamoha), '아견으로 인한 오만'(我慢, ātmamāna), '아견으로 인한 애착'(我愛, ātmasneha)이다. 이에 대해 『유식삼십송唯識三十頌』은 다음과 같이 말한다; kleśaiś caturbhiḥ sahitaṃ nivṛtāvyākṛtaiḥ sadā / ātmadṛṣty-ātmamoha-ātmamāna-ātmasneha-saṃjñitaiḥ. // "4가지 번뇌들을 동반하는데 '[그것은] 늘 덮여 있는 채로 굴러간다'(有覆無記). [곧] '불변・독자의 본질/실체인 자아가 있다는 견해'(我見/我執), '아견我見으로 인한 어리석음'(我癡), '아견으로 인한 오만'(我慢), '아견으로 인한 애착'(我愛)이라 불리는 것들과 함께." 또 『전식론轉識論』의 권1(T31, 62a13~16)에 나오는 "依緣此識有第二執識. 此識以執著爲體與四惑相應, 一無明, 二我見, 三我慢, 四我愛. 此識名有覆無記."라고 말한 설명 등에서도 이 말나사혹末那四惑의 내용을 확인할 수 있다. 특히 『섭대승론석攝大乘論釋』에서는, 무아의 경지를 완전하게 알지 못하기 때문에 네 가지 근본번뇌가 차례로 일어난다고 해석하고 있다. 『섭대승론석攝大乘論釋』 권1(T31, 159a13~15). "論曰. 恒與四惑相應. 釋曰. 不了無我境故起我執, 由我執起我愛我慢. 此四惑一切處恒起." 한편 『이장의二障義』에서는 '欲界中末那四惑'(H1, 790c8~9)이라 하면서 이 말나사혹末那四惑이 모두 유부무기有覆無記에 속한다는 점에 주목하고 있다.

'[성취한 것을] 잃어버림이 없는 것으로 한결같이 향상함'(一向無失)도 아니다. '['열 가지 본격적인 수행경지'(十地)의] 여덟 번째 경지'(八地)[인 부동지不動地] 이상[의 보살]이라면 이와 같지 않다.

이러한 뜻에 의거하기 때문에 『섭대승론석攝大乘論釋』에서는 "[섭대승론攝大乘論에서 말한다] 〈'세속에서 풀려나는 것에서도 [다시] 풀려나는 이로운 현상의 능력'(出出世善法功能)이 생겨난 것이다.〉 해석하여 말한다. 〈'[성문聲聞, 연각緣覺] 두 부류의 수행자[가 성취한] 이로움'(二乘善)을 '세속에서 풀려남'(出世)이라 하고, '['열 가지 본격적인 수행경지'(十地)의] 여덟 번째 경지'(八地)[인 부동지不動地] 이상으로부터 '부처 경지'(佛地)까지[에서 성취한 이로움]을 '세속에서 풀려나는 것에서도 [다시] 풀려남'(出出世)이라고 부른다. '세속에서 풀려나는 현상'(出世法)은 '[분별과 번뇌에 따라 일어나는] 세속적인 현상을 치유하는 것'(世法對治)이고, '세속에서 풀려나는 것에서도 [다시] 풀려나는 현상'(出出世法)은 '세속에서 풀려나는 현상[에 안주하려는 집착]을 치유하는 것'(出世法對治)이니, [그] 능력은 '[인연因緣 · 등무간연等無間緣 · 소연연所緣緣 · 증상연增上緣, 이] 4가지 조건'(四緣)[35]을 대상(相)으로 삼는다. [이] '세속에서 풀려나는 것에

---

35 사연四緣: 네 가지 연緣에 대해 『아비달마구사론』 권7(T29, 36b14~16)에서는 "如契經中說四緣性. 謂因緣性, 等無間緣性, 所緣緣性, 增上緣性."이라고 하여 인연因緣, 등무간연等無間緣, 소연연所緣緣, 증상연增上緣의 네 가지라고 밝힌다. 권오민에 따르면 인연은 일체의 유위법有爲法을 생겨나게 하는 직접적인 원인이고, 심법心法에만 국한되는 원인인 등무간연은 전 찰나의 심법心法이 후 찰나 심법心法의 근거가 된다는 것으로서 '등무간等無間'이란 전 찰나와 후 찰나의 마음 사이에 다른 마음이 개입되지 않는 시간적 상태를 말한다. 소연연은 마음의 대상인 소연所緣이 마음에 대해 원인이 되는 것이고, 증상연은 생겨나고 있는 자신 이외의 다른 일체의 유위법을 말한다. 증상연에 대해 『구사론』 권7(T29, 37b17~18)에서는 "以一切法各除自性, 與一切有爲爲增上緣故."라고 한다. 한편 또 다른 원인론인 능작인能作因 · 구유인俱有因 · 동류인同類因 · 상응인相應因 · 변행인遍行因 · 이숙인異熟因의 6인설因說은 아비달마불교의 고유한 이론이지만 인연 · 등무간연 · 소연연 · 증상연의 4연설緣說은 대승불교에서도 채용하는 이론이다. 『아비달마불

서도 [다시] 풀려나는 이로운 현상의 능력'(出出世善法功能)으로부터 이 '[번뇌의 오염이 없는] 온전한 세상'(淨土)이 생겨나는 것이니, [이때는] '괴로움은 [갖가지 원인과 조건이] 모여서 일어난다는 진리'(集諦)가 원인이 [되어 괴로움이 생겨나게] 되지 않는다.〉"[36] [등으로] 자세하게 설명하고 있다.

第三純與雜相對門者, 凡夫二乘雜居之處, 不得名爲淸淨世界, 唯入大地菩薩生處, 乃得名爲淸淨世界, 彼非純淨, 此純淨故. 依此義故,『瑜伽論』言, "世界無量, 有其二種, 謂淨不淨. 淸淨世界中, 無那落迦·傍生·餓鬼, 亦無欲界·色·無色界. 純菩薩衆, 於中止住, 是故說名淸淨世界. 已入第三地菩薩, 由願力故, 於彼受生. 無有異生及非異生聲聞獨覺, 若非異生菩薩, 得生於彼." 解云, 此第三地是歡喜地, 以就七種菩薩地門, 第三淨勝意樂地故. 攝十三位, 立七種地, 具如彼『論』之所說故.

[H1, 554b24~c12; T37, 126a24~b6]

(3) 순일한 것과 뒤섞인 것을 상대적인 짝으로 삼음(純與雜相對)

['네 가지 상대적인 짝'(四對)으로써 '온전한 측면'(淨門)과 '온전하지 못한 측면'(不淨門)을 밝히는 것 가운데] 세 번째인 '순일한 것과 뒤섞인 것을 상대적인 짝으로 삼는 방식'(純與雜相對門)이라는 것은 [다음과 같다.] '평범한 사람'(凡夫)과 '[성문聲聞, 연각緣覺] 두 부류의 수행자'(二乘)가 섞여 사는

교』(권오민, 2003), pp.115~118 참조.

36 『섭대승론석攝大乘論釋』 권15(T31, 263b7~11). "論曰. 出出世善法功能所生. 釋曰. 二乘善名出世, 從八地已上乃至佛地, 名出出世. 出世法爲世法對治, 出出世法爲出世法對治, 功能以四緣爲相, 從出出世善法功能, 生起此淨土故, 不以集諦爲因."

곳은 '온전한 세상'(淸淨世界)이라고 부를 수 없고, 오직 '위대한 경지에 든 보살'(入大地菩薩)[37]이 태어나는 곳만을 '온전한 세상'(淸淨世界)이라고 부를 수 있으니, 저 [범부와 이승이 섞여 사는] 곳은 [범부와 이승의 수준이 섞여 있기에] 순일하지도 온전하지도 않고, 이 [위대한 경지에 든 보살이 태어나는] 곳은 [위대한 경지에 든 보살의 수준만 있기에] 순일하면서도 온전하기 때문이다. 이러한 뜻에 의거하였기에 『유가사지론瑜伽師地論』에서는 [다음과 같이] 말하였다.

"세상은 헤아릴 수 없이 많지만 두 가지가 있으니, '온전한 세상'(淨)과 '온전하지 못한 세상'(不淨)이 그것이다. '온전한 세상'(淸淨世界)에는 지옥(那落迦)[38][과 같은 '고통스런 삶']과 짐승(傍生)[39][과 같은 '어리석은 삶']과 아귀餓鬼[와 같은 '비참함 삶']이[40] 없고 또 욕망세계欲界·유형세계色界·

---

37 입대지보살入大地菩薩: 『대승장엄경론大乘莊嚴經論』 권8(T31, 634a6~10)에서 "由此三種差別, 次第復有三益, 一倍無益, 二倍有益, 三純有益. 倍無益者, 謂解行地菩薩攝, 倍有益者, 謂入大地菩薩攝, 純有益者, 謂八地已上菩薩攝. 由彼決定能令衆生成就故."라고 말한 내용에 따르면, 입대지보살은 제7지 이하의 경지를 성취한 보살을 뜻한다. 또한 사종수생四種受生이라고 해서 보살이 세상에 태어나는 것은 네 가지로 나뉜다고 한다. 『대승장엄경론大乘莊嚴經論』 권13(T31, 657b8~10)에서 "願力生者, 謂入大地菩薩, 願力自在爲成熟他受畜生等生故."라고 말한 것에 따르면, 자유자재한 원력願力으로 축생의 몸으로도 태어나는 원력생보살願力生菩薩이 입대지보살이다.

38 나락가那落迦: 나락가那落迦는 지옥을 가리키는 말로서, 범어 'nāraka'를 음역音譯한 데서 기인한다. 나락那落, 나라가那羅柯, 나락奈落이라고도 한다.

39 방생傍生: 방생傍生은 동물의 무리를 뜻하는 것으로서, 삼악도三惡道의 하나인 축생畜生의 별칭이다.

40 윤회하면서 펼쳐지는 '여섯 가지 유형의 삶의 범주'를 지칭하는 육도六道나, 그 가운데서도 '특히 해로운 세 가지 유형의 삶의 범주'를 지칭하는 삼악도三惡道(지옥, 축생, 아귀의 삶)은 크게 두 가지 의미로 사용된다. 구분되는 삶의 범주의 객관적 유형들을 지칭하는 경우와, 인간 삶의 주관적 유형들을 구분하는 경우가 그것이다. 이 두 가지 의미를 모두 반영하고자 〈'지옥'[과 같은 '고통스런 삶'], '짐승'[과 같은 '어리석은 삶'], '아귀'[과 같은 '비참한 삶']〉으로 번역하였다.

무형세계無色界[와 같은 '집착에 매인 삶']도 없다. 순일한 보살의 무리가 그곳에 머무르며 살기 때문에 '온전한 세상'(淸淨世界)이라고 부르는 것이다. 이미 '세 번째 경지'(第三地)[41]에 들어간 보살은 '[중생구제를 위한] 다짐과 바람의 힘'(願力)에 따르기 때문에 저 ['온전한 세상'(淸淨世界)]에 태어난다. ['온전한 세상'(淸淨世界)에는] 중생이나 중생이 아닌 '[가르침을] 들어서 [혼자] 부처가 되려는 수행자'(聲聞)나 '연기緣起의 이치로 혼자 깨달으려는 수행자'(獨覺)가 없지만, 만약 중생이 아닌 보살이라면 저 ['온전한 세상'(淸淨世界)]에 태어날 수 있는 것이다."[42]

풀어서 말하면, 여기서 [말한] '세 번째 보살 경지'(第三地菩薩)란 '[십지十地에서는 첫 번째 단계인] 기쁘고 즐거워하는 경지'(歡喜地)[43]이고, '일곱

---

41 제삼지第三地: 『유가사지론』의 보살 13주住를 재편성한 '일곱 가지 경지'(七地)에서는 그 세 번째인 정승의락지淨勝意樂地이고, '열 가지 경지'(十地)에서는 초지初地인 환희지보살歡喜地菩薩의 경지이다.

42 인용문은 다음의 경문 내용을 옮긴 것이지만, 문장 그대로 옮기지 않고 취지를 축약시켜 재구성한 문장도 간혹 나타나고 있다. 밑줄 친 부분이 인용한 내용에 해당한다. 『유가사지론瑜伽師地論』 권79(T30, 736c21~29). "問如說五種無量, 謂有情界無量等. 彼一切世界當言平等平等, 爲有差別. 答當言有差別. 彼復有二種, 一者清淨, 二者不清淨. 於清淨世界中, 無那落迦傍生餓鬼可得, 亦無欲界色無色界, 亦無苦受可得. 純菩薩僧於中止住, 是故說名清淨世界. 已入第三地菩薩, 由願自在力故, 於彼受生. 無有異生及非異生聲聞獨覺. 若異生菩薩得生於彼."

43 환희지歡喜地: 십지十地의 첫 번째 단계에 속하는 경지이다. 『대방광불화엄경大方廣佛華嚴經』 십지품十地品에 따르면, 보살이 '현상을 사실 그대로 이해하는 다양한 지혜'(一切種智)를 얻고, 불법을 원만히 갖추며, 일체 세간을 구제하기 위한 위대한 자비심 등을 온전하게 발휘할 수 있는 마음의 경지를 환희지로 이해할 수 있다. 다음의 경문 내용에서 알 수 있듯이, 환희지는 최고의 진리와 중생구제의 자비심을 동시에 발휘하는 데 있어 '동요하지 않는 면모'(不動法)가 확립되는 경지이다. 『대방광불화엄경大方廣佛華嚴經』 권23(T9, 544c14~23). "諸佛子! 是心以大悲爲首, 智慧增上, 方便所護, 直心深心淳至, 量同佛力, 善決定衆生力佛力, 趣向無礙智, 隨順自然智, 能受一切佛法, 以智慧教化, 廣大如法界, 究竟如虛空, 盡未來際. 菩薩發如是心, 卽時過凡夫地, 入菩薩位, 生在佛家, 種姓尊貴, 無可譏嫌, 過一切世間道, 入出世間道, 住菩薩法中, 在諸菩薩數, 等入三世如來種中, 畢定究竟阿耨多羅三藐三菩提.

가지 보살 경지로 구분하는 방식'(七種菩薩地門)에 의거하면 세 번째인 '온전하고 탁월한 마음의 즐거움을 누리는 경지'(淨勝意樂地)인 것이다. '열세 가지 수행단계'(十三位)를 통틀어서 '일곱 가지 보살 경지'(七種地)[44]를 세우는 것은 [그] 구체적인 내용이 저 『유가사지론』에서 설명한 것과 같다.

第四正定與非正定相對門者, 三聚衆生苦生之地, 是爲穢土, 唯正定聚所居之處, 名爲淨土. 於中亦有四果聲聞乃至復有四疑凡夫, 唯無邪定及不定聚耳.

菩薩住如是法, 名住歡喜地, 以不動法故."

44 십삼위十三位와 칠지七地: 7지地는 『유가사지론』에서 제시하는 보살의 수행 계위인 13주住 체계를 일곱 가지 단계로 재편성한 것을 말하는데, 그 내용은 다음과 같다. "如前所說十三住中, 應知隨彼建立七地. 前之六種唯菩薩地, 第七一種菩薩如來雜立爲地. 何等爲七? 一種性地, 二勝解行地, 三淨勝意樂地, 四行正行地, 五決定地, 六決定行地, 七到究竟地. 如是七種菩薩地中, 最後一種名爲雜地. 前種姓住名種性地, 勝解行住名勝解行地, 極歡喜住名淨勝意樂地. 增上戒住, 增上心住, 三種增上慧住, 有加行有功用無相住, 名行正行地. 無加行無功用無相住名決定地. 此地菩薩墮在第三決定中. 故無礙解住名決定行地, 最上成滿菩薩住及如來住, 名到究竟地."(『유가사지론』 권49, T30, 564c28~565a10.) 여기에 따르면 7지地는 ① 종성지種性地, ② 승해행지勝解行地, ③ 정승의락지淨勝意樂地, ④ 행정행지行正行地, ⑤ 결정지決定地, ⑥ 결정행지決定行地, ⑦ 도구경지到究竟地의 일곱 가지를 일컫는데, 여기에 13주住가 분속된다. 말하자면 13주住의 ① 종성주種性住는 7지地의 ① 종성지種性地에, ② 승해행주勝解行住는 ② 승해행지勝解行地에, ③ 극환희주極歡喜住는 ③ 정승의락지淨勝意樂地에, ④ 증상계주增上戒住 · ⑤ 증상심주增上心住 · ⑥ 각분상응증상혜주覺分相應增上慧住 · ⑦ 제제상응증상혜주諸諦相應增上慧住 · ⑧ 연기유전지식상응증상혜주緣起流轉止息相應增上慧住 · ⑨ 유가행유공용무상주有加行有功用無相住의 6주住는 ④ 행정행지行正行地에, ⑩ 무가행무공용무상주無加行無功用無相住는 ⑤ 결정지決定地에, ⑪ 무애해주無礙解住는 ⑥ 결정행지決定行地에, 마지막으로 ⑫ 최상성만보살주最上成滿菩薩住와 ⑬ 여래주如來住의 2주住는 ⑦ 도구경지到究竟地에 각각 분속되는 구도이다. 7지와 13주와 10지의 체계를 도표화하면 다음과 같다.

[H1, 554c13~17; T37, 126b6~9]

(4) 방향이 정해진 부류와 방향이 정해지지 않은 부류를 상대적인 짝으로 삼음(正定與非正定相對)

['네 가지 상대적인 짝'(四對)으로써 '온전한 측면'(淨門)과 '온전하지 못한 측면'(不淨門)을 밝히는 것 가운데] 네 번째인 '방향이 정해진 부류와 방향이 정해지지 않은 부류를 상대적인 짝으로 삼는 방식'(正定與非正定相對門)이라는 것은 [다음과 같다.] '[정정취正定聚·사정취邪定聚·부정취不定聚, 이] 세 부류의 중생'(三聚衆生)[45]이 괴로워하며 살아가는 땅이 '[번뇌에] 오염된 세상'(穢土)이 되고, 오직 '깨달음의 세계로 방향이 정해진 부류'(正定聚)들만 사는 곳을 '[번뇌의 오염이 없는] 온전한 세상'(淨土)이라고 부른다. 그곳 [정토淨土]에도 〈[예류과預流果·일래과一來果·불환과不還果·아라한과阿羅漢果, 이] 네 단계의 결과를 얻는 '[가르침을] 들어서 [혼자] 부처가 되려는 수행자'〉(四果聲聞)[46] 및 '[정토에 왕생하고자 선근善根을 닦으면

7地	① 種性地	② 勝解行地	③ 淨勝意樂地	④ 行正行地						⑤ 決定地	⑥ 決定行地	⑦ 到究竟地	
13住	① 種性住	② 勝解行住	③ 極歡喜住	④ 增上戒住	⑤ 增上心住	⑥ 覺分相應增上慧住	⑦ 諸諦相應增上慧住	⑧ 緣起流轉止息相應增上慧住	⑨ 有加行有功用無相住	⑩ 無加行無功用無相住	⑪ 無礙解住	⑫ 最上成滿菩薩住	⑬ 如來住
10地	十信	十住·十行·十迴向	① 歡喜地	② 離垢地	③ 發光地	④ 焰慧地	⑤ 難勝地	⑥ 現前地	⑦ 遠行地	⑧ 不動地	⑨ 善慧地	⑩ 法雲地	等覺地

45 삼취중생三聚衆生: 중생들이 깨달음의 세계로 향상하는지 타락하는지의 차이를 기준으로 그 부류를 세 가지로 나눈 것이다. 여기서 세 가지는 '깨달음의 세계로 방향이 정해진 부류'(正定聚), '해로운 세계로의 타락이 정해진 부류'(邪定聚), '[깨달음의 세계로 갈지, 타락하여 해로운 세계로 갈지] 방향이 정해져 있지 않은 부류'(不定聚)를 가리킨다.

46 사과四果: 성문聲聞과 연각緣覺 등의 소승 수행자들이 얻는 '네 단계의 수행 결과'

서도] 네 가지 의혹에 빠져 있는 중생'(四疑凡夫)[47]이 있는데, 오직 '해로운 세계로의 타락이 정해진 부류'(邪定聚) 및 '[깨달음의 세계로 갈지, 타락하여 해로운 세계로 갈지] 방향이 정해져 있지 않은 부류'(不定聚)만 없을

(四果)를 가리킨다. 각 단계 사이에 예비과정인 사향四向의 단계를 다시 두어 여덟 단계의 수행 결과를 설정하기도 하는데, 이를 사향사과四向四果라고 한다. 첫 번째 예류과預流果(Ⓢsrotāpanna-phala)는 견도見道에서 처음으로 사성제를 알고서 '성자의 대열'(豫流)에 곧 합류하게 되는 단계를 가리킨다. 음역音譯하여 수다원과須陀洹果라고도 한다. 두 번째 일래과一來果(Ⓢsakṛdāgāmi-phala)는 또 한 번의 생사를 겪고 나야 성자가 된다는 뜻을 담은 말이다. 욕계欲界 9품의 번뇌 중 처음부터 6품까지를 끊은 단계로서, 음역音譯으로는 사다함과斯陀含果이다. 세 번째 불환과不還果(Ⓢanāgāmi-phala)는 일래과를 증득한 뒤 욕계 9품의 나머지 번뇌인 3품을 다 끊은 경지이다. 이 단계에서 들어서야 다시는 욕계에 태어나지 않는다는 뜻에서 불환不還이라는 용어를 채택한 것으로 이해할 수 있다. 음역音譯하여 아나함과阿那含果라고도 한다. 네 번째 무학과無學果(Ⓢarhat-phala)는 불환과에 이어 색계와 무색계의 모든 번뇌를 끊고 열반에 들어 다시는 윤회하지 않는 경지로서, 더 이상 공부할 것이 없다는 뜻으로 무학無學이라는 용어를 썼다. 음역音譯으로는 아라한과阿羅漢果이다.

47 사의범부四疑凡夫: '사의범부'라는 용어는 경론에서 확인되지 않는다. 『묘법연화경우파제사妙法蓮華經優波提舍』 권2(T26, 7c10~13)에서는 "自此以下如來說法, 爲斷四種疑心應知. 何等四疑? 一疑何時說, 二疑云何知是增上慢人, 三疑云何堪說, 四疑云何如來不成妄語."라고 서술하고 있지만, 본문에 부합하는 내용으로 보이지는 않는다. 『대반열반경』, 『아비달마대비바사론』 등의 경론과 갖가지 주석서에 나타나는 사의四疑의 용례에서도 사정은 마찬가지이다. 그런데 『불설무량수경佛說無量壽經』에서는 사의범부四疑凡夫라고 명시하지는 않았으나, 네 가지 의혹에 대한 서술이 나타나고 있어서 주목된다. 『불설무량수경佛說無量壽經』 권2(T12, 278a20~26). "爾時, 慈氏菩薩白佛言. '世尊! 何因何緣彼國人民胎生化生?' 佛告慈氏. '若有衆生以疑惑心修諸功德, 願生彼國, 不了佛智, <u>不思議智, 不可稱智, 大乘廣智, 無等無倫最上勝智</u>, 於此諸智疑惑不信. 然猶信罪福, 修習善本, 願生其國.'" 이 경문에 의거하면, 사의四疑는 '부처님 지혜'(佛智)의 특징인 ① '생각으로 헤아릴 수 없는 지혜'(不思議智), ② '말로는 다 설명할 수 없는 지혜'(不可稱智), ③ '대승의 광대한 지혜'(大乘廣智), ④ '견줄 수 없고 짝할 수 없는 가장 뛰어난 지혜'(無等無倫最上勝智)에 대해 의혹을 품는 것이다. 따라서 '사의범부四疑凡夫'란 '부처님 지혜의 네 가지 특징에 의혹을 품는 중생'으로 볼 수 있다.

뿐이다.

今此經說無量壽國, 就第四門, 說爲淨土. 所以然者, 爲欲普容大小, 兼引凡聖, 並生勝處, 同趣大道故. 如下文言, "設我得佛, 國中人民, 不住正定聚, 必至滅度者, 不取正覺", 又言, "設我得佛, 國中聲聞, 有能計量知其數者, 不取正覺." 乃至廣說. 又『觀經』中說, "生彼國已, 得羅漢果等", 乃至廣說故.

[H1, 554c17~555a2; T37, 126b9~16]

지금 이 경전에서 설하는 '한량없는 목숨[을 지닌 아미타] 부처님의 나라'(無量壽國)는 ['네 가지 상대적인 짝'(四對) 가운데] '네 번째[인 '방향이 정해진 부류와 방향이 정해지지 않은 부류를 상대적인 짝으로 삼는] 방식'(第四門)에 의거하여 '[번뇌의 오염이 없는] 온전한 세상'(淨土)이라 한 것이다. 왜냐하면 대승과 소승을 널리 받아들이고 평범한 자와 성스러운 이를 모두 이끌어 다 함께 '수승한 곳'(勝處)[인 정토淨土]에 태어나 '[깨달음으로 향하는] 크나큰 길'(大道)로 같이 나아가고자 하기 때문이다. 아래의 글에서 "설령 내가 부처가 될지라도 그 나라의 사람들이 '깨달음의 세계로 방향이 정해진 부류'(正定聚)에 머무르며 반드시 열반(滅度)에 이르게 되지 않는다면 [나는 결코] '완전한 깨달음'(正覺)을 누리지 않겠나이다."[48]라고 말하고, 또 "설령 내가 부처가 될지라도 그 나라의 '[가르

48 『불설무량수경佛說無量壽經』의 이 구절은 법장法藏 비구가 세자재왕世自在王 여래 앞에서 서원誓願한 48원願의 하나로서 제11원願에 해당한다. 『불설무량수경佛說無量壽經』 권1(T12, 268a11~12). "設我得佛, 國中人天, 不住定聚, 必至滅度者, 不取正覺." 〈산스크리트본의 해당 내용: Sukhvy., p.12. sacen me bhagavaṃs tasmin buddhakṣetre ye sattvāḥ pratyājāyeraṃs, te sarve na niyatāḥ syur, yad idaṃ: samyaktve yāvan mahāparinirvāṇād, mā tāvad anuttarāṃ samyaksaṃbodhim abhisaṃbudhyeyam.; 세존이시여, 만약 그 불국토에서, 거

침을] 들어서 [혼자] 부처가 되려는 수행자'(聲聞)들이 그 숫자를 헤아릴 수 있다면 [나는 결코] '완전한 깨달음'(正覺)을 누리지 않겠나이다."[49] 등으로 자세하게 말하는 것과 같다. 또한 『관무량수경』에서는 "저 나라에 태어나 아라한과를 얻은 …"[50] 등으로 자세히 설명하고 있기 때문이다.

기 태어날 중생들이 모두 대열반에 이르기까지 올바로 정해진 자가 아니라면, 나는 최고의 올바른 깨달음을 깨닫지 않을 것입니다.〉

49 이 경문은 법장비구의 제14원願이다. 그런데 『불설무량수경佛說無量壽經』 권1(T12, 268a17~19)에 나오는 원문에는 "設我得佛, 國中聲聞, 有能計量, 乃至三千大千世界衆生緣覺, 於百千劫, 悉共計挍知其數者, 不取正覺."으로 되어 있다. 곧, 밑줄 친 부분을 생략하고 인용한 것이니, 이는 『왕생론往生論』 권1(T40, 830c15~17)에서 "設我得佛, 國中聲聞, 有能計量知其數者, 不取正覺."으로 제14원을 인용한 구절을 참고한 것으로 보인다. 〈산스크리트본의 해당 내용: Sukhvy., p.12. sacen me bhagavaṃs tasmin buddhakṣetre 'nuttarāṃ samyaksaṃbodhim abhisaṃbuddhasya, kaśсid eva sattvaḥ śrāvakānāṃ gaṇānām adhigacched, antaśas trisāhasramahāsāhasraparyāpannā api sarvasattvāḥ pratyekabuddhabhūtāḥ kalpakoṭīniyutaśatasahasram api gaṇayanto, mā tāvad aham anuttarāṃ samyaksaṃbodhim abhisaṃbudhyeyam.; 세존이시여, 만약 그 불국토에서, 최고의 올바른 깨달음을 얻는 중생이 성문의 무리에 도달한다면, 나아가 최후로 삼천대천세계에 속한 모든 중생이 백천억 나유타 겁 동안 독각에 속한 무리에 있다면, 나는 최고의 올바른 깨달음을 깨닫지 않을 것입니다.〉

50 원효가 인용한 이 경문은 흔히 『관무량수경』의 16관법觀法이라 부르는 내용 중에서 제15중배생상관中輩生想觀에 속하는 부분이다. 중배생상관은 중품中品의 무리들이 정토에 왕생하는 모습에 대해 살펴보고 아는 수행이다. 제14관인 상배생상관上輩生想觀이 상품上品, 곧 대승의 가르침을 수행하는 이들을 가리키는 데 비해, 중품은 인용문에 나오는 것처럼 소승의 아라한을 가리킨다. 원효가 인용한 경문의 내용은 다음과 같다. 『불설관무량수불경佛說觀無量壽佛經』 권1(T12, 345b11~18). "行者臨命終時, 阿彌陀佛與諸比丘眷屬圍繞, 放金色光, 至其人所, 演說苦空無常無我, 讚歎出家得離衆苦. 行者見已, 心大歡喜, 自見己身坐蓮花臺, 長跪合掌爲佛作禮, 未擧頭頃, 卽得往生極樂世界. 蓮花尋開. 當華敷時, 聞衆音聲讚歎四諦, 應時卽得阿羅漢道, 三明六通具八解脫, 是名中品上生者." 밑줄 친 내용이 직접 인용한 부분이다. 이에 따르면, 선근善根을 지어 극락왕생을 바라는 수행자가 목숨이 다할 때면 아미타불이 나타나 고苦, 공空, 무상無常, 무아無我의 가르침을 설하게 된다. 이에 그 수행자는 크게 환희하며 자신이 연화대蓮花臺에 앉아 있는 모습을 보고 부처

『論』說云, “女人及根缺, 二乘種不生”者, 是說決定種性二乘, 非謂不定根性聲聞. 爲簡此故, 名二乘種, 由是義故, 不相違也. 又言“女人及根缺”者, 謂生彼時, 非女非根缺耳, 非此女等, 不得往生. 如韋提希而得生故. 然『鼓音王陀羅尼經』云, “阿彌陀佛父, 名月上轉輪聖王, 其母名曰, 殊勝妙[51]眼”等, 乃至廣說者, 是說化佛所居化土, 『論』所說者, 是受用土, 由是道理, 故不相違. 上來四門所說淨土, 皆是如來願行所成, 非生彼者自力所辦.[52] 不如穢土外器世界, 唯由衆生共業所成, 是

님께 예배하는데, 머리를 들기도 전에 곧바로 극락세계에 왕생하여 연꽃이 활짝 열린다는 것이다. 이 연꽃이 펼쳐질 때 사성제四聖諦의 가르침을 찬탄하는 갖가지 음성을 듣고, 그 소리에 응하는 즉시 아라한의 경지를 증득하여 삼명육신통三明六神通과 팔해탈八解脫을 구족하게 되니, 이를 중품상생中品上生이라 부른다고 한다. 원효가 이 경문을 인용하면서 생략한 내용은 중품중생中品中生과 중품하생中品下生을 설명하는 경문에 해당한다. 중품중생은 하루 낮밤이라도 계戒를 지키고서 이 공덕을 회향하여 왕생극락을 바라는 경우이다. 그 수행자 역시 아미타불의 인도를 받아 스스로 연꽃 위에 앉는 모습을 보게 되는데, 7일이 지나서야 연꽃이 활짝 피어나 세존을 찬탄예배하고 수다원과를 얻게 된다고 한다. 그리고 다시 반 겁이 지나서야 아라한과를 이룬다고 설명하고 있다. 중품하생의 경우는 부모에게 효도를 행한 선남자 선여인이 목숨을 마칠 때에 선지식을 만나 정토에 대한 이야기를 듣고서 정토에 태어난다고 한다. 7일이 지나서야 관세음보살과 대세지보살을 만나 법을 듣고서 수다원과를 얻으며 다시 1소겁을 지나서야 아라한과를 이루게 된다고 설명하고 있다. 따라서 『관무량수경』의 인용문은 정정취正定聚와 비정정취非正定聚가 모두 정토에 태어난다고 하는 취지를 설명하기 위해 경증經證으로 활용하고 있음을 알 수 있다. 그런데 생략된 내용은 제16하배생상관下輩生想觀을 설명한 『관무량수경』(T12, 345c10~346a26)의 이하 내용까지 포함된 것으로 볼 수도 있다. 곧, 비록 죄를 지은 자라도 뉘우쳐 참회하여 극락왕생을 바라는 사람이라면, 비록 수 겁劫 또는 수억 겁의 세월을 지나야 하지만 끝내 극락왕생을 성취하게 된다는 취지까지를 포괄시키려는 의도로 이해해 볼 수도 있다.

51 『아미타고음성왕다라니경阿彌陀鼓音聲王陀羅尼經』의 원문에는 ‘묘妙’자로 나오지만 동일한 글자이므로 따로 교감하지 않았다.

52 한불전에는 ‘변辨’자로 되어 있는 판본이 있다고 교감하였고, 대정장본에도 ‘辨’자로 나온다. 그러나 문맥에 따르면 ‘판辦’자로 보는 것이 적절하므로 여기서는 ‘辦’자로 보고 번역하였다.

故通名淸淨土也.

[H1, 555a2~15; T37, 126b16~27]

『왕생론往生論』[53]에서 말한 "여성이나 신체의 결핍[에 대한 차별]과 '[성문聲聞, 연각緣覺] 두 부류의 수행자'(二乘) 종류가 생겨나지 않는다네."[54]라는 것은 '[성문聲聞, 연각緣覺] 두 부류의 수행자로 결정되는 특성을 타고난 자'(決定種性二乘)를 말한 것이지, '성문聲聞 수행자로 결정되지는 않는 특성을 지닌 자'(不定根性聲聞)를 가리킨 것은 아니다. 이러한 [차이]를 구분하려 했기 때문에 '[성문聲聞, 연각緣覺] 두 부류의 수행자 종류'(二乘種)라고 부른 것이니, 이런 의미 때문에 [『왕생론』과 『무량수경』의 설명은] 서로 어긋나지 않는 것이다. 또 "여성이나 신체의 결핍[에 대한 차별]"이라 말한 것은 [정토淨土인] 저곳에 태어날 때는 여성이나 신체의 결핍[을 이유로 차별과 혐오의 대상이 되는 것]이 아니라는 것일 뿐 이 [사바세계 예토穢土의] 여성[이나 신체의 결핍을 지닌 자] 등이 '[번뇌의 오염이 없는] 온전한 세상'(淨土)에 태어날 수 없다는 뜻은 아니다.[55] 마

---

53 왕생론往生論: 여기서 논이라고 말한 『왕생론』의 본래 이름은 『무량수경우파제사無量壽經優婆提舍』이다. 여기서는 원효가 『론』이라고 지칭하고 있는 점을 고려하여 『왕생론往生論』으로 옮겼다.

54 이 내용은 『아미타경소阿彌陀經疏』에서도 인용한 내용이다. 여기서는 관련 내용에서 밑줄 친 부분만 인용하였다. 『무량수경우파제사無量壽經優波提舍』 권1(T26, 231a13~14). "大乘善根界, 等無譏嫌名, <u>女人及根缺, 二乘種不生</u>".

55 "女人及根缺, 二乘種不生"이라는 구절을 "여성이나 신체의 결핍[에 대한 차별]과 '[성문聲聞, 연각緣覺] 두 부류의 수행자'(二乘) 종류가 생겨나지 않는다네."라고 번역하였다. 문구대로 직역하면 "여인과 신체의 결핍을 지닌 자와 이승의 부류가 생겨나지 않는다."라고 번역해야 한다. 그러나 '모든 차이 현상'(一切法相)들을 '불변·독자의 본질/실체 관념'으로 차별하는 왜곡과 오염을 무아無我·공空·연기緣起의 통찰에 의거하여 치유하려는 것이 붓다 이래 모든 불교의 핵심 생명력이며, 원효는 이 점을 누구보다 깊게 이해하고 철저한 논리로 일관되게 펼치고 있다는 점을 고려하면, 마치 정토에는 여성이나 신체적 결핍자들이 없다는 식으로 이

치 위제희[56] 부인이 [여성이면서도] 정토에 태어날 수 있었던 것과 같다.

해하게 하는 번역은 불교사상의 정체성과 충돌한다. 자칫 여성과 소수자들을 차별하고 혐오하는 세속적 시선의 불교적 반영이 되고 만다. “女人及根缺, 二乘種不生”이라는 구절을 “여성이나 신체의 결핍[에 대한 차별]과 '[성문聲聞, 연각緣覺] 두 부류의 수행자'(二乘) 종류가 생겨나지 않는다네.”라고 번역한 것은 이런 점을 고려한 해석학적 선택이다. 원효는 이 구절의 의미를 “〈여성이나 신체의 결핍[에 대한 차별]〉이라 말한 것은 [정토淨土인] 저곳에 태어날 때는 여성이나 신체의 결핍[을 이유로 차별과 혐오의 대상이 되는 것]이 아니라는 것일 뿐 이 [사바세계 예토穢土의] 여성[이나 신체의 결핍을 지닌 자] 등이 '[번뇌의 오염이 없는] 온전한 세상'(淨土)에 태어날 수 없다는 뜻은 아니다.”(言'女人及根缺'者, 謂生彼時, 非女非根缺耳, 非此女等, 不得往生.)라고 해설하고 있는데, 이 또한 이러한 해석학적 선택과 궤를 같이하는 것으로 볼 수 있다. 또 원효는 『아미타경소』(H1, 564c5~6)에서 이 구절과 관련하여 “생각하건대, 『아미타경』에서는 '[지옥地獄·아귀餓鬼·축생畜生의 경험으로 살아가는] 나쁜 세계에서의 헐뜯거나 싫어함'(惡道譏嫌)이 없음을 말한 것이고, 『왕생론』에서는 '인간 세상에서의 헐뜯거나 싫어함'(人道譏嫌)이 없음을 드러낸 것이다. 서로 다른 것을 거론하지만 [그] 뜻은 설하는 것을 같이한다.”(案云, 經說無有惡道譏嫌, 論顯無有人道譏嫌. 互擧之爾, 義如所說.)라고 해설하는데, 이 또한 이러한 번역을 지지해 준다. 만약 〈정토에는 여성이나 신체 결핍자들이 없다.〉는 식으로 번역하거나 이해한다면, 그런 정토관은 성 차별과 소수자 차별의 불교적 변주일 수밖에 없다. 또한 남성이나 신체조건이 완벽한 사람들만으로 채워진 세상은 있을 수도 없고, 그런 세상을 염원하게 하는 언어들은 차이에 대한 무지와 폭력, 기만의 표현일 뿐이다. 그런 정토는 결코 인간의 희망이 될 수 없다. 정토사상이나 원효의 정토염불 수행을 음미할 때는 이 점을 충분히 숙고해야 한다. 만약 정토사상이나 원효의 관점이 차이에 대한 차별과 오염을 승인하는 것으로 볼 논거가 된다면, 그러한 정토사상이나 원효사상은 지식 고고학적 의미는 있을지 몰라도 현재와 미래의 현실 문제를 해결해 가는 철학적 가치를 확보할 수 없다. 그리고 원효저술을 관통하는 철학적 통찰과도 명백히 충돌한다.

56 위제희韋提希: 고대 인도 마갈타국摩揭陀國(Ⓢmagadha)의 빈파사라왕頻婆娑羅王(ⓈBimbisāra)의 왕비이다. 범어 'Vaidehī'(Ⓟvedehī)를 음역音譯한 이름이 '위제희'이고, 비타제鞞陀提, 비제희毘提希, 폐제신吠提呬 부인이라고도 한다. 의역意譯으로는 사승부인思勝夫人, 승묘신부인勝妙身夫人, 승신부인勝身夫人이라고 한다. 『관무량수경』이 전하는 이야기에 따르면, 마가다국의 왕자 아사세阿闍世(Ⓢajātaśatru)는 왕위를 찬탈하고 부왕인 빔비사라를 가두어 버리는 사건이 생긴다. 감옥에 유폐된 빔비사라왕이 아무것도 먹지 못해 죽음에 이르게 되자 그의 부인 위제희는 몸에 보리가루와 꿀을 바르고, 장신구에 음료를 담아 숨겨 들어가 남편

그런데 『고음왕다라니경鼓音王陀羅尼經』[57]에서 "아미타 부처님 아버지의 이름은 월상전륜성왕月上轉輪聖王이고, 그 어머니의 이름은 수승묘안殊勝妙眼이라고 한다."[58] 등으로 자세하게 설한 것은 '[중생의 바람에 응하여 갖가지 모습으로] 나타나는 부처 [몸]'(化[身]佛)이 사는 '[중생의 바람에 응하여 갖가지 모습으로] 변화하여 [나타난] 세상'(化土)[59]을 설명한 것

에게 몰래 먹여 그를 살린다는 것이다. 나중에 아들에게 들켜 위제희도 빔비사라와 함께 갇히게 되었는데, 불교도였던 이 부부가 부처님께 간절하게 설법을 청하자 부처님이 홀연히 나타나 정토세계에 대해 설법한다는 이야기에 따른 것이다. 곧 본문에서 위제희가 등장한 것은 위제희 부인이 부처님의 설법을 듣고 믿음을 일으켜 정토세계에 태어나게 되었다는 것을 말하려는 것이다.

57 고음왕다라니경鼓音王陀羅尼經: 『아미타고음성왕다라니경阿彌陀鼓音聲王陀羅尼經』을 가리킨다. 『아미타경소阿彌陀經疏』에서는 『성왕경聲王經』이라 부르면서(H1, 563b3) 경문을 인용하였다. 『불광대사전』(p.3686上)에 따르면, 『고음성왕경鼓音聲王經』, 『고음성경鼓音聲經』으로 약칭된다고 한다. 이 경은 대정장大正藏 제12권 보적부寶積部에 수록되었는데, 번역자는 알려져 있지 않다. 제1권으로 이루어져 있는데, 부처님께서 첨파대성瞻波大城이라는 곳에서 여러 비구에게 아미타불의 안락세계(極樂淨土)에 대해서 설하는 내용으로 구성되어 있다.

58 이 내용은 다음의 경문에서 밑줄 친 부분을 인용한 것이다. 『아미타고음성왕다라니경阿彌陀鼓音聲王陀羅尼經』 권1(T12, 352b23~25). "<u>阿彌陀佛</u>如來・應・正遍知, <u>父名月上轉輪聖王, 其母名曰殊勝妙顔</u>, 子名月明."

59 화토化土: 범어 'nirmāṇa-kṣetra'를 한역한 말이니, '바뀌어 나타난 세상'이라는 뜻이다. 곧, 부처님이 중생들의 바람에 따라 임시로 보여 주는 세계를 가리킨다. 『불광대사전』(p.1322)에 따르면, '화토'는 이승二乘의 무리 및 범부와 십지 이전의 보살들에게 방편으로서 그들의 눈앞에 펼쳐 보여 주는 국토라는 뜻으로 이해할 수 있다. 따라서 변화토變化土, 응화토應化土, 방편화토方便化土라 부르기도 한다. 『불교어대사전』(p.292)의 설명을 보태면, 참된 불토佛土를 보는 능력이 없는 이들을 위해 부처님이 방편으로 제시하는 국토가 화토로서 경론經論에 따라 삼토三土 또는 사토四土 중의 하나로 나타나지만, 어느 경우든 참된 불국토인 진실보토眞實報土의 상대어가 된다. 다음의 경문 내용에서 수용신受用身과 대비되는 화토의 뜻을 확인할 수 있다. 『불지경론佛地經論』 권1(T26, 292c4~10). "受用・變化二佛土中, 今此淨土何土所攝? 說此經佛爲是何身? 有義, 此土變化土攝. 說此經佛是變化身, 聲聞等衆住此土中, 現對如來聞說是經, 歡喜信受而奉行故, 佛心所現故出三界, 淨識爲相爲說勝法, 化此地前諸有情類, 令其欣樂修行彼因, 故暫化作淸淨佛土, 殊妙化

이고, 『왕생론』에서 설한 것은 '[깨달음의 경지를] 누리는 [부처와 중생들의] 세상'(受用土)[60]이니, 이러한 이유로 말미암아 서로 어긋나지 않는다.

이상에서 ['극락정토極樂淨土에 갖추어진 과보의 이로움을 밝힘'(明果德) 가운데] '네 가지 측면'(四門)으로 설명한 '[번뇌의 오염이 없는] 온전한 세상'(淨土)은 모두 [극락정토極樂淨土에 태어나게 하려는] 여래의 '바람과 실천'(願行)에 의해 이루어진 것이지, 저 [정토淨土]에 태어난 이들이 스스로의 힘으로 갖춘 것이 아니다. [정토는] '[번뇌에] 오염된 세상'(穢土)의 '외부 환경세계'(外器世界)가 오직 중생들의 '함께 지은 행위'(共業)로 말미암아 이루어진 것과는 같지 않으니, 그러므로 통틀어 [정토淨土를] '온전한 세상'(淸淨土)이라고 부르는 것이다.

次第二明有色無色門者, 如前所說四種門中, 初一門顯自受用土, 後三門說他受用土. 三門有色, 不待言論, 自受用土, 說者不同.

[H1, 555a16~19; T37, 126b27~c1]

2) '유형적인 측면'(色門)과 '무형적인 측면'(無色門)

다음으로 ['[극락정토極樂淨土에 갖추어진] 과보의 이로움'(果德)에 있는 '네 가

身神力加衆令暫得見."

60 수용토受用土: 깨달음의 경지를 스스로 누리는 부처인 수용신受用身이 중생들에게 진리를 설하여 그들 또한 깨달음의 즐거움을 누리게 하므로 '깨달음의 경지를 모두 누린다.'는 뜻에서 수용토라고 한다. 『불광대사전』(p.3100)에 따르면, 수용토는 부처님이 거주하는 땅으로서 보토報土, 보지報地라고 부르기도 하는데, 부처님 자신과 중생이 누리는 차이에 따라 자수용법락自受用法樂과 타수용법락지정토他受用法樂之淨土로 나뉜다고 하였다. 곧 자수용신自受用身과 타수용신他受用身의 개념은 차이가 있는데, 원효는 다음 단락에서 이 점을 자세히 거론하고 있다.

지 측면'(四門) 가운데] 두 번째[61]인 '유형적인 측면과 무형적인 측면을 밝히는 것'(明有色無色門)이란 [다음과 같은 것이다.] 앞에서 설명한 것과 같은 '네 가지 측면'(四種門)[62] 가운데 처음 한 측면은 '[진리성취의 결과를] 자신이 그대로 누리는 [부처 몸이 머무는] 세계'(自受用土)를 드러낸 것이고, 뒤의 세 측면은 '[진리성취의 결과를] 다른 사람들도 누리게 하려고 [나타내는 부처 몸이 머무는] 세상'(他受用土)[63]을 설명한 것이다. [타수용토

61 여기서 두 번째란 아래의 과문에서 '2. 1) ②' 부분을 가리킨다.
1. '가르침의 전체 취지를 서술함'(述教之大意)
2. 경전의 핵심과 목적을 밝힘(簡經之宗致)
1) '[극락정토極樂淨土에 갖추어진] 과보의 이로움을 밝힘'(明果德)
① '온전한 측면'(淨門)과 '온전하지 못한 측면'(不淨門)
② '유형적인 측면'(色門)과 '무형적인 측면'(無色門)
③ '공유하는 [외부의 환경적인] 측면'(共門)과 '공유하지 못하는 [내부의 심리적인] 측면'(不共門)
④ '번뇌가 스며듦이 있는 측면'(漏門)과 '번뇌가 스며듦이 없는 측면'(無漏門)
2) '[번뇌의 오염이 없는] 온전한 세상의 원인을 밝힘'(明淨土因)
3. '사람을 거론하여 구분함'(擧人分別)
4. '[『무량수경』의] 본문에 의거하여 해석함'(就文解釋)

62 과덕사문果德四門을 말한다: "'[극락정토極樂淨土에 갖추어진] 과보의 이로움'(果德) 안에는 대략 '네 가지 측면'(四門)이 있다. 첫 번째는 '온전한 측면'(淨門)과 '온전하지 못한 측면'(不淨門)이고, 두 번째는 '유형적인 측면'(色門)과 '무형적인 측면'(無色門)이며, 세 번째는 '공유할 수 있는 [외부의 환경적인] 측면'(共門)과 '공유하지 못하는 [내부의 심리적인] 측면'(不共門)이고, 네 번째는 '번뇌가 스며듦이 있는 측면'(漏門)과 '번뇌가 스며듦이 없는 측면'(無漏門)이다."(果德之內, 略有四門. 一淨不淨門, 二色無色門, 三共不共門, 四漏無漏門. H1, 554a21~23.)

63 자수용토自受用土와 타수용토他受用土: 일반적으로 수용신受用身은 자수용신自受用身과 타수용신他受用身의 두 가지로 구분되는데, 이 자수용신自受用身과 타수용신他受用身이 있는 세상을 자수용토自受用土와 타수용토他受用土라고 한다. 예를 들어 『성유식론』 권10(T31, 58b16~21)에서는 "如是三身雖皆具足無邊功德, 而各有異, 謂自性身唯有眞實常樂我淨, 離諸雜染衆善所依, 無爲功德, 無色心等差別相用. 自受用身具無量種妙色心等眞實功德. 若他受用及變化身, 唯具無邊似色心等利樂他用化相功德."이라고 하여, 자성신自性身·수용신受用身·변화신變化身의 삼신三身에서 수용신受用身이 자수용신과 타수용신으로 나뉘어 사신四身으로 확장되는 정

他受用土를 설명하는 뒤의] '세 가지 측면'(三門)에 '유형[적인 측면]'(色)이 있음은 [굳이] 말로 논할 필요가 없지만, '[진리성취의 결과를] 자신이 그대로 누리는 [부처 몸이 머무는] 세계'(自受用土)를 설명하는 내용은 동일하지 않다.

或自[64]說者, "自受用身, 遠離色形法性淨土爲所住處. 是故都無色相可得." 如『本業經』說, "佛子, 果體圓滿, 無德[65]不備, 理無不周, 居中道第一義諦清淨國土, 無極, 無名, 無相, 非一切法可得, 非有體, 非無體." 乃至廣說. 『起信論』云, "諸佛如來唯是法身, 智相之身第一義諦, 無有世諦境界. 離於施作, 但隨衆生見聞皆[66]得益故, 說爲用. 此用有二種, 一者, 凡夫二乘心所見者, 名爲應身. 二者, 諸菩薩從初發意乃至菩薩究竟地, 心所見者, 名爲報身." 依此等文, 當知, 所見有色相等, 皆得他受用身, 說自受用中, 無色無相也.

[H1, 555a19~b8; T37, 126c1~12]

어떤 사람은 [다음과 같이] 말한다. 〈"'[진리성취의 결과를] 자신이 그대

황을 볼 수 있다. 특히 타수용신은 형식적으로는 자수용신과 함께 크게 수용신의 범주에 속하지만, 내용적으로는 변화신과 함께 묶여 색심色心의 있음을 통해 남을 이롭게 하고 중생을 교화하는 능력으로 설명된다. 자성신自性身에는 이 '[진리성취의 결과를] 자신이 그대로 누리는 몸'(自受用身)과 '스스로 누리는 청정한 세계'(自受用淨土)인 수용신이 반드시 동반되므로, 자성신인 법신法身에는 색色이 있다고 말할 수 있다.

64 한불전에는 '自'가 아니라 '有'자로 되어 있는 판본이 있다고 교감하였다. 대정장에는 별도의 교감 없이 '或有說者'로 되어 있다. '或有說者'가 적절하므로 '有'자로 교감하여 번역한다.

65 한불전에는 '德無'로 되어 있는 판본이 있다고 교감하고 있으나, 대정장에는 '無德'으로 나오고 『본업경』 원문에도 '無德'으로 나오기 때문에 교감하지 않는다.

66 한불전과 대정장본 둘 다 '皆'자가 있으나, 『대승기신론』 원문에 의거하여 '皆'자를 삭제하고 번역한다.

로 누리는 몸'(自受用身)은 '색깔이나 모양이 있는 것'(色形)에서 멀리 벗어난 '현상의 본연으로서의 온전한 세상'(法性淨土)[67]을 머무는 곳으로 삼는다. 그렇기 때문에 '색깔이나 모양이 있는 것'(色相)은 일체 얻을 수가 없다."[68] 마치 『본업경本業經』에서 "부처의 제자들이여, 〈'결과로서의 바탕[인 본연]'(果體)은 완전(圓滿)하여, '갖추지 못하는 능력이 없고'(無德不備) '이치는 두루 통하지 못하는 바가 없으며'(理無不周)〉(果體圓滿, 無德不備, 理無不周), 〈'중도인 궁극적 관점'(中道第一義諦)[이 펼치는] '온전한 세상'(清淨國土)에 머무르며〉(居中道第一義諦清淨國土), 〈'한계가 없고'(無極) '[내용을 확정 짓는] 이름이 없으며'(無名) '[불변·독자의 본질/실체로서의] 차이/특징이 없고'(無相)〉(無極無名無相), 〈'[불변·독자의 본질/실체로서] 얻을 수 있는 어떤 것'이 아니며〉(非一切法可得), 〈'[불변·독자

---

67 법성정토法性淨土: 법신法身이 머무르는 진여법성眞如法性의 땅이자 불신佛身이 의거하는 땅을 뜻한다. 법신토法身土, 법성토法性土, 법토法土라고도 한다. 혜원慧遠의 『대승의장大乘義章』 권19(T44, 835b16~23)에서는 정토淨土를 법성토法性土, 실보토實報土, 원응토圓應土 세 가지로 나누면서 "法性土者, 土之本性, 諸義同體. 虛融無礙, 猶如帝網, 亦如虛空無礙不動無所有等, 同體義分. 地經所說眞實義相, 即其義也. 一切世界本性恒爾. 而諸衆生妄想覆心, 自累成隔, 無礙法中, 見爲定礙, 有處定有, 無處定無, 染處定染, 淨處定淨, 地處定地, 水處定水. 如是一切, 後息妄想, 彼土實性, 顯成我用, 名法性土."라고 하여 현상의 본연 그대로를 무애無礙, 동체同體, 진실眞實 등의 의미로서 설명하고 있다. 규기窺基는 『아미타경소阿彌陀經疏』에서 정토를 법성토法性土, 자수용토自受用土, 타수용토他受用土, 변화토變化土 네 가지로 구분하는데, "問: 四土之中, 西方是何淨土? 答: 若法性土者, 即是無垢眞如, 自性清淨第一義空, 本來湛然不假修成, 爲一切法之所依止, 無一佛出世間法不有, 名性淨土."(T37, 311b19~23)라고 하여 무구진여無垢眞如, 자성청정自性清淨, 제일의공第一義空 등으로 법성토의 면모를 설명하고 있다.

68 이 내용의 출처는 발견되지 않지만, 규기窺基의 저술인 『대승법원의림장』에서 유사한 생각을 확인할 수 있다. 『대승법원의림장大乘法苑義林章』 권7(T45, 368b20~24). "四三身形量門, 佛地論說, 法身無邊, 猶若虛空遍一切處, 不可說其形量大小. 就相而言如空無際, 自受用身有色非色, 非色無形, 不可說其形量大小." 원효의 이 글은 신라 후기의 승려로 알려진 견등見等의 『대승기신론동이약집大乘起信論同異略集』 권1(X45, 257c12~14)에서 그대로 인용되고 있다.

의 본질/실체인] 바탕이 있는 것도 아니고'(非有體) '바탕이 [완전히] 없는 것도 아니다.'(非無體)〉(非有體非無體)"[69] 등으로 자세하게 설명한 것과 같다. [또] 『기신론』에서는 [다음과 같이] 말한다. "모든 부처와 여래는 오로지 '진리의 몸'(法身)이고, ['진리 몸'의] '지혜를 드러내는 양상으로서의 몸'(智相之身)인 '궁극적 진리에 대한 가르침'(第一義諦)에는 '세간적 진리가 추구하는 대상'(世諦境界)이 없기 때문이다. '베풀고 행함'(施作)[에 불변 · 독자의 본질/실체가 있다는 생각]에서 벗어나 단지 중생의 보고 듣는 것에 따라 이로움을 얻게 하기 때문에 작용(用)이라 말하는 것이다. 이 ['참 그대로'(眞如)의] 작용에는 두 가지가 있으니, 첫 번째는 보통사람(凡夫)과 '[성문聲聞, 연각緣覺] 두 부류의 수행자'(二乘)의 마음으로 본 것을 '[범부와 이승이 보는] 특정하게 응하는 부처 몸'(應身)[인 '참 그대로'(眞如)의 작용]이라고 부른다. 두 번째는 모든 보살이 '처음으로 깨달음에 뜻을 일으킨 [단계]'(初發意)부터 '보살의 궁극적인 [수행] 단계'(菩薩究竟地)에까지 마음으로 본 것을 '[진리성취의] 결실인 부처 몸'(報身)[인 '참 그대로'(眞如)의 작용]이라고 부른다."[70] 이러한 글들에 의거하여, 보여진 것에 '색깔이나 모양'(色相) 등이 있는 것은 모두 '[진리성취의 결과를] 다른 사람들도 누리게 하려고 [나타내는 부처] 몸'(他受用身)을 만나는 것이고, '[진리성취의 결과를] 자신이 그대로 누리는 [몸]'(自受用[身])을 설하는 것에는 '색깔 있는 것'(色)도 없고 '모양 있는 것'(相)도 없음을 알

69 이 내용은 『본업경』의 글을 그대로 인용한 것이다. 『보살영락본업경菩薩瓔珞本業經』 권2 제6 「인과품因果品」(T24, 1020a20~23). "佛子, 果體圓滿, 無德不備, 理無不周, 居中道第一義諦清淨國土, 無極, 無名, 無相, 非一切法可得, 非有體, 非無體."

70 이 내용은 『대승기신론』의 본문에서 필요한 부분을 발췌하여 인용한 것이다. 다음의 원문에서 밑줄 친 부분이 인용에서 생략된 내용을 가리킨다. 『대승기신론大乘起信論』 권1(T32, 579b17~25). "謂諸佛如來唯是法身, 智相之身第一義諦, 無有世諦境界. 離於施作, 但隨衆生見聞得益故, 說爲用. 此用有二種, 云何爲二? 一者, 依分別事識, 凡夫二乘心所見者, 名爲應身. 以不知轉識現故, 見從外來, 取色分齊, 不能盡知故. 二者, 依於業識, 謂諸菩薩從初發意乃至菩薩究竟地, 心所見者, 名爲報身."

아야 한다.〉

或有說者,〈自受用身, 有無障礙微妙之色, 其所依土, 具有六塵殊勝境界. 如『薩遮尼乾子經』云, "瞿曇法性身, 妙色常湛然, 如是法性身, 衆生等無邊."『華嚴經』云, "如來正覺成菩提時, 得一切衆生等身, 得一切法等身, 乃至得一切行界等身, 得寂靜涅槃界等身. 佛子! 隨如來所得身, 當知, 音聲及無礙心亦復如是, 如來具足如是[71]三種淸淨無量."『攝大乘』云, "若淨土中, 無諸怖畏, 六根所受用法悉具有.[72]" 又 "非唯是有, 一切所受用具, 最勝無等. 是如來福德智慧, 行圓滿因, 感如來勝報依止處. 是故最勝." 依此等文, 當知, 圓滿因之所感自受用身, 依止六塵也.〉

[H1, 555b8~23; T37, 126c12~24]

어떤 사람은 [다음과 같이] 말한다. 〈'[진리성취의 결과를] 자신이 그대로 누리는 몸'(自受用身)에는 '걸림이 없고 오묘한 모습'(無障礙微妙之色)이 있고, 그 몸이 의지하는 세상에는 '['여섯 가지 감관능력'(六根)의 대상인] 여섯 가지 대상의 수승한 것들'(六塵殊勝境界)이 모두 갖추어져 있다. 마치 『살차니건자경薩遮尼乾子經』에서, "구담瞿曇[73]의 '진리 면모의 몸'(法性身)은 '[걸림이 없는] 오묘한 모습'(妙色)이면서 항상 맑으니, 이와 같은 '진리 면모의 몸'(法性身)은 [그 범주가] 중생[세계]와 같아 끝이 없다."[74]라

71 『화엄경』 원문에 의거하여 '如是'를 '如是等'으로 교감하여 번역한다.

72 『섭대승론석攝大乘論釋』 원문에 의거하여 '有'자 뒤에 '不'자를 넣어 번역한다.

73 구담瞿曇: 석가모니 부처님의 속성俗姓인 고타마(Ⓢ Gautama/Gotama, Ⓟ Gotama)를 중국어로 음사音寫한 말이다.

74 『대살차니건자소설경大薩遮尼乾子所說經』 권9(T9, 359b5~8). "瞿曇法性身, 妙色常湛然, 清淨常寂滅, 其相如虛空. 如是法性身, 衆生等無差, 此境界甚深, 二乘不能知." 밑줄 친 내용은 원효의 인용문에서 생략된 부분이다.

고 말한 것과 같다.

[또] 『화엄경』에서 [다음과 같이] 말한 것과 같다. “여래인 ‘완전한 깨달음을 성취한 분’(正覺)이 깨달음을 이룰 때 모든 중생과 같아지는 몸을 얻고, 모든 현상(法)과 같아지는 몸을 얻고 … 모든 ‘수행 세계’(行界)와 같아지는 몸을 얻고, ‘[번뇌가 그쳐] 고요한 열반의 세계’(寂靜涅槃界)와 같아지는 몸을 얻는다. 부처의 제자들이여, 여래가 얻는 [이와 같은] 몸에 따라 [여래의] 음성 및 ‘걸림 없는 마음’(無礙心)도 이와 같다는 것을 알아야 하니, 여래는 이와 같은 세 종류의 온전함(淸淨)[75]을 헤아릴 수 없이 많이 갖추고 있다.”[76]

『섭대승론석攝大乘論釋』에서는 [다음과 같이] 말한다. “만약 ‘[번뇌의 오염이 없는] 온전한 세상’(淨土)에 온갖 [수행을 막는 방해물들에 대한] 두려움이 없다면, ‘[눈·귀·코·혀·몸·의식, 이] 여섯 가지의 인식 능력’(六

---

75 삼종청정무량三種淸淨無量: 『본업경소本業經疏』(H1, 518a5~9)에서 원효는 『화엄경』의 이 내용을 인용하면서, 다음과 같이 말하고 있다. “생각건대, 이 가운데의 13가지 ‘같아지는 몸’(等身)은 바로 ‘허물이 없는 신체의 행위’(無罪身業)이고, 13가지 ‘같아지는 음성’(等音)은 바로 ‘허물이 없는 말의 행위’(無罪口業)이며, 13가지 ‘같아지는 마음’(等心)은 바로 ‘허물이 없는 생각의 행위’(無罪意業)이다. 허물(罪)이 없기 때문에 ‘방해와 막힘’(障礙)이 없고, ‘방해와 막힘’(障礙)이 없기 때문에 한계(邊際)가 없다.”(案云, 此中十三等身, 卽是無罪身業, 十三等音, 卽是無罪口業, 十三等心, 卽是無罪意業. 以無罪故, 無障礙, 無障礙故, 無邊際也.) 이에 따르면 삼종이란 13가지의 ‘같아지는 몸’(等身)과 13가지의 ‘같아지는 음성’(等音)과 13가지의 ‘같아지는 마음’(等心)을 가리키니, 이 삼업三業에 각각 허물이 없어서 청정한 것이 한량없다는 뜻으로 이해할 수 있다.

76 이 인용문은 『화엄경』 권35의 제32「보왕여래성기품③」(T9, 626c21~627a1)에 나오는 다음의 내용을 발췌한 것이다. 밑줄 친 내용이 본문에서 인용한 부분이다. “佛子! 如來·應供·等正覺成菩提時, 住佛方便, 得一切衆生等身, 得一切法等身, 得一切刹等身, 得一切三世等身, 得一切如來等身, 得一切諸佛等身, 得一切語言等身, 得一切法界等身, 得虛空界等身, 得無礙法界等身, 得出生無量界等身, 得一切行界等身, 得寂滅涅槃界等身. 佛子! 隨如來所得身, 當知音聲及無礙心亦復如是, 如來具足如是等三種淸淨無量.”

根)으로 누리는 [분별하는 번뇌로 왜곡되지 않은] 현상(法)을 다 갖추고 있지 않겠는가."[77] 또 [말하길,] "[다 갖추고] 있을 뿐만 아니라 모든 것을 누리는 방법도 가장 수승하여 견줄 것이 없다. 이것은 여래의 '이로운 행위를 하는 능력'(福德)과 지혜가 [정토淨土를 실현하는] '온전한 원인'(圓滿因)을 만들어서 여래의 '수승한 과보'(勝報)가 의지하는 곳[인 정토淨土]에 감응한 것이다. 그러므로 가장 수승하다."[78]

이러한 글들에 의거하여, [정토淨土를 실현하는] '온전한 원인'(圓滿因)에 의해 감응되는 '[진리성취의 결과를] 자신이 그대로 누리는 몸'(自受用身)은 '인식능력의 여섯 가지 대상'(六塵)에 의지함을 알아야 한다.〉

或有說者, 〈二師所說, 皆有道理, 等有經論, 不可違故, 如來法門, 無障礙故. 所以然者, 報佛身土, 略有二門. 若就正[79]相歸源之門, 如初師說. 若依從性成德之門, 如後師說. 所引經論, 隨門而說, 故不相違. 此是第二色無色門也.〉

[H1, 555b23~c5; T37, 126c24~29]

---

77 이 문장은 『섭대승론석攝大乘論釋』 권15에 나오는데, 밑줄 친 내용이 인용한 부분이다. "釋曰, 淨土中無陰魔煩惱魔死魔天魔故. 離一切怖畏, 此句明無怖畏圓淨. <u>若淨土中無一切怖畏, 六根所受用法悉具有</u>不."(T31, 263c13~16); "釋曰, 非唯是有一切所受用具最勝無等, 是如來福德智慧行圓滿因所感, 如來勝報依止此處, 是故最勝."(T31, 263c17~20)."

78 이 문장은 『섭대승론석攝大乘論釋』 권15의 앞글에 이어서 나오는 내용을 그대로 인용한 것이다. "釋曰, 非唯是有, 一切所受用具, 最勝無等, 是如來福德智慧, 行圓滿因所感, 如來勝報依止此處, 是故最勝."(T31, 263c17~20)."

79 한불전에는 '正'자가 아니라 '遣'자로 의심된다고 하였다. 대정장본에는 '正'자로 나오는데 '遣'자일 가능성에 대한 교감이 없다. 『금강삼매경론金剛三昧經論』의 서문에서 원효가 "又前二品, 遣相歸本, 中間二品, 從本起行, 後二品者, 雙顯歸起."(H1, 609a12~14)라고 말한 것을 고려하여 '遣'으로 교감하여 번역한다.

[또] 어떤 사람은 [다음과 같이] 말한다.[80] 〈[앞에서의] 두 스승이 말한 내용에는 모두 [나름대로의] 타당성(道理)이 있으니, [둘 다] 똑같이 경전과 논서에 있는 [내용]과 어긋나지 않기 때문이고, 여래의 '진리로 들어가는 문'(法門)에는 걸림이 없기 때문이다. 왜냐하면 '[진리성취의] 결실인 부처 몸이 의지하는 세상'(報佛身土)[81]에는 대략 '두 가지 측면'(二門)이 있기 때문이다. 만약 '[불변 · 독자의 본질/실체로 차별된] 차이를 버리고 [사실 그대로인] 근원으로 돌아가는 측면'(遣相歸源之門)에 의거한다면, [자수용신自受用身에는 색상色相이 없다고 하는] 앞 스승의 설명과 같다. [또] 만약 '본연에 따라 능력을 이루어 가는 측면'(從性成德之門)에 의거한다면, [자수용신自受用身에는 미묘한 색色이 있고 수승한 육진六塵도 모두 갖추고 있다고 하는] 뒤 스승의 설명과 같다. 인용한 경론[의 내용]도 [각각의] 측면(門)에 따라 설한 것이기 때문에 서로 어긋나지 않는다. 이것이 ['[극락정토極樂淨土에 갖추어진] 과보의 이로움'(果德)에 있는 '네 가지 측면'(四門) 가운데] 두 번째인 '유형적인 측면과 무형적인 측면'([有]色無色門)이다.〉

次第三明共不共門者, 通相而言, 土有二種, 一者, 內土, 二者, 外

80 원효 자신의 관점으로 보인다. 앞에서 상반되는 두 가지 관점을 거론한 후 '의미 맥락의 계열'(門)을 구분하여 통섭通攝하고 있는데, 전형적인 원효의 화쟁방식이다.

81 보불신토報佛身土: 보신불報身佛이 머무르는 세상을 가리키는데, 『불광대사전』(p.4918)에서는 이 뜻을 두 가지로 구분하여 설명한다. 첫 번째는 보인업지토報因業之土, 곧 중생 스스로의 행위에 의해 감응되는 의보依報인 국토 및 보살의 원행願行에 의해 얻어지는 청정한 불국토이고, 두 번째는 보신불報身佛이 거주하는 땅, 곧 실보토實報土, 진실보토眞實報土, 수용토受用土를 뜻하는 경우이다. 이 두 번째가 본문에서 가리키는 뜻인데, 앞의 '자수용토自受用土와 타수용토他受用土'의 각주에서 설명한 대로, 자수용신自受用身을 의미한다.

土. 言外土者, 是共果, 言內土者, 是不共果.

[H1, 555c6~8; T37, 126c29~127a3]

3) '공유하는 [외부의 환경적인] 측면'(共門)과 '공유하지 못하는 [내부의 심리적인] 측면'(不共門)

다음으로 ['[극락정토極樂淨土에 갖추어진] 과보의 이로움'(果德)에 있는 '네 가지 측면'(四門) 가운데] 세 번째인 '공유하는 [외부의 환경적인] 측면과 공유하지 못하는 [내부의 심리적인] 측면을 밝히는 것'(明共不共門)[82]이란 [다음과 같은 것이다.] '[모두] 통하는 면모'(通相)[83]로 말하자면 세계(土)에는 두

---

82 이 문단의 내용은 아래의 과문科文에서 두 부분으로 이루어진 '경의 근본 이치를 밝힘' 가운데 1)의 ③에 해당한다.
2. 경의 근본 이치를 밝힘(簡經之宗致)
1) '[극락정토極樂淨土에 갖추어진] 과보의 이로움을 밝힘'(明果德)
① '온전한 측면'(淨門)과 '온전하지 못한 측면'(不淨門)
② '유형적인 측면'(色門)과 '무형적인 측면'(無色門)
③ '공유하는 [외부의 환경적인] 측면'(共門)과 '공유하지 못하는 [내부의 심리적인] 측면'(不共門)
④ '번뇌가 스며듦이 있는 측면'(漏門)과 '번뇌가 스며듦이 없는 측면'(無漏門)
2) '[성취의] 원인이 되는 수행을 드러냄'(顯因行).

83 통상通相: 사물, 현상에 내재하는 공통적인 특성이나 양상을 뜻하는 개념이다. 자기만의 고유한 특성을 의미하는 별상別相의 상대어이다. 『아비달마구사석론阿毘達磨俱舍釋論』 권16(T29, 271a7~10)에서 "別相者, 是彼各各自性. 通相者, 譬如一切有爲以無常爲相, 一切有流以苦爲相, 一切法以無我空爲相."이라고 서술한 내용에서 이 개념의 뜻이 잘 드러난다. 범어로는 'sāmānya-lakṣaṇa'라고 한다. 복잡하게 보이는 현상들의 특징을 설명하는 개념이라는 점에서 아비달마 논서와 『섭대승론攝大乘論』이나 『성유식론成唯識論』과 같은 유식학 논서에서 주로 쓰이고 있다. 이 점은 원효의 저서에서도 두드러지는데, 『대승기신론소』에서 "欲明眞如門者染淨通相, 通相之外無別染淨, 故得總攝染淨諸法, 生滅門者別顯染淨, 染淨之法無所不該, 故亦總攝一切諸法. 通別雖殊, 齊無所遣, 故言'二門不相離也'. 總釋義竟."(H1, 705a21~b2)이라고 하여 '참 그대로인 측면'(眞如門)을 오염[된 세간]과 청정[한 출세간]

가지가 있으니, 첫째는 '내부의 [심리적인] 세계'(內土)이고 둘째는 '외부의 [환경적인] 세계'(外土)이다. '외부의 [환경적인] 세계'(外土)라고 말한 것은 '공유하는 과보'(共果)이고, '내부의 [심리적인] 세계'(內土)라고 말한 것은 '공유하지 못하는 과보'(不共果)이다.

內土之中, 亦有二種. 一者, 衆生五陰爲正報土, 人所依住, 故名爲土. 二者, 出世聖智名實智土, 以能住持後得智故, 依根本智, 離顚倒故. 如『本業經』云, "土名一切賢聖所居之處. 是故一切衆生賢聖, 各自居果報之土. 若凡夫衆生, 住五陰中爲正報之土, 山林大地共有, 爲依報之土. 初地聖人, 亦有二土. 一實智土, 前智住後智爲土. 二[84]變化, 淨穢逕劫數量, 應現之土, 乃至無垢地土, 亦復[85]如是. 一切衆生, 乃至無垢地, 盡非淨土, 住果報故."

[H1, 555c8~20; T37, 127a3~12]

'내부의 [심리적인] 세계'(內土)에도 두 가지가 있다. 첫 번째는 중생들의 '자아를 이루고 있는 요소들의 다섯 가지 더미'(五陰)가 '[행위로 인해] 직접 받은 세계'(正報土)[86]가 되니, 사람이 의지하여 머무는 곳이기 때문에 세계(土)라고 부른다. 두 번째는 '세속을 넘어서는 고귀한 지혜'

에 '[모두] 통하는 면모'(通相)라고 설명하고 있다. 또 『이장의二障義』에서는 무명주지無明住地를 통상通相과 별상別相으로 나누어 설명하고 있다. "四種住地通名無明, 是爲通相無明住地, … 其有愛數三所不攝, 直迷一處生得住地, 還受無明住地名者, 是爲別相無明住地"(H1, 801c14~18).

84 대정장본의 교감주에 따르면, 【宋】【元】【明】 본에는 '二'자가 누락되어 있다고 한다. 『본업경』 원문에는 '二變化'이다.

85 대정장본의 교감주에 따르면, 【宋】【元】【明】 본에는 '復'자 없이 '亦'자만 나온다고 하였지만, 『본업경』 원문에 따라 '亦如是'로 교감한다.

86 정보토正報土: 앞의 '의보와 정보' 각주에서 설명한 것처럼 사람이 살아가는 데 필요한 물질적 토대는 의보依報이고, 신체는 정보正報이다.

(出世聖智)를 '사실대로 보는 지혜의 세계'(實智土)라고 부르니, '[깨달음을 성취한] 후에 얻어지는 ['사실 그대로' 이해하는] 지혜'(後得智)에 머무르기 때문이고, '근본적인 지혜'(根本智)[87]에 의거하여 '거꾸로 된 것'(顚倒)에서 벗어나기 때문이다.

마치 『본업경本業經』에서 [다음과 같이] 말한 것과 같다. "세계(土)란 모든 현인과 성인이 머무는 처소를 가리킨다. 그러므로 일체중생과 현인 및 성인은 각자 '과보의 세계'(果報之土)에 머문다. 만약 범부중생이라면 '자아를 이루고 있는 요소들의 다섯 가지 더미'(五陰) 가운데 머무르는 것이 '[행위로 인해] 직접 받은 세계'(正報土)가 되고, 산림과 대지를 공유하는 것은 '[행위의] 과보가 의지하는 세계'(依報之土)라고 한다. '['열 가지 본격적인 수행경지'(十地)의] 첫 번째 경지'(初地)의 성인聖人에게도 '두 가지 세계'(二土)가 있다. 첫째는 '사실대로 보는 지혜의 세계'(實智土)이니, ['근본적인 지혜'(根本智)인] 앞의 지혜가 ['[깨달음을 성취한] 후에 얻어지는 ['사실 그대로' 이해하는] 지혜'(後得智)인] 뒤의 지혜에 머무르며 [펼

87 근본지根本智: 『불광대사전』의 설명에 따르면, 〈유식학唯識學에서 출세성자出世聖者의 지혜로 제시되는 두 가지의 지혜 가운데 하나인 정체지正體智를 가리킨다. 이 근본지根本智는 근본무분별지根本無分別智, 무분별지無分別智, 정체무분별지正體無分別智, 여리지如理智, 이지理智, 승의지勝義智 등으로 불리는데, 인공人空과 법공法空에 의해 드러나는 진여眞如의 이치를 직증直證하여 번뇌를 끊은 지혜로서 무차별無差別의 이치를 비추는 지혜이다. 후득지는 또한 후득차별지後得差別智, 여량지如量智, 양지量智, 분별지分別智, 속지俗智, 세속지世俗智 등으로 불리는데, 정체지를 깨달은 후 세간의 통속사通俗事에 대해 차별差別의 이치를 비추는 지혜이다.〉(『불광대사전』, pp.215, 5012 참조). 정체지와 후득지가 거론되는 맥락과 용법들을 종합할 때, 현상의 〈'참 그대로인 본연'인 '불변·독자의 실체나 본질이 없음'〉(空, 空眞如)에 대한 이해는 정체지이고, '현상의 차이들이 지닌 특징'이나 '현상들의 관계'에 관한 이해는 후득지라고 하겠다. 원효는 이 두 가지 지혜에 대해 『이장의二障義』에서는 "若人若法, 非有非無. 非無故, 說人法皆有量智所照, 非有故, 說人法二空理智所證."(H1, 814a22~24)이라고 하여, 인법人法은 비유비무非有非無로서, 비무非無이기 때문에 인법의 유有가 양지量智로 이해되고 비유非有이기 때문에 인법의 공空이 이지理智로 증득된다고 설명한다.

치는] 것이 세계(土)가 된다. 둘째는 '변화하는 정토와 예토'(變化淨穢[土])이니, 헤아릴 수 없이 오랜 세월을 거치면서 '[과보에] 응하여 나타나는 세계'(應現之土)이며, [등각等覺의 경지인] '[분별에] 더럽혀짐이 없어진 경지'(無垢地)의 세계에 이르기까지 마찬가지이다. 모든 중생에서부터 '[분별에] 더럽혀짐이 없어진 경지'(無垢地)까지는 모두 '[분별하는 번뇌가 없는] 온전한 세상'(淨土)이 아니니, [아직 분별에 매인] 과보에 머무르기 때문이다."[88]

總說雖然, 於中分別者, 正報之土, 不共果義, 更無異說. 依報之土, 爲共果者, 諸說不同. 或有說者, "如山河等, 非是極微合成, 實有一體, 多因共感. 直是有情, 異成[89]各變, 同處相似, 不相障礙. 如衆燈明, 如多因[90]所夢. 因類是同, 果相相似, 處所無別, 假名爲共, 實各有異, 諸佛淨土, 當知亦爾. 若[91]別識變, 皆遍法界, 同處相似, 說名爲共, 實非共也." 若有一土, 非隨識別者, 卽成心外, 非唯識理, 如『解深密經』云, "我說識所緣, 唯識所現故", 『唯識論』云, "業熏習識內, 執果生於外, 何因熏習處, 於中不說果."

[H1, 555c20~556a11; T37, 127a13~23]

총괄적으로 설명하면 그러하지만 거기서 [다시] 분석해 보면 [다음과

88 『보살영락본업경菩薩瓔珞本業經』 권1 제3 「현성학관품賢聖學觀品」(T24, 1015c29~1016a6). "佛子! 土名一切賢聖所居之處. 是故一切衆生賢聖, 各自居果報之土. 若凡夫衆生, 住五陰中, 爲正報之土, 山林大地共有, 名依報之土. 初地聖人, 亦有二土. 一實智土, 前智住後智爲土. 二變化淨穢, 經劫數量應現之土, 乃至無垢地土, 亦如是. 一切衆生, 乃至無垢地, 盡非淨土, 住果報故."

89 『불지경론佛地經論』의 해당 원문에 의거하여 '成'을 '識'으로 바꾸어 번역한다.

90 한불전과 대정장본 모두 '多因'으로 나오지만, 『불지경론佛地經論』의 원문에 의거하여 '因'자를 삭제한다.

91 『불지경론佛地經論』의 해당 원문에 의거하여 '若'을 '各'으로 바꾸어 번역한다.

같다.] [먼저] '[행위로 인해] 직접 받은 세계'(正報之土)가 '공유하지 못하는 과보'(不共果)라는 뜻에 대해서는 [의견을 달리하는] 다른 설명이 없다. [그런데] '[행위의] 과보가 의지하는 세계'(依報之土)를 '공유하는 과보'(共果)로 보는 것은 갖가지 설명이 같지 않다.

어떤 이는 [다음과 같이] 말한다. "산과 강 같은 것들은 '가장 미세한 입자들'(極微)이 합하여 만들어져 실제로 존재하는 '하나의 실체'(一體)가 아니라 많은 원인이 함께 감응하고 있는 것이다. 단지 중생들은 [서로] 다른 식識이 각기 변하는 것이지만 같은 곳에서는 서로 비슷하여 서로 장애하지 않을 뿐이다. 마치 여러 등불이 [같은 곳에서 각기] 밝게 빛나는 것과 같고 많은 사람이 [같은 곳에서 각기] 꿈꾸는 것과도 같다. [현상을 발생시키는] '원인의 종류'(因類)가 같으면 [나타난] '결과의 양상'(果相)이 서로 비슷하여 [그 비슷한] 처소에 다름이 없는 것을 방편(假)으로 〈공유한다.〉(共)고 말하지만 실제로는 각각 차이가 있는 것이니, '모든 부처님[이 원력으로 건립한] [번뇌의 오염이 없는] 온전한 세상'(諸佛淨土) 또한 그와 같음을 알아야 한다. 각기 다른 식識이 변하여 모두가 [한] 세계(法界)에 두루 있다면, [있는] 같은 곳은 서로 비슷하여 〈공유한다.〉(共)고 말하지만 실제로는 [그 식識의 내용이] 공통(共)인 것은 아닌 것이다."[92] 만약 한 세상(土)이 식識에 따르지 않는 별개의 것이라면 곧 마음 밖에서 이루어진 것이어서 '오로지 식識[에 의한 구성]일 뿐이라는

---

92 이 내용은 『불지경론佛地經論』에 나오는 친광親光논사의 설명을 거의 그대로 인용한 것이다. 『불지경론佛地經論』 권1(T26, 294a21~27). "外物豈是極微合成, 實有體性, 多因共感? 但是有情, 異識各變, 同處相似, 不相障礙, 如衆燈明, 如多所夢. 因類是同, 果相相似, 處所無別, 假名爲共, 實各有異. 諸佛淨土, 亦復如是. 各別識變, 皆遍法界, 同處相似, 說名爲共, 如是淨土, 因相圓滿." 다음은 원효가 인용한 원문인데, 밑줄 친 곳은 위 경론의 내용과 차이나는 곳이다. "如山河等, 非是極微合成, 實有一體, 多因共感? 直是有情, 異成各變, 同處相似, 不相障礙, 如衆燈明, 如多因所夢. 因類是同, 果相相似, 處所無別, 假名爲共, 實各有異, 諸佛淨土, 當知亦爾. 若別識變, 皆遍法界, 同處相似, 說名爲共, 實非共也."

도리'(唯識理)가 아니니, 마치 『해심밀경解深密經』에서 "나는 식識에 의해 반연된 것을 설했으니, [대상이라는 것은] 오직 식識에 의해 나타난 것이기 때문이다."[93]라고 말하고, [또] 『대승유식론大乘唯識論』에서 "[근본무지(無明)에 매인] 행위가 식識 안에 거듭 영향을 끼쳐 과보가 [마음] 밖에서 생겨난다고 집착하니, 어째서 거듭 영향을 받는 곳을 원인으로 삼아 거기에서 과보를 말하지 않는가?"[94]라고 말한 것과 같다.

或有說者, 淨土依果, 雖不離識, 而識是別. 土相是一, 由彼別識, 共所成故. 如攬四塵, 以成一柱, 一柱之相, 不離四微, 非隨四微成四柱故. 當知, 此中道理亦爾. 於中若就自受用土, 佛與諸佛共有一土, 猶如法身諸佛共依故. 若論他受用土相者, 佛與諸菩薩等共有, 如王與臣共有一國故. 又二受用土, 亦非別體, 如觀行者, 觀石爲玉, 無通慧者, 猶見是石. 石玉相異, 而非別體, 二土同處, 當知亦爾. 如『解深密經』云, 〈"如來所行, 如來境界, 此何差別?" 佛言, "如來所行, 謂一切種如來共有無量功德衆[95]莊嚴淸淨佛土. 如來境界, 謂一切種五界差別, 所謂有情界·世界·法界·調伏界·調伏方便界.〉 解云, 此說自受用土, 諸佛共有, 非各別也.

[H1, 556a11~b4; T37, 127a23~b9]

[또] 어떤 이는 [다음과 같이] 말한다. 〈'[번뇌의 오염이 없는] 온전한 세

93 이 글은 『해심밀경解深密經』 권3 제6 「분별유가품分別瑜伽品」(T16, 698a27~b2)에 나오는 내용 가운데 밑줄 친 부분을 인용한 것이다. "慈氏菩薩復白佛言, '世尊! 諸毘鉢舍那三摩地所行影像, 彼與此心, 當言有異, 當言無異?' 佛告慈氏菩薩曰, '善男子! 當言無異. 何以故? 由彼影像唯是識故. 善男子! 我說識所緣, 唯識所現故.'"

94 『대승유식론大乘唯識論』 권1(T31, 71c1~2). "業熏習識內, 執果生於外, 何因熏習處, 於中不說果."

95 『해심밀경解深密經』의 원문에 의거하여 '所'자를 넣어 '所莊嚴'으로 번역한다.

상'(淨土)이라는 '[행위의] 과보가 의지하는 세계'(依果)는 비록 식識에서 벗어나지 않지만 식識들은 별개이다. [의지하는] '세상의 모습'(土相)이 하나인 것은 저 별개인 식識들이 함께 이룬 것이기 때문이다. 마치 '네 가지 미세한 입자들'(四塵)[96]을 모아 한 기둥을 이루는 것과 같으니, 한 기둥의 모습은 네 가지 미세한 입자들에서 벗어나지 않지만 네 가지 미세한 입자들을 따라 네 가지 기둥을 이루는 것은 아니기 때문이다. 여기서의 [정토의과淨土依果와 식識의 관계에 관한] 도리도 마찬가지라는 것을 알아야 한다.〉

만약 '[진리성취의 결과를] 자신이 그대로 누리는 [부처 몸이 머무는] 세계'(自受用土)에 의거[하여 말]한다면 부처님과 모든 부처님은 '한 세계'(一土)에 있는 것이니, 마치 '진리의 몸'(法身)이 모든 부처님의 '공통 의지처'(共依)인 것과 같은 것이다. 만약 '[진리성취의 결과를] 다른 사람들도 누리게 하려고 [나타내는 부처 몸이 머무는] 세계의 모습'(他受用土相)을 논하는 경우라면 부처님과 모든 보살이 [그 세상에] 함께 있으니, 마치 왕과 신하들이 한 나라에 함께 있는 것과 같은 것이다.

또한 '[자수용토自受用土와 타수용토他受用土, 이] 두 가지 세계'(二受用土)는 '별개의 실체'(別體)도 아니니, 마치 '[사실대로] 이해하는 수행'(觀

---

96 사진四塵: 육경六境에서 성聲과 법法을 제외한 색色·향香·미味·촉觸의 네 가지를 가리키는 말로서, 사미四微라고도 한다. 『불광대사전』(p.5479)의 설명에 따르면, '가장 미세한 입자들'(極微)이 모여서 물질이 이루어질 때 지地·수水·화火·풍風의 사대四大와 색色·향香·미味·촉觸의 사진四塵 또는 사미四微로 성립한다고 한다. 『잡아함』 제42 「칠처경七處經」에서 "諸所有色, 一切四大及四大造色, 是名爲色."(T2, 10a12~13)이라고 말한 것에서 알 수 있듯이, 색色을 사대四大 및 사대소조四大造色라고만 설명한 것을 아비달마의 논서에서 사대四大와 사진四塵으로 구체화시킨 것으로 이해할 수 있다. 『구사론俱舍論』 권제4(T29, 18b22~25)에서 "論曰, 色聚極細立微聚名, 爲顯更無細於此者, 此在欲界無聲無根, 八事俱生隨一不滅. 云何八事? 謂四大種及四所造色香味觸."이라고 하여 사대四大와 사진四塵을 팔사八事로 명시하고 있기 때문이다.

行)[97]을 하는 사람은 [서로 다른] 돌을 [똑같은] 옥으로 이해하지만 지혜에 통함이 없는 사람은 여전히 [서로 다른] 돌로 보는 것과 같다. 돌과 옥은 서로 다르지만 [전혀 다른] '별개의 실체'(別體)가 아니니, [자수용토自受用土와 타수용토他受用土, 이] '두 세계'(二土)가 '같은 곳'(同處)인 것도 마찬가지라는 것을 알아야 한다.

『해심밀경解深密經』에서 [다음과 같이] 말하는 것과 같다. 〈"'여래께서 [지혜와 자비를] 행하는 곳'(如來所行)과 '여래가 있는 세계'(如來境界), 이것은 어떻게 다릅니까? 부처님께서 말씀하셨다. '여래께서 [지혜와 자비를] 행하는 곳'(如來所行)이란 '모든 여래에게 함께 있는 헤아릴 수 없이 많은 이로운 능력들'(一切種如來共有無量功德衆)에 의해 탁월하게 꾸며지는 '[번뇌의 오염이 없는] 온전한 부처님의 세상'(淸淨佛土)을 가리킨다. '여래가 있는 세계'(如來境界)란 '갖가지 종류로 차이가 있는 다섯 가지 세계'(一切種五界差別)이니, 이른바 '중생들의 세계'(有情界), '[중생들이 의지하여 살아가는] 환경세계'(世界), '[중생들이 경험하는] 현상세계'(法界), '[중생들을] 다스려 제압하는 영역'(調伏界), '다스려 제압하는 수단

---

97 관행觀行: 원효는 '관觀'을 '관행'이라고도 부르는데, 관은 '이해 지평의 선택과 적용'에 초점이 있는 수행이고, 행은 '직접 체득과 실천'에 초점이 있는 수행이다. 원효는 관행을 그 차원에 따라 크게 두 범주/지평으로 분류한다. 하나는 방편관(方便觀, 수단이 되는 관행)이고, 다른 하나는 정관(正觀, 온전한 관행)이다. 자리행과 이타행을 하나로 결합시킬 수 있는 관행이면 '온전한 관행'(正觀)이자 '참된 관행'(眞觀)이며, 그렇지 못하면 그 경지에 접근하기 위해 수단이 되는 방편관이다. 정관은 진관(眞觀, 참된 관행)이라고도 하는데, 진여문眞如門에 들어가게 되는 것은 정관에 의해서이다. 방편관은 자아를 포함한 대상들(所取)에 대한 '실체관념/개념적 환각'(相)의 제거를 겨냥하는 것이고, 정관은 대상들에 대한 실체관념(相)뿐 아니라 실체관념(相)을 제거하는 마음(能取) 자체에 대한 실체관념(相)마저 제거하는 것이다. 또한 정관正觀/진관眞觀은 지止와 관觀을 하나의 지평에서 융합적으로 펼쳐 가는 수행단계다. 구체적으로는, 유식무경唯識無境의 유식 지평에서 '그침' 국면과 '살핌/이해' 국면을 동시적으로 구현해 가는 경지다. 이것을 '그침과 이해를 동근원적으로 함께 굴림'(止觀雙運)이라 부른다.

과 방법의 영역'(調伏方便界)이 그것이다.〉[98]

[이 뜻을] 해석하자면, 여기서 말하는 '[진리성취의 결과를] 자신이 그대로 누리는 [부처 몸이 머무는] 세계'(自受用土)는 모든 부처님께서 공유하는 것이고 각기 다른 것이 아니라는 것이다.

『瑜伽論』云, "相等諸物, 或由不共分別爲因, 或復由共分別爲因.[99] 若共分別之所起者, 分別雖無, 由他分別所住持故, 而不永滅. 若不爾者, 他之分別, 應無其果. 彼雖不滅, 得清淨者, 於彼事中, 正見清淨. 譬如衆多修觀行者, 於一事中, 由定心[100]故, 種種[101]異見可得, 彼亦如是." 解云, 此說依報不隨識別. 若執共果隨識異者, 我果雖滅, 他果猶存, 卽他分別, 不應無異. 故彼不能通此文也.

[H1, 556b4~14; T37, 127b9~17]

『유가사지론瑜伽師地論』에서는 [다음과 같이] 말한다. "모양(相)[이 있는 것] 등의 모든 사물은 어떤 때는 '공유하지 않는 분별'(不共分別)에 따라 [그 사물이 존재하는] 원인이 되고, 또 어떤 때는 '공유하는 분별'(共分別)에 따라 [그 사물이 존재하는] 원인이 되기도 한다. 만약 '공유하는 분별'(共分別)이 [사물을] 일으킨 것이라면 [자신의] 분별이 비록 없더라도

---

98 『해심밀경解深密經』 권5 제8 「여래성소작사품如來成所作事品」(T16, 710c17~24). "曼殊室利菩薩復白佛言, '世尊! 如來所行, 如來境界, 此之二種有何差別?' 佛告曼殊室利菩薩曰, '善男子! 如來所行, 謂一切種如來共有不可思議無量功德衆所莊嚴清淨佛土. 如來境界, 謂一切種五界差別. 何等爲五? 一者, 有情界, 二者, 世界, 三者, 法界, 四者, 調伏界, 五者, 調伏方便界. 如是名爲二種差別.'"

99 『유가사지론瑜伽師地論』의 원문에는 이 문장 바로 뒤에 "若由不共分別所起無分別者, 彼亦隨滅."이 나오지만, 원효는 이 부분의 인용을 생략하였다.

100 『유가사지론』의 원문에는 '心'이 '心智'로 되어 있다.

101 『유가사지론』의 원문에는 '種種' 뒤에 '勝解'가 들어 있다.

다른 이의 분별에 따라 머물러 유지되는 것이 있기 때문에 끝내 사라지지 않는다. 만약 그렇지 않다면 다른 이의 분별은 그 과보가 없어야만 한다. 그 [과보]가 비록 사라지지 않아도 온전함(淸淨)을 얻은 이는 그 [과보의] 현상(事) 가운데서 '진리다운 이해'(正見)로 온전해진 것이다. 비유하면 자주 '[사실대로] 이해하는 수행'(觀行)을 닦은 사람은 '같은 [과보] 현상'(一事)에서도 마음[의 분별(智)]을 가라앉히기 때문에 여러 가지 ['탁월한 이해'(勝解)로써] 다른 견해를 얻을 수 있는 것과 같으니, 그[가 과보 현상에서 온전함(淸淨)을 얻는 것]도 마찬가지이다."[102]

[이 뜻을] 해석하자면, 이것은 〈'[행위의] 과보가 의지하는 온전한 환경[인 극락세계]'(依報)는 [개별] 식識에 따라 차이가 나는 것은 아니다.〉는 것을 말하는 것이다. 만약 '공유하는 과보'(共果)가 [개별] 식識에 따라 다르다고 집착한다면, 나의 과보가 비록 없어지더라도 다른 이의 과보는 여전히 남아 있으니 [그렇다면] 곧 [나의 분별과] 다른 이의 분별에는 차이가 없어야 한다. 그러므로 그 ['공유하는 과보'(共果)가 개별 식識에 따라 다르다는 것]은 이 [『유가사지론』의] 글과 통할 수 없는 것이다.

『攝大乘論』云, "復次受用如是[103]淨土[104]一向淨·一向樂·一向無失·一向自在. 釋曰, 恒無雜穢, 故言一向淨. 但受妙樂, 無苦無捨, 故言一向樂. 唯是實善, 無惡[105]無記, 故言一向無失. 一切事悉不觀餘緣,

102 『유가사지론瑜伽師地論』 권73(T30, 700c19~26). "答. 相等諸物, 或由不共分別爲因, 或復由共分別爲因. 若由不共分別所起無分別者, 彼亦隨滅. 若共分別之所起者, 分別雖無, 由他分別所住持故, 而不永滅. 若不爾者, 他之分別應無其果, 彼雖不滅得清淨者, 於彼事中, 正見淸淨. 譬如衆多修觀行者, 於一事中, 由定心智, 種種勝解異見可得, 彼亦如是.

103 『섭대승론석』의 원문에는 '如是'가 '如此'로 되어 있다.

104 『섭대승론석』의 원문에 의거하여 '淨土' 뒤에 '淸淨'이 있다.

105 『섭대승론석』의 원문에는 '惡'자 뒤에 '及'자가 있다.

皆由自心成, 故言一向自在. 復次, 依大淨說一向淨, 依大樂說一向樂, 依大常說一向無失, 依大我說一向自在." 解云, 此中初"復次", 顯他受用義, 後"復次", 顯自受用義, 義雖不同, 而無別土. 所以本論, 唯作一說, 故知二土亦非別體也. 問. 如是二說, 何得何失? 答曰. 如若言取, 但不成立, 以義會之, 皆有道理. 此是第三共不共門也.

[H1, 556b14~c4; T37, 127b17~29]

『섭대승론석攝大乘論釋』에서는 [다음과 같이] 말한다. "[『섭대승론』에서 말한다.] 또한 이와 같은 '[번뇌의 오염이 없는] 온전한 세상'(淨土[淸淨])의 '청정함이 한결같음'(一向淨), '안락함이 한결같음'(一向樂), '[성취한 것을] 잃어버림이 없음이 한결같음'(一向無失), '자유자재함이 한결같음'(一向自在)을 누린다. [이 뜻을] 해석하여 말한다: 언제나 섞이거나 더러워지지 않기 때문에 '청정함이 한결같음'(一向淨)이라고 하였다. 절묘한 즐거움만을 누리고 괴로움도 없고 버림도 없으므로 '안락함이 한결같음'(一向樂)이라고 말하였다. [또] 오로지 '참된 이로움'(實善)뿐이고, 해로움도 없고 [삼계三界의 번뇌에서 벗어나지 못한] '이롭지도 않고 해롭지도 않은 [마음]'(無記[心])도 없기 때문에 '[성취한 것을] 잃어버림이 없음이 한결같음'(一向無失)이라고 하였다. 모든 현상을 다 다른 조건(餘緣)[에 의해 생겨난 것]으로 보지 않고 모두 자기 마음에 따라 이루어진 것으로 보기 때문에 '자유자재함이 한결같음'(一向自在)이라고 말하였다. 또한 '크나큰 청정'(大淨)에 의거하여 '청정함이 한결같음'(一向淨)이라 하였고, '크나큰 즐거움'(大樂)에 의거하여 '안락함이 한결같음'(一向樂)이라 하였으며, '크나큰 한결같음'(大常)에 의거하여 '[성취한 것을] 잃어버림이 없음이 한결같음'(一向無失)이라 하였고, '크나큰 자기'(大我)에 의거하여 '자유자재함이 한결같음'(一向自在)이라고 말하였다."[106]

[이 뜻을] 해석하자면, 여기서 처음에 말한 "또한"(復次)은 '[진리성취의 결과를] 다른 사람들도 누리게 하려고 [나타내는 부처 몸이 머무는 세상]'(他

受用[土])의 뜻을 드러낸 것이고, 뒤에서 말한 "또한"(復次)은 '[진리성취의 결과를] 자신이 그대로 누리는 [부처 몸이 머무는] 세계'(自受用[土])의 뜻을 나타낸 것이니, 뜻은 비록 같지 않으나 '별개인 세상'(別土)은 없는 것이다. 그래서 『섭대승론』에서는 오직 하나의 설명만 하였으니, 따라서 [타수용토他受用土와 자수용토自受用土, 이] '두 가지 세상'(二土)도 '별개인 실체'(別體)가 아님을 알아야 한다.

묻는다. 이와 같은 두 가지 주장에서 어떤 것이 맞고 어떤 것이 틀렸는가?

답한다. 만약 말대로만 취한다면 단지 [둘 다] 성립하지 못하지만, 뜻으로써 [그 둘을] 통하게 하면 모두 도리가 있게 된다.

이것이 ['[극락정토極樂淨土에 갖추어진] 과보의 이로움'(果德)에 있는 '네 가지 측면'(四門) 가운데] 세 번째인 '공유하는 [외부의 환경적인] 측면'(共門)과 '공유하지 못하는 [내부의 심리적인] 측면'(不共門)이다.

4) 번뇌가 스며듦이 있는 측면(漏門)과 번뇌가 스며듦이 없는 측면(無漏門)

次第四明漏無漏門者, 略有二句. 一者, 通, 就諸法, 顯漏無漏義. 二者, 別, 約淨土, 明漏無漏相.

[H1, 556c5~7; T37, 127b29~c2]

---

106 『섭대승론석攝大乘論釋』 권15(T31, 264a28~b5). "復次受用如此淨土清淨一向淨 · 一向樂 · 一向無失 · 一向自在. 釋曰, 恒無雜穢, 故言一向淨. 但受妙樂, 無苦無捨, 故言一向樂. 唯是實善, 無惡及無記, 故言一向無失. 一切事悉, 不觀外緣, 皆由自心成, 故名一向自在. 復次依大淨說一向淨, 依大樂說一向樂, 依大常說一向無失, 依大我說一向自在." 밑줄 친 세 곳에서 원효의 인용문과 약간의 차이가 보인다.

다음으로 ['[극락정토極樂淨土에 갖추어진] 과보의 이로움'(果德)에 있는 '네 가지 측면'(四門) 가운데] 네 번째인 '번뇌가 스며듦이 있는 측면과 번뇌가 스며듦이 없는 측면을 밝히는 것'(明漏無漏門)에는 대략 두 구절이 있다. 첫째는 '통틀어 밝히는 것'(通)이니, 모든 현상에 의거하여 '번뇌가 스며듦이 있는 측면'(漏義)과 '번뇌가 스며듦이 없는 측면'(無漏義)을 나타내는 것이다. 둘째는 '별도로 밝히는 것'(別)이니, '[번뇌의 오염이 없는] 온전한 세상'(淨土)에 의거하여 '번뇌가 스며듦이 있는 양상'(漏相)과 '번뇌가 스며듦이 없는 양상'(無漏相)을 밝히는 것이다.

(1) 통틀어 밝히는 방식(通門)

初通門者,『瑜伽論』說, 有漏無漏, 各有五門. 有漏五者, 一由事故, 二隨眠故, 三相應故, 四所緣故, 五生起故.[107] 無漏五者, 一離諸纏故, 二隨眠斷故, 三是斷滅故, 四見所斷之對治自性相續解脫故, 五修所斷之對治自性相續解脫故.[108] 於中委悉, 如彼廣說.

---

107 여기의 두 문장은『유가사지론』의 경문을 그대로 인용한 것이 아니다. 유루제법有漏諸法과 무루제법無漏諸法의 구별을 주제에 따라 서술된 내용을 원효가 오문五門으로 재구성하여 간략하게 표현한 글이다. 원문의 내용은 다음과 같다.『유가사지론瑜伽師地論』권65(T30, 661b21~23). "復次由五相故, 建立有漏諸法差別. 何等爲五? 謂由事故, 隨眠故, 相應故, 所緣故, 生起故."

108 이 문장은 무루제법無漏諸法의 구별을 주제로 서술한『유가사지론』의 경문을 앞과 마찬가지로 간략히 재구성한 내용이다. 다음은 해당 내용의 전문全文이다.『유가사지론』권65(T30, 661c24~662a7). "復次由五相故建立無漏諸法差別. 何等爲五? 一有諸法離諸纏故, 說名無漏. 謂一切善無記心心所所依所緣諸色及善無記諸心心所. 二有諸法隨眠斷故, 說名無漏. 謂已永斷見修所斷一切煩惱所有諸善及一分無記造色若諸無記若世間善諸心心所. 三有諸法由斷滅故, 說名無漏. 謂一切染污心心所彼不轉故, 說名無漏. 由彼不轉顯了涅槃, 即此涅槃, 說名無漏. 四有諸法是見所斷斷對治故, 自性解脫故, 說名無漏. 謂一切見道. 五有諸法是修所斷斷對治故, 自性相續解脫故, 謂出世間一切修道及無學道. 當知是名由五相故, 建立無漏諸法差別."

[H1, 556c7~13; T37, 127c2~7]

먼저 '통틀어 밝히는 방식'(通門)이란 [다음과 같은 것이다.] 『유가사지론』에서 설하는 '번뇌가 스며듦이 있음'(有漏)과 '번뇌가 스며듦이 없음'(無漏)에는 각각 '다섯 가지 방식'(五門)이 있다. '번뇌가 스며듦이 있음'(有漏)의 다섯 가지 [방식]은 [다음과 같다.] 첫째는 현상(事)에 따라가기 때문이고, 둘째는 '잠재적 번뇌'(隨眠)[109] 때문이며, 셋째는 서로 응하기 때문이고, 넷째는 '반연하는 것'(所緣) 때문이며, 다섯째는 [마음에서 번뇌가] 생겨나기 때문이다.

'번뇌가 스며듦이 없음'(無漏)의 다섯 가지 [방식]은 [다음과 같다.] 첫째는 온갖 번뇌(纏)에서 벗어나기 때문이고, 둘째는 '잠재적 번뇌'(隨眠)가 끊어지기 때문이며, 셋째는 이 [잠재적 번뇌들이] 끊어져 사라지기 때문이고, 넷째는 '[진리다운] 이해를 밝혀 가는 수행'(見[道])에서 끊어야 할 [번뇌를] 치유하여 '온전한 본연'(自性)이 서로 이어져 해탈하기 때문이며, 다섯째는 '[선정을 토대로 이해를] 거듭 익혀 가는 수행'(修[道])에서

109 수면隨眠: 번뇌를 뜻하는 말로, 산스크리트어로는 'anuśaya', 팔리어로는 'anusaya'라고 한다. 어원적으로는 '-를 따라'를 뜻하는 접두어 'anu'에 '누워 있다'를 뜻하는 동사어근 '√sī'에서 파생한 말(M.Monier, *Sanskrit English Dictionary*, p.39)이라고 한다. 곧 어원에 따르면 '잠재潛在'의 뜻을 지닌 말로 이해할 수 있다. 팔리어 사전(T.W.Rhys Davids&William Stede, *Pali-English Dictionary*, p.44)에서는 성향(tendency)이라고 옮겼다. 『아비달마구사론阿毘達磨俱舍論』 권20(T29, 108a21~26)에서는 "根本煩惱, 現在前時, 行相難知, 故名微細. 二隨增者, 能於所緣及所相應增惛滯, 故言隨逐者. 謂能起得恒隨有情常爲過患, 不作加行爲令彼生, 或設劬勞爲遮彼起而數現起, 故名隨縛. 由如是義, 故名隨眠."이라 하였으니, 이에 따르면 '수면'의 뜻은 미세微細, 수축隨逐, 수박隨縛 등으로 해석되고 있다. 이 수면의 범위에 대해서는 6수면, 7수면, 10수면, 98수면 등으로 경론에 따라 다양하게 나타나고 있다. 『유가사지론』에서는 다음의 경문 내용처럼 7종의 수면이 거론된다. 『유가사지론』 권8(T30, 313b6~9). "或分七種, 謂七種隨眠. 一欲貪隨眠, 二瞋恚隨眠, 三有貪隨眠, 四慢隨眠, 五無明隨眠, 六見隨眠, 七疑隨眠."

끊어야 할 [번뇌를] 치유하여 '온전한 본연'(自性)이 서로 이어져 해탈하기 때문이다. 이에 대한 자세한 내용은 저 『유가사지론』에서 자세하게 설하고 있는 것과 같다.

今作四句, 略顯其相. 一者, 有法一向有漏. 謂諸染污心心所法等, 由相應義, 是有漏故, 而無五種無漏相故. 二者, 有法一向無漏. 謂見道時心心所法等, 由有自性解脫義故, 而無五種有漏相故. 三者, 有法亦有漏亦無漏. 謂報無記心心所法等, 隨眠所縛故, 諸纏所離故. 雖復無漏, 而是苦諦, 由業煩惱所生起故. 四者, 有法非有漏非[110]無漏. 謂甚深法不墮數故.

[H1, 556c14~23; T37, 127c7~15]

이제 '네 가지 판단'(四句)을 지어 그 양상을 드러낸다. 첫 번째, 한결같이 번뇌가 스며듦이 있는 현상이 있다. '더러움에 오염된 온갖 마음'(諸染汚心)과 '마음 현상'(心所法)들이 '서로 응하는 측면'(相應義)으로 말미암아 '번뇌가 스며듦이 있기'(有漏) 때문이며, 그리하여 '번뇌가 스며듦이 없는 다섯 가지 양상'(五種無漏相)[111]이 없기 때문이다.

두 번째, 한결같이 번뇌가 스며듦이 없는 현상이 있다. '[진리다운] 이해를 밝혀가는 수행'(見道)을 할 때의 마음과 '마음 현상'(心所法)들

110 한불전과 대정장본에서는 '非'자가 없는 판본이 있다고 교감하였다. '非'자가 있어야 뜻이 분명해지므로 '非'자를 그대로 두었다.

111 오종무루상五種無漏相: 앞의 『유가사지론』에서 설명한 번뇌가 없는 다섯 가지 양상을 가리킨다. ① '온갖 번뇌에서 벗어남'(離諸纏), ② '잠재적 번뇌가 끊어짐'(隨眠斷), ③'이 [잠재적 번뇌들이] 끊어져 사라짐'(是斷滅), ④ '[진리다운] 이해를 밝혀가는 수행에서 끊어야 할 [번뇌를] 치유하여 온전한 본연이 서로 이어져 해탈함'(見所斷之對治自性相續解脫) ⑤ '[선정을 토대로 이해를] 거듭 익혀 가는 수행'(修[道])에서 끊어야 할 [번뇌를] 치유하여 '온전한 본연'(自性)이 서로 이어져 해탈함'(修所斷之對治自性相續解脫).

에 '온전한 본연의 해탈한 면모'(自性解脫義)가 있기 때문이며, 그리하여 '번뇌가 스며듦이 있는 다섯 가지 양상'(五種有漏相)[112]이 없기 때문이다.

세 번째, 번뇌가 스며듦이 있기도 하고 번뇌가 스며듦이 없기도 하는 현상이 있다. 과보인 '이롭지도 않고 해롭지도 않은 마음'(無記心)과 '마음 현상'(心所法)들이 '잠재적 번뇌'(隨眠)에 묶이기 때문이고, 온갖 [번뇌에] 얽매임에서 벗어나기도 하기 때문이다. 비록 다시 '번뇌가 스며듦이 없어도'(無漏) 이것은 '[현실 속에서] 괴로움[을 겪을 수밖에 없다는] 진리'(苦諦)[에 속하는 현상]이니, 행위(業)와 번뇌에 의해 생겨난 것이기 때문이다.

네 번째, 번뇌가 스며듦이 있음도 아니고 번뇌가 스며듦이 없음도 아닌 현상이 있다. '매우 심오한 현상'(甚深法)은 [헤아리는] 번뇌(數)에 떨어지지 않기 때문이다.

(2) 별도로 밝힘(別明)

> 次別明中亦有二門, 一有分際門, 二無障礙門.
>
> [H1, 556c23~557a1; T37, 127c15~16]

다음으로 '별도로 밝히는 것'(別明)에는 또한 '두 가지 측면'(二門)이 있으니, 첫 번째는 '구분이 있는 측면'(有分際門)이고, 두 번째는 '걸림이 없는 측면'(無障礙門)이다.

---

112 오종유루상五種有漏相: 앞 문단에서 설명한 '번뇌가 스며듦이 있음'(有漏)의 다섯 가지 양상에 해당하는 것이다. 이 다섯 가지는 ① '현상에 따라가는 것'(一由事), ② 잠재적 번뇌(隨眠), ③ '서로 응함'(相應), ④ '반연하는 것'(所緣), ⑤ '[마음에서 번뇌가] 생겨남'(生起)이다.

① 구분이 있는 측면(有分際門)

有分際門者, 若就諸佛所居淨土, 於四句中, 唯有二句. 依有色有心門, 卽一向是無漏, 自性相續解脫義故, 遠離五種有漏相故. 若就非色非心門者, 卽非有漏亦非無漏, 非有非無故, 離相離性故. 若就菩薩, 亦有二句, 恰論二智所顯淨土. 一向無漏, 道諦所攝. 如『攝論』說, “菩薩及如來唯識智, 無相無功用, 故言淸淨, 離一切障, 無有[113]退失, 故言自在. 此唯識智, 爲淨土體故, 不以苦諦爲體.” 乃至廣說故.

[H1, 557a1~12; T37, 127c16~25]

'구분이 있는 측면'(有分際門)이란 [다음과 같다.] 만약 모든 부처님께서 머무시는 '[번뇌의 오염이 없는] 온전한 세상'(淨土)에 의거한다면 ['번뇌가 스며듦이 있는 양상'(漏相)과 '번뇌가 스며듦이 없는 양상'(無漏相)으로 이루어진] '네 가지 판단'(四句) 중에서 오직 '두 가지 판단'(二句)만 있을 뿐이다. [첫 번째 판단은 다음과 같다.] [정토淨土에 태어난 과보가] '몸도 있고 마음도 있는 경우'(有色有心門)에 의거한다면 [이 과보는] ['네 가지 판단'(四句) 가운데 두 번째인] '한결같이 번뇌가 스며듦이 없는 것'(一向是無漏)이니, '온전한 본연'(自性)이 서로 이어져 해탈한 면모이기 때문이며 '번뇌가 스며듦이 있는 다섯 가지 양상'(五種有漏相)에서 멀리 벗어났기 때문이다. [두 번째 판단은 다음과 같다.] [정토淨土에 태어난 과보가] 만약 '몸도 아니고 마음도 아닌 경우'(非色非心門)에 의거한다면 [이 과보는] ['네 가지 판단'(四句) 가운데 네 번째인] '번뇌가 스며듦이 있음도 아니고 번뇌가 스며듦이 없음도 아닌 것'(非有漏亦非無漏)이니, [이 과보는] 있는 것도 아니고 없는 것도 아니기 때문이며 [또한] '불변·독자의 실체에서 벗

113 『섭대승론석』 원문에는 '有'자가 없다.

어나 있기도 하고'(離相) '[온전한] 본연에서 벗어나 있기도 하기'(離性) 때문이다.

만약 보살[이 머무는 정토淨土]에 의거한다면 [정토淨土에 태어난 과보에 대해서는] 또한 '두 가지 판단'(二句)이 있으니, 마치 『섭대승론석』에서 말한 [여량지如量智와 여리지如理智, 이] '두 가지 지혜'(二智)[114]에 의해 나타난 '[번뇌의 오염이 없는] 온전한 세상'(淨土)과 같은 것이다. [첫 번째 판단은] [그 정토淨土에 태어난 과보가] '한결같이 번뇌가 스며듦이 없는 것'(一向無漏)이고, [두 번째 판단은] [그 정토淨土에 태어난 과보가] '괴로움의 소멸로 나아가는 길에 관한 진리'(道諦)에 속하는 것이다.

이를테면 『섭대승론석』에서 "보살과 여래께서 [성취하신] '[모든 현상은] 오로지 분별하는 마음[에 의한 구성]일 뿐이라는 지혜'(唯識智)로 보면 '[불변 · 독자의] 실체'(相)가 없고 '[실체의] 작용'(功用)도 없기 때문에 온전함(淸淨)이라 말하고, '온갖 장애'(一切障)에서 벗어나 퇴행하거나 잃어버림이 없기 때문에 자유자재함(自在)이라고 말한다. 이 '[모든 현상은] 오로지 분별하는 마음[에 의한 구성]일 뿐이라는 지혜'(唯識智)가 '[번뇌의 오염이 없는] 온전한 세상의 토대'(淨土體)가 되기 때문에 [정토는] '[현실 속에서] 괴로움[을 겪을 수밖에 없다는] 진리'(苦諦)[에 속하는 현상]으로써 토대(體)로 삼지 않는다."[115] 등으로 자세하게 설한 것과 같은

114 이지二智: 여리지如理智와 여량지如量智를 가리키는 말이다. 『불광대사전』(p. 3805)에 따르면, 여량지는 권지權智 · 속지俗智 · 후득지後得智라고도 하고, 여리지는 실지實智 · 진지眞智 · 근본지根本智라 부르기도 한다. 『섭대승론석』의 설명에 따르면, 여량지는 부처님이 설한 무량無量한 법상法相과 세간世間에서 세워진 무량無量한 법상法相을 요달한 것이고, 여리지는 그 무량無量한 법상法相의 무분별상無分別相을 통달한 것이라고 한다. 『섭대승론석』 권10(T31, 225b10~14). "又約眞俗說一切處, 如此一切處菩薩能見無量相, 如佛所說法相及世間所立法相, 菩薩皆能了達即是如量智, 如其數量, 菩薩以如理智, 通達無分別相, 此二智能照了眞俗境."

115 『섭대승론석攝大乘論釋』 권15(T31, 263b14~17). "論曰. 最淸淨自在唯識爲相. 釋曰. 菩薩及如來唯識智, 無相無功用, 故言淸淨, 離一切障無退失, 故言自在. 此唯識智

것이다.

若就本識所變之門, 亦是無漏. 以非三界有漏所起, 樂無漏界, 故是無漏. 無明住地爲緣出, 故名果報土, 故是有漏. 雖亦無漏, 而是世間, 故於無作四諦門內, 苦諦果報之所攝也. 如『經』言“三賢十聖住果報”故. 『寶性論』云, “依無漏界[116]中, 有三種意生身. 應知, 彼因無漏善根所作, 名爲世間, 以離有漏諸業煩惱所作世間法故, 亦名涅槃. 依此義故, 『勝鬘經』[117]言, 〈世尊! 有有爲世間, 有無爲世間, 有有爲涅槃, 有無爲涅槃故.〉” 此中說意生身, 乃是梨耶所變正報. 正報旣爾, 依報亦然, 同是本識所變作故. 然此梨耶所變之土及與二智所現淨土, 雖爲苦道二諦所攝, 而無別體, 隨義異攝耳. 如他分別所持穢土, 得淸淨者, 卽見爲淨, 淨穢雖異, 而無別體. 當知, 此中二義亦爾. 此約有分際門說也.

[H1, 557a12~b5; T37, 127c25~128a12]

‘근본이 되는 식識’(本識)[인 아리야식]이 변한 것이라는 측면에 의거한다면 [그 정토淨土에 태어난 과보는] 또한 ‘번뇌가 스며듦이 없는 것’(無漏)이다. ‘[욕망세계(欲界) · 유형세계(色界) · 무형세계(無色界), 이] 세 가지 세계’(三界)의 ‘번뇌가 스며듦이 있는 것’(有漏)에 의해 일어난 것이 아니기 때문에 ‘번뇌가 스며듦이 없는 경지’(無漏界)를 좋아하니, 그러므로 ‘번뇌가 스며듦이 없는 것’(無漏)이다. [그러나] ‘삼계의 근본무명’(無明住地)[118]이 조건이 되어 생겨난 것이기 때문에 ‘[삼계三界의 번뇌에서 벗어나

爲淨土體故, 不以苦諦爲體, 此句明果圓淨.”

116 『보성론』 원문에 의거하여 ‘無漏界’를 ‘無漏法界’로 교감한다.

117 『보성론』 원문에는 『승만경』 앞에 ‘聖者’가 추가되어 있다.

118 무명주지無明住地: ‘주지住地’란 의지처나 토대라는 의미이다. 따라서 ‘주지번뇌住

지 못한] 과보[로 태어난] 세상'(果報土)이라고도 부르니, 그러므로 '번뇌

地煩惱'란 '토대가 되는 번뇌'이다. 이 토대 번뇌를 그 특징에 따라 다시 다섯 종류로 구분한 것이 5주지번뇌(五住地煩惱)이다. 5주지혹(五住地惑)나 5주지번뇌(五住地煩惱), 또는 줄여서 5주지(五住地)라고도 한다. 『승만경勝鬘經』에서는 오주지번뇌五住地煩惱에 대해 '견일처주지見一處住地·욕애주지欲愛住地·색애주지色愛住地·유애주지有愛住地·무명주지無明住地'로, 『보살영락본업경』 「대중수학품」(T24, 1021c24~1022a15)에서는 '생득주지生得住地·욕계주지欲界住地·색계주지色界住地·무색계주지無色界住地·무명주지無明住地'로 표현되고 있다. 견일처주지見一處住地·욕애주지欲愛住地·색애주지色愛住地·유애주지有愛住地·무명주지無明住地의 다섯 가지가 모든 번뇌의 의지처가 되고 또한 번뇌를 일으킬 수 있기 때문에 '주지住地'라고 부른다. 『대승의장大乘義章』 권5에서는 다음과 같이 해석한다. ① 견일처주지見一處住地는 신견身見 등 삼계三界의 견혹見惑이며 견도見道에 들어갈 때 일처一處에서 함께 끊어진다. ② 욕애주지欲愛住地는 욕계의 번뇌 가운데 견見과 무명無明을 제외하고, 외부대상에 대한 다섯 가지 욕망(色·聲·香·味·觸 욕망)에 집착하는 번뇌이다. ③ 색애주지色愛住地는 색계의 번뇌 가운데 견見과 무명無明을 제외하고, 외부대상에 대한 다섯 가지 욕망은 버렸지만 자기 색신色身에 탐착하는 번뇌이다. ④ 유애주지有愛住地는 무색계의 번뇌 가운데 견見과 무명無明을 제외하고, '색신에 대한 탐착'(色貪)에서는 벗어났지만 자기에 애착하는 번뇌이다. ⑤ 무명주지無明住地는 삼계의 모든 무명이다. 무명은 '무지로 어두운 마음'(癡闇之心)이어서 그 바탕에 '지혜의 밝음'(慧明)이 없으니, 이것이 모든 번뇌의 근본이 된다. 유식종에서는 오주지혹五住地惑 가운데 앞의 사종주지혹四種住地惑은 번뇌장의 종자가 되고 뒤의 한 가지(무명주지)는 소지장의 종자가 된다고 주장한다.(『불광대사전』, p.1091 참조.) 『대승의장』의 해석에 의거하여 본 원효전서 번역에서는, 견일처주지見一處住地는 '견도見道의 일처一處에서 함께 끊어지는 삼계의 견혹見惑', 욕애주지欲愛住地는 '욕망세계(欲界)에서 오욕五欲에 집착하는 번뇌', 색애주지色愛住地는 '유형세계(色界)에서 자기 색신色身에 탐착하는 번뇌', 유애주지有愛住地는 '무형세계(無色界)에서 자기에 애착하는 번뇌', 무명주지無明住地는 '삼계의 근본무명'으로 번역한다. 또 주지住地는 '[번뇌들의] 토대' 혹은 '토대가 되는 번뇌', 주지번뇌住地煩惱는 '토대가 되는 번뇌'로 번역한다. 원효는 『이장의』에서 2종번뇌(二種煩惱, 住地煩惱와 起煩惱)와 관련하여 '토대가 되는 번뇌'인 주지번뇌住地煩惱의 내용을 설명하기 위해 『승만경』의 다음과 같은 문장을 경증으로 삼는다. "住地有四種, 何等爲四? 一見一處住地, 二欲愛住地, 三色愛住地, 四有愛住地. 此四種住地, 生一切起煩惱."(H1, 801c2~6; T12, 220a3~5) '['토대가 되는 번뇌'(住地煩惱)를] 따라 일어나는 번뇌'인 기번뇌起煩惱를 생겨나게 하는 '삼계의 근본무명'(無明住地)에는 네 종류가 있는데, 견일처주지

가 스며듦이 있는 것'(有漏)이다. 비록 [이 '번뇌가 스며듦이 있는 것'(有漏)이] 또한 '번뇌가 스며듦이 없는 것'(無漏)이 [된다고] 해도 세간[에 속하는 것]이니, 그러므로 '[생사와 열반을 나누어] 짓는 바가 없는 네 가지 고귀

見一處住地(生得住地)·욕애주지欲愛住地(欲界住地)·색애주지色愛住地(色界住地)·유애주지有愛住地(無色界住地)가 그것이라는 내용이다. 이에 따라 원효는 무명주지의 내용에 관해 "論其差別, 略開爲二. 一者生得住地, 或名見一處住地 二者作得住地, 或名有愛數住地."(H1, 801a13~15)라고 하여 생득주지生得住地(見一處住地)와 작득주지作得住地(有愛數住地)로 구분하고, 작득주지에 대해서는 "作得住地者, 謂依生得住地, 起三有心"(H1, 801a21~22)이라고 하여 생득주지에 의거하여 일으킨 삼유심三有心에 따라 작득주지作得住地(有愛數住地)를 다시 욕계주지欲界住地·색계주지色界住地·무색계주지無色界住地로 삼분한다. 그런데 원효는 무명주지를 다시 통상通相과 별상別相으로 나누어 "四種住地通名無明, 是爲通相無明住地, … 其有愛數三所不攝, 直迷一處生得住地, 還受無明住地名者, 是爲別相無明住地"(H1, 801c14~18)라고 한다. 통상무명通相無明은 생득주지와 작득의 삼주지三住地를 합한 사주지四住地를 통틀어 부르는 것이고, 별상무명別相無明은 작득의 삼주지와 구분하여 생득주지(見一處住地)만을 특칭하는 것이다. 무명주지의 통상과 별상을 구분하는 까닭에 관해서는 "何以要須總別合立者? 爲顯能起三愛力異, 而其闇相無麤細故"(H1, 801c23~802a1)라고 하여, '[욕망세계·유형세계·무형세계, 이] 세 가지 세계에 대한 애착'(三愛)을 일으킬 수 있는 힘은 [각각] 다르면서도 그 [힘인 근본무지(無明)의] 어두운 특성에는 '뚜렷함과 미세함'(麤細)이 없다는 것을 나타내려 하기 때문이라고 한다. 또한 "通相無明住地力內, 別取有愛數四住地, 比於有愛所不攝別相無明住地力者, 雖復同是心不相應, 而無明住地其力最大"(802a16~19)라고 하는데, 통상의 사주지에 포함되는 것으로 따로 취해지는 유애수사주지有愛數四住地를, 유애수사주지에 포함되지 않는 별상무명주지인 생득주지의 힘과 비교하자면, 생득주지인 무명주지의 힘이 가장 크기 때문이라 설명한다. 나아가 "所以然者, 其有愛數四種住地, 皆是作得, 所迷狹小, 由是小智之所能滅, 無明住地, 體是生得, 所迷一處, 廣大無邊, 一切小智所不能斷, 大圓鏡智方得除滅"(802a19~23)이라고 하여, 통상의 무명주지를 포함하는 유애수사주지는 모두 작득作得이어서 소지小智에 의해서도 사라질 수 있지만, 별상의 무명주지는 생득生得이어서 대원경지大圓鏡智에 의해서만 사라질 수 있다고 설명한다. 통상으로서의 무명주지는 작득의 삼주지三住地와 같이 소지小智에 의해서도 사라질 수 있으므로 유애수사주지에 포함되지만, 별상으로서의 무명주지는 소지小智에 의해 사라질 수 없으므로 유애수사주지에 포함되지 않는 것이다. 본문의 무명주지는 별상의 생득무명주지에 해당할 것으로 보인다.

한 진리'(無作四諦)[119]의 측면에서의 '[현실 속에서] 괴로움[을 겪을 수밖에 없다는] 진리'(苦諦)의 과보에 포함되는 것이다. 이를테면 『인왕경仁王經』에서 "'[십주十住 · 십행十行 · 십회향十迴向, 이] 세 가지 단계에 이른 현자'(三賢[位])와 '열 가지 본격적인 수행 단계에 이른 성자'(十聖)[120]는 '[삼계三界의 번뇌에서 벗어나지 못한] 과보[로 태어난] 세상'(果報[土])에 머무른다."[121]라고 말한 것과 같은 것이다.

---

119 무작사제無作四諦와 유작사제有作四諦: 구역舊譯 경론에서는 유작有作 · 무작無有, 신역新譯 경론에서는 안립安立 · 비안립非安立이라는 대칭어를 사용한다. 정영사 혜원은 사제四諦를 유작有作 · 무작無有 · 유량有量 · 무량無量의 네 가지로 구분하면서, 소승의 사제는 유작有作 · 유량有量이고 대승의 사제는 무작無有 · 무량無量이라고 한다. 또 천태종 지의智顗는 생멸生滅 · 무생無生 · 무량無量 · 무작無作의 사종사제四種四諦를 구분한다. 『유마경현소維摩經玄疏』 권3(T38, 534b3~5)의 "一明所詮四諦理者, 有四種四諦. 一生滅四諦, 二無生四諦, 三無量四諦, 四無作四諦."라고 한 서술에서 생멸生滅, 무생無生, 무량無量, 무작無作의 네 가지가 사종사제임을 알 수 있다. 『불광대사전』(p.5087)의 설명에 따르면 이 무작사제無作四諦는 원교圓敎에 속하는 설로서 미오迷悟 그 자체가 실상實相이라는 주장을 내세운다는 것이다. 곧 대승의 보살은 제법諸法을 온전하게 관觀하여 현상 그대로가 진리로서 조작되는 경우가 없다는 점을 중시하고 있다는 것이다. 이는 사제四諦가 미혹과 깨달음의 인과관계를 나타내지만, 현상 그 자체가 서로 대립되는 것이 아니라 중도中道의 실상實相을 그대로 드러낸 설명이라는 것이다. 이에 대한 자세한 설명은 『마하지관』에서 살펴볼 수 있다. 『마하지관摩訶止觀』 권3(T46, 28b15~24). "次明四諦離合者, 前三諦二諦一諦皆豎辯, 四諦則橫論, 則有四種四諦, 謂生滅無生滅無量無作等. 生滅四諦即是橫開三藏二諦也. 無生四諦即是橫開通教二諦也. 無量四諦即是橫開別教二諦也. 無作四諦即是橫開圓教一實諦也. 今將中觀論, 合此四番四諦, 論云因緣所生法者, 即生滅四諦也. 我說即是空, 即無生四諦也. 亦爲是假名, 即無量四諦也. 亦名中道義, 即無作四諦也."

120 삼현三賢과 십성十聖: 삼현三賢은 십주十住 · 십행十行 · 십회향十迴向의 단계를 가리키니, 보살의 52위位에서 제11위부터 제40위까지에 해당하는 정정취正定聚인 보살이 여기에 해당한다. 십성十聖이란 '열 가지 [본격적인] 수행경지'(十地)에 이른 보살을 가리키는 말이다. 자세한 설명은 앞의 각주 참고.

121 『불설인왕반야바라밀경佛說仁王般若波羅蜜經』 권1 제3「보살교화품菩薩教化品」(T8, 828a1~2). "三賢十聖住果報, 唯佛一人居淨土, 一切衆生暫住報, 登金剛原居淨土"; 『인왕호국반야바라밀다경仁王護國般若波羅蜜多經』 권1 제3「보살행품菩薩行

[또] 『구경일승보성론究竟一乘寶性論』에서는 [다음과 같이] 말하였다. "'번뇌가 스며듦이 없는 경지'(無漏法界)에 의지하여 '[중생구제를 위해] 뜻으로 태어나는 세 가지 몸'(三種意生身)[122]이 있는 것이다. [따라서] 저 '번뇌가 스며듦이 없는 이로운 능력'(無漏善根)에 의해 만들어졌기 때문에 세간이라 부르고, '번뇌가 스며듦이 있는 온갖 행위와 번뇌'(有漏諸業煩惱)에 의해 만들어진 세간[에 속하는] 현상들에서 벗어났기 때문에 또한 열반이라 부른다는 것을 알아야 한다. 이 뜻에 의거하기 때문에 『승만경』에서는 [다음과 같이] 말하고 있다. 〈세존이시여! '[근본무지에 따르는] 행위가 있는 세계'(有爲世間)도 있고, '[근본무지에 따르는] 행위가 없는 세계'(無爲世間)도 있으며, '[근본무지에 따르는] 행위가 있는 열

品」(T8, 838a1~2). "三賢十聖住果報, 唯佛一人居淨土. 一切有情皆暫住, 登金剛原常不動."

122 삼종의생신三種意生身: 여기서 의생신은 의성신意性身, 의성신意成身, 의성색신意成色身이라고도 하는데, 부모가 낳은 몸이 아니라 깨달은 보살이 중생을 구제하기 위해 의意에 의거하여 화생化生한 몸이라고 일반적으로 설명된다.(『불광대사전』 p.5445 참조.) 『능가아발다라보경楞伽阿跋多羅寶經』 권2에서 "意生身者, 譬如意去, 迅疾無礙, 故名意生. 譬如意去, 石壁無礙, 於彼異方無量由延, 因先所見, 憶念不忘, 自心流注不絕, 於身無障礙生. 大慧! 如是意生身, 得一時俱. 菩薩摩訶薩意生身, 如幻三昧力自在神通, 妙相莊嚴, 聖種類身, 一時俱生. 猶如意生, 無有障礙, 隨所憶念本願境界, 爲成熟衆生, 得自覺聖智善樂."(T16, 489c19~26)이라고 하는 것에 따르면, 몸에서 일어나는 생각(意)이 빠르고 걸림이 없어서 석벽石壁에도 걸림 없이 무량한 거리를 움직이는 것처럼 보살의 의생신意生身은 일체법을 무상한 것으로 보는 여환삼매如幻三昧의 자재신통自在神通으로 묘상장엄妙相莊嚴된 성종류신聖種類身으로서 일시에 구생俱生하며, 본원경계本願境界에 대한 억념憶念에 따라 중생을 성숙시키기 위해 성지聖智의 선락善樂을 얻은 것이라고 설명한다. 『대보적경大寶積經』 권87에서는 "隨意生身, 於一切衆生平等示現."(T11, 498c3~4)이라고 하여, 모든 중생에게 평등하게 나타내 보여 주는 것이라고 설명하기도 한다. 또한 『승만경』 권1에서는 "如是無明住地緣無漏業因. 生阿羅漢辟支佛大力菩薩三種意生身."(T12, 220a16~18)이라고 하여 의생신意生身의 사례로 아라한阿羅漢·벽지불辟支佛·대력보살大力菩薩의 세 가지를 제시하고, 이 3종 의생신意生身은 무명주지無明住地가 무루업인無漏業因을 조건으로 삼아 태어난다고도 설명한다.

반'(有爲涅槃)도 있고 '[근본무지에 따르는] 행위가 없는 열반'(無爲涅槃)도 있는 것입니다.〉[123]"[124]

여기서 말하는 '[중생구제를 위해] 뜻으로 태어나는 몸'(意生身)은 바로 [제8]아뢰야식(梨耶)이 변한 '[행위로 인해] 직접 받은 온전한 과보'(正報)인 것이다. '[행위로 인해] 직접 받은 온전한 과보'(正報)가 이미 그러하다면 '[행위의] 과보가 의지하는 세계'(依報)도 마찬가지이니, [정보正報와 의보依報] 모두 '근본이 되는 식識'(本識)[인 아리야식]이 변하여 만들어진 것이기 때문이다. 그런데 이 '[제8]아뢰야식이 변한 세상(梨耶所變之土)과 [여량지如量智와 여리지如理智, 이] '두 가지 지혜'(二智)와 함께 나타난 '[번뇌의 오염이 없는] 온전한 세상'(淨土)은 비록 '[현실 속에서] 괴로움[을

---

123 이 내용은 『승만경』의 서술을 그대로 인용한 것이 아니라 그 요지를 재구성한 것이다. 전후 문맥을 파악하기 위해 해당하는 경문을 모두 살펴보면 다음과 같다. 여기서 밑줄 친 부분이 『보성론』에서 인용한 내용에 해당한다. 『승만사자후일승대방편방광경勝鬘師子吼一乘大方便方廣經』 권1 제8 「법신장法身章」(T12, 221b21~27). "何等爲說二聖諦義? 謂說作聖諦義, 說無作聖諦義. 說作聖諦義者, 是說有量四聖諦. 何以故? 非因他能知一切苦斷, 一切集證, 一切滅修, 一切道. 是故<u>世尊! 有有爲生死, 無爲生死, 涅槃亦如是, 有餘及無餘</u>. 說無作聖諦義者, 說無量四聖諦義."

124 『구경일승보성론究竟一乘寶性論』 권3(T31, 834b25~c1). "依無漏法界中, 有三種意生身. 應知, 彼因無漏善根所作, 名爲世間, 以離有漏諸業煩惱所作世間法故, 亦名涅槃. 依此義故, 聖者勝鬘經言, 世尊! 有有爲世間, 有無爲世間. 世尊! 有有爲涅槃, 有無爲涅槃故." 〈산스크리트본의 해당 내용: RGV., p.50. saṃsāraḥ punar iha traidhātukapratibimbakam anāsravadhātau manomayaṃ kāyatrayam abhipretam / tad dhy anāsravakuśalamūlābhisaṃskṛtatvāt saṃsāraḥ / sāsravakarmakleśānabhisaṃskṛtatvān nirvāṇam api tat / yad adhikṛtyāha / tasmād bhagavann asti saṃskṛto 'py asaṃskṛto 'pi saṃsāraḥ / asti saṃskṛtam apy asaṃskṛtam api nirvāṇam iti /; 그리고 여기에서 윤회란 삼계에 속하는 영상을 가진, 무루의 영역에서 마음으로 이루어진 세 가지 신체를 의미한다. 그것은 무루의 선근에 의해 형성되었기 때문에 윤회이다. 또한 그것은 유루의 업과 번뇌에 의해 형성되지 않기 때문에 열반이기도 하다. 그것에 관련하여 다음과 같이 [『승만경』] 설한다. "세존이시여, 그러므로 윤회는 유위로서도 있고 무위로서도 있는 것입니다. 열반은 유위로서도 있고 무위로서도 있는 것입니다."〉

겪을 수밖에 없다는] 진리'(苦諦)와 '괴로움의 소멸로 나아가는 길에 관한 진리'(道諦)의 '두 가지 진리'(二諦)에 [각각] 포함되지만 '별개의 실체'(別體)가 없으니, 뜻에 따라 [각각] 다르게 포함될 뿐이다. 마치 다른 사람의 분별에 의해 유지되는 '[번뇌에] 오염된 세상'(穢土)에서라도 온전함(淸淨)을 얻은 이는 곧 [그 '오염된 세상'(穢土)을] 청정하다고 보는 것과 같으니, '[번뇌의 오염이 없는] 온전한 세상'(淨土)과 '[번뇌에] 오염된 세상'(穢土)이 비록 다르지만 '별개의 실체'(別體)는 없는 것이다. 여기서의 ['번뇌가 스며듦이 있음'(有漏)과 '번뇌가 스며듦이 없음'(無漏), 이] 두 가지 뜻도 그와 같음을 알아야 한다. 이것이 '구분이 있는 측면'(有分際門)에 의거한 설명이다.

② 걸림이 없는 측면(無障礙門)

次就無障礙門說者, 應作四句. 一者, 諸佛身土皆是有漏, 不離一切諸漏故. 如經說言, "諸佛安住三毒四漏等, 一切煩惱中, 得阿耨菩提." 乃至廣說故. 二者, 凡夫身土皆是無漏, 以離一切諸漏性故. 如經說言, "色無漏無繫, 受想行識, 無漏無繫." 乃至廣說故. 三者, 一切凡聖穢土淨土, 亦是有漏, 亦是無漏, 以前二門不相離故. 四者, 一切凡聖穢土淨土, 非有漏非無漏, 以無縛性及脫性故. 如經說言, "色無縛無脫, 受想行識[125]無縛無脫." 乃至廣說故. 此是第四有漏無漏門也. 上來四門合爲第一淨土果竟.

[H1, 557b5~18; T37, 128a12~23]

다음으로 '걸림이 없는 측면'(無障礙門)에 의거하여 설명하는 것에도

125 『대반야바라밀다경大般若波羅蜜多經』 원문에는 '受想行識' 뒤에 '亦'자가 있다.

[또 다른] '네 가지 판단'(四句)을 지어야 한다. 첫 번째, '모든 부처님의 몸이 있는 세상'(諸佛身土)은 다 '번뇌가 스며듦이 있는 것'(有漏)이니, [모든 부처님은] '일체의 갖가지 번뇌'(一切諸漏)에서 벗어나지 않기 때문이다. [『제법무행경諸法無行經』 등의] 경전에서 "모든 부처님은 '[탐貪·진瞋·치痴, 이] 세 가지 독[과도 같은 마음]'(三毒)과 '[욕欲·유有·무명無明·견見, 이] 네 가지로 번뇌가 스며듦'(四漏) 등에 편안히 머무니, 모든 번뇌 속에서 '최고의 깨달음'(阿耨菩提)을 얻는 것이다."[126] 등으로 자세하게 설명한 것과 같은 것이다.

두 번째, '범부들의 몸이 있는 세상'(凡夫身土)은 모두 '번뇌가 스며듦이 없는 것'(無漏)이니, [범부들은 본래] '일체의 갖가지 번뇌의 면모'(一切諸漏性)에서 벗어났기 때문이다. [『대반야바라밀다경大般若波羅蜜多經』과 같은] 경전에서 "'[모양이나 색깔이 있는] 신체'(色)는 번뇌가 스며듦이 없고 [번뇌의] 속박도 없으며, 느낌(受)·'개념적 지각'(想)·'의도적 행위'(行)·의식(識)도 번뇌가 스며듦이 없고 [번뇌의] 속박도 없다."[127] 등으

---

126 경문이 정확히 일치하지는 않지만, 대의가 일치하는 것으로 다음의 경문을 들 수 있다. 『제법무행경諸法無行經』 권2(T15, 757b5~10). "一切諸佛, 安住是貪欲·瞋恚·愚癡·四顚倒·五蓋·五欲平等中, 是諸佛安住貪欲性故. 得阿耨多羅三藐三菩提, 安住瞋恚愚癡四顚倒·五蓋·五欲性故, 得阿耨多羅三藐三菩提, 是故一切諸佛住四顚倒·五蓋·五欲·三毒中, 得阿耨多羅三藐三菩提, 名不動相."

127 경문의 내용이 정확히 일치하는 출처는 찾아지지 않는다. 오온五蘊의 속성은 거기에 집착하는 여부에 따라 유루법도 되고 무루법도 될 수 있다는 관점은 『잡아함경』 권2 제56경(T2, 13b25~c3)에서도 보이지만, 오온 가운데서 무루無漏와 무계無繫의 속성을 설명하는 방식은 반야부 계열의 경전에서 살펴볼 수 있다. 본문에서 "등으로 자세하게 설명한다."(乃至廣說)는 논평은 온蘊에서 시작하여 처處·계界 및 제법諸法 또는 법계法界로 외연을 넓혀 가며 해석하고 있는 경문의 전개를 염두에 둔 것으로 보인다. 다음의 경문 내용이 참고할 만하다. 『대반야바라밀다경大般若波羅蜜多經』 권510(T7, 604c25~605a1). "天子當知! 如是諸相, 非色所作, 非受·想·行·識所作, 廣說乃至非一切智所作, 非道相智, 一切相智所作. 天子當知! 如是諸相非天所作, 非非天所作, 非人所作, 非非人所作, 非有漏, 非無漏, 非世間, 非出世間, 非有爲, 非無爲, 無所繫屬不可宣說"; 『대반야바라밀다경大般若波羅蜜多經』

로 자세하게 설명한 것과 같은 것이다.

세 번째, 모든 범부(凡)와 성인(聖)의 '[번뇌에] 오염된 세상'(穢土)과 '[번뇌의 오염이 없는] 온전한 세상'(淨土)은 '번뇌가 스며듦이 있는 것'(有漏)이기도 하고 '번뇌가 스며듦이 없는 것'(無漏)이기도 하니, 앞의 '두 가지 [판단의] 경우'(二門)는 서로 분리되지 않기 때문이다.

네 번째, 모든 범부(凡)와 성인(聖)의 '[번뇌에] 오염된 세상'(穢土)과 '[번뇌의 오염이 없는] 온전한 세상'(淨土)은 '번뇌가 스며듦이 있는 것도 아니고'(非有漏) '번뇌가 스며듦이 없는 것도 아니니'(非無漏), [본래] '[번뇌에] 속박된 면모'(縛性)나 '[번뇌에서] 벗어난 면모'(脫性)가 없기 때문이다. 『대반야바라밀다경大般若波羅蜜多經』에서 "'[모양이나 색깔이 있는] 신체'(色)는 [번뇌에] 묶임도 없고 [번뇌에서] 벗어남도 없으며, 느낌(受)·'개념적 지각'(想)·'의도적 행위'(行)·의식(識)도 [번뇌에] 묶임도 없고 [번뇌에서] 벗어남도 없다."[128] 등으로 자세하게 말한 것과 같다.

권596(T7, 1083a3~9). "復次, 善勇猛! 五蘊非有爲, 非無爲, 非有漏, 非無漏, 非世間, 非出世間, 非有繫, 非離繫. 十二處·十八界等, 亦非有爲, 非無爲, 非有漏, 非無漏, 非世間, 非出世間, 非有繫, 非離繫. 如是蘊·處·界等非有爲, 非無爲, 非有漏, 非無漏, 非世間, 非出世間, 非有繫, 非離繫, 是謂般若波羅蜜多."

128 『대반야바라밀다경大般若波羅蜜多經』 권556(T7, 868c4~5). "色無縛無脫, 受·想·行·識亦無縛無脫." 〈산스크리트본의 해당 내용: PvsP., p.70. tat kasya hetoḥ? tathā hi subhūte rūpam abaddham amuktaṃ, vedanā saṃjñā saṃskārā vijñānam abaddham amuktaṃ, yā rūpasyābaddhatāmuktatā na tad rūpaṃ yā vedanāyāḥ saṃjñāyāḥ saṃskārāṇāṃ yā vijñānasyābaddhatāmuktatā na tad vijñānam. tat kasya hetoḥ? tathā hy atyantaviśuddhaṃ rūpaṃ, vedanā saṃjñā saṃskārā vijñānam atyantaviśuddham, evaṃ skandhadhātvāyatanapratītyasamutpādāḥ pratītyasamutpādāṅgāni ca yāvat sarvadharmā laukikā lokottarāḥ, sāsrāvā anāsravāḥ saṃskṛtā asaṃskṛtā dharmāḥ.; 왜 그런가? 수보리여, 신체는 속박되어 있지도 해탈해 있지도 않다. 느낌, 통각, 성향, 지각은 속박되어 있지도 해탈해 있지도 않기 때문이다. 신체가 속박되어 있지도 않고 해탈해 있지도 않은 상태는 신체가 아니다. 느낌, 통각, 성향, 지각이 속박되어 있지도 해탈해 있지도 않는 상태는 [느낌, 통각, 성향], 지각이 아니다. 왜 그런가? 신체는 궁극적으로 청정하기

이것이 ['[극락정토極樂淨土에 갖추어진] 과보의 이로움'(果德)에 있는 '네 가지 측면'(四門) 가운데] 네 번째인 '번뇌가 스며듦이 있는 측면과 번뇌가 스며듦이 없는 측면'(漏無漏門)이다. 이상으로 '네 가지 측면'(四門)을 합쳐 ['경의 근본 이치를 밝힘'(簡經之宗致)의 두 부분 가운데] 첫 번째인 '[번뇌의 오염이 없는] 온전한 세상의 과보'(淨土果)로 삼는 것[129]을 마친다.

때문이다. 느낌, 통각, 성향, 지각은 궁극적으로 청정하다. 마찬가지로 온, 계, 처, 연기, 연기의 지분부터 세간과 출세간의 모든 법, 유루와 무루, 유위와 무위는 [궁극적으로 청정하다.]〉

129 곧 아래의 과문에서 '2.에서 1) '[극락정토極樂淨土에 갖추어진] 과보의 이로움을 밝힘'(明果德)'에 설명을 마쳤다는 뜻이다. 지금까지 서술한 전체 내용을 과문科文하면 다음과 같다.

1. '가르침의 전체 취지를 서술함'(述敎之大意)
2. 경의 근본 이치를 밝힘(簡經之宗致)
   1) '[극락정토極樂淨土에 갖추어진] 과보의 이로움을 밝힘'(明果德)
      ① '온전한 측면'(淨門)과 '온전하지 못한 측면'(不淨門)
         가. '원인[이 되는 지위]와 결과[가 되는 지위]를 상대적인 짝으로 삼음'(因與果相對)
         나. '한결같이 향상만 하는 것과 한결같이 향상하지 못하는 것을 상대적인 짝으로 삼음'(一向與不一向相對)
         다. '순일한 것과 뒤섞인 것을 상대적인 짝으로 삼음'(純與雜相對)
         라. '방향이 정해진 부류와 방향이 정해지지 않은 부류를 상대적인 짝으로 삼음'(正定與非正定相對)
      ② '유형적인 측면'(色門)과 '무형적인 측면'(無色門)
      ③ '공유하는 [외부의 환경적인] 측면'(共門)과 '공유하지 못하는 [내부의 심리적인] 측면'(不共門)
      ④ '번뇌가 스며듦이 있는 측면'(漏門)과 '번뇌가 스며듦이 없는 측면'(無漏門)
         가. '통틀어 밝히는 방식'(通門)
         나. '별도로 밝힘'(別明)
            가) '구분이 있는 측면'(有分際門)
            나) '걸림이 없는 측면'(無障礙門)
   2) '[성취의] 원인이 되는 수행을 드러냄'(顯因行)
3. '사람을 거론하여 구분함'(擧人分別)

2. [번뇌의 오염이 없는] 온전한 세상의 원인을 밝힘(明淨土因)

次第二明淨土因者. 淨土之因, 有其二途. 一成辨因, 二往生因. 成辨[130]因者, 說者不同. 或有說者, 〈本來無漏法爾種子, 三無數劫修令增廣, 爲此淨土變現生因.〉 如『瑜伽論』說, “生那落迦, 三無漏根種子成就.” 以此准知, 亦有無漏淨土種子. 或有說者, 〈二智所熏新生種子, 爲彼淨土而作生因.〉 如『攝論』說, “從出出世善法功能, 生起淨土.[131] 何者爲出出世善法? 無分別智·無分別後得所生善根, 爲[132]出出世善法.” 是本有, 卽非所生, 旣是所生, 當知新成. 問, 如是二說, 何者爲實? 答, 皆依聖典, 有何不實? 於中委悉, 如『楞伽經料簡』中說.

[H1, 557b19~557c8; T37, 128a23~b5]

다음은 ['경의 근본 이치를 밝힘'(簡經之宗致)의 두 부분 가운데] 두 번째인 '[번뇌의 오염이 없는] 온전한 세상의 원인을 밝힘'(明淨土因)이다. '[번뇌의 오염이 없는] 온전한 세상의 원인'(淨土因)에는 저 두 가지 길이 있으니, 첫째는 '[정토淨土를] 이루는 원인'(成辨因)이고, 둘째는 '[정토淨土에] 왕생하는 원인'(往生因)이다.

1) [정토淨土를] 이루는 원인(成辨因)

'[정토淨土를] 이루는 원인'(成辨因)[133]이라는 것은 설명하는 사람마다

---

4. '[『무량수경』의] 본문에 의거하여 해석함'(就文解釋)

130 한불전에는 '辨'자가 아니라 '辦'자로 되어 있는 판본이 있다고 교감하였다. 대정장본에도 '辨'자로 나오지만, 문맥으로는 '성판인'이 적절하므로 '辦'으로 보고 번역하였다.

131 『섭대승론석』 원문에는 '生起此淨土故'로 되어 있지만, 원효는 다음 구절의 인용을 생략하였으므로 교감하지 않고 그대로 두었다.

132 『섭대승론석』 원문에 의거하여 '名'자로 교감하여 번역한다.

똑같지 않다. 어떤 이는 [이렇게] 말한다. 〈'본래 번뇌가 스며듦이 없는 상태로서의 종자'(本來無漏法爾種子)를 '헤아릴 수 없이 오랜 세월'(三無數劫) 동안 익혀 더욱 넓히면 이 '[번뇌의 오염이 없는] 온전한 세상'(淨土)을 변하여 나타나게 하는 '생겨나게 하는 원인'(生因)이 된다.〉 [이 설명은] 『유가사지론瑜伽師地論』에서 "지옥에 태어나더라도 '번뇌가 스며듦이 없는 세 가지 근본종자'(三無漏根種子)[134]가 이루어진다."[135]라고 말

---

133 성판인成辦因: 『불교어대사전』에 따르면 성판의 뜻은 '성취하는 것', '이루는 것', '완성하는 것' 등이라고 한다. 범어로는 'abhiniṣpādana'라고 하는데, 현장玄奘이 이 번역어를 주로 썼다고 한다.

134 삼무루근종자三無漏根種子: 번뇌가 스며듦이 없는 세 가지 토대가 되는 종자를 뜻하는데 범어梵語로는 'trīṇy anāsravendriyāṇi'라고 한다. 미지당지근未知當知根(Ⓢanājñātājñāsyām īndriya), 이지근已知根(Ⓢājñendriya), 구지근具知根(Ⓢājñātāvīndriya) 셋이 삼무루근종자이다. 『아비담비바사론阿毘曇毘婆沙論』 권37(T28, 272a21~b1)에서 "何故三無漏根無有別體? 答曰. 九根之外, 更無三根別體. 九根者, 意根·樂根·喜根·捨根·信等五根. 此九根, 有時名未知欲知根, 有時名知根, 有時名知已根, 在見道時, 名未知欲知根, 在修道時, 名知根, 在無學道時, 名知已根. 復次在堅信堅法身中, 名未知欲知根, 在信解脫見到身證身中, 名知根, 在慧解脫俱解脫身中, 名知已根. 所以者何? 九根合聚, 名未知欲知根, 九根合聚, 名知根, 九根合聚, 名知已根, 以是事故."라고 한 서술에 따르면, 9근이 견도위見道位에 있을 때를 미지당지근, 수도위修道位에 있을 때를 이지근, 무학도無學道에 있을 때를 구지근이라 부른다. 『불광대사전』(p.629)의 설명에 따르면, 사성제의 진리를 알기 위해 닦아 익히는 견도위의 9근이 미지당지근이고, 이미 사성제의 진리를 알지만 진리에 미혹하게 만드는 번뇌를 제거하는 수도위의 9근이 이지근이며, 온갖 번뇌를 끊어서 사성제의 진리를 모조리 아는 것이 구지근이다.

135 이 부분은 경론의 내용을 그대로 옮긴 것이 아니다. 다음의 내용에서 그 요지를 거론한 것으로 보인다. 『유가사지론瑜伽師地論』 권57(T30, 615a27~b4). "問. 生那落迦成就幾根? 答. 八. 現行種子皆得成就, 除三所餘或成就或不成就, 三約現行不成就. 約種子或成就, 謂般涅槃法. 或不成就, 謂不般涅槃法. 餘三現行故不成就, 種子故成就, 如生那落迦趣於一向, 若傍生餓鬼當知亦爾, 若苦樂雜受處, 後三種亦現行成就"; 권98(T30, 863a26~b1). "有增上義. 未知當知已知具知三無漏根, 於能趣向出世離欲最極究竟. 有增上義, 一切世間所現見義, 其唯此量. 當知是義能究竟者, 無出於此二十二根, 故一切根二十二攝."

한 것과 같다. 이것으로 미루어 보면, 또한 〈'[번뇌의 오염이 없는] 온전한 세상'(淨土)을 이루는 '번뇌가 스며듦이 없는 종자'〉(無漏淨土種子)가 있음을 알 수 있다.

[또] 어떤 이는 [이렇게] 말한다. 〈[여량지如量智와 여리지如理智, 이] '두 가지 지혜'(二智)로 거듭 익혀 새로 생긴 종자가 저 '[번뇌의 오염이 없는] 온전한 세상'(淨土)을 이루어 [정토淨土를] '생겨나게 하는 원인'(生因)이 된다.〉『섭대승론석攝大乘論釋』에서 "'세속에서 풀려나는 것에서도 [다시] 풀려나는 이로운 능력'(出出世善法功能)으로부터 '[번뇌의 오염이 없는] 온전한 세상'(淨土)을 생겨나게 하는 것이다. 어떤 것이 '세속에서 풀려나는 것에서도 [다시] 풀려나는 이로운 현상'(出出世善法)인가? '분별이 없는 바른 이해'(無分別智)와 '분별이 없어진 뒤에 생겨난 이로운 능력'(無分別後得所生善根)을 '세속에서 풀려나는 것에서도 [다시] 풀려나는 이로운 현상'(出出世善法)이라고 부른다."[136]라고 말한 것과 같다. 이 [정토淨土]가 본래부터 있는 것이라면 곧 생겨난 것이 아니지만 이미 생겨난 것이라면 새로 이룬 것임을 알아야 할 것이다.

묻는다. 이러한 두 가지 설명 중에서 어떤 것이 참인가? 답한다. [두 가지 설명은] 모두 [부처님의 가르침을 전하는] '고귀한 경전'(聖典)에 의거한 것이니, 어찌 참되지 않은 것이 있겠는가? 이에 관한 자세한 것은 『능가경료간楞伽經料簡』[137]에서 설명한 것과 같다.

136 『섭대승론석攝大乘論釋』 권15(T31, 263b10~13). "從出出世善法功能, 生起此淨土故, 不以集諦爲因, 此句明因圓淨. 何者爲出出世善法? 無分別智·無分別後智所生善根, 名出出世善法.

137 『능가경료간楞伽經料簡』: 『능가경』에 대한 원효의 해설서이지만 현재 전하지 않는다. 『신편제종교장총록新編諸宗教藏總錄』 등의 대장경 목록에서는 검색되지 않지만 원효는 여기서 자신의 저작으로 분명하게 언급하고 있음이 주목된다. 『능가경』에 대한 원효의 또 다른 저서로는 『능가경소楞伽經疏』와 『능가경종요楞伽

2) [정토淨土에] 왕생하는 원인(往生因)

次明往生因者, 凡諸所說往生之因, 非直能感正報莊嚴, 亦得感具依報淨土. 但承如來本願力故, 隨感受用, 非自業因力之所成辦, 是故說爲[138]往生因. 此因之相, 經論不同, 若依『觀經』說十六觀, 『往生論』中說五門行. 今依此經, 說三輩因.

[H1, 557c8~14; T37, 128b5~11]

다음 '[정토淨土에] 왕생하는 원인을 밝힘'(明往生因)이란 [다음과 같다.] 무릇 갖가지로 설명되는 왕생하는 원인은 단지 '[행위로 인해] 직접 받은 온전한 과보의 탁월한 내용'(正報莊嚴)에 감응할 뿐만 아니라, '[행위의] 과보가 의지하는 세계인 [번뇌의 오염이 없는] 온전한 세상'(依報淨土)에도 감응하여 갖출 수 있다. 단지 [중생을 구제하려는] '여래가 본래부터 세운 바람의 힘'(如來本願力)을 이어받기 때문에 감응에 따라 [정토淨土에 왕생함을] 누리는 것이지 〈자기 행위가 지닌 '원인이 되는 힘'〉(自業因力)에 의해서 이루어지는 것이 아니니, 이 때문에 '[정토淨土에] 왕생하는 원인'(往生因)을 설한 것이다. 이 [왕생하는] 원인의 양상에 대한 설명은 경론마다 똑같지 않으니, 『관무량수경觀無量壽經』에 의거할진댄 '열여섯 가지 생각들'(十六觀)[139]을 말하고, 『왕생론往生論』에서는 '다섯 가지 방

經宗要』를 들 수 있는데, 『열반종요』(H1, 537b16; 546b11)에서 원효는 『능가경소』와 『능가경종요』를 각각 언급하고 있다. 『기신론소』(H1, 707c11)에서도 『능가종요』를 언급하였다.

138 한불전에서는 '無'자로 되어 있는 판본이 있다고 교감하였고 대정장본에도 '無'자로 나오지만, 문맥으로는 '爲'자가 적절하므로 여기서는 '爲'로 보고 번역하였다.

139 십육관十六觀: 극락정토에 태어나기 위해 익히는 16가지 이해수행이다. 정토에 태어나기를 발원하는 위제희 부인에게 여래께서 그 방법을 설하는 가운데 등장하는데, 『불설관무량수경佛說觀無量壽經』의 본문에서 거의 대부분(T12, 341c27~346a26)을 차지할 정도로 중요시되는 수행법이다. 각 관법觀法의 내용을 정리하

식의 수행'(五門行)[140]을 [왕생인往生因이라고] 말한다. 지금은 이 『불설무

면 다음과 같다. ① 일상관日想觀: 지는 해를 바라보며 서방의 극락세계를 생각함. ② 수상관水想觀: 물이 맑고 깨끗함을 보고서 유리琉璃로 이루어져 있는 극락의 땅을 생각함. ③ 지상관地想觀: 삼매를 얻어 극락의 땅을 똑똑하고 분명하게 봄. ④ 수상관樹想觀: 진주로 장식되어 있는 극락세계의 보배 나무를 생각함. ⑤ 팔공덕수상관八功德水想觀: 극락에는 여덟 가지 공덕을 갖춘 연못의 물이 있고, 그 물은 모두 칠보로 이루어져 있음을 생각함. ⑥ 총상관總想觀: 극락에는 보배로 이루어진 누각과 땅과 나무와 연못 등이 있음을 총괄하여 생각함. ⑦ 화좌상관華座想觀: 아미타불이 앉아 있는 연꽃의 좌대를 생각함. ⑧ 상상관像想觀: 불상을 보고서 아미타불의 모습을 생각함. ⑨ 변관일체색신상관遍觀一切色身想觀: 아미타불의 모습을 자세하게 보면서 헤아릴 수 없이 많은 부처님의 모습을 생각함. ⑩ 관세음상관觀世音想觀: 아미타불의 옆에 있는 관세음보살의 갖가지 모습을 생각함. ⑪ 대세지상관大勢至想觀: 아미타불의 옆에 있는 대세지보살의 모습을 생각함. ⑫ 보상관普想觀: 스스로가 극락에 태어나 연꽃 속에 앉아서 부처님과 보살, 물과 새와 숲이 허공에 가득하다고 생각함. ⑬ 잡상관雜想觀: 극락에는 1장丈 6척尺의 불상이 연못 위에 있고, 관세음보살과 대세지보살이 그를 도와 널리 중생을 구하는 모습을 생각함. ⑭ 상배생상관上輩生想觀: 출가하여 깨달음을 구하는 마음을 일으키고 오로지 아미타불을 생각하는 최상의 무리가 극락에 태어나는 모습을 생각함. ⑮ 중배생상관中輩生想觀: 출가하여 큰 공덕을 쌓지는 못하였지만 깨달음을 구하는 마음을 일으키고 오로지 아미타불을 생각하면서 계율을 지키고 탑을 세우고 불상을 조성하는 중간층에 해당하는 무리가 극락에 태어나는 모습을 생각함. ⑯ 하배생상관下輩生想觀: 악업을 지었지만 선지식을 만나 참회하고 아미타불을 부르는 무리가 극락에 태어나는 모습을 생각함.

140 오문행五門行: 오념문五念門의 수행이니, 아미타불의 극락세계에 왕생하기 위해 닦아야 할 다섯 가지 수행의 방식을 가리킨다. 오념문의 각각에 대해서는 『무량수경우파제사無量壽經優波提舍』의 다음과 같은 서술에서 그 내용을 자세하게 파악할 수 있다. 『무량수경우파제사無量壽經優波提舍』 권1(T26, 231b10~24). "若善男子善女人, 修五念門成就者, 畢竟得生安樂國土, 見彼阿彌陀佛. 何等五念門? 一者禮拜門, 二者讚歎門, 三者作願門, 四者觀察門, 五者迴向門. 云何禮拜? 身業禮拜阿彌陀如來應正遍知, 爲生彼國意故. 云何讚歎? 口業讚歎, 稱彼如來名, 如彼如來光明智相, 如彼名義, 欲如實修行相應故. 云何作願? 心常作願, 一心專念畢竟往生安樂國土, 欲如實修行奢摩他故. 云何觀察? 智慧觀察, 正念觀彼, 欲如實修行毘婆舍那故, 彼觀察有三種. 何等三種? 一者, 觀察彼佛國土功德莊嚴. 二者, 觀察阿彌陀佛功德莊嚴, 三者觀察彼諸菩薩功德莊嚴. 云何迴向? 不捨一切苦惱衆生, 心常作願迴向爲首成就大悲心故." 이에 따르면 극락세계로 갈 수 있는 수행의 종류는 예배문禮拜門, 찬탄문讚歎門,

량수경佛說無量壽經』에 의거하여 '[상품上品 · 중품中品 · 하품下品, 이] 세 부류의 무리들이 되는 원인'(三輩因)에 대해 설명한다.

上輩之因, 說有五句. 一者, 捨家棄欲而作沙門, 此顯發起正因方便. 二者, 發菩提心, 是明正因. 三者, 專念彼佛, 是明修觀. 四者, 作諸功德, 是明起行. 此觀及行爲助滿業. 五者, 願生彼國, 此一是願, 前四是行. 行願和合, 乃得生故. 中輩之中, 說有四句. 一者, 雖不能作沙門, 當發無上菩提之心, 是明正因. 二者, 專念彼佛. 三者, 多少修善. 此觀及行爲助滿業. 四者, 願生彼國, 前行此願和合爲因也. 下輩之內, 說二種人, 二人之中, 各有三句. 初人三者, 一者, 假使不能作諸功德, 當發無上菩提之心, 是明正因. 二者, 乃至十念專念彼佛, 是助滿業. 三者, 願生彼國, 此願前行和合爲因, 是明不定性人也. 第二人中有三句者, 一者, 聞甚深法, 歡喜信樂. 此句兼顯發心正因, 但爲異前人, 擧其深信耳. 二者, 乃至一念念於彼佛, 是助滿業. 爲顯前人無深信故, 必須十念, 此人有深信故, 未必具足十念. 三者, 以至誠心, 願生彼國, 此願前行和合爲因. 此就菩薩種性人也. 經說如是.

[H1, 557c14~558a14; T37, 128b11~c1]

작원문作願門, 관찰문觀察門, 회향문迴向門의 다섯이다. 첫 번째 예배문은 '신체의 행위'(身業)로서 아미타 부처에게 예배하는 것이다. 두 번째 찬탄문讚歎門은 '언어 행위'(口業)로서 아미타 부처의 이름과 그의 지혜광명 등을 찬탄하는 것이다. 세 번째 작원문作願門은 마음에 늘 바람(願)을 만들어 내어 한결같은 마음으로 반드시 정토세계에 갈 것을 생각하는 것이다. 네 번째 관찰문觀察門은 극락세계의 장엄莊嚴함을 살펴보는 것이다. 다섯 번째 회향문迴向門은 세상의 모든 중생을 저버리지 않겠다는 마음을 언제나 간직하여 '위대한 연민의 마음'(大悲心)을 성취하는 것이다. 여기서 인용한 『무량수경우파제사無量壽經優波提舍』는 인도의 바수반두(vasubandhu, 世親)의 저술로 알려진 것으로 중국 원위元魏 시대 보리유지菩提留支가 한역漢譯한 것이다.

'높은 수준의 무리가 되는 원인'(上輩之因)에 대해서는 [『불설무량수경佛說無量壽經』에서] '다섯 가지 구절'(五句)을 설한다.[141] 첫 번째는 집을 버리고 [세속에 대한] 욕망을 버려 출가수행자가 되는 것이니, 이는 '[정토淨土에 태어나는] 온전한 원인'(正因)을 일으키는 '수단과 방법'(方便)을 나타낸 것이다. 두 번째는 '깨달음을 구하는 마음을 일으킴'(發菩提心)이니, 이는 '[정토淨土에 태어나는] 온전한 원인'(正因)을 밝힌 것이다. 세 번째는 '저 아미타불을 오로지 생각함'(專念彼佛)이니, 이는 '[정토왕생의 원인이 되는] 생각을 거듭 익힘'(修觀)을 밝힌 것이다. 네 번째는 '갖가지 이로운 일을 행함'(作諸功德)이니, 이는 '[정토왕생의 원인이 되는] 실천'(行)을 일으킴을 밝힌 것이다. 이 '[정토왕생의 원인이 되는] 생각'(觀)과 '[정토왕생의 원인이 되는] 실천'(行)이 '[왕생한 정토의 과보 내용을] 구체적으로 결정짓는 행위'(滿業)[142]를 돕게 된다. 다섯 번째는 저 극락정토에 태어나기를 바라는 것이니, 이 한 가지는 바람(願)이고 앞의 네 가지

---

141 『불설무량수경佛說無量壽經』 권2(T12, 272b16~18). "其上輩者, 捨家棄欲而作沙門, 發菩提心, 一向專念無量壽佛, 修諸功德, 願生彼國."

142 만업滿業: 인간다운 행위를 하면 다음 생에 인간으로, 짐승다운 행위를 하면 다음 생에 짐승으로 태어나게 하는 등의 행위를 인업引業이라고 한다. 만업은 바로 그 인업에 의해 태어난 인간, 혹은 짐승 등의 개별적이고 세부적인 상황, 즉 아름답고 못생겼고 수명이 길고 짧고, 부유하고 가난하고 등의 차이를 과보로 받을 수 있는 세부적이고 개별적인 행위를 만업이라 한다. 『불광대사전』(p.5834)의 설명에 따르면, 마치 화가가 사람을 그릴 때 먼저 윤곽선을 그리고 나서 세부묘사를 하듯이, 인업으로써 한 중생이라는 큰 윤곽선이 만들어지고, 만업으로써 그 중생의 개별적인 특질이 만들어지는 것으로 비유할 수 있다고 한다. 따라서 인업은 총보업總報業, 만업은 별보업別報業이라는 것이다. 다음의 경문에서 자세한 설명을 살펴볼 수 있다. 『아비달마순정리론阿毘達磨順正理論』 권12(T29, 400a17~25). "論曰. 有別實物, 名爲同分. 謂諸有情, 展轉類等, 本論說此, 名衆同分. 一趣等生, 諸有情類, 所有身形, 諸根業用, 及飮食等, 互相似因, 并其展轉相樂欲因, 名衆同分. 如鮮淨色業心大種, 皆是其因, 故身形等, 非唯因業, 現見身形, 是更相似, 業所引果, 諸根業用及飮食等, 有差別故. 若謂滿業有差別故, 此差別者, 理不應然. 或有身形, 唯由相似引業所起, 以衆同分有差別故."

는 실천(行)이다. 실천(行)과 바람(願)이 합쳐져야 [극락정토에] 태어날 수 있기 때문이다.

'중간 수준의 무리[가 되는 원인]'(中輩之[因])에서는 [『불설무량수경佛說無量壽經』에서] '네 가지 구절'(四句)을 설한다.[143] 첫 번째는 비록 출가수행자가 될 수 없더라도 '가장 높은 깨달음을 구하는 마음을 일으키는 것'(發無上菩提之心)이니, 이는 '[정토淨土에 태어나는] 온전한 원인'(正因)을 밝힌 것이다. 두 번째는 '저 아미타불을 오로지 생각함'(專念彼佛)이다. 세 번째는 '많든 적든 이로운 것을 닦는 것'(多少修善)이다. 이 '[아미타불에 대한] 생각'(觀)과 '[다소간 이로운 것의] 실천'(行)이 '[왕생한 정토의 과보 내용을] 구체적으로 결정짓는 행위'(滿業)를 돕게 된다. 네 번째는 '저 극락정토에 태어나기를 바라는 것'(願生彼國)이니, 앞의 [세 가지] 실천(行)과 [이 한 가지] 바람(願)이 합쳐져 [극락정토에 태어나는] 원인이 된다.

'낮은 수준의 무리'(中輩)에 대해서는 [『불설무량수경佛說無量壽經』에서] 두 가지 사람을 설하는데, 두 사람에게 각각 '세 가지 구절'(三句)이 있다.[144] 첫 번째 사람에게 [해당하는] '세 가지 [구절]'(三[句])[은 다음과 같다.] 첫째는 설혹 갖가지 이로운 것들을 짓지 못할지라도 '가장 높은 깨달음으로 향하는 마음을 일으키는 것'(發無上菩提之心)이니, 이는 '[정토淨土에 태어나는] 온전한 원인'(正因)을 밝힌 것이다. 둘째는 [한결같은 마음으로] '열 가지 생각'(十念)[을 지니면서] '저 아미타 부처님을 오로지 생각하는 것'(專念彼佛)이니, 이는 '[왕생한 정토의 과보 내용을] 구체적으로 결

143 『불설무량수경佛說無量壽經』 권2(T12, 272b24~29). "其中輩者, 十方世界諸天人民, 其有至心願生彼國. 雖不能行作沙門大修功德, 當發無上菩提之心, 一向專念無量壽佛. 多少修善, 奉持齋戒, 起立塔像, 飯食沙門, 懸繒然燈, 散華燒香, 以此迴向願生彼國."

144 『불설무량수경佛說無量壽經』 권2(T12, 272c4~10). "其下輩者, 十方世界諸天人民, 其有至心欲生彼國, 假使不能作諸功德, 當發無上菩提之心, 一向專意乃至十念, 念無量壽佛, 願生其國. 若聞深法歡喜信樂, 不生疑惑乃至一念念於彼佛, 以至誠心願生其國. 此人臨終夢見彼佛, 亦得往生, 功德智慧次如中輩者也."

정짓는 행위'(滿業)를 돕는다. 셋째는 '저 극락정토에 태어나기를 바라는 것'(願生彼國)이니, [이] 바람(願)과 앞의 실천(行)이 합쳐져 [극락정토에 태어나는] 원인이 되는데, 이는 '[깨달음의 세계로 갈지, 타락하여 해로운 세계로 갈지] 방향이 정해져 있지 않은 면모의 사람들'(不定性人)에 대해 밝힌 것이다.

두 번째 사람에게 [해당하는] '세 가지 구절'(三句)이 있다는 것은 [다음과 같다.] 첫째는 '매우 심오한 진리'(甚深法)를 듣고 환희하며 믿고 즐기는 것이다. 이 구절은 '[가장 높은 깨달음을 구하는] 마음을 일으키는 것'(發[無上菩提]心)과 '[정토淨土에 태어나는] 온전한 원인'(正因)을 아울러 드러낸 것인데, 단지 [부정성不定性인] 앞 사람과 다른 것으로는 그 깊은 믿음을 들었을 뿐이다. 둘째는 '저 아미타 부처님을 한결같이 늘 생각하는 것'(一念念於彼佛)이니, 이는 '[왕생한 정토의 과보 내용을] 구체적으로 결정짓는 행위'(滿業)를 돕는다. [부정성不定性인] 앞의 사람에게는 깊은 믿음이 없기 때문에 반드시 '[아미타 부처님을 부르며 지니는] 열 가지 생각'(十念)이 필요하지만 [정정성正定性인] 이 사람에게는 깊은 믿음이 있기 때문에 반드시 '[아미타 부처님을 부르며 지니는] 열 가지 생각'(十念)을 갖추지 않아도 된다는 것을 나타내려고 한 것이다. 셋째는 '정성을 다하는 마음'(至誠心)으로써 '저 극락정토에 태어나기를 바라는 것'(願生彼國)이니, 이 바람(願)과 앞의 실천(行)이 합쳐져 [극락정토에 태어나는] 원인이 된다. 이것은 '보살이 되는 특성을 타고난 자'(菩薩種性人)에 의거한 것이다. 『불설무량수경佛說無量壽經』에서는 이와 같이 설하였다.

今此文略辨其生相. 於中有二, 先明正因, 後顯助因. 經所言正因, 謂菩提心. 言"發無上菩提心"者, 不顧世間富樂及與二乘涅槃, 一向志願三身菩提, 是名無上菩提之心. 總標雖然, 於中有二, 一者, 隨事發心, 二者, 順理發心.

[H1, 558a14~20; T37, 128c1~6]

지금 이 글은 저 '[정토淨土에] 왕생하는 양상'(生相)을 간략하게 구별한 것이다. 여기에 두 가지가 있으니, 먼저는 '[정토淨土에 태어나는] 온전한 원인을 밝히는 것'(明正因)이고, 나중은 '[정토淨土에 태어나도록] 도움을 주는 원인을 나타낸 것'(顯助因)이다.

(1) [정토淨土에 태어나는] 온전한 원인을 밝힘(明正因)

『불설무량수경佛說無量壽經』에서 설한 '[정토淨土에 태어나는] 온전한 원인(正因)은 '깨달음을 구하는 마음'(菩提心)을 가리킨다. "가장 높은 깨달음을 구하는 마음을 일으킴"(發無上菩提心)이라고 말한 것은, 세상의 부와 쾌락 및 '[성문聲聞, 연각緣覺] 두 부류의 수행자[가 성취한] 열반'(二乘涅槃)을 돌아보지 않고 한결같이 '[법신法身·보신報身·화신化身, 이] 세 가지 몸을 지닌 [모든 부처님의] 깨달음'(三身菩提)에 뜻을 두고 바라는 것을 '가장 높은 깨달음을 구하는 마음'(無上菩提之心)이라고 부른다. '총괄적인 설명'(總標)은 비록 그렇지만 [자세하게 설명하면] 두 가지가 있으니, 첫 번째는 '[익혀야 할] 일에 따라 [가장 높은 깨달음을 구하는] 마음을 일으키는 것'(隨事發心)이고, '이치에 따라 [가장 높은 깨달음을 구하는] 마음을 일으키는 것'(順理發心)이다.

言隨事者, 煩惱無數, 願悉斷之, 善法無量, 願悉修之, 衆生無邊, 願悉度之, 於此三事, 決定期願. 初是如來斷德正因, 次是如來智德正因, 第三心者, 恩德正因. 三德合爲無上菩提之果, 卽是三心, 總爲無上菩提之因. 因果雖異, 廣長量齊等, 無所遺, 無不苞故. 如經言, "發心畢竟二無[145]別, 如是二心前[146]心難. 自未得度, 先度他, 是故我禮初發

145 『대반열반경』의 원문에 의거하여 '不'로 교감한다.
146 『대반열반경』의 원문에 의거하여 '先'으로 교감한다.

心." 此心果報, 雖是菩提, 而其華報, 在於淨土. 所以然者, 菩提心量, 廣大無邊, 長遠無限故, 能感得廣大無際依報淨土, 長遠無量正報壽命. 除菩提心, 無能當彼. 故說, 此心爲彼正因. 是明隨事發心相也.

[H1, 558a20~b10; T37, 128c6~18]

'[익혀야 할] 일에 따라 [가장 높은 깨달음을 구하는 마음을 일으키는 것]'(隨事[發心])이라고 말한 것은, 번뇌가 헤아릴 수 없이 많더라도 그 번뇌를 모두 끊기를 바라고 '이로운 것들'(善法)이 헤아릴 수 없이 많더라도 그것들을 모두 익히기를 바라며 중생은 끝없이 많더라도 그들을 모두 구제하기를 바람이니, 이 세 가지 일을 반드시 기약하며 바라는 것이다.

[세 가지 일 가운데] 첫 번째는 〈여래께서 갖추신 '번뇌를 끊어 내는 능력'이 되는 온전한 원인〉(如來斷德正因)이고, [두 번째인] 다음은 〈여래께서 갖추신 '지혜의 능력'이 되는 온전한 원인〉(如來智德正因)이며, 세 번째인 [중생을 구제하기를 반드시 기약하는] 마음은 〈[중생을 모두 구제하려는 여래의] '은혜로운 능력'이 되는 온전한 원인〉(恩德正因)이다. '[이] 세 가지 능력'(三德)[147]이 합쳐져 '가장 높은 깨달음이라는 결과'(無上菩提之果)가 되니, 곧 [이] '세 가지 마음'(三心)이 모두 '가장 높은 깨달음의 원인'(無上菩提之因)이 되는 것이다. 원인과 결과는 비록 다르지만 [원인과

---

147 삼덕三德: 보리심을 성취할 수 있는 마음으로 제시된 이 세 가지 능력은 다음의 경문에서 그 근거를 살펴볼 수 있다. 『섭대승론석攝大乘論釋』 권8(T31, 207a29~b7). "論曰. 爲轉依. 釋曰. 此下明第三得佛法用. 爲得如來無垢清淨法身, 即漏盡無畏. 論曰. 爲得一切如來正法. 釋曰. 即是能說障道能說盡苦道二無畏, 爲利益他爲安立正法. 論曰. 爲得一切智智. 釋曰. 即是一切智無畏. 此三句即顯三德. 初明斷德, 次明恩德, 後明智德"; 권11(T31, 233b25~29). "論曰. 四無上菩提依止廣大. 釋曰. 由菩薩戒有三及九品, 戒能攝如來三種勝德及九種勝德故. 正護戒爲如來斷德因, 攝善法戒爲如來智德因, 攝衆生戒爲如來恩德因, 九品戒爲如來九德因."

결과의] 넓이와 길이의 양은 같아서 동등하니, 버리는 것도 없고 포함하지 않는 것도 없기 때문이다. 『대반열반경大般涅槃經』에서, "'[처음으로 깨달음을 구하려] 마음을 일으킨 것'(發心)과 '[깨달음을] 다 이룬 것'(畢竟) [이] 두 가지는 다른 것이 아니지만, 이와 같은 두 가지 마음에서 앞의 마음이 어려운 것이다. 아직 자신을 구제하지 못했으면서도 먼저 다른 이를 구제하려는 것이니, 그러므로 나는 '[깨달음을 구하려고] 처음 일으키는 마음'(初發心)에 예배한다."[148]라고 말한 것과 같다.

[일에 따라 가장 높은 깨달음을 구하려고 일으킨] 이 마음의 과보가 비록 깨달음(菩提)이지만 그 '[열매를 거두기 전에] 꽃이 피는 [것처럼 먼저 얻는] 과보'(華報)[149]는 '[번뇌의 오염이 없는] 온전한 세상'(淨土)에 있다. 왜냐하면, '깨달음을 구하는 마음'(菩提心)의 양(量)은 '광대하여 한계가 없고'(廣大無邊) '길고도 길어 끝이 없기'(長遠無限) 때문에, <광대하여 한계가 없는 '[행위의] 과보가 의지하는 [번뇌의 오염이 없는] 온전한 세상'(依報淨土)>과 <길고도 길어 헤아릴 수 없는 '[행위로 인해] 직접 받은 온전한 과보의 수명'(正報壽命)>에 감응할 수 있기 때문이다. '깨달음을 구하는 마음'(菩提心)을 제외하고는 그러한 일을 감당할 수 없다. 따라서 이 [깨달음을 구하는] 마음이 '[정토淨土에 태어나는] 온전한 원인'(正因)이

---

148 『대반열반경大般涅槃經』 권38(T12, 590a21~22). "發心畢竟二不別, 如是二心先心難, 自未得度先度他, 是故我禮初發心."

149 화보華寶: 열매가 맺히기 전에 꽃이 먼저 피는 것처럼, 특정한 과보를 얻기 이전에 먼저 성취하게 되는 과보이다. 화보花報라고도 한다. 『불광대사전』(p.5233)의 설명에 따르면, 염불로써 선업善業을 쌓아 마침내 깨달음을 성취하게 되는 경우, 그 염불의 공덕에 따라 먼저 극락에 왕생하는 결실을 얻게 되는데 이 극락왕생이 바로 화보에 해당한다는 것이다. 다음의 경문 내용에서 화보의 의미를 살펴볼 수 있다. 『십송률十誦律』 권12(T23, 88a23~24). "佛言, '但取, 必得生忉利天上. 今是華報, 果報在後'"; 『불설관정경佛說灌頂經』 권12(T21, 534a20~23). "若他方怨賊偷竊惡人, 怨家債主欲來侵陵, 心當存念瑠璃光佛, 則不爲害, 以善男女禮敬瑠璃光如來功德, 所致華報如是. 況果報也."

된다고 설한 것이다. 이것은 '[익혀야 할] 일에 따라 [가장 높은 깨달음을 구하는] 마음을 일으키는 양상'(隨事發心相)을 밝힌 것이다.

所言順理而發心者, 信解諸法皆如幻夢, 非有非無, 離言絶慮, 依此信解, 發廣大心. 雖不見有煩惱善法, 而不撥無可斷可修. 是故雖願悉斷悉修, 而不違於無願三昧. 雖願皆度無量有情, 而不存能度所度, 故能順隨[150]於空無相. 如經言, "如是滅度無量衆生, 實無衆生得滅度者." 乃至廣說故. 如是發心, 不可思議. 是明順理發心相也. 隨事發心有可退義, 不定性人, 亦得能發. 順理發心, 卽無退轉, 菩薩性人, 乃能得發. 如是發心功德無邊, 設使諸佛窮劫演說彼諸功德, 猶不能盡. 正因之相, 略說如是.

[H1, 558b10~23; T37, 128c19~129a1]

'이치에 따라 [가장 높은 깨달음을 구하는] 마음을 일으키는 것'(順理而發心)이란 '모든 현상'(諸法)은 다 허깨비나 꿈과 같이 '[불변 · 독자의 본질/실체로서] 있는 것도 아니고 [완전히] 없는 것도 아니며'(非有非無) '언어적 규정에서 벗어나고 분별하는 생각을 끊은 것'(離言絶慮)임을 믿고 이해하는 것이니, 이러한 믿음(信)과 이해(解)에 의거해서 '광대한 마음'(廣大心)을 일으키는 것이다. 비록 번뇌가 [불변 · 독자의 실체로서] 있거나 '이로운 현상'(善法)이 [불변 · 독자의 실체로서] 있다고 보지는 않지만, '끊어야 할 것도 없고 익혀야 할 것도 없는 경지'(無可斷可修)를 부정하는 것도 아니다. 그러므로 비록 [번뇌를] 다 끊어 버리고 [이로운 현상을] 모두 익히기를 바라지만 '[불변 · 독자의 본질/실체적인 것들을] 바라

150 한불전에는 '隨順'으로 의심된다고 주석하였고, 대정장본에는 교감주 없이 '順隨'로 나온다. 그러나 번역에는 영향을 끼치지 않으므로 교감하지 않고 그대로 두었다.

는 것이 없는 경지의 삼매'(無願三昧)[151]를 거스르지 않는 것이다.

[또] 비록 헤아릴 수 없이 많은 중생을 다 구제하기를 바라지만 구제하는 사람도 구제되는 중생도 [실체로서 있다는 생각을] 남겨 두지 않으니, 그러므로 '불변 · 독자의 본질/실체가 없는 경지[의 삼매]'(空[三昧])와 '[불변 · 독자의 본질/실체로서의] 양상이 없는 [삼매](無相[三昧])를 따를 수 있는 것이다. 『금강경』에서 "이와 같이 헤아릴 수 없이 많은 중생을 구제하였지만, 실제로는 구제된 중생이 [실체로서] 없다."[152] 등으로

151 무원삼매無願三昧: 니까야/아함에서부터 중요시되던 삼매三昧 수행법의 하나로서, 아래 본문에 나오는 '불변 · 독자의 본질/실체가 없음'(空)과 '[불변 · 독자의 본질/실체로서의] 양상이 없음'(無相)을 합쳐 삼삼매三三昧라고 한다. 때로는 이 무원삼매가 '[불변 · 독자의 본질/실체로 보는 생각에 의거한 작용을] 지어냄이 없음'(無作)으로 대체된 삼삼매가 나타나는 경우도 있다. 그런데 초기불전에서 이 세 가지 삼매라는 술어가 제시될 때 그 내용에 대해서는 구체적으로 서술하고 있지 않다. 『증일아함경』에서 유일하게 삼삼매가 무엇인지를 설명하는 부분을 찾아볼 수 있다. 『증일아함경增一阿含經』 권16(T2, 630b3~10). "此三三昧. 云何爲三? 空三昧, 無願三昧, 無想三昧. 「彼云何名爲空三昧? 所謂空者, 觀一切諸法, 皆悉空虛, 是謂名爲空三昧. 「彼云何名爲無想三昧? 所謂無想者, 於一切諸法, 都無想念, 亦不可見, 是謂名爲無想三昧. 「云何名爲無願三昧? 所謂無願者, 於一切諸法, 亦不願求, 是謂名爲無願三昧." 이 경전에 대응하는 남전 니까야는 『앙굿따라-니까야』 제3집(A3:163)에서 찾아볼 수 있는데, 여기서는 북전 『증일아함』과 달리 삼삼매라는 용어만 나타날 뿐, 그 내용에 대한 설명은 발견되지 않는다. 이 때문에 삼삼매가 특정 부파의 산물일 가능성을 염두에 둘 필요가 있다. 한편 『방광반야경放光般若經』에서도 '세 가지 삼매'(三三昧)를 제시하고 있는데, 순서와 내용이 모두 『앙굿따라 니까야』와 일치하는 구절이 확인된다. 『방광반야경放光般若經』 권4(T8, 25b25~27). "須菩提! 復有摩訶衍, 謂三三昧是. 何謂爲三? 空三昧, 無相三昧, 無願三昧"; 『아비담심론阿毘曇心論』 권4(T28, 857a22). "三昧者三三昧. 空無願無相."

152 『금강반야바라밀경金剛般若波羅密經』 권1(T8, 749a9~10). "如是滅度無量無數無邊衆生, 實無衆生得滅度者." 〈산스크리트본의 해당 내용: VP., p.49. bhagavān āha evam etat subhūte yo bodhisattva evaṁ vadet ahaṁ sattvān parinirvāpayiṣyāmīti, na sa bodhisattva iti vaktavyaḥ / tatkasya hetoḥ / asti subhūte sa kaścid dharmo yo bodhisattvo nāma / subhūtir āha / no hīdaṁ bhagavan / nāsti sa kaścid dharmo yo bodhisattvo nāma / bhagavān āha

자세하게 설명한 것과 같다. '이와 같이 마음을 일으키는 것'(如是發心)은 생각으로 헤아리기 어렵다. 이것이 '이치에 따라 [가장 높은 깨달음을 구하는] 마음을 일으키는 것의 양상'(順理發心相)을 밝힌 것이다.

'[익혀야 할] 일에 따라 [가장 높은 깨달음을 구하는] 마음을 일으키는 것'(隨事發心)에는 퇴보할 수 있는 측면이 있으므로 '[깨달음의 세계로 갈지, 타락하여 해로운 세계로 갈지] 방향이 정해져 있지 않은 면모의 사람들'(不定性人)도 [이런] 마음을 일으킬 수 있다. [그러나] '이치에 따라 [가장 높은 깨달음을 구하는] 마음을 일으키는 것'(順理發心)이라면 '[한번 도달한 곳에서 다시] 퇴보함이 없기에 '보살의 면모를 지닌 사람'(菩薩性人)이라야 일으킬 수 있다. 이와 같이 [순리발심順理發心과 수사발심隨事發心으로] '마음을 일으키는 것의 이로운 능력'(發心功德)은 끝이 없어서 설사 모든 부처님이 헤아릴 수 없이 오랜 세월이 다하도록 저 이로운 온갖 능력을 자세히 설명한다고 해도 여전히 다할 수가 없는 것이다. '[정토淨土에 태어나는] 온전한 원인의 양상'(正因之相)을 간략하게 설명하면 이와 같다.

---

sattvāḥ sattvā iti subhūte asattvās te tathāgatena bhāṣitāḥ, tenocyante sattvā iti / tasmāt tathāgato bhāṣate nirātmānaḥ sarvadharmā nirjīvā niṣpoṣā niṣpudgalāḥ sarvadharmā iti //; 세존이 말씀하셨다. "다음은 어떠한가, 수보리여. 어떤 보살이 내가 중생들을 반열반시키겠다고 한다면 그는 보살이라고 할 수 없다. 왜 그런가? 보살이라고 할 만한 그 어떤 법도 없기 때문이다." 수보리가 대답했다. "그렇습니다. 세존이시여, 보살이라고 할 만한 그 어떤 법도 없습니다." 세존이 말씀하셨다. "수보리여, 중생, 중생이라고 하는 것에 대해 여래는 그것이 중생이 아니라고 하셨기 때문에 중생이라고 한다고 말씀하셨다. 그러므로 여래는 모든 법이 자아가 없다고 하셨고, 모든 법이 생명도 없고 양육자도 없고 사람도 없다."고 말씀하셨다.〉

(2) [정토淨土에 태어나도록] 도움을 주는 원인을 나타냄(顯助因)

次明助因. 助因多種, 今且明其下輩十念. 此經中說, 下輩十念, 一言之內, 含有二義, 謂顯了義及隱密義.

[H1, 558b23~c2; T37, 129a1~3]

다음으로 '[정토淨土에 태어나도록] 도움을 주는 원인'(助因)을 밝힌다. '[정토淨土에 태어나도록] 도움을 주는 원인'(助因)은 여러 가지이지만, 지금은 저 '낮은 수준의 무리가 [아미타 부처님을 부르며] 지니는 열 가지 생각'(下輩十念)에 대해 밝힌다. 이 『무량수경』에서 설하는 '낮은 수준의 무리가 [아미타 부처님을 부르며] 지니는 열 가지 생각'(下輩十念)은 한 말에 '두 가지 뜻'(二義)이 포함되어 있으니, '현상으로 드러나는 뜻'(顯了義) 및 '현상으로 드러나지 않는 뜻'(隱密義)이 그것이다.

隱密義者, 望第三對純淨土果, 以說下輩十念功德. 此如『彌勒發問經』言, "彌[153]時彌勒菩薩白佛言. 〈如佛所說, 阿彌陀佛, 功德利益, 若能十念相續, 不斷念彼佛者, 卽得往生, 當云何念?〉 佛言, 〈非凡夫念, 非不善念, 非雜結使念, 具足如是念, 卽得往生安養國土. 凡有十念, 何等爲十? 一者, 於一切衆生, 常生慈心, 於一切衆生, 不毁其行, 若毁其行, 終不往生. 二者, 於一切衆生, 深起悲心, 除殘害意. 三者, 發護法心, 不惜身命, 於一切法, 不生誹謗. 四者, 於忍辱中, 生決定心. 五者, 深心淸淨, 不染利養. 六者, 發一切種智心, 日日常念, 無有廢忘. 七者, 於一切衆生, 起尊重心, 除我慢意, 謙下言說. 八者, 於世談話, 不生味著心. 九者, 近於覺意, 深起種種善根因緣, 遠離憒鬧散亂之心.

153 한불전에는 '爾'자로 된 판본이 있다고 주석하였고, 대정장본에는 '爾'자로 나온다. '爾'자로 교감한다.

十者, 正念觀佛, 除去諸根.〉" 解云, 如是十念, 旣非凡夫. 當知初地以上菩薩, 乃能具足十念, 於純淨土爲下輩因. 是爲隱密義之十念.

[H1, 558c2~559a1; T37, 129a3~21]

'현상으로 드러나지 않는 뜻'(隱密義)이라는 것은 ['네 가지 상대적인 짝'(四對) 가운데] 세 번째인[154] ['순일한 것과 뒤섞인 것을 상대적인 짝으로 삼

154 여기서 세 번째란 아래의 '2. 1) ①'에서 '다. '순일한 것과 뒤섞인 것을 상대적인 짝으로 삼음'(純與雜相對)' 부분을 가리킨다. 아울러 이하에 전개되는 내용을 포함하여 과문科文하면 다음과 같다.
1. '가르침의 전체 취지를 서술함'(述教之大意)
2. 경전의 핵심과 목적을 밝힘(簡經之宗致)
1) '[극락정토極樂淨土에 갖추어진] 과보의 이로움을 밝힘'(明果德)
① '온전한 측면'(淨門)과 '온전하지 못한 측면'(不淨門)
가. '원인[이 되는 지위]와 결과[가 되는 지위]를 상대적인 짝으로 삼음'(因與果相對)
나. '한결같이 향상만 하는 것과 한결같이 향상하지 못하는 것을 상대적인 짝으로 삼음'(一向與不一向相對)
다. '순일한 것과 뒤섞인 것을 상대적인 짝으로 삼음'(純與雜相對)
라. '방향이 정해진 부류와 방향이 정해지지 않은 부류를 상대적인 짝으로 삼음'(正定與非正定相對)
② '유형적인 측면'(色門)과 '무형적인 측면'(無色門)
③ '공유하는 [외부의 환경적인] 측면'(共門)과 '공유하지 못하는 [내부의 심리적인] 측면'(不共門)
④ '번뇌가 스며듦이 있는 측면'(漏門)과 '번뇌가 스며듦이 없는 측면'(無漏門)
가. '통틀어 밝히는 방식'(通門)
나. '별도로 밝힘'(別明)
가) '구분이 있는 측면'(有分際門)
나) '걸림이 없는 측면'(無障礙門)
2) '[번뇌의 오염이 없는] 온전한 세상의 원인을 밝힘'(明淨土因)
(1) '[정토淨土를] 이루는 원인'(成辦因)
(2) '[정토淨土에] 왕생하는 원인'(往生因)
① '세 부류의 무리들이 되는 원인에 대해 설명'(說三輩因)

음'(純與雜相對)에서] '순일하면서도 온전한 세상의 과보'(純淨土果)를 상대하는 것에 의거하여 '낮은 수준의 무리가 [아미타 부처님을 부르며] 지니는 열 가지 생각의 이로움'(下輩十念功德)[155]을 설명하는 것이다. 이것은 『미륵발문경彌勒發問經』[156]에서 [다음과 같이] 설한 것과 같다.

"그때 미륵보살이 부처님께 여쭈었다. 〈부처님께서 설하신 것과 같이, 아미타불은 '이로운 능력'(功德利益)으로, 만약 '열 가지 생각'(十念)

---

② '[정토淨土에] 왕생하는 양상을 간략하게 구별'(略辨其生相)
　가. '[정토淨土에 태어나는] 온전한 원인을 밝히는 것'(明正因)
　　가) '[익혀야 할] 일에 따라 [가장 높은 깨달음을 구하는] 마음을 일으키는 것'(隨事發心)
　　나) 이치에 따라 [가장 높은 깨달음을 구하는] 마음을 일으키는 것'(順理而發心)
　나. '[정토淨土에 태어나도록] 도움을 주는 원인을 나타낸 것'(顯助因)
　　가) '현상으로 드러나는 뜻'(顯了義)
　　나) '현상으로 드러나지 않는 뜻'(隱密義)
3. '사람을 거론하여 구분함'(擧人分別)
4. '[『무량수경』의] 본문에 의거하여 해석함'(就文解釋)

155 십념공덕十念功德: 십념十念이란 열 가지에 대해서 늘 생각하는 수행을 가리킨다. 이 열 가지에 해당하는 것은 경전마다 차이가 있다. 극락정토에 대해 설하고 있는 경전의 계열에서 십념은, 아미타 부처님이 계시는 극락정토에 태어나고자 원하는 이는 누구나 지극한 신심으로 아미타 부처님의 명칭을 부르면서 지니는 열 가지 생각을 뜻한다. 이는 아미타 부처가 세운 48가지 서원誓願 가운데 다음과 같은 제18원願에 해당하는 것이다. 『불설무량수경佛說無量壽經』 권1(T12, 268a26~28). "設我得佛, 十方衆生, 至心信樂, 欲生我國, 乃至十念, 若不生者, 不取正覺, 唯除五逆, 誹謗正法." 원효는 『아미타경소』에서 "그리고 '['아미타 부처님'을 부르며 지니는] 열 가지 생각의 이로움'(十念功德)으로 저 ['탁월한 즐거움이 가득한'(極樂)] 나라에 태어나는 이들은 '깨달음의 세계로 방향이 정해진 부류'(正定聚)로 들어가서 물러나는 일이 끝내 없기 때문이다."(H1, 565a17~18. 乃至十念功德生彼國者, 入正定聚, 永無退故.)라고 한다.

156 『미륵발문경彌勒發問經』: 현재 전하지 않는 경전이지만, 당唐나라 회감懷感이 편찬한 정토종의 백과전서로 평가받는 『정토군의론淨土群疑論』(T47, 59a1~14)과 당의 도세道世가 편찬한 『법원주림法苑珠林』(T53, 398c18~29) 등에서 십념공덕十念功德에 관한 내용을 수록하면서 『미륵발문경彌勒發問經』을 명시하였다.

을 이어가면서 저 아미타불을 '[한결같이] 생각함'(念)을 끊지 않을 수 있는 자라면 곧 [정토淨土에] 왕생할 수 있게 하는데, 어떤 생각을 해야 합니까?〉

부처님께서 말씀하셨다. 〈'범부의 생각'(凡夫念)도 아니고 '해로운 생각'(不善念)도 아니며 '잡다한 번뇌[에 매인] 생각'(雜結使念)도 아니어야 하니, 이와 같은 생각을 갖추면 곧 극락세계에 왕생할 수 있는 것이다. 무릇 '[아미타 부처님을 부르며 지니는] 열 가지 생각'(十念)이 있으니 어떤 것이 열 가지인가?

첫 번째는 모든 중생에게 언제나 '자애로운 마음'(慈心)을 일으켜 모든 중생에 대해 그들의 행위에 해를 끼치지 않는 것이니, 만약 그들의 행위에 해를 끼친다면 끝내 왕생하지 못할 것이다. 두 번째는 모든 중생에게 '연민하는 마음'(悲心)을 깊이 일으켜 해치려는 생각을 없애는 것이다. 세 번째는 '부처님 가르침을 보호하려는 마음'(護法心)을 일으켜 목숨도 아끼지 않고, 모든 부처님 가르침에 대해 비방하는 마음을 일으키지 않는 것이다. 네 번째는 '모욕을 참아 내면서'(忍辱) '확고한 마음'(決定心)을 일으키는 것이다. 다섯 번째는 '마음 깊이 청정하여'(深心淸淨) 이익에 물들지 않는 것이다. 여섯 번째는 '모든 것을 사실대로 이해하는 지혜로운 마음'(一切種智心)을 일으켜 '날마다 늘 간직하면서'(日日常念) 버리거나 잊지 않는 것이다. 일곱 번째는 모든 중생에게 '존중하는 마음'(尊重心)을 일으켜 '교만한 생각'(我慢意)을 없애고 겸손하게 [자신을] 낮추어 말하는 것이다. 여덟 번째는 세속적인 이야기에 대해 '재미 붙여 집착하는 마음'(味著心)을 일으키지 않는 것이다. 아홉 번째는 '깨달아 가는 생각'(覺意)을 가까이하고 갖가지 '이로운 능력의 원인과 조건'(善根因緣)을 깊이 일으키며 '심란하고 어지러우며 산만한 마음'(憒鬧散亂之心)에서 멀리 벗어나는 것이다. 열 번째는 '[모든 대상과 양상에 빠져들지 않는] 온전한 생각'(正念)으로 아미타불을 생각하여 '모든 감관능력'(諸根)[에서 생겨나는 분별망상]을 제거하는 것이다.〉"

[이 뜻을] 해석하자면 [다음과 같다.] 이와 같은 '[아미타 부처님을 부르며 지니는] 열 가지 생각'(十念)은 이미 범부[의 수준]이 아니다. ['열 가지 본격적인 수행경지'(十地)의] 첫 번째 경지 이상의 보살'(初地以上菩薩)이라야 '[아미타 부처님을 부르며 지니는] 열 가지 생각'(十念)을 갖출 수 있어 '순일하면서도 온전한 세상'(純淨土)에서 '낮은 수준의 무리'(下輩)가 되는 원인이 된다는 것을 알아야 한다. 이것이 '현상으로 드러나지 않는 뜻'(隱密義)으로서의 '[아미타 부처님을 부르며 지니는] 열 가지 생각'(十念)이다.

言顯了義十念相者, 望第四對淨土而說. 如『觀經』言, "下品下生者, 或有衆生, 作不善業, 五逆十惡, 具諸不善. 臨命終時, 遇善知識, 爲說妙法, 教令念佛. 若不能念者, 應稱無量壽佛. 如是至心, 令聲不絶, 具足十念, 稱南無佛. 稱佛名故, 於念念中, 除八十億劫生死罪, 命終之後, 卽得往生." 乃至廣說. 以何等心, 名爲至心, 云何名爲十念相續者? 什公說言, "譬如有人, 於曠野中, 値遇惡賊, 揮戈拔劍, 直來欲殺, 其人勤走, 視渡一河. 若不渡[157]河, 首領難全, 爾時但念渡河方便. 我至河岸, 爲著衣渡, 爲脫衣度? 若著衣衲, 恐不得過, 若脫衣衲, 恐不得暇? 但有此念, 更無他意, 當念波[158]河, 卽是一念. 此等十念, 不雜餘念. 行者亦爾, 若念佛名, 若念佛相等, 無間念佛, 乃至十念, 如是至心, 名爲十念.[159]" 此是顯了十念相也.

[H1, 559a1~19; T37, 129a21~b8]

157 한불전에는 '不渡'가 '得度'로 되어 있는 판본이 있다고 교감하였다. 대정장본에도 '得度'로 나오지만, '不渡'로 보고 번역한다. 그러나 '得度'가 맞을 경우, 본문은 "만약 강을 건너갈 수 있다고 해도 머리(장식)과 옷가지들은 보전하기 어려울 것이다."로 뜻이 통하므로 '得度'일 가능성도 있다.

158 한불전에는 '渡'자로 교감하였는데, '渡'자가 문맥에 적절하므로 이에 따른다. 대정장본에는 '度'자로 되어 있다.

159 '十念' 뒤에 '相續'이 빠진 것으로 보인다.

'현상으로 드러나는 뜻'(顯了義)으로서의 '[아미타 부처님을 부르며 지니는] 열 가지 생각의 양상'(十念相)이라는 것은 ['네 가지 상대적인 짝'(四對) 가운데] 네 번째인 ['방향이 정해진 부류와 방향이 정해지지 않은 부류를 상대적인 짝으로 삼음'(正定與非正定相對)에서] '온전한 세상'(淨土)을 상대하는 것에 의거하여 설한 것이다. 이를테면 『관무량수경』에서 [다음과 같이] 설한 것과 같다.

"'[정토에 태어나는 중생 가운데] 낮은 부류 중생들 [세 부류] 중에서도 낮은 수준의 중생'(下品下生)[160]들이란 [다음과 같은 이들이다.] 혹 어떤 중생이 '해로운 행위'(不善業)를 짓는데, '[해탈의 길을] 거스르는 다섯 가지'(五逆)[161]와 '열 가지 해로운 행위'(十惡)[162]와 같은 온갖 해로운 행위를 모조리 저지른다. [그런 그가] 목숨을 마칠 때 '이로운 스승'(善知識)을

---

160 하품하생下品下生: 극락정토에 태어나는 중생들을 9가지 부류로 구분한 것을 구품중생九品衆生이라고 한다. 곧 모든 중생을 상품上品·중품中品·하품下品으로 크게 셋으로 나누고, 다시 각 품품을 상생上生·중생中生·하생下生으로 세분하여 총 9가지로 나눈 것이다. 따라서 하품하생은 극락정토에 태어난 아홉 부류의 중생들 가운데 그 자질과 능력이 가장 뒤처진 무리를 가리킨다.

161 오역五逆: [해탈을] 거스르는 다섯 가지 죄를 가리킨다. 무거운 죄라는 뜻에서 오중죄五重罪, 무간지옥에 떨어지는 과보를 받는 죄라는 뜻에서 오무간업五無間業, 오불구죄五不救罪 등으로 부르기도 한다. 어머니를 죽이는 것, 아버지를 죽이는 것, 아라한을 죽이는 것, 수행자 무리의 화합을 깨뜨리는 것, 부처님의 몸에 상처를 내어 피를 흘리게 하는 것, 이 다섯 가지가 오역죄에 해당한다. 그런데 문헌마다 제시하는 다섯 가지의 내용이나 순서에는 차이가 나타난다.

162 십악十惡: 십선十善의 반대말로서 살생殺生, 투도偸盜, 사음邪淫, 망어妄語, 양설兩舌, 악구惡口, 기어綺語, 탐욕貪欲, 진에瞋恚, 사견邪見을 가리킨다. 『중아함경中阿含經』 권3 제17 「가미니경伽彌尼經」(T1, 440b3~5). "成十善業道, 離殺, 斷殺, 不與取, 邪婬, 妄言, 乃至離邪見, 斷邪見, 得正見." 한편 당唐나라 때 실차난타實叉難陀가 번역한 『십선업도경十善業道經』이라는 문헌도 있어서 흥미롭다. 여기서 제시하고 있는 10가지 항목은 다음과 같다. 『십선업도경十善業道經』 권1(T15, 158a2~6). "言善法者, 謂人天身, 聲聞菩提, 獨覺菩提, 無上菩提, 皆依此法以爲根本而得成就, 故名善法. 此法即是十善業道. 何等爲十? 謂能永離殺生, 偸盜, 邪行, 妄語, 兩舌, 惡口, 綺語, 貪欲, 瞋恚, 邪見."

만나고 [그 스승은] 그를 위해 '탁월한 방편의 가르침'(妙法)을 설하니, [다름 아닌] '[아미타]부처님을 생각'(念佛)하도록 가르친다. 만약 [죽음의 공포로 인해] '[아미타불을] 생각'(念[佛])할 수 없는 자라면, 아미타불 이름만이라도 부르게 한다. 이와 같이 '지극한 마음'(至心)으로 [아미타불을 부르는] 소리를 끊어지지 않게 하고 '열 가지 생각'(十念)을 다 갖추어 '나무아미타불'을 부르게 한다. [그리고] [아미타]부처님 이름을 부르기 때문에 [아미타불을 부르는] 생각 생각마다 80억 겁 동안 나고 죽으면서 저지른 죄를 없애고, 죽은 후에는 곧 [정토淨土에] 왕생하는 것이다."[163] 등으로 자세히 설하고 있는 것이다.

어떤 마음을 '지극한 마음'(至心)이라 하고, 어떤 것을 '열 가지 생각이 이어지는 것'(十念相續)이라 부르는가? 구마라집鳩摩羅什은 [다음과 같이] 말하였다. "비유하면 어떤 이가 너른 들판에서 나쁜 도적을 만났는데, [그 도적이] 창을 휘두르고 칼을 빼 들어 곧바로 다가와 죽이려 하여 그 사람은 열심히 달아나다가 건너야 하는 강을 보게 된다. 만약 강을 건너지 않으면 목숨을 보전하기 어려우니, 이때는 오로지 강을 건널 방법만을 생각한다. 〈내가 강의 [건너편] 언덕에 도달하려면 옷을 입고 건너가야 할까, 옷을 벗고 건너가야 할까? 만약 옷을 다 입는다면 아마 건너갈 수 없을 것이고, 옷을 다 벗는다면 아마도 그럴 만한

---

163 이 내용은 부처님께서 위제희 부인에게 설한 16관법 가운데 마지막 부분에 나타난다. 아래에 인용한 경문에서 밑줄 친 곳이 원효가 인용한 부분이다. 『불설관무량수불경佛說觀無量壽佛經』 권1(T12, 346a12~26). "下品下生者, 或有衆生, 作不善業, 五逆十惡, 具諸不善. 如此愚人以惡業故, 應墮惡道, 經歷多劫, 受苦無窮. 如此愚人臨命終時, 遇善知識, 種種安慰, 爲說妙法, 教令念佛. 彼人苦逼不遑念佛, 善友告言, '汝若不能念彼佛者, 應稱歸命無量壽佛.' 如是至心, 令聲不絕, 具足十念, 稱南無阿彌陀佛. 稱佛名故, 於念念中, 除八十億劫生死之罪, 命終之後, 見金蓮花, 猶如日輪, 住其人前, 如一念頃, 即得往生極樂世界. 於蓮花中, 滿十二大劫, 蓮花方開, 當花敷時, 觀世音大勢至, 以大悲音聲, 即爲其人廣說實相. 除滅罪法. 聞已歡喜, 應時即發菩提之心, 是名下品下生者, 是名下輩生想, 名第十六觀."

겨를이 없을 것이다.〉 단지 이런 생각만 있고 다른 생각은 없이 강을 건너갈 것만을 생각해야 하는 것이 바로 '한결같이 생각함'(一念)이다. 이와 같은 '[아미타 부처님을 부르며 지니는] 열 가지 생각'(十念)은 다른 생각을 섞지 않는다. [염불念佛] 수행자도 그와 같아서, [아미타]부처님 이름을 생각하거나 [아미타]부처님 모습을 생각하면서 [잡념이 끼어들] 틈도 없이 '[아미타]부처님을 생각하여'(念佛) '[아미타 부처님을 부르며 지니는] 열 가지 생각'(十念)에까지 이르니, 이와 같은 '지극한 마음'(至心)을 '열 가지 생각[이 이어지는 것]'(十念[相續])이라 부른다."[164]

이것이 '현상으로 드러나는 뜻'(顯了[義])으로서의 '[아미타 부처님을 부르며 지니는] 열 가지 생각의 양상'(十念相)이다.

今此『兩卷經』說十念, 具此隱密顯了二義. 然於其中, 顯了十念, 與『觀經』意, 少有不同. 彼『觀經』中, 不除五逆, 唯除誹謗方等之罪, 今此兩卷經中, 說言除其五逆誹謗正法. 如是相違, 云何通者? 彼經說, 其雖作五逆, 依大乘敎, 得懺悔者, 此經中說, 不懺悔者. 由此義故, 不

164 이 내용이 구마라집鳩摩羅什 삼장三藏이 한 말이라는 사실을 확인할 수 있는 전거는 발견되지 않는다. 그런데 북위北魏 정토종의 개조開祖 담란曇鸞(476~542)이 저술한 『약론안락정토의略論安樂淨土義』에서 이 내용을 확인할 수 있다. 그러나 경명經名을 명시하지 않아 출전을 확인하기는 어렵다. 『약론안락정토의略論安樂淨土義』 권1(T47, 3c10~20). "譬如有人, 空曠迴處, 值遇怨賊, 拔刃奮勇, 直來欲殺. 其人勁走, 視渡一河. 若得渡河, 首領可全. 爾時但念渡河方便. '我至河岸, 爲著衣渡, 爲脫衣渡? 若著衣納, 恐不得過, 若脫衣納, 恐無得暇.' 但有此念, 更無他緣, 一念何當渡河, 即是一念. 如是不雜心, 名爲十念相續. 行者亦爾, 念阿彌陀佛, 如彼念渡, 逕于十念. 若念佛名字, 若念佛相好, 若念佛光明, 若念佛神力, 若念佛功德, 若念佛智慧, 若念佛本願, 無他心間雜, 心心相次乃至十念, 名爲十念相續." 담란의 정토종을 계승한 도작道綽이 편찬한 『안락집安樂集』(T47, 11a29~b12)에서도 요약된 내용이 실려 있지만, 역시 경명經名을 밝히지 않아서 출전을 확인할 수 없다.

相違也. 因緣之相, 略說如是. 上來所說因果二門, 合爲第二簡宗體竟.

[H1, 559a20~b4; T37, 129b8~16]

지금 이 『무량수경』에서 설하는 '[아미타 부처님을 부르며 지니는] 열 가지 생각'(十念)은 이 '현상으로 드러나는 뜻'(顯了義) 및 '현상으로 드러나지 않는 뜻'(隱密義) 두 가지를 모두 갖추고 있다. 그렇지만 그중에 〈현상으로 드러나는 뜻으로서의 '[아미타 부처님을 부르며 지니는] 열 가지 생각'〉(顯了[義]十念)은 『관무량수경』의 뜻과 약간 다른 점이 있다. 저 『관무량수경』에서는 '[해탈의 길을] 거스르는 다섯 가지'(五逆)[의 죄를 지은 자]는 제외하지 않고 오직 '대승의 가르침'(方等)을 비방한 죄만 제외하였는데,[165] 지금 이 『무량수경』에서는 저 '[해탈의 길을] 거스르는 다섯 가지'(五逆)[의 죄를 지은 자]와 '올바른 진리'(正法)를 비방하는 자를 [모두] 제외하고 있는 것이다.[166] 이와 같이 서로 어긋나는 것을 어떻게

165 이 내용의 근거는 다음의 경문에서 확인할 수 있다. 『불설관무량수불경佛說觀無量壽佛經』 권1(T12, 345c10~13). "下品上生者, 或有衆生作衆惡業, 雖不誹謗方等經典, 如此愚人, 多造惡法, 無有慚愧, 命欲終時遇善知識, 爲讚大乘十二部經首題名字. …."

166 『불설무량수경佛說無量壽經』 권1(T12, 268a26~28). "設我得佛, 十方衆生至心信樂欲生我國, 乃至十念, 若不生者, 不取正覺. 唯除五逆誹謗正法." 〈산스크리트본의 해당 내용: Sukhvy., p.14. sacen me bhagavan bodhiprāptasyāprameyāsaṃkhyeyeṣu buddhakṣetreṣu ye sattvāḥ mama nāmadheyaṃ śrutvā, tatra buddhakṣetre cittaṃ preṣayeyur, upapattaye kuśalamūlāni ca pariṇāmayeyus, te ca tatra buddhakṣetre nopapadyeran, antaśo daśabhiś cittotpādaparivartaiḥ, sthāpayitvānantaryakāriṇaḥ saddharmapratikṣepāvaraṇāvṛtāṃś ca sattvān, mā tāvad aham anuttarāṃ samyaksaṃbodhim abhisaṃbudhyeyam.; 세존이시여, 만약 내가 깨달음을 얻었음에도 불구하고, 무량하고 무한한 불국토에서, [다섯 가지] 무간업을 지은 자와 정법을 비방한 자를 제외한 중생들이 내 이름을 듣고, 그 불국토에 마음을 향하며, [거기에] 태어나기 위해 선근을 회향하고, 나아가 열 가지 발심을 일으켰는데도, 그들이 그 불국토에 태어나지 못한다면, 나는 최고의 바른 깨달음을 깨닫지 않을 것입니다.〉

통하게 할 것인가? 저 『관무량수경』에서 설한 것은 비록 '[해탈의 길을] 거스르는 다섯 가지'(五逆)[의 죄]를 지었지만 대승의 가르침에 의지하여 참회한 자이고, 이 『무량수경』에서 설한 것은 참회하지 않는 자이다. 이런 뜻이기 때문에 서로 어긋나지 않는 것이다.

'[극락정토極樂淨土에 태어나는] 원인과 조건의 양상'(因緣之相)을 간략하게 설명하면 이와 같다. 지금까지 설명한 '원인과 결과 두 측면'(因果二門)[167]을 합하여 [네 부분으로 이루어진 본문 가운데] 두 번째인 '[경전의] 핵심을 밝히는 것'(簡宗體)[168]을 마친다.

Ⅲ. 사람에 의거하여 구분함(擧人分別)

第三約人分別. 於中有二, 初約三聚衆生分別, 後就四疑衆生分別. 初三聚者, 如下經云, "其有衆生, 生彼國者, 皆悉住於正定之聚. 所以者何? 彼佛土中, 無諸邪聚及不定聚."

[H1, 559b5~9; T37, 129b17~20]

[네 부분으로 이루어진 본문 가운데] 세 번째는 '사람에 의거하여 구분함'(約人分別)이다. 여기에는 두 가지가 있으니, 처음은 '[정정취正定聚 · 사정취邪定聚 · 부정취不定聚, 이] 세 부류의 중생에 의거하여 구분하는 것'(約三聚衆生分別)이고, 나중은 '네 가지를 의심하는 중생에 의거하여

167 본문의 두 번째 부분인 '2.경전의 핵심과 목적을 밝히는 것(簡經之宗致)'에 속하는 1)'[극락정토極樂淨土에 갖추어진] 과보의 이로움을 밝힘'(明果德)과 2)'[번뇌의 오염이 없는] 온전한 세상의 원인을 밝힘'(明淨土因)을 가리킨다.

168 서두에서는 '경전의 핵심과 목적을 밝히는 것'(簡經之宗致)이라 말하였다.

구분하는 것'(就四疑衆生分別)이다.

1. [정정취正定聚·사정취邪定聚·부정취不定聚, 이] 세 부류의 중생에 의거하여 구분함(約三聚衆生分別)

처음의 '[정정취正定聚·사정취邪定聚·부정취不定聚, 이] 세 부류[의 중생]'(三聚[衆生])이라는 것은 『무량수경』 하권에서 "어떤 중생이 저 극락정토에 태어난다면 그들은 모두 '깨달음의 세계로 방향이 정해진 부류'(正定之聚)에 자리 잡을 것이다. 어째서인가? 저 아미타 부처님의 세상에는 '해로운 세계로의 타락이 정해진 부류'(邪[定]聚)와 '[깨달음의 세계로 갈지, 타락하여 해로운 세계로 갈지] 방향이 정해져 있지 않은 부류'(不定聚)는 모두 없기 때문이다."[169]라고 말한 것과 같다.

---

169 『불설무량수경佛說無量壽經』 권2(T12, 272b8~11). "佛告阿難. 其有衆生, 生彼國者, 皆悉住於正定之聚, 所以者何? 彼佛國中, 無諸邪聚及不定之聚. 十方恒沙諸佛如來皆共讚歎, 無量壽佛威神功德不可思議." 〈산스크리트본의 해당 내용: Sukhvy., pp.40-42. tasmin khalu punar ānanda buddhakṣetre ye sattvā upapannā utpadyanta upapatsyante, sarve te niyatāḥ samyaktve yāvan nirvāṇāt. tat kasya hetoḥ. nāsti tatra dvayo rāśyor vyavasthānaṃ prajñaptir vā, yad idam: aniyatyasya vā mithyātvaniyatasya vā. … tasya khalu punar ānanda bhagavato 'mitābhasya tathāgatasya daśasu dikṣv ekaikasyāṃ diśi gaṅgānadīvālukāsameṣu buddhakṣetreṣu gaṅgānadīvālukāsamā buddhā bhagavanto nāmadheyaṃ parikīrtayante, varṇaṃ bhāṣante, yaśaḥ prakāśayanti, guṇam udīrayanti. tat kasya hetoḥ. ye kecit sattvās tasya 'mitābhasya tathāgatasya nāmadheyaṃ śṛṇvanti, śrutvā cāntaśa ekacittotpādam apy adhyāśayena prasādasahagatam utpādayanti, sarve te 'vaivarttikatāyāṃ saṃtiṣṭhante 'nuttarāyāḥ samyaksaṃbodheḥ.; 실로 아난다여, 그 붓다의 나라에 태어났거나 태어나고 있거나 태어날 중생은 모두 열반에 이르기까지 올바로 결정된 자들[正定聚]이다. 왜 그런가? 거기에는 두 가지 무리의 확립이나 설정은 없기 때문이다. 곧 정해지지 않았거나[不定聚] 잘못 정해진[邪定聚] [무리의 확립이나 설정은 없다.] … 또 실로 아난다여, 시방 각각에 있는 갠지

如是三聚，其相云何? 此義具如『寶性論』說，彼云. “略說一切衆生界中，有三種衆生. 何等爲三? 一者，求有，二者，遠離求有，三者，不求彼二. 求有有二種. 一者，謗解脫道，無涅槃性，常求住世間，不求證涅槃. 二者，於佛法中， 闡提同位，謗大乘故. 是故『不增不減經』言，〈若有比丘，乃至優婆夷，若起一見，若起二見，諸佛如來，非彼世尊，如是等人，非我弟子.〉 遠離求有者，亦有二種. 一者，無求道方便，二者，有求道方便. 無方便者，亦有二種. 一者，多種外道種種邪計，二者，於佛法中，同外道行，雖信佛法，而顚倒取，如犢子等.” 乃至廣說. 有方便者，亦有二種，所謂二乘. 不求彼二者，所謂第一利根衆生諸菩薩等. 又彼求有衆生一闡提人及佛法中同一闡提位，名爲邪定聚衆生. 又遠離求有衆生中，墮無方便求道衆生，名爲不定聚衆生. 聲聞辟支佛及不求彼二，名爲正定聚衆生. 論說如是.

[H1, 559b9~c6; T37, 129b20~c9]

이러한 ‘[정정취正定聚 · 사정취邪定聚 · 부정취不定聚, 이] 세 부류[의 중생]’(三聚[衆生])의 그 면모는 어떠한가? 이 뜻은 『보성론』의 설명에 자세히 갖추어져 있는데, 거기에서는 [다음과 같이] 말하고 있다. “간략하게 말하면 모든 중생의 세상에는 세 가지 중생들이 있다. 어떤 것이 세 가지인가? 첫 번째는 ‘[세간에] 있기를 추구하는 [중생들]’(求有)이고, 두 번째는 ‘[세간에] 있기를 추구함에서 멀리 벗어나려는 [중생들]’(遠離求有)이며, 세 번째는 ‘[앞의] 저 두 가지를 [다] 추구하지 않는 [중생들]’(不求

스강의 모래 수와 같은 불국토에서 갠지스강의 모래와 같은 불세존이 그 세존인 아미타여래의 이름을 부르고, 모습을 말하며, 명성을 드러내고 공덕을 칭찬한다. 왜 그런가? 어떤 중생이라도 그 아미타여래의 이름을 듣고, 들은 후에는 청정을 수반한 마음을 하물며 한 찰나라도 낸다면, 그 모든 [중생]은 최고의 바른 깨달음에서 물러나지 않는 단계에 머물기 때문이다.〉

彼二)이다. '[세간에] 있기를 추구하는 [중생들]'(求有)에는 두 가지가 있다. 첫째 [유형]은 '해탈의 길'(解脫道)을 비방하니, '열반[을 이루는] 품성'(涅槃性)이 없어서 언제나 세속에 머무르기를 구하고 열반을 증득하기를 구하지 않는다. 둘째는 부처님의 가르침 안에 있으면서도 '좋은 능력이 모두 끊어진 자'(一闡提)[170]와 같은 수준[의 중생]이니, 대승을 비방하기 때문이다. 그러므로 『부증불감경』에서는 [다음과 같이] 말한다. 〈만약 어떤 출가수행자 및 재가수행자가 한 번 견해를 일으키든 두 번 견해를 일으키든 모든 부처님과 여래가 저들의 세존이 아니라고 한다면, 이와 같은 사람은 나의 제자가 아니다.〉[171] '[세간에] 있기를 추

170 일천제一闡提: 범어 'icchantika'의 발음을 옮긴 말로서, 『불광대사전』(p.85)에 따르면 일천저가一闡底迦, 일전가一顚迦, 일천제가一闡提柯, 천제闡提라고도 옮기며 때로는 아전저가阿顚底迦, 아천제阿闡提, 아천저가등가阿闡底迦等訶 등으로 부르기도 한다. 의역으로는 단선근斷善根, 신부족구信不具足. 극욕極欲, 대탐大貪, 무종성無種性, 소종燒種 등이 있다고 한다. 이에 의거하면 일천제의 뜻은 불도를 닦을 수 있는 좋은 능력이 끊어져 불도에 대한 믿음이 부족하고 탐욕만을 쫓아다니는 자로서, 불도를 추구하는 품성이 없어져 버린 자를 가리킨다. 『열반경』 권5(T12, 633c4~5)에서는 일천제를 "斷滅一切諸善根本"이라고 규정한다. "一闡提也, 何等名爲一闡提耶? 一闡提者, 斷滅一切諸善根本, 心不攀緣一切善法, 乃至不生一念之善"; 『대승입능가경大乘入楞伽經』 권2(T16, 597c9~12)에서는 "大慧, 此中一闡提, 何故於解脫中不生欲樂? 大慧, 以捨一切善根故, 爲無始衆生起願故. 云何捨一切善根, 謂謗菩薩藏."이라고 하여, 일천제가 해탈에 대해 원하고 즐거워하지 않는 까닭은 모든 선근善根을 버렸기 때문이고, 모든 선근을 버린다는 것은 보살장菩薩藏을 비방하는 것이라고 설명한다. 일천제와 관련하여 『열반종요涅槃宗要』(H1, 525b18~19)의 '가르침의 핵심 내용을 분석함(辨敎宗)' 단락에서는 『열반경』의 사종대의四種大義를 밝히는 중에 "四者, 闡提謗法執性二乘, 悉當作佛"이라고 하여, 일천제인 '진리를 비방하는 자'(謗法)와 '[불변의 독자적] 본질[이 있다는 견해]에 집착하는 자'(執性)인 '[성문聲聞 · 연각緣覺] 두 부류의 수행자'(二乘) 모두가 부처님이 되리라는 가르침을 원효는 『열반경』의 네 번째 대의大義로서 제시한다.

171 경의 원문을 모두 살펴보면 다음과 같다. 『불설부증불감경佛說不增不減經』 권1(T16, 467c20~24). "舍利弗! 若有比丘 · 比丘尼 · 優婆塞 · 優婆夷, 若起一見, 若起二見, 諸佛如來, 非彼世尊, 如是等人, 非我弟子. 舍利弗! 此人以起二見因緣故, 從冥入

구함에서 멀리 벗어나려는 [중생들]'(遠離求有)에도 두 가지가 있다. 첫째는 '진리를 구하는 수단과 방법이 없는 [중생]'(無求道方便)이고, 둘째는 '진리를 구하는 수단과 방법이 있는 [중생]'(有求道方便)이다. '[진리를 구하는] 수단과 방법이 없는 [중생]'(無[求道]方便)에도 두 가지가 있다. 첫째는 여러 가지 '[불법佛法과는] 다른 길을 따르는 무리'(外道)가 갖가지로 잘못 헤아리는 것이고, 둘째는 부처님의 가르침 안에 있으면서도 '[불법佛法과는] 다른 길을 따르는 무리'(外道)의 행동과 같이하는 경우로 비록 부처님의 가르침을 믿지만 거꾸로 된 견해를 취하니 이를테면 독자부犢子部[172]와 같다."[173] 등으로 자세하게 설한 것이다.

冥, 從闇入闇, 我說是等, 名一闡提."

172 독자부犢子部: 소승의 20부파部派 중의 하나로서, 범어로는 'Vāṭsī-putrīya'라고 한다. 『불광대사전』(p.6667)의 설명에 따르면, 음역音譯하여 발사불저리여부跋私弗底梨與部, 발사불다라부跋私弗多羅部, 바차투로부婆蹉妬路部, 바차부라부婆蹉富羅部, 바추부라부婆麤富羅部, 바차부다라부婆蹉富多羅部, 발사불부跋私弗部, 바차부婆蹉部, 발차자부跋次子部, 발사불다라가주자부跋私弗多羅可住子部, 가주자제자부可住子弟子部, 바자자부婆雌子部 등으로 다양하게 불린다. 『이부종륜론異部宗輪論』에 수록된 내용에 따르면 이 부파는 부처가 입멸한 뒤 300년 설일체유부에서 분화된 것이라 하고, 『사리불문경舍利弗問經』 및 남전의 『도사島史』에서는 상좌부에서 나왔다고도 한다. 『아비달마구사론阿毘達磨俱舍論』 권29(T29, 152c9~10)에서 "然犢子部執有補特伽羅其體與蘊不一不異."라고 서술한 대목에서, 독자부가 주장한 보특가라補特伽羅(pudgala)와 '비즉비리온非卽非離蘊'이 '무아無我'의 사상적 전통을 위배하고 있다는 점을 비판하고 있음을 알 수 있다.

173 이 내용은 원효가 다음의 경문을 발췌하여 인용한 것이다. 괄호 안은 인용되지 않은 경문을 가리킨다. 『구경일승보성론究竟一乘寶性論』 권3(T31, 828c5~29). "(闡提及外道, 聲聞及自覺, 信等四種法, 淸淨因應知. 此偈明何義?) 略說一切衆生界中, 有三種衆生. 何等爲三? 一者, 求有, 二者, 遠離求有, 三者, 不求彼二. 求有有二種, 何等爲二? 一者, 謗解脫道, 無涅槃性, 常求住世間, 不求證涅槃. 二者, 於佛法中, 闡提同位, 以謗大乘故. 是故『不增不減經』言, 〈(舍利弗!) 若有比丘・比丘尼・優婆塞・優婆夷, 若起一見, 若起二見, 諸佛如來, 非彼世尊, 如是等人, 非我弟子〉. (舍利弗! 是人以起二見因緣, 從闇入闇從冥入冥, 我說是等, 名一闡提故, 偈言謗法故, 闡提故.) 遠離求有者, 亦有二種. 何等爲二? 一者, 無求道方便, 二者, 有求道方便. 無求道方便者, 亦有

'[진리를 구하는] 수단과 방법이 있는 [중생]'(有[求道]方便)에도 두 가지가 있으니, 이른바 '[성문聲聞, 연각緣覺] 두 부류의 수행자'(二乘)이다. '[앞의] 저 두 가지를 [다] 추구하지 않는 [중생들]'(不求彼二)이란 이른바 '가장 뛰어난 자질을 지닌 무리'(第一利根衆生)인 모든 보살을 가리킨다. 또 저 〈[세간에] 있기를 추구하는 중생 가운데 '좋은 능력이 모두 끊어진 자'〉(求有衆生一闡提人)와 〈부처님의 가르침 안에 있으면서도 '좋은 능력이 모두 끊어진 자'와 같은 수준의 사람〉(佛法中同一闡提位)을 '해로운 세계로의 타락이 정해진 부류'(邪定聚衆生)라고 부른다. 또 '[세간에] 있기를 추구함에서 멀리 벗어나려는 중생'(遠離求有衆生) 중에서 '진리를 구하는 수단과 방법이 없는 중생'(無方便求道衆生) [수준]으로 떨어진 이들을 '[깨달음의 세계로 갈지, 타락하여 해로운 세계로 갈지] 방향이 정해져 있지 않은 부류'(不定聚衆生)라고 부른다. [또] '가르침을 들어서 [혼자] 깨달으려는 수행자'(聲聞)와 '연기緣起의 이치로 [혼자] 깨달으려는 수행자'(辟支佛) 및 '['세간에 있기를 추구하는 것'과 '세간에서 멀리 벗어나려는 것'] 저 두 가지를 [다] 추구하지 않는 [중생들]'(不求彼二)을 '깨달음의 세계로 방향이 정해진 부류의 중생'(正定聚衆生)이라고 부른다.[174] 『보

二種. (何等爲二?) 一者, 多種外道種種邪計, (謂僧佉衛世師尼揵陀若提子等, 無求道方便.) 二者, 於佛法中, 同外道行, 雖信佛法, 而顚倒取, (彼何者是,) 謂犢子等. (見身中有我等, 不信第一義諦, 不信眞如法空, 佛說彼人無異外道, 復有計空爲有, 以我相憍慢故. 何以故? 以如來爲說空解脫門, 令得覺知, 而彼人計唯空無實, 爲彼人故. 『寶積經』中, 佛告迦葉 寧見計我如須彌山, 而不用見憍慢衆生計空爲有, 迦葉一切邪見解空得離, 若見空爲有, 彼不可化令離世間故, 偈言及著我故及外道故.) 〈산스크리트본의 해당 내용: RGV., p.27. samāsata ime tri-vidhāḥ sattvāḥ sattva-rāśau saṃvidyante/ bhavābhilāṣiṇo vibhavābhilāṣiṇas tadubhayānabhilāṣiṇaś ca/; 요약하면 이 세 가지 중생이 중생의 무리 속에 존재한다. 윤회적 생존을 갈망하는 자들, 윤회적 생존을 갈망하지 않는 자들, 그 둘 모두 갈망하지 않는 자들이다.〉

174 이 단락의 전체 내용(H1, 559b23~c5. "有方便者~名爲正定聚衆生.")은 앞 단락의 내용과 마찬가지로 『보성론』의 본문에 토대한 것이지만, 발췌하여 인용하면서 재구성한 것이므로 직접 인용에 해당하지 않는다. 밑줄 친 곳이 인용한 내용이다.

성론』에서 설명한 것은 이와 같다.

此中總判二乘菩薩爲正定聚, 而未分別位地分齊. 齊何等位, 入正定聚, 依何等義, 名正定聚? 決定不退墮斷善根, 如是名爲正定聚義. 論其位而依瑜伽說, "正定聚有二種, 一者, 本性正定聚, 二者, 習成正定聚." 若依此而說, 五種種性中, 菩薩種性人, 從無始時來, 不作五逆及斷善根, 是名本性正定聚也. 其二乘性及不定性, 得作五逆及斷善根. 斷善根時, 墮邪定聚, 善根相續後, 末趣入, 爲不定聚. 已趣入時, 卽當分別三品. 若其本來下品善根, 而趣入者, 乃至煖法, 猶爲不定, 入頂法位, 方爲正定, 論說頂不斷善根故. 若其本來中品善根, 而趣入者, 至法時, 名爲正定. 若其本來上品善根, 而趣入者, 始趣入時, 便作正定. 如『瑜伽』說, "若有安住下品善根而趣入者, 當知下品名有間隙. 未能無間, 未善淸淨. 若有安住中品善根而趣入者, 當知中品. 若有安住上品善根而趣入者, 當知上品名無間隙. 已能無間, 已善淸淨. 如是爲已趣入相."

[H1, 559c6~560a5; T37, 129c9~28]

이 논에서는 '[성문聲聞, 연각緣覺] 두 부류의 수행자'(二乘)와 보살을 '깨달음의 세계로 방향이 정해진 부류'(正定聚)로 총괄적으로 판단했지

『구경일승보성론究竟一乘寶性論』 권3(T31, 828c5~29). "有方便求道者, 亦有二種. 何等爲二? 一者聲聞, 偈言怖畏世間苦故, 聲聞故. 二者辟支佛, 偈言捨離諸衆生故, 及自覺故. 不求彼二者, 所謂第一利根衆生諸菩薩摩訶薩. 何以故? 以諸菩薩不求彼有如一闡提故. 又亦不同無方便求道種種外道等故, 又亦不同有方便求道聲聞辟支佛等故. 何以故? 以諸菩薩見世間涅槃道平等故, 以不住涅槃心故, 以世間法不能染故, 而修行世間行堅固慈悲涅槃心故, 以善住根本淸淨法中故. 又彼求有衆生一闡提人及佛法中同闡提位, 名爲邪定聚衆生. 又遠離求有衆生中, 墮無方便求道衆生, 名爲不定聚衆生. 又遠離求有衆生中 °求離世間方便求道聲聞辟支佛及不求彼二, 平等道智菩薩摩訶薩, 名爲正定聚衆生."

만, 아직 [그들의] 지위의 차이를 구별한 것은 아니다. 어떤 지위를 차이로 삼아야 '깨달음의 세계로 방향이 정해진 부류'(正定聚)로 들어간 것이고, 어떤 뜻에 의거해야 '깨달음의 세계로 방향이 정해진 부류'(正定聚)라고 부르는가? [지위가] 확정되어 '좋은 능력이 모두 끊어진 자'(斷善根)[175]로 물러나 떨어지지 않으면, 이러한 [지위를] '깨달음의 세계로 방향이 정해진 부류의 뜻'(正定聚義)이라고 부른다. 그 지위를 논하려『유가사지론』에 의거하여 설명하면 [다음과 같다.] "'깨달음의 세계로 방향이 정해진 부류'(正定聚)에 두 가지가 있으니, 첫 번째는 〈타고난 품성이 '깨달음의 세계로 방향이 정해진 부류'〉(本性正定聚)이고 두 번째는 〈[후천적으로] 익혀서 이룬 '깨달음의 세계로 방향이 정해진 부류'〉(習成正定聚)이다."[176]

만약 이 논서에 의거하여 설명하면 [다음과 같다.] '[여래가 될 수 있는] 능력의 다섯 가지 면모'(五種種性)[177]에서 [첫 번째인] '보살의 특성을 갖

175 단선근斷善根: 일천제一闡提를 가리키는 말이다. 앞의 '일천제' 항목 각주 참고.

176 『유가사지론瑜伽師地論』 권35(T30, 478c12~13). "云何種姓? 謂略有二種. 一本性住種姓, 二習所成種姓."

177 오종종성五種種性: 5종성五種性이라고도 한다. 종성種性은 범어 gotra의 한역漢譯인데, gotra에는 소우리(cow-shed), 울타리 치는 것(enclosure), 장애물로 울타리 쳐진 가족(family enclosed by the hurdle), 가족의 이름(family name), 종족(tribe) 등의 뜻이 있다. 범어 gotra가 종성種姓이라고도 한역되는 까닭을 살펴볼 수 있다. *Monier Williams Sanskrit-English Dictionary*, p.364 참조. 『대승입능가경大乘入楞伽經』 권2에서는 "大慧, 有五種種性, 何等爲五? 謂聲聞乘種性, 緣覺乘種性, 如來乘種性, 不定種性, 無種性."(T16, 597a29~b2)이라고 하여 성문승종성聲聞乘種性·연각승종성緣覺乘種性·여래승종성如來乘種性·부정종성不定種性·무종성無種性의 5종성을 밝히면서 각각에 대해 설명한다. 먼저 ① 성문승종성에 대해서는 "云何知是聲聞乘種性? 謂若聞說於蘊界處自相共相, 若知若證, 擧身毛竪心樂修習, 於緣起相不樂觀察, 應知此是聲聞乘種性正. … 師子吼言, 我生已盡, 梵行已立, 所作已辦, 不受後有. 修習人無我, 乃至生於得涅槃覺."(T16, 597b2~9)이라고 한다. 성문승종성의 성향은 5온五蘊·12처十二處·18계十八界의 양상들을 즐겨 수습修習하지만 연기상緣起相에 대해서는 즐겨 관찰하지 않는데, 그럼에도 스스로 자만하

춘 사람'(菩薩種性人)은 시작을 알 수 없는 때부터 '[해탈의 길을] 거스르

여 인무아人無我만을 수습했으면서도 열반의 깨달음을 얻었다는 생각을 낸다는 것이다. ② 연각승종성에 대해서는 『대승입능가경』 권2와 같은 곳의 『입능가경』 권2에서 "何者辟支佛乘性證法? 謂聞說緣覺證法, 擧身毛豎悲泣流淚, 不樂憒鬧故, 觀察諸因緣法故, 不著諸因緣法故."(T16, 526c28~527a1)라고 한다. 연각승종성緣覺乘種性(辟支佛乘性)의 성향은 연각緣覺이 증법證法한다는 것을 듣기 좋아하여 어지럽고 시끄러운 곳에 있는 것(憒鬧)을 좋아하지 않고 인연법因緣法을 관찰하여 인연법因緣法에 집착하지 않는다는 것이다. 『불광대사전』에서는, 성문승종성과 연각승종성에 대해 각각 아라한과阿羅漢果와 벽지불과辟支佛果를 증득할 수 있는 무루종자無漏種子를 갖춘 자라 하고, 오로지 인공人空의 무루종자만 있기 때문에 생사生死를 싫어하고 자리自利의 적멸법寂滅法만을 즐거워하여 부처가 되지는 못한다고 한다. p.1179 참조. ③ 여래승종성如來乘種性에 대해 『입능가경』 권2에서는 "何者如來乘性證法? 大慧, 如來乘性證法有四種, 何等爲四? 一者證實法性, 二者離實法證性, 三者自身內證聖智性, 四者外諸國土勝妙莊嚴證法性."(T16, 527a5~8)이라고 하여 여래승종성이 증득하는 네 가지 현상(法)을 증실법성證實法性·이실법증성離實法證性·자신내증성지성自身內證聖智性·외제국토승묘장엄증법성外諸國土勝妙莊嚴證法性이라 제시하고, 『대승입능가경』 권2에서는 "若有聞說, 此一一法及自心所現身財建立阿賴耶識不思議境, 不驚不怖不畏, 當知此是如來乘性."(T16, 597b21~23)이라고 하여 여래승종성의 성향은 각각의 현상과 마음이 나타내는 몸 및 재물이 아뢰야식불사의경阿賴耶識不思議境을 건립한다고 말하는 것을 들어도 놀라거나 두려워하지 않는다고 한다. 『佛光大辭典』에서는, 인공人空과 법공法空의 무루종자無漏種子를 갖추기 때문에 자리행自利行과 이타행利他行을 모두 닦아 묘과妙果를 얻는다고 한다. p.1179 참조. 한편 『대반야바라밀다경大般若波羅蜜多經』 권2(T5, 709b6 이하)에서는 종성種性을 성문종성聲聞種性·독각종성獨覺種性·보살종성菩薩種性의 세 가지로 나누면서 보살종성菩薩種性에 대해 "菩薩種性補特伽羅, 亦依如是甚深般若波羅蜜多, 精勤修學, 超諸聲聞及獨覺地, 證入菩薩正性離生, 復漸修行證得無上正等菩提."(T5, 709b10~13)라고 한다. 보살종성菩薩種性은 성문聲聞과 독각獨覺의 경지를 넘어서 보살도菩薩道인 정성리생正性離生에 증입證入하고 점차 수행하여 무상정등보리無上正等菩提를 증득한다고 하므로, 본문 아래에 나오는 보살종성은 5종성 중 여래승종성의 다른 명칭인 것으로 보인다. ④ 부정종성不定種性에 대해 『대승입능가경』 권2에서는 "不定種性者, 謂聞說彼三種法時, 隨生信解而順修學."(T16, 597b23~25)이라고 하여 성문승종성·연각승종성·여래승종성의 세 가지 종성에 대해 설하는 것을 들었을 때 신해信解를 내는 것에 따라 수학修學하는 종성種性이라고 하므로, 성문의 길과 연각의 길과 여래의 길 중에서 아직 어느 쪽으로도 정해지지 않은 종성을 말하는 것으로 보인다. 『佛光大辭

는 다섯 가지'(五逆) [죄]를 짓거나 '좋은 능력이 모두 끊어진 자'(斷善根)가 되지 않으니, 이를 〈타고난 품성이 '깨달음의 세계로 방향이 정해진 부류'〉(本性正定聚)라고 부른다. 저 '[성문聲聞, 연각緣覺] 두 부류의 수행자'(二乘)와 '[깨달음의 세계로 갈지, 타락하여 해로운 세계로 갈지] 방향이 정해져 있지 않은 면모의 사람들'(不定性[人])은 '[해탈의 길을] 거스르는 다섯 가지'(五逆) [죄]를 지을 수 있거나 '좋은 능력이 모두 끊어진 자'(斷善根)가 될 수도 있다. '좋은 능력이 모두 끊어질'(斷善根) 때는 '해로운 세계로의 타락이 정해진 부류'(邪定聚)로 떨어지고, '좋은 능력'(善根)이 이어진 뒤라도 아직 ['깨달음의 세계로 방향이 정해진 부류'(正定聚)에] 들어가지 못하면 '[깨달음의 세계로 갈지, 타락하여 해로운 세계로 갈지] 방향이 정해져 있지 않은 부류'(不定聚)가 되는 것이다.

이미 ['깨달음의 세계로 방향이 정해진 부류'(正定聚)에] 들어간 때라면 곧 '[상품上品·중품中品·하품下品, 이] 세 가지 부류'(三品)로 구별해야 한다. 만약 '[정토에 태어나는 중생 가운데] 본래부터 낮은 부류 중생의 좋은 능

典』에서도 성문·연각·보살이라는 삼승三乘의 종성에서 아직 그 종성이 결정되지 않은 부류라고 한다. p.1179 참조. ⑤ 무종성無種性에 대해 『대승입능가경』 권2에서는 "大慧, 此中一闡提, 何故於解脫中不生欲樂? 大慧, 以捨一切善根故, 爲無始衆生起願故. 云何捨一切善根? 謂謗菩薩藏."(T16, 597c9~12)이라고 하는데, 무종성을 일천제一闡提라고 고쳐 부르면서 무종성이 해탈에 대해 원하고 즐거워하지 않는 까닭은 모든 선근善根을 버렸기 때문이고 모든 선근을 버린다는 것은 보살장菩薩藏을 비방하는 것이라고 한다. 이어 "云何爲無始衆生起願? 謂諸菩薩以本願方便, 願一切衆生悉入涅槃, 若一衆生未涅槃者, 我終不入."(T16, 597c13~16)이라고 하여, 모든 보살菩薩이 본원방편本願方便을 세워 모든 중생이 열반에 들기까지 자신도 열반에 들지 않겠다는 서원을 세우는 것도 이 때문이라고 한다. 『불광대사전』에서는 무종성에 대해, 삼승三乘의 무루종자無漏種子가 없이 오로지 유루종자有漏種子만 있어서 생사生死에서 해탈할 수 없고 단지 세간의 선업善業만을 닦아 인천人天의 선과善果를 얻을 수 있을 뿐이라고 하며, 5종성五種性에서 성문승종성·연각승종성·무종성은 불종자佛種子가 없어 성불成佛할 수 없기 때문에 3무三無라 부르고, 여래승종성·부정종성에서 불과佛果를 갖추는 자는 불종자佛種子가 있어서 성불成佛하기 때문에 2유二有라 부른다고 첨언한다. p.1180 참조.

력'(本來下品善根)이면서 ['깨달음의 세계로 방향이 정해진 부류'(正定聚)에] 들어가려는 자는 '[사제四諦에 관한 이해를] 착수하는 단계'(燸法[位])[178]에 이른다 해도 여전히 '[깨달음의 세계로 갈지, 타락하여 해로운 세계로 갈지] 방향이 정해져 있지 않은 부류'(不定[聚])이고, '[4제四諦에 관한 이해가] 탁월해진 수행의 단계'(頂法位)에 들어가서야 비로소 '깨달음의 세계로 방향이 정해진 부류'(正定[聚])가 되니, 『유가사지론』은 '[4제四諦에 관한 이해가] 탁월해진 수행의 단계'(頂法位)에서는 '좋은 능력'(善根)을 끊지 않는다고 설하기 때문이다. 만약 '[정토에 태어나는 중생 가운데] 본래부터 중간 부류 중생의 좋은 능력'(本來中品善根)이면서 ['깨달음의 세계로 방향이 정해진 부류'(正定聚)에] 들어가려는 자는 '[사제四諦에 관한 이해를] 착수하는 단계'([燸]法[位])에 이르렀을 때 '깨달음의 세계로 방향이 정해진 부류'(正定[聚])라고 부른다. 만약 '[정토에 태어나는 중생 가운데] 본래부터 높은 부류 중생의 좋은 능력'(本來上品善根)이면서 ['깨달음의 세계로 방향이 정해진 부류'(正定聚)에] 들어가려는 자는 처음 들어갔을 때 곧바로 '깨달음의 세계로 방향이 정해진 부류'(正定[聚])가 된다.

『유가사지론』에서 [다음과 같이] 설명한 것과 같다. "만약 '낮은 부류 중생의 좋은 능력'(下品善根)에 확고히 자리 잡아 ['깨달음의 세계로 방향이 정해진 부류'(正定聚)에] 들어간 이가 있다면 [이] '낮은 부류'(下品)는 [아직] '틈이 있는 수준'(有間隙)이라 부른다고 알아야 한다. 아직 틈이 없

---

178 유법燸法: 난법煖法을 가리키는 말이다. 난법은 견도見道에 도달하기 이전에 수행으로 성취하는 '네 가지 이로운 능력'(四善根)의 첫 번째 단계이다. 사선근은 설일체유부說一切有部에서 제시한 개념으로, '[네 가지 진리를] 이해하기 위한 준비수행'(煖法), '정점에 이른 수행'(頂法), '참아 내는 수행'(忍法), '[견도見道 이전의 단계에서] 가장 뛰어난 수준의 수행'(世第一法)을 가리킨다. 그런데 경론에서 '난법' 대신 '유법'으로 표현되는 경우는 『대지도론大智度論』 권94(T25, 721a18~20)의 "如聲聞法中, 燸法·頂法·忍法·世間第一法, 名爲性地."라는 서술에서 확인할 수 있다. 이 외에도 길장吉藏의 『법화의소法華義疏』(T34, 569a9)와 같은 주석 문헌들에서도 '유법'의 사용이 나타난다.

지는 못하여 '좋은 능력'(善)이 아직까지는 온전하지 못한 것이다. 만약 '중간 부류 중생의 좋은 능력'(中品善根)에 확고하게 자리 잡아 ['깨달음의 세계로 방향이 정해진 부류'(正定聚)에] 들어간 이가 있다면 [이 사람은] [그대로] '중간 부류'(中品)라고 알아야 한다. 만약 '높은 부류 중생의 좋은 능력'(上品善根)에 확고하게 자리 잡아 ['깨달음의 세계로 방향이 정해진 부류'(正定聚)에] 들어간 이가 있다면 [이] '높은 부류'(上品)는 '틈이 없는 수준'(無間隙)이라 부른다고 알아야 한다. 이미 틈을 없게 할 수 있어 '좋은 능력'(善)이 온전해진 것이다. 이와 같은 것이 '이미 ['깨달음의 세계로 방향이 정해진 부류'(正定聚)에] 들어간 양상'(已趣入相)이다"[179]

又彼論云, "依此下品順解脫分善根, 婆伽梵說. 若具世間上[180]品正見, 雖歷千生, 不墮惡道.[181]" 此文正明本來安住上品善根, 而趣入者, 始入下品順解脫分善[182]之時, 便得不退, 無間隙故. 又彼論說, "若時安住下成熟者, 猶往惡趣, 若中若上, 不往惡趣." 此文正明本來安住下品

---

179 『유가사지론瑜伽師地論』 권21(T30, 401b15~20). "若有安住下品善根而趣入者, 當知下品名有間隙, 未能無間, 未善清淨. 若有安住中品善根而趣入者, 當知中品. 若有安住上品善根而趣入者, 當知上品, 無有間隙, 已能無間, 已善清淨. 如是名爲已得趣入補特伽羅已趣入相." 〈산스크리트본의 해당 내용: Śrbh., p.56. punar etāni liṅgāni mṛdukuśalamūlasthasyāvatīrṇasya mṛdūni bhavanti, sacchidrāṇy anirantarāṇy apariśuddhāni / madhyakuśalamūlasthitasya madhyāni / adhimātrakuśalamūlasthitasyādhimātrāṇi, niśchidrāṇi nirantarāṇi pariśuddhāni /; 또 하급의 선근에 머물러 들어간 자들의 여러 양상은 하급이고, 간격이 있으며, 장애가 없지 않고, 청정하지 않다. 중급의 선근에 머물러 [들어간] 자들은 중급이다. 상품의 선근에 머물러 [들어간] 자들은 상급이고, 간격이 없고, 장애가 없으며, 청정하다.〉

180 『아비달마잡집론阿毘達磨雜集論』의 원문에 의거하여 '上'을 '增上'으로 교감한다.

181 『아비달마잡집론阿毘達磨雜集論』의 원문에 의거하여 '惡道'를 '三惡趣'로 교감한다.

182 '根'이 빠진 것으로 보인다.

善根而趣入者, 雖至法, 下成熟位, 未得不退, 故往惡趣. 是約二乘位地分別. 若是不定種性人, 直向大乘而趣入時, 至種性位, 方爲正定. 如『起信論』說, "依何等人, 修何等行, 得信成就, 堪能發心? 所謂依不定聚衆生. 有熏習善根力故, 信業果報, 能起十善, 厭生死苦, 欲求無上菩提, 得値遇佛, 親承供養, 修行信心, 逕一萬劫, 信心成就故, 諸佛菩薩教令發心, 或以大悲故, 能自發心, 或因正法欲滅, 以護法因緣, 能自發心. 如是信心成就得發心者, 入正定聚, 畢竟不退, 名住如來種中, 正因相應." 此言'名住如來種'者, 名已入習種性位, 卽是十解初發心住. 上來所說, 皆明習成之正定聚. 若其本來菩薩種性, 直向大乘而趣入者, 始趣入時, 永得不退, 不由業力墮於惡趣. 依此而言, 入十信位, 便得不退, 不同前說不定性人. 如是等說, 皆就穢土. 若就得生彼淨土者, 定性二乘, 卽不往生. 不定性中, 三品之人, 發大乘心者, 皆得生彼. 生彼之時, 卽入正定, 由外緣力所住持故. 三聚分別, 略義如是.

[H1, 560a5~b11; T37, 129c28~130a25]

또 저 『아비달마잡집론』에서는 [다음과 같이] 말한다. "이 〈[정토에 태어나는 중생 가운데] 낮은 부류 중생의 '해탈의 가능성을 높여 주는 것에 수순하는 좋은 능력'(下品順解脫分善根)〉에 의거하여 세존께서 말씀하셨다. 만약 '세간의 높은 부류로 향상하는 진리다운 이해'(世間增上品正見)를 갖춘다면, 비록 천 번의 생애를 지내더라도 '[지옥地獄 · 아귀餓鬼 · 축생畜生, 이] 세 가지 해로운 삶의 길'(三惡趣)로 떨어지는 일은 없다."[183]

---

183 『아비달마잡집론阿毘達磨雜集論』 권13(T31, 754a16~18). "依此下品, 順解脫分善根, 薄伽梵說, 若有具世間增上品正見, 雖經歷千生, 不墮三惡趣." 〈산스크리트본의 해당 내용: ASbh., p.118. mṛdumokṣabhāgī yam adhikṛtyoktaṃ bhagavatā / samyagdṛṣṭir adhimātraṃ laukikī yasya vidyate / api jātisahasrāṇi nāsau gacchati durgatim // iti //; 하급의 순해탈분을 주제로 하여 세존은 다음과 같이

이 글은, '높은 부류 중생들의 좋은 능력'(上品善根)에 본래부터 확고하게 자리 잡아 ['깨달음의 세계로 방향이 정해진 부류'(正定聚)에] 들어가는 자는 〈낮은 부류 중생의 '해탈의 가능성을 높여 주는 것에 수순하는 좋은 능력'(下品順解脫分善根)〉에 처음 들어갈 때 바로 '퇴보하지 않는 경지'(不退)를 얻음을 바로 밝힌 것이니, '틈이 없기'(無間隙) 때문이다.

또 저 『유가사지론』에서는 [다음과 같이] 설명한다. "만약 '[정토에 태어나는 중생 가운데] 낮은 부류 중생들'(下品)에 확고하게 자리 잡아 성숙한 경우라면 여전히 '해로운 삶의 길'(惡趣)에 태어나기도 하지만, 만약 '중간 부류 중생들'(中品)이나 '높은 부류 중생들'(上品)이라면 '해로운 삶의 길'(惡趣)에 태어나지 않는다."[184] 이 글은, '낮은 부류 중생들의 좋은 능력'(下品善根)에 본래부터 확고하게 자리 잡아 ['깨달음의 세계로 방

[게송으로] 설하셨다. 어떤 사람에게 세간에서 최고의 정견이 있다면 그는 천 번의 탄생 동안 [세 가지] 나쁜 생존형태[惡趣]에 가지 않는다.〉

184 이것은 『유가사지론瑜伽師地論』의 본문에서 그 요지를 축약한 내용이다. 『유가사지론』 권37(T30, 498a21~28). "若時安住下品成熟, 爾時便有下品欲樂下品加行, 猶往惡趣. 非於現法證沙門果, 非於現法得般涅槃. 若時安住中品成熟, 爾時便有中品欲樂中品加行, 不往惡趣. 於現法中證沙門果, 非於現法得般涅槃. 若時安住上品成熟, 爾時便有上品欲樂上品加行, 不往惡趣." 〈산스크리트본의 해당 내용: BoBh., p.84. yadā mṛdupākavyavasthito bhavati mṛducchando bhavati mṛduprayogaś cāpāyān api gacchati na ca dṛṣṭe dharme śrāmaṇyaphalam adhigacchati. sa madhyacchandaś ca bhavati madhyaprayogo na cāpāyāṃ gacchati dṛṣṭe ca dharme śrāmaṇyaphalaṃ prāpnoti. no tu dṛṣṭe dharme parinirvāti. adhimātre paripāke sthitaḥ adhimātracchando bhavaty adhimātraprayogaś ca na cāpāyāṃ gacchati dṛṣṭe dharme śrāmaṇyaphalaṃ prāpnoti. dṛṣṭe ca dharme parinirvāti.; [성문이] 하급의 성숙에 머물 때, 하급의 욕구를 갖고 하급의 노력을 한다. 그는 나쁜 생존형태로 가기도 하고, 현생에서 사문과를 얻지 못한다. 그리고 그가 중급의 성숙에 머물 때, 그는 중급의 욕구를 갖고 중급의 노력을 한다. 그는 나쁜 생존형태로 가지 않으며, 현생에서 사문과를 얻지만 현생에서 열반하지는 못한다. 고급의 성숙에 머무는 [사람]은 고급의 욕구를 가지며 고급의 노력을 한다. 그는 나쁜 생존형태로 가지 않으며, 현생에서 사문과를 얻고 현생에서 열반한다.〉

향이 정해진 부류'(正定聚)에] 들어가려는 자는 비록 '[사제四諦에 관한 이해를] 착수하는 단계'([煖]法[位])에 이르러 '낮은 부류 중생에서의 성숙한 단계'(下成熟位)에 이를지라도 아직 '뒤로 물러나지 않는 [경지]'(不退)를 얻지는 못했기 때문에 '해로운 삶의 길'(惡趣)에 태어난다는 것을 바로 밝힌 것이다. 이것은 '[성문聲聞, 연각緣覺] 두 부류의 수행자 지위'(二乘位地)에 의거해서 구별한 것이다.

만약 '[깨달음의 세계로 갈지, 타락하여 해로운 세계로 갈지] 방향이 정해져 있지 않은 특성을 타고난 자'(不定種性人)가 곧바로 대승으로 향하여 들어갈 때는 '[보살의] 특성을 갖추는 단계'([菩薩]種性位)에 이르러서야 '깨달음의 세계로 방향이 정해진 부류'(正定[聚])가 된다. 『대승기신론』에서 [다음과 같이] 말한 것과 같다.

"어떤 사람들이 어떤 수행을 닦아야 믿음을 성취하여 '[깨달음을 향해] 마음을 일으킴'(發心)을 [제대로] 감당해 내는 것인가? 이른바 '[깨달음의 세계로 갈지, 타락하여 해로운 세계로 갈지] 방향이 정해져 있지 않은 부류의 중생'(不定聚衆生)에 의거하는 것이다. [이 부류의 중생은] '[깨달음으로 나아가는] 이로운 능력'(善根)을 거듭 익히는 힘이 있기 때문에, '행위에 따르는 결과'(業果報)를 믿어 '열 가지 이로운 행위'(十善)를 일으킬 수 있고, '[근본무지에 매인] 생사의 괴로움'(生死苦)을 싫어하여 '가장 높은 깨달음'(無上菩提)을 추구하고자 한다. [그리하여] 모든 부처님을 만나 직접 뜻을 받들고 공양하면서 '믿는 마음'(信心)을 수행하여 일만 겁劫을 지나 '믿는 마음'(信心)이 성취되는 것이다. [그리고] 모든 부처와 보살들이 가르쳐서 [깨달음을 향한] 마음을 일으키게 하거나, 혹은 '크나큰 연민'(大悲) 때문에 스스로 [깨달음을 향한] 마음을 일으키거나, 혹은 '올바른 진리'(正法)가 사라지려 함에 '진리를 수호하려는 인연'(護法因緣) 때문에 스스로 [깨달음을 향한] 마음을 일으킬 수 있다. 이와 같이 '믿는 마음'을 성취하여 [깨달음을 향해] 마음을 일으키는 자는 '깨달음의 세계로 방향이 정해진 부류'(正定聚)로 들어가 끝내 물러나지 않으니, [이것을] 〈'여래가 될 수 있는 종자'(如來種)에 자리 잡아 [깨달음의] '올바른 원인'(正因)과 서로 응한다.〉라고 한다."[185]

여기서 "〈'여래가 될 수 있는 종자'에 잡는다.〉고 한다."라고 말한 것은 '이미 [여래가 될 수 있는] 원인을 확고하게 익히는 경지의 단계로 들어감'(已入習種性位)이라고 부르니, 곧 '[진리에 대한] 이해가 확고해지는 열 가지 단계에 진입하는 첫 마음'(十解初發心)인 것이다. 이상으로 설명한 것은 모두 〈[후천적으로] 익혀서 이룬 '깨달음의 세계로 방향이 정해진 부류'〉(習成正定聚)를 밝힌 것이다.

만약 저 '본래부터 보살의 특성을 갖춘 사람'(本來菩薩種性)으로서 곧바로 대승으로 향하여 ['깨달음의 세계로 방향이 정해진 부류'(正定聚)에] 들어가는 사람이라면, 처음 들어갈 때에 '뒤로 물러나지 않는 [경지]'(不退)를 완전히 얻어 '행위의 누적된 힘'(業力) 때문에 '해로운 삶의 길'(三惡趣)로 떨어지지는 않는다. 이에 의거해서 말하면, '믿음이 자리 잡는 열 가지 경지'(十信位)에 들어가면 곧 '뒤로 물러나지 않는 [경지]'(不退)를 얻기에, 앞에서 말한 '[깨달음의 세계로 갈지, 타락하여 해로운 세계로 갈지] 방향이 정해져 있지 않은 면모의 사람들'(不定性人)과는 같지 않다. 이와 같은 설명들은 모두 '[번뇌에] 오염된 세상'(穢土)에 의거한 것이다.

만약 저 '[번뇌의 오염이 없는] 온전한 세상'(淨土)에 왕생하는 사람에 의거[하여 말]한다면, '[성문聲聞, 연각緣覺] 두 부류의 수행자로 결정되는 특성을 타고난 자'(定[種]性二乘)는 [정토淨土에] 왕생할 수 없다. [그런데] '[깨달음의 세계로 갈지, 타락하여 해로운 세계로 갈지] 방향이 정해져 있지 않은 면모[의 사람들]'(不定性[人]) 가운데 '[정토 중생의 상품上品 · 중품中品 · 하품下品, 이] 세 가지 부류'(三品之人)[에 해당하는] 사람으로서 '대승

185 『대승기신론大乘起信論』 권1(T32, 580b18~26).

의 마음'(大乘心)을 일으킨 자라면 모두 저 [정토淨土]에 왕생할 수 있다. [그리고] 저 [정토淨土]에 태어날 때 곧바로 '깨달음의 세계로 방향이 정해진 부류'(正定聚)에 들어가니, [정토淨土는] '외부 조건의 힘'(外緣力)[인 아미타부처님의 원력]에 의지하여 머무르는 곳이기 때문이다. '[정정취正定聚 · 사정취邪定聚 · 부정취不定聚, 이] 세 부류의 중생[에 의거하여] 구분하는 것'([約]三聚[衆生]分別)은 [그] 간략한 뜻이 이와 같다.

2. 네 가지에 대해 의심을 지닌 중생을 밝힘(明有四疑惑衆生)

次明有四疑惑衆生. 於中先明所疑境界, 然後顯其疑惑之相. 所疑境者, 如下文言, "若有衆生, 以疑惑心, 修諸功德, 願生彼國, 不了佛智, 不思議智, 不可稱智, 大乘廣智, 無等無倫最上勝智, 於此諸智, 疑惑不信. 然猶信罪福, 修習善本, 願生彼國. 此諸衆生, 生彼宮殿, 五百歲中, 不聞三寶, 故說邊地." 乃至廣說. 此言"佛智", 是總標句, 下之四句, 別顯四智.

[H1, 560b12~21; T37, 130a25~b4]

다음으로 '네 가지에 대해 의심을 지닌 중생'(有四疑惑衆生)을 밝힌다. 여기서는 먼저 '의심하는 대상'(所疑境界)을 밝히고, 그런 후에 그 '의심하는 양상'(疑惑之相)을 밝힌다.

1) 의심하는 대상을 밝힘(明所疑境界)

'의심하는 대상'(所疑境)이라는 것은 [『무량수경』] 아래의 글에서 [다음과 같이] 말한 것과 같다. "만약 어떤 중생이 의심하는 마음을 가진 채 온갖 '좋은 일'(功德)을 닦아 저 극락정토에 태어나기를 바란다면 [그는 아직] '부처님의 지혜'(佛智)를 알지 못하는 것이니, ['부처님의 지혜'(佛智)

인] '생각으로 헤아리기 어려운 지혜'(不思議智) · '말로 규정할 수 없는 지혜'(不可稱智) · '대승의 광대한 지혜'(大乘廣智) · '똑같은 것이 없고 견줄 만한 것이 없는 가장 높고 뛰어난 지혜'(無等無倫最上勝智) 이 지혜들에 대해 의심하면서 믿지 않는 것이다. 그러면서도 여전히 죄와 복을 믿어 '이로운 것의 근본'(善本)을 닦고 익혀 저 극락정토에 태어나기를 바란다. 이러한 모든 중생은 저 [극락정토의] 궁전에 태어나더라도 오백 년 동안은 '[부처(佛) · 진리(法) · 수행공동체(僧), 이] 세 가지 보배'(三寶)에 대해서 들을 수 없기 때문에 [그가 태어난 곳을] '변두리 땅'(邊地)이라고 부른다."[186] 등으로 자세히 설하고 있다. 여기서 말한 "부처님의 지혜"(佛智)는 '총괄하여 제시하는 구절'(總標句)이고, [그] 아래의 '네 가지 구절'(四句)은 '[성소작지成所作智 · 묘관찰지妙觀察智 · 평등성지平等性智 · 대원경지大圓鏡智, 이] 네 가지 지혜'(四智)[187][의 뜻을] 하나씩 드러낸

186 인용한 내용은 미륵보살의 질문에 대한 부처님의 대답 중의 한 대목이다. 미륵보살은 정토에 태어난 이들 중에서 태생과 화생의 차이에 대해 질문하였는데, 인용문은 이 가운데 태생에 대한 부처님의 설명인 것이다. 밑줄 친 곳은 인용문과 일치하는 부분이며, '불문不聞' 이하는 그 요지만을 거론한 것이다. 『불설무량수경佛說無量壽經』 권2(T12, 278a22~28). "佛告慈氏. 若有衆生 以疑惑心, 修諸功德, 願生彼國. 不了佛智, 不思議智, 不可稱智, 大乘廣智, 無等無倫最上勝智, 於此諸智, 疑惑不信. 然猶信罪福, 修習善本, 願生其國, 此諸衆生, 生彼宮殿, 壽五百歲, 常不見佛, 不聞經法, 不見菩薩聲聞聖衆, 是故於彼國土謂之胎生." 〈산스크리트본의 해당 내용: Sukhvy., pp.57-58. tat ko 'tra bhagavan hetuḥ, kaḥ pratyayo, yad anye punar garbhāvāse prativasanti; anye punar upapādukāḥ paryaṅkaiḥ padmeṣu prādurbhavanti. bhagavān āha: ye te 'jita bodhisattvā anyeṣu buddhakṣetreṣu sthitāḥ sukhāvatyāṃ lokadhātāv upapattaye vicikitsām utpādayanti, tena cittena kuśalamūlāny avaropayanti, teṣām atra garbhāvāso bhavati. (유사한 내용이지만, 현존 산스크리트 문장은 한역본에 비해 상당부분 축소되어 있다.); 세존이시여, 여기에서 무슨 이유로 어떤 [중생]들은 태생이고 다른 화생들은 연꽃 위에서 가부좌를 한 상태로 태어납니까? 아지타여, 다른 불국토에 머무는 보살들이 정토세계에 태어나는 것에 대해 의문을 일으키고, 그 마음으로 선근을 심으면, 그들은 여기에 태생으로 태어난다.〉

것이다.

"不思議智"者, 是成所作智. 此智, 能作不思議事. 謂如不過丈六之身, 而無能見頂者, 不增毛孔之量, 而遍十方世界, 一念稱名, 永滅多劫重罪, 十念念德, 能生界外勝報. 如是等事, 非下智所測, 是故名爲不思議智. "不可稱智"者, 是妙觀察智. 此智, 觀察不可稱境. 謂一切法皆如幻夢, 非有非無, 離言絶慮, 非逐言者所能稱量. 是故名爲不可稱智. "大乘廣智"者, 是平等性智. 此智廣度, 不向小乘. 謂遊無我故, 無不我, 無不我故, 無不等攝. 以此同體智力, 普載無邊有情, 皆令同至無上菩提, 是故名爲大乘廣智. "無等無倫最上勝智"者, 正是如來大圓鏡智. 始轉本識, 方歸心原, 一切種境, 無不圓照, 是故名爲大圓鏡智. 此一智中, 有五殊勝. 如解脫身, 二乘同得, 如是鏡智, 正是法身, 非彼所共, 故名無等, 是一勝也. 如前三智, 菩薩漸得, 大圓鏡智, 唯佛頓證, 更無餘類, 故名無倫, 是二勝也. 過於不思議智爲最, 踰於不可稱智爲上, 寬於大乘廣智爲勝, 是爲第三四五勝也. 是故名爲無等無倫最上勝智. 是顯四疑所迷境也.

[H1, 560b21~c21; T37, 130b4~25]

"생각으로 헤아리기 어려운 지혜"(不思議智)라는 것은 '[중생들이 열반

187 사지四智: 유식학에서 건립한 불과佛果의 '네 가지 지혜'로서, 사지심품四智心品이라고도 한다. 유루有漏의 제8식, 제7식, 제6식과 전前5식이 전변하여 네 가지의 무루지無漏智가 된 것이 대원경지大圓鏡智, 평등성지平等性智, 묘관찰지妙觀察智, 성소작지成所作智이다. 『불광대사전』(pp.1769~1770) 참조. 『성유식론成唯識論』 권10에서 "云何四智相應心品?"(T31, 56a12)이라고 하는 것 이하에서는 대원경지, 평등성지, 묘관찰지, 성소작지의 '사지四智'를 밝히면서 "此轉有漏八七六五識相應品, 如次而得. 智雖非識而依識轉識爲主故, 說轉識得."(T31, 56b2~4)이라고 하여, '사지'는 유루의 여덟 가지 의식 현상에 의거하면서도 그것들을 무루의 지혜 현상으로 바꾸어 얻는 것이라고 설명한다.

에 이르도록 성숙시키는] 일을 이루어 가는 지혜'(成所作智)[188]이다. 이 지혜는 '생각으로 헤아리기 어려운 현상'(不思議事)을 지어낼 수 있다. 이를테면 '[부처님의 키는] 16척 크기의 몸'(丈六之身)을 넘어서지 않지만 그 정수리를 볼 수 있는 사람은 없고 [몸집을] 털구멍만큼의 양도 늘리지 않아도 [그 몸이] '온 세계'(十方世界)에 가득하며, 한결같이 [아미타불을] 생각하면서 [그] 이름을 부르면 '오랜 세월 동안 저지른 무거운 죄'(多劫重罪)를 완전히 없애고, '[아미타불을 부르며 지니는] 열 가지 생각'(十念)으로 [아미타불의] '이로운 능력'(德)을 생각하면 '[중생들의] 세계를 넘어서는 수승한 과보'(界外勝報)를 생겨나게 할 수 있는 것과 같다. 이러한 현상들은 '수준 낮은 지혜'(下智)로 헤아려지는 것이 아니기 때문에 '생각으로 헤아리기 어려운 지혜'(不思議智)라고 부른다.

"말로 규정할 수 없는 지혜"(不可稱智)라는 것은 '사실 그대로 이해하는 지혜'(妙觀察智)[189]이다. 이 지혜는 '말로 규정할 수 없는 대상'(不可稱境)을 관찰하는 것이다. 이를테면 '모든 현상'(一切法)은 다 허깨비나 꿈과 같아 '[불변 · 독자의 본질/실체로서] 있는 것도 아니고 [아무것도] 없는 것도 아니어서'(非有非無) '언어적 규정에서 벗어나고 분별하는 생각을

---

188 성소작지成所作智(Kṛtyānuṣṭhāna-jñāna): 제5식의 범주에 대응시켜 이루어야 할 지혜로 묘사된다. 이것은 의식을 구성하는 다섯 가지 감각기관이 타인을 이롭게 하는 직접적인 토대라는 의미가 반영된 것이라고 말할 수 있다. 관련 문구들과 원효의 설명을 종합하여 '[중생들이 열반에 이르도록 성숙시키는] 일을 이루어가는 지혜'로 번역하였다. 관련 내용은 다음과 같다. 『대승본생심지관경大乘本生心地觀經』 권2(T3, 298c21~23). "四成所作智, 轉五種識得此智慧, 能現一切種種化身, 令諸衆生成熟善業, 以是因緣, 名爲成所作智."

189 묘관찰지妙觀察智(pratyavekṣaṇājñāna): 제6식의 범주에 대응시켜 성취해야 될 지혜로 나타난다. 제6식이 대상세계를 인지하고 파악하는 작용력이 있기 때문에 '사실을 사실 그대로 이해하는 능력'을 지혜로 표현한 것이라고 말할 수 있다. 따라서 '사실 그대로 이해하는 지혜'로 번역하였다. 관련 내용은 다음과 같다. 『대승본생심지관경大乘本生心地觀經』 권2(T3, 298c18~21). "三妙觀察智, 轉分別識得此智慧, 能觀諸法自相共相, 於衆會前說諸妙法, 能令衆生得不退轉, 以是名爲妙觀察智."

끊은 것'(離言絶慮)이니, 말만 따라가는 자가 헤아릴 수 있는 것이 아니다. 그러므로 '말로 규정할 수 없는 지혜'(不可稱智)라고 부른다.

"대승의 광대한 지혜"(大乘廣智)라는 것은 '[불변·독자의 본질/실체라는 생각으로 비교하지 않아] 평등하게 보는 지혜'(平等性智)[190]이다. 이 지혜는 [중생들을] 널리 구제하기에 소승[의 가르침]으로는 향하지 않는다. 이를테면 '불변·독자의 자아가 없다'(無我)[는 경지]에서 노닐기 때문에 [모든 것이] 자기 아닌 것이 없고, [모든 것이] 자기 아닌 것이 없기 때문에 [모든 것을] 평등하게 껴안지 못하는 일이 없는 것이다. 이 '[중생을] 한 몸으로 여기는 지혜의 힘'(同體智力)으로써 끝없이 많은 중생을 모두 실어 '가장 높은 깨달음'(無上菩提)에 다 함께 이르게 하니, 그러므로 '대승의 광대한 지혜'(大乘廣智)라고 부른다.

"똑같은 것이 없고 견줄 만한 것이 없는 가장 높고 뛰어난 지혜"(無等無倫最上勝智)라는 것은 바로 여래의 '거울로 비추는 것처럼 [현상세계를] 온전하게 드러내는 지혜'(大圓鏡智)[191]이다. 비로소 '[제8알라야식인]

---

190 평등성지平等性智(samatā-jñāna): 유식唯識사상에서는 여덟 가지 의식에 따라 거기에 대응하는 지혜의 차이를 다른 개념으로 표현한다. 이 가운데 제7식의 번뇌는 '자아를 불변·독자의 본질/실체로 보는 생각'에 토대하고 있기 때문에 이러한 생각에 따른 분별/차별에서 벗어나는 지혜가 중요시된다. 이것을 나타내는 개념이 바로 평등성지平等性智로 보인다. 따라서 '[불변·독자의 본질/실체라는 생각으로 비교하지 않아] 평등하게 보는 지혜'로 번역하였다. 후대의 주석 문헌에서 평등성지를 비롯한 4지四智의 출전으로 『불설불지경佛說佛地經』 및 이에 대한 주석인 『불지경론佛地經論』을 중시하고 있으나, 『대승본생심지관경大乘本生心地觀經』에서 간결하면서도 핵심적인 설명을 찾아볼 수 있다. 『대승본생심지관경大乘本生心地觀經』 권2(T3, 298c16~18). "二平等性智, 轉我見識得此智慧, 是以能證自佗平等二無我性, 如是名爲平等性智."

191 대원경지大圓鏡智(ādarśajñāna): 제8식의 번뇌에서 벗어남으로써 증득하는 지혜이다. 제8식에서 얻는 지혜는 마치 크고 온전한 거울이 있으면 거기에 모든 대상이 그대로 나타나는 것과 같다는 것이다. 따라서 '거울로 비추는 것처럼 [현상세계를] 온전하게 드러내는 지혜'로 번역하였다. 관련 내용은 다음과 같다. 『대승본생심지관경大乘本生心地觀經』 권2(T3, 298c10~16). "一大圓鏡智, 轉異熟識得此智

근본이 되는 식'(本識)을 바꾸어 바야흐로 '[하나처럼 통하게 하는] 마음의 근원'(心原)으로 돌아가 '모든 종류의 대상'(一切種境)을 온전히 비추어 내지 못하는 것이 없으니, 그러므로 '거울로 비추는 것처럼 [현상세계를] 온전하게 드러내는 지혜'(大圓鏡智)라고 부른다.

이 하나의 지혜에는 다섯 가지의 탁월함이 있다. '해탈한 몸'(解脫身)과 같은 것은 '[성문聲聞, 연각緣覺] 두 부류의 수행자'(二乘)도 똑같이 얻지만, 이와 같은 '거울로 비추는 것처럼 [현상세계를] 온전하게 드러내는 지혜'([大圓]鏡智)는 바로 '진리의 몸'(法身)이라서 저 [이승二乘]들이 함께 할 수 있는 것이 아니기 때문에 '똑같은 것이 없다.'(無等)라고 하니, 이것이 첫 번째 탁월함이다.

[또] 앞의 [성소작지成所作智, 묘관찰지妙觀察智, 평등성지平等性智, 이] 세 가지 지혜와 같은 것은 보살들이 '점차 얻지만'(漸得) [이] '거울로 비추는 것처럼 [현상세계를] 온전하게 드러내는 지혜'(大圓鏡智)는 오직 부처님만이 '한꺼번에 증득'(頓證)하고 [한꺼번에 증득하는] 다른 무리는 없기 때문에 '견줄 만한 것이 없다.'(無倫)라고 부르니, 이것이 두 번째 탁월함이다.

[그리고] '생각으로 헤아리기 어려운 지혜'(不思議智)를 넘어서기에 '최고'(最)가 되고, '말로 규정할 수 없는 지혜'(不可稱智)를 뛰어넘기에 '높음'(上)이 되며, '대승의 광대한 지혜'(大乘廣智)보다 넓기에 '뛰어남'(勝)이 되니, 이것이 세 번째, 네 번째, 다섯 번째 탁월함이다. 그러므로 '똑같은 것이 없고 견줄 만한 것이 없는 가장 높고 뛰어난 지혜'(無等無倫最上勝智)라고 부른다.

慧, 如大圓鏡現諸色像. 如是如來鏡智之中, 能現衆生諸善惡業, 以是因緣, 此智名爲大圓鏡智. 依大悲故恒緣衆生, 依大智故常如法性, 雙觀眞俗無有間斷, 常能執持無漏根身, 一切功德爲所依止."

이상은 '네 가지에 대한 의심이 알지 못하는 대상'(四疑所迷境)을 나타낸 것이다.

2) 네 가지에 대해 의심하는 양상을 밝힘(明四種疑惑相)

次明四種疑惑相者. 謂如有一性非質直, 邪聰我慢, 薄道心人, 不了四智, 而起四疑. 一者, 疑成作事智所作之事. 謂聞經說, "十念念佛, 得生彼國[192]", 由不了故, 生疑而言. 〈如佛經說, 善惡業道罪福無極,[193] 重者先牽, 理數無差. 如何一生, 無惡不造, 但以十念, 能滅諸罪, 便得生彼, 入正定聚, 遠離三途, 畢竟不退耶? 又無始來, 起諸煩惱, 繫屬三界而相纏縛, 如何不斷二輪煩惱, 直以十念, 出三界外耶?〉 爲治如是邪思惟疑, 是故說名不思議智, 欲顯佛智有大勢力故, 能以近爲遠, 以遠爲近, 以重爲輕, 以輕爲重. 雖實有是事, 而非思量境, 所以直應仰信. 經說, 不可以自淺識思惟. 若欲生信, 應以事況. 譬如千年積薪, 其高百里, 豆許火燒, 一日都盡. 可言千年積之薪, 如何一日盡耶? 又如躃[194]者, 自力勤行, 要逕多日, 至一由旬, 若寄他船, 因風勢, 一日之間, 能至千里. 可言躃者之身, 云何一日至千里耶? 世閒舼[195]師之身, 尙作如是絶慮之事, 何況如來法王之勢, 而不能作不思議事耶? 是爲對治第一疑也.

---

192 '得生彼國'의 『불설무량수경』 원문은 '願生其國'이다. 원효가 의도적으로 변형시켰을 가능성을 고려하여 교감하지 않고 번역한다.

193 대정장본에는 '極'자가 '杇'자로 되어 있다. 문맥상 '極'자가 적절하다고 보아 그대로 번역한다.

194 한불전에서는 '벽躃'자가 '벽躄'자로 나오는 판본이 있다고 주석하였는데, 대정장본에도 '躄'자로 나온다. 동일한 글자이므로 교감하지 않고 그대로 두었다. 이하의 같은 경우도 마찬가지이다.

195 대정장본에는 '공舼'자가 '선船'자로 되어 있다. 번역에는 영향을 끼치지 않으므로 한불전에 따라 교감하지 않고 '舼'자를 그대로 두었다.

다음은 '네 가지에 대해 의심하는 양상'(四種疑惑相)을 밝힌다. 이를테면, 품성이 정직하지 않고 '사특한 총명'(邪聰)과 아만이 있으며 '얄팍한 구도심'(薄道心)을 지닌 사람이 '[성소작지成所作智·묘관찰지妙觀察智·평등성지平等性智·대원경지大圓鏡智, 이] 네 가지 지혜'(四智)를 알지 못하여 [다음과 같이] '네 가지에 대한 의심'(四疑)을 일으키는 것과 같은 것이다.

첫 번째는 〈'[중생들이 열반에 이르도록 성숙시키는] 일을 이루어 가는 지혜'(成所作智)로 짓는 일〉을 의심하는 것이다. 이를테면, 경에서 "'[아미타 부처님을 부르며 지니는] 열 가지 생각'(十念)으로 '[아미타]부처님을 생각'(念佛)하여 '저 극락정토에 태어난다."[196]라고 설하는 것을 듣고 [그 뜻을] 알지 못하기 때문에 의심을 일으켜 [다음과 같이] 말한다. 〈부처님 경전[197]이 설하는 것처럼, '이롭거나 해로운 행위의 길'(善惡業道)에서 [해로운 행위로 인한] 죄와 [이로운 행위로 인한] 복은 끝이 없고 [행위의 무게가] 무거운 것이 먼저 [그 죄나 복을] 끌고 가는 것이니, [그런] '도리에 해당하는 경우들'(理數)은 어긋남이 없다. [그런데] 일생동안 짓지 않는 '해로운 행위'(惡[業])가 없는데 어떻게 단지 '[아미타 부처님을 부르며 지니는] 열 가지 생각'(十念)만으로 온갖 죄를 없애고 곧 저 극락정토에 태어나 '깨달음의 세계로 방향이 정해진 부류'(正定聚)로 들어가서 '[지옥地獄·아귀餓鬼·축생畜生, 이] 세 가지 해로운 삶의 길'(三[惡]途)에서 멀리 벗어나 끝까지 뒤로 물러나지 않을 수 있겠는가? 또 시작을 알

196 『불설무량수경佛說無量壽經』 권2(T12, 272c4~7). "其下輩者, 十方世界諸天人民, 其有至心欲生彼國, 假使不能作諸功德, 當發無上菩提之心, 一向專意乃至十念, 念無量壽佛, 願生其國."

197 출전이 확인되지 않는다.

수 없는 과거로부터 온갖 번뇌를 일으켜 '[욕망세계(欲界)·유형세계(色界)·무형세계(無色界), 이] 세 가지 세계'(三界)에 얽매이고 [번뇌와 삼계가] 서로 얽혀 묶고 있는데, 어떻게 [견혹見惑과 수혹修惑, 이] '수레의 두 바퀴[처럼 중생을 끌고 가는] 번뇌'(二輪煩惱)[198]를 끊지 않고서 단지 '[아미타 부처님을 부르며 지니는] 열 가지 생각'(十念)으로써 '[욕망세계(欲界)·유형세계(色界)·무형세계(無色界), 이] 세 가지 세계'(三界)의 밖으로 벗어날 수 있다는 것인가?〉

이와 같은 '잘못된 생각으로 의심하는 것'(邪思惟疑)을 치유하려 하기 때문에 '생각으로 헤아리기 어려운 지혜'(不思議智)라고 설한 것이니, '부처님의 지혜'(佛智)에는 크나큰 힘이 있기 때문에 가까운 곳을 먼 곳으로 만들기도 하고 먼 곳을 가까운 곳으로 만들기도 하며 무거운 것을 가벼운 것으로 만들기도 하고 가벼운 것을 무거운 것으로 만들기도 한다는 것을 드러내려고 한 것이다. 비록 실제로 이러한 일이 있지만 '생각으로 헤아릴 수 있는 대상'(思量境)이 아니므로 단지 우러러 믿어야만 한다. 경에서 설하는 것은 자신의 얕은 식견으로 생각해서는 안 되는 것이다.

만약 ['생각으로 헤아리기 어려운 지혜'(不思議智)에 대해] 믿음을 생겨나게 해 주려고 한다면 사례(事)로써 비유를 들어야 한다. 비유하면 천

---

198 이륜번뇌二輪煩惱: 수隋나라 혜원慧遠의 『대승의장大乘義章』 권7(T44, 603a14~16)에서 "兩宗辨惑各異, 毘曇法中, 凡夫並起見諦修道二輪煩惱. 迷理生者, 是見諦惑, 緣事生者, 是修道惑. 此二種惑."이라고 서술한 것에 따르면, 아비달마 문헌마다 차이는 있지만, 이륜번뇌二輪煩惱는 견수번뇌見修煩惱를 가리킨다. '견수번뇌見修煩惱'는 〈'[진리다운] 이해를 밝혀 가는 수행'(見道)에서 끊어지는 번뇌와 '[선정을 토대로 이해를] 거듭 익혀 가는 수행'(修道)에서 끊어지는 번뇌〉를 지칭하는데, 견혹은 견도見道에서 끊어지는 번뇌이고 수혹은 견도 이후 수도修道에서 끊어지는 번뇌이다. 견혹이 미리지혹迷理之惑이라면 수혹은 미사지혹迷事之惑이다.

년 동안 땔나무를 쌓아 그 높이가 백 리일지라도 콩알만큼의 불로 태우면 하루에 다 타 버리는 경우와 같다. [그러니] 천 년 동안 쌓은 땔나무가 어찌 하루에 다 타 버리느냐고 말할 수 있겠는가? 또 하반신 장애인은 자기 힘으로 부지런히 걸어서 여러 날이 지나야만 일 유순由旬[199]에 이르지만, 만약 다른 사람의 배를 타면 바람의 힘을 빌려 하루 사이에 천 리에 이를 수 있는 경우와 같다. [그러니] 하반신 장애인의 몸으로 어찌 하루 만에 천 리에 이르느냐고 말할 수 있겠는가? 세간 뱃사공의 몸으로도 오히려 이와 같은 '생각할 수 없는 일'(絶慮之事)을 이루어내는데 하물며 '진리의 왕인 여래'(如來法王)의 힘으로 어찌 '생각으로 헤아리기 어려운 일'(不思議事)을 이룰 수 없겠는가? 이것이 첫 번째 의심을 치유하는 것이다.

第二疑者, 謂疑妙觀察智所觀之境. 如同經中, 歎佛智云, "妙觀察諸法非有非無, 遠離二邊, 而不著中", 由不了故, 生疑而言. 〈如今現見稱物之時, 物重卽低, 物輕必擧. 若言輕而不擧, 重而不低, 如是說者, 有言無義. 因緣生法, 當如亦爾. 若實非無, 便墮於有, 如其非有, 卽當於無. 若言非無而不得有, 非有而不墮無, 卽同重而不低, 輕而不擧. 故知是說, 有言無實.〉 如是稱量, 卽墮諸邊. 或執依他, 實有不空, 墮增益邊, 或執緣生, 空無所[200]有, 墮損減邊. 或計俗有眞空, 雙負二邊,

199 일유순一由旬: 고대 인도에서부터 거리를 재는 단위의 하나로 쓰인 것인데 산스크리트어 '요자나(yojana)'의 발음을 옮긴 말이다. 'yojana'는 동사어근 √yuj(묶다)에서 파생한 말로서 산스크리트어 사전(M.Moniar Williams, *Sanskrit English Dictionary*, p.858)에 따르면 '결합', '연결'을 의미한다고 되어 있다. 이 사전에 따르면 현대 영어권의 마일(mile)로 따져서 대략 4~9마일에 해당한다고 추정하고 있으므로 1요자나는 대략 6~15km 정도에 해당한다고 볼 수 있다. 한편 『불광대사전佛光大辭典』(p.1473)의 설명에 따르면, 소 수레를 타고 하루 동안 갈 수 있는 거리를 가리킨다고 하거나 『대당서역기』의 기록에 의거하여 제왕의 군대가 하루 동안 행군하는 거리를 의미한다고도 서술되어 있다.

墮相違論, 或計非有非無, 著一中邊, 墮愚癡論. 如『釋論』云, "非有非無, 是愚癡論故." 爲治此等邪稱量執, 是故安立不可稱智, 欲顯諸法甚深, 離言絶慮, 不可尋思稱量, 如言取義. 如『瑜伽』說, "云何甚深難見法? 謂一切法. 何以故? 第一甚深難見法者, 所謂諸法自性, 皆絶戲論, 過言語道, 然由言說爲依止故, 方乃可取可觀可覺. 是故諸法甚深難見." 是爲對治第二疑也.

[H1, 561a21~b18; T37, 130c16~131a6]

[네 가지 의심 가운데] 두 번째 의심이라는 것은 〈'사실 그대로 이해하는 지혜'(妙觀察智)로 '이해하는 대상'(所觀之境)〉을 의심하는 것이다. 같은 경전[201]에서는 '부처님의 지혜'(佛智)를 찬탄하며 "'모든 현상은 [불변 · 독자의 본질/실체로서] 있는 것도 아니고 [아무 것도] 없는 것도 아니라는 것'(諸法非有非無)을 '사실 그대로 이해하여'(妙觀察) '['항상 있음'(有)과 '아무것도 없음'(無), 이] 두 가지 치우침'(二邊)에서 멀리 벗어나지만 ['항상 있음'(有)과 '아무것도 없음'(無)의] 중간에도 집착하지 않는다."라고 말하는데, [이 말씀을] 이해하지 못하기 때문에 의심을 일으켜 [다음과 같이] 말한다. 〈이를테면 지금 물건을 저울질할 때, 물건이 무거우면 [저울대의 한쪽이] 바로 내려가고 물건이 가벼우면 반드시 올라가는 것을 보는 것과 같다. 만약 가벼워도 올라가지 않는다거나 무거워도 내려가지 않는다고 말한다면, 이렇게 말하는 것은 말은 있어도 뜻은 없다. '원인과 조건으로 생겨난 현상'(因緣生法)도 그와 같음을 알아야 한다. 만약 실제로 없는 것이 아니라면 곧 있음(有)에 떨어지고, 만약 그것이 있는 것이 아니라면 곧 없음(無)에 해당한다. [그런데도] 만약 '없는 것이 아니지만 있음도 얻을 수 없다.'(非無而不得有)라거나 '있는 것도 아

200 대정장본에는 '所'자가 없지만, 한불전에 따라 교감하지 않고 그대로 두었다.
201 출전이 확인되지 않는다.

니지만 없음에 떨어지지도 않는다.'(非有而不墮無)라고 말한다면, 곧 [무게를 재는 저 저울대가] 무거워도 내려가지 않고 가벼워도 올라가지 않는다는 것과 같다. 그러므로 이와 같은 주장은 말은 있어도 내용은 없다는 것을 알 수 있다.〉

이렇게 헤아리면 곧 '갖가지 치우친 견해'(諸邊)에 떨어진다. 어떤 경우는 '다른 것에 의존하여 발생하는 것들'(依他)에 집착하여 '실제로 있는 것이지 없는 것은 아니다.'(實有不空)라면서 '긍정에 치우친 견해'(增益邊)에 떨어지고, 어떤 경우는 '조건에 따라 생겨난 것'(緣生)에 집착하여 '없는 것이지 있는 것은 없다.'(空無所有)라면서 '부정에 치우친 견해'(損減邊)에 떨어지는 것이다. [또] 어떤 경우에는 '세속의 있음'(俗有)과 '참으로 없음'(眞空)을 [함께] 헤아리면서 '두 가지 치우침'(二邊)을 둘 다 짊어져 '모순되는 주장'(相違論)에 떨어지고, [또] 어떤 경우에는 '있는 것도 아니고 없는 것도 아님'(非有非無)을 헤아리면서 '[있음과 없음의] 중간 하나에만 치우침'(一中邊)에 집착하여 '어리석은 주장'(愚癡論)에 떨어진다. 이를테면 『석론釋論』에서 "있는 것도 아니고 없는 것도 아니라는 것은 어리석은 주장이다."[202]라고 말하는 것과도 같다.

이와 같은 잘못된 헤아림과 집착을 치유하려 하기 때문에 '말로 규정할 수 없는 지혜'(不可稱智)라는 말을 세운 것이니, '모든 현상[의 사실

202 여기서 언급한 『석론釋論』이 어떤 문헌을 가리키는지 분명하지 않지만, 인용문의 내용은 밑줄 친 곳에 보이는 것처럼 길장吉藏의 설명과 해석에 토대하고 있는 것으로 보인다. 『중관론소中觀論疏』 권8(T42, 123c29~124a3). "今總而究之. 若有一理名爲常見即是虛妄, 不名爲實. 若無一理又是邪見亦爲虛妄, 非是眞實, 亦有亦無則具足斷常, 非有非無是愚癡論." 다음의 내용도 참고할 만하다. 『대지도론大智度論』 권15(T25, 170c17~22). "問曰. "佛法常空相中, 非有非無, 空以除有, 空空遮無, 是爲非有非無, 何以言愚癡論? 答曰. 佛法實相, 不受不著, 汝非有, 非無受著故, 是癡論. 若言非有, 非無, 則可說, 可破, 是心生處, 是鬪諍處."

그대로]는 [그 뜻이] 매우 깊어 언어적 규정에서 벗어나고 분별하는 생각을 끊은 것'(諸法甚深, 離言絶慮)이어서 '[사실과 다르게 분별하는] 사유'(尋思)로 헤아려 '말 그대로 뜻을 취해서는'(如言取義) 안 된다는 것을 드러내고자 한 것이다. 이를테면 『유가사지론』에서 [다음과 같이] 말한 것과 같다.

"어떤 것이 '매우 깊어 이해하기 어려운 현상'(甚深難見法)인가? '모든 현상'(一切法)이 그것이다. 어째서인가? '가장 깊어 이해하기 어려운 현상'(第一甚深難見法)이라는 것은 [다음과 같다.] 이른바 '모든 현상의 본연'(諸法自性)은 모두 '사실과 다른 분별이론'(戲論)을 끊고 '언어로 단정하는 방식'(言語道)을 넘어서지만, [그러면서도] '언어적 설명'(言說)을 의지로 삼기 때문에 비로소 취할 수 있고 이해할 수 있고 깨달을 수 있는 것이다. 그러므로 '모든 현상'(諸法)은 매우 깊어 이해하기 어려운 것이다."[203] 이것은 두 번째 의심을 치유하는 것이다.

第三疑者, 謂疑平等性智等齊度之意. 如聞經說, "一切衆生, 悉皆有心, 凡有心者, 當得菩提", 由不了故, 生疑而言. 〈若如來, 衆生皆有佛性, 悉度一切有情, 令得無上菩提者, 是卽衆生雖多, 必有終盡. 其最後佛, 無利他德, 所化無故, 卽無成佛, 功德闕故. 無化有功, 不應道理, 闕功成佛, 亦無是處.〉 作是邪計, 誹謗大乘, 不信平等廣度之意. 爲治如是狹小疑執, 是故安立大乘廣智. 欲明佛智無所不運, 無[204]所不

---

203 『유가사지론』 권66(T30, 668b1~6)의 내용을 발췌하여 인용한 것이다. 밑줄 부분이 원효의 인용이다. "復次云何甚深難見法? 謂一切法, 當知皆是甚深難見, 何以故? 第一甚深難見法者, 所謂自性絶諸戲論過語言道, 諸法自性皆絶戲論過語言道, 然由言說爲依止故, 方乃可取可觀可覺. 是故當知一切諸法甚深難見."

204 대정장본에는 '無'자가 없고, 한불전에는 '無'자가 들어 있다. 문맥에 따라 '無'자를 넣어 번역하였다.

載, 一切皆入無餘, 故言大乘, 其所運載, 無始無際, 故名廣智. 所以然者, 虛空無邊故, 衆生無數量, 三世無際故, 生死無始終, 衆生旣無始終, 諸佛亦無始終. 若使諸佛有始成者, 其前無佛, 卽無聖敎. 無敎無聞, 無言無習, 而成佛者, 卽無因有果, 但有言無實. 由是道理, 諸佛無始. 雖實無始, 而無一佛本不作凡, 雖皆本作凡, 而展轉無始, 以是准知衆生無終. 雖實無終, 而無一人後不作佛, 雖悉後作佛, 而展轉無終. 是故應信, 平等性智無所不度, 而非有限, 所以安立大乘廣智. 是爲對治第三疑也.

[H1, 561b18~c18; T37, 131a6~26]

세 번째 의심이란 〈'[불변 · 독자의 본질/실체라는 생각으로 비교하지 않아] 평등하게 보는 지혜'(平等性智)로 [중생들을] 평등하게 구제한다는 뜻〉을 의심하는 것을 가리킨다. 이를테면 『열반경』에서 "모든 중생은 다 마음을 지니고 있으니, 마음을 지닌 모든 자는 깨달음을 얻을 것이다."[205]라고 설하는 것을 듣고 [그] 뜻을 알지 못하기 때문에 의심을 일으켜 [다음과 같이] 말한다. 〈만약 여래가, 중생에게 모두 '부처 면모'(佛性)가 있어 모든 중생을 다 제도하여 '가장 높은 깨달음'(無上菩提)을 얻게 한다면, 중생들이 비록 많더라도 반드시 [그 중생들은 모두 제도되어] 다 없어질 것이다. [그렇다면] 마지막 부처님에게는 '남을 이롭게 하는 능력'(利他德)이 없을 것이니 교화할 대상이 없기 때문이고, 그리하여 '부처를 이루게 함'(成佛)도 없을 것이니 '이로운 능력'(功德)이 없기 때문이다. 교화가 없는데 [이로운] 능력이 있다는 것은 도리에 맞지 않고,

205 『대반열반경大般涅槃經』 권25(T12, 769a20~21); 권27(T12, 524c7~9). "衆生亦爾, 悉皆有心, 凡有心者, 定當得成阿耨多羅三藐三菩提." 이 구절은 『열반종요』에서 '[괴로움을 싫어하고 즐거움을 추구하는] 마음의 면모'(心性)를 '[성불成佛의] 가장 중요한 원인의 바탕'(正因體)으로 설명하는 곳에서도 인용된 바 있다. 『열반종요』(H1, 538a20~21). "一切衆生, 悉皆有心, 凡有心者, 必當得成阿耨菩提."

[이로운] 능력이 없는데 '[중생으로 하여금] 부처를 이루게 한다'(成佛)는 것도 맞지 않는다.〉

이와 같이 잘못된 헤아림을 지어 대승을 비방하고 '평등하게 널리 구제하는 뜻'(平等廣度之意)을 믿지 못하는 것이다. 이와 같은 좁고도 작은 의심과 집착을 치유하려 하기 때문에 '대승의 광대한 지혜'(大乘廣智)라는 말을 세운 것이다. ['대승의 광대한 지혜'(大乘廣智)라는 말을 세운 것은] '부처님의 지혜'(佛智)는 나르지 못하는 것이 없고 싣지 못하는 것도 없다는 것을 밝히고자 한 것인데, 다 들어가도 [들어가지 못하여] 남는 것이 없기 때문에 '큰 수레'(大乘)라 부르며, 그 실어 나르는 것이 시작도 없고 끝도 없으므로 '광대한 지혜'(廣智)라고 부르는 것이다. 그 까닭은 [다음과 같다.] 허공이 끝이 없으므로 중생도 헤아릴 수 없이 많고, '과거와 현재와 미래'(三世)가 끝이 없으므로 [중생들의] 삶과 죽음도 시작이나 끝이 없으니, 중생이 이미 시작이나 끝이 없기에 모든 부처님도 시작이나 끝이 없는 것이다.

만약 모든 부처님 가운데 처음으로 [부처를] 이룬 분이 있다고 한다면, 그 이전에는 부처님이 없었을 것이고 곧 '고귀한 가르침'(聖教)도 없을 것이다. 가르침이 없으므로 들을 수가 없고 [들은] 말씀이 없기에 익힐 수도 없는데 부처를 이룬 이가 있다면 원인도 없이 결과가 있는 것이니, 단지 말만 있을 뿐 '실제 내용'(實)은 없는 것이다. 이러한 도리 때문에 모든 부처님은 시작이 없는 것이다.

[부처가] 비록 실제로는 시작이 없지만 '한 부처'(一佛)도 본래 범부를 이루지 않은 적이 없고, 비록 모두 본래 범부를 이루었지만 [범부로 살면서] 흘러온 것에도 시작이 없으니, 이로써 미루어 보면 중생이 끝이 없음을 알 수 있다. [또한 중생이] 비록 실제로는 끝이 없지만 '한 사람'(一人)도 나중에 부처를 이루지 못하는 경우는 없고, 비록 모든 이가 나중에 부처를 이루어도 [중생 구제를 위해] 흘러가는 것에 끝이 없는 것

이다. 따라서 '[불변 · 독자의 본질/실체라는 생각으로 비교하지 않아] 평등하게 보는 지혜'(平等性智)로는 제도하지 못하는 것이 없으면서 [시간의] 한계도 있지 않다는 것을 믿어야 하니, 그러므로 '대승의 광대한 지혜'(大乘廣智)라는 말을 세운 것이다. 이것은 세 번째 의심을 치유하는 것이다.

第四疑者, 謂疑大圓鏡智遍昭一切境義. 云何生疑? 謂作是言. 〈虛空無邊故, 世界亦無邊, 世界無邊故, 衆生亦無邊. 衆生無邊故, 心行差別, 根欲性等, 皆是無邊際. 云何於此, 能得盡知? 爲當漸漸修習而知, 爲當不修忽然頓照? 若不修習而頓照者, 一切凡夫皆應等照, 等不修故, 無異因故. 若便漸修, 終漸得盡知者, 卽一切境非無邊際, 無邊有盡, 不應理故. 如是進退, 皆不成立, 云何得普照, 名一切種智?〉 爲治如是兩關疑難故, 安立無等無倫最上勝智. 欲明如是大圓鏡智, 超過三智, 而無等類. 二諦之外, 獨在無二, 兩關二表, 迢然無關, 只應仰信, 不可比量. 故名無等無倫最上勝智. 云何於此, 起仰信者? 譬如世界無邊, 不出虛空之外, 如是萬境無限, 咸入一心之內. 佛智離相, 歸於心原, 智與一心, 渾同無二. 以始覺者, 卽同本覺, 故無一境出此智外. 由是道理, 無境不盡, 而非有限, 以無限智, 照無邊境故. 如『起信論』云, "一切境界, 本來一心, 離於想念, 以衆生妄見境界故, 心有分齊, 以妄起想念, 不稱法性, 故不能決了, 諸佛如來, 離於相見,[206] 無所不遍, 心眞實故, 卽是諸法之性, 自體顯照一切妄法. 有大智用, 無量方便, 隨諸衆生所應得解, 悉[207]能開示一切[208]法義, 是故得名一切

206 『대승기신론』 원문에는 '相見'이 '見想'으로 되어 있다. '見想'으로 교감하여 번역한다.

207 『대승기신론』 원문에는 '悉'자가 '皆'자로 나온다. '皆'자로 교감한다.

208 『대승기신론』 원문에는 '一切'가 '種種'으로 되어 있다. '種種'으로 교감하여 번역한다.

種智.” 是爲無等無倫最上勝智, 無所見故, 無所不見. 如是對治第四疑也.

[H1, 561c18~562b1; T37, 131a26~b23]

네 번째 의심이라는 것은 〈‘거울로 비추는 것처럼 [현상세계를] 온전하게 드러내는 지혜’(大圓鏡智)로 ‘모든 대상’(一切境)을 두루 비춘다는 뜻〉을 의심하는 것이다. 어떻게 의심을 일으키는가? 이를테면 다음과 같이 말한다. 〈허공에 끝이 없으므로 세계도 끝이 없고, 세계에 끝이 없으므로, 중생도 끝이 없다. [그리고] 중생에 끝이 없으므로 마음(心)과 행위(行)의 차이(差別)나 자질(根)·욕망(欲)·품성(性) 등[의 차이]가 모두 끝이 없는 것이다. 어떻게 이것에 대해 다 알 수 있는가? [그리고] 점차로 닦아 익혀 알아야 하는 것인가, [점차로] 닦지 않고 갑자기 ‘한꺼번에 비추어 내야’(頓照) 하는 것인가? 만약 [점차로] 닦아 익히지 않고도 ‘한꺼번에 비추어 내는 것’(頓照)이라면 모든 범부도 다 똑같이 [한꺼번에] 비추어 낼 것이니, [범부도] 똑같이 닦지 않기 때문이고 [한꺼번에 비추어 내는] 다른 원인이 없기 때문이다. [또] 만약 점차로 닦아 마침내 점차로 다 아는 것이라면 [비추어 내야 할] ‘모든 대상’(一切境)이 끝이 없는 것이 아니니, [실제로는] 끝이 없는데 ‘모두 [아는 것]’(盡)이 있다면 이치에 맞지 않는 것이다. 이와 같이 나아가든 물러서든 모두 [이치가] 성립하지 않는데, 어째서 두루 비추어 낼 수 있다면서 ‘모든 것을 사실대로 이해하는 지혜’(一切種智)라고 부르는가?〉

이와 같이 ‘두 가지로 막힌 의심과 힐난’(兩關疑難)을 치유하기 위해서 ‘똑같은 것이 없고 견줄 만한 것이 없는 가장 높고 뛰어난 지혜’(無等無倫最上勝智)라는 말을 세운 것이다. [그리하여] 이와 같은 ‘거울로 비추는 것처럼 [현상세계를] 온전하게 드러내는 지혜’(大圓鏡智)는 ‘[성소작지成所作智·묘관찰지妙觀察智·평등성지平等性智, 이] 세 가지 지혜’(三智)

를 뛰어넘어 똑같은 부류가 없다는 것을 밝히고자 하였다. [이 대원경지大圓鏡智는] '[세속적 관점'(俗諦)과 '궁극적 관점'(眞諦), 이] 두 가지 관점'(二諦)을 넘어서서 홀로 '[세속적 관점'(俗諦)과 '궁극적 관점'(眞諦)으로] 나뉨이 없는 경지'(無二)에 있고, '두 가지로 막힌 두 가지 주장'(兩關二表)에서 훌쩍 벗어나 막히는 곳이 없으니, 단지 우러러 믿어야 하고 [이리저리] 견주고 헤아리지 말아야 한다. 그러므로 '똑같은 것이 없고 견줄 만한 것이 없는 가장 높고 뛰어난 지혜'(無等無倫最上勝智)라고 부른다.

[그렇다면] 어떻게 이 [대원경지大圓鏡智]에 대해 우러러 믿음을 일으킬 것인가? 비유하건대 세계가 끝이 없지만 허공 밖으로 벗어나지 않는 것처럼, 이와 같이 '온갖 대상'(萬境)도 한량이 없지만 모두 '하나처럼 통하는 마음'(一心) 안으로 들어오는 것이다. '부처님의 지혜'(佛智)는 '[불변·독자의 본질/실체로 차별된] 차이'(相)에서 벗어나 [사실 그대로 이해하게 하는] '[하나처럼 통하게 하는] 마음의 근원'(心原)으로 돌아가게 하니, 지혜(智)와 '하나처럼 통하는 마음'(一心)은 한 가지로 섞여서 '둘로 나뉨이 없다'(無二). [그리고] '['사실 그대로'를] 비로소 깨달아 감'(始覺)이라는 것은 곧 '깨달음의 본연[인 '사실 그대로 앎']'(本覺)과 같은 것이니, 그러므로 '한 대상'(一境)도 이 지혜의 밖으로 벗어남이 없다. 이러한 도리로 말미암아 대상이 다하지 않음이 없으면서도 한계가 있는 것이 아니니, 무한한 지혜로써 '끝이 없는 대상'(無邊境)을 비추기 때문이다. [이러한 도리는] 『기신론』에서 [다음과 같이] 말한 것과 같다.

"모든 대상세계(境界)는 본래 '하나처럼 통하는 마음'(一心)[의 지평에 있는 것]이라서 '[불변·독자의 실체나 본질이 있다는 견해로] 분별하는 생각'(想念)에서 벗어나 있지만, 중생들이 [근본무지(無明)에 따라] 대상세계(境界)를 '사실과 달리 보기'(妄見) 때문에 마음에 '[불변·독자의 실체나 본질에 의해] 나뉜 한계'(分齊)가 있으며, '[불변·독자의 실체나 본질이 있다는 관점으로] 분별하는 생각'(想念)을 '잘못 일으켜'(妄起) '현상의 본연'(法性)과 맞지 않기 때문에 제대로 알 수가 없다. [이에 비해] 모든 부처와 여래는 [불변·독자의 실체나 본질로서의 대상세계(境界)에 대한] 봄(見)과 분별(想)에서 벗어나 [그 아는 것과 이해하는 것이] 미치지 못하는 데가 없으니, '참 그대로인 마음'(心眞實)이기 때문에 [아는 것과 이해하는 것들이] 바로 '모든 현상'(諸法)의 본연(性)[과 맞는 것]이어서 ['참 그대로인 마음'(心眞實)] '자신의 본연'(自體)이 모든 '왜곡되고 오염된 현상들'(妄法)을 ['사실 그대로'(如實)] 드러내어 밝게 비춘다. [이 '참 그대로인 마음'(心眞實)에는] '크나큰 지혜의 작용'(大智用)이 있어 헤아릴 수 없이 많은 '수단과 방법'(方便)으로 모든 중생이 응당 이해할 수 있는 것에 따라 갖가지 '가르침의 내용'(法義)을 다 열어 보여 줄 수 있으니, 이런 까닭에 '모든 것을 사실대로 이해하는 지혜'(一切種智)라고 부르는 것이다."[209]

이것이 '똑같은 것이 없고 견줄 만한 것이 없는 가장 높고 뛰어난 지혜'(無等無倫最上勝智)이니, '[잘못 분별하여] 보는 것이 없기 때문에 ['사실 그대로'(如實)] 보지 못하는 것도 없는 것이다.'(無所見故, 無所不見) 이와 같이 네 번째 의심을 치유한다.

然若不得意, 如言取義, 有邊無邊, 皆不離過. 依非有邊門, 假說無邊義耳. 若人不決如是四疑, 雖生彼國而在邊地. 如其有人, 雖未明解如前所說四智之境, 而能自謙, 心眼未開, 仰惟如來, 一向伏信, 如是等人, 隨其行品, 往生彼土, 不在邊地. 生著邊者, 別是一類, 非九品攝, 是故不應妄生疑惑也. 無量壽經宗要終.

[H1, 562b1~10; T37, 131b23~c1]

---

209 『대승기신론大乘起信論』 권1(T32, 581b21~27). "一切境界, 本來一心, 離於想念, 以衆生妄見境界故, 心有分齊, 以妄起想念, 不稱法性, 故不能決了, 諸佛如來, 離於見想, 無所不遍, 心眞實故, 卽是諸法之性, 自體顯照一切妄法. 有大智用, 無量方便, 隨諸衆生所應得解, 皆能開示種種法義, 是故得名一切種智."

그러나 만약 뜻을 얻지 못하거나 말대로만 뜻을 취하면, [비추어 보아야 할 대상에] 끝이 있거나 끝이 없거나 모두 허물에서 벗어나지 못한다. [지금은] '끝이 있지 않은 측면'(非有邊門)에 의거해서 '끝이 없는 뜻'(無邊義)을 '방편으로 설한 것'(假說)일 뿐이다.

만약 [어떤] 이가 이러한 '네 가지에 대한 의문'(四疑)을 해결하지 못하면, 비록 저 극락정토에 태어나더라도 '변두리 땅'(邊地)에 머무를 것이다. [그러나] 만약 저 어떤 이가 비록 앞에서 설명한 '[성소작지成所作智·묘관찰지妙觀察智·평등성지平等性智·대원경지大圓鏡智, 이] 네 가지 지혜의 경지'(四智之境)를 아직 분명하게 이해하지 못했어도 스스로 겸손할 수 있고, 마음의 눈이 아직 열리지 않았어도 오로지 여래만을 우러러 한결같이 '낮은 자세로 믿는다면'(伏信), 이와 같은 사람은 그 품행에 따라 저 극락정토에 왕생하여 '변두리 땅'(邊地)에 머무르지 않는다. '변두리 땅'(邊[地])에 태어나 머무는 자는 별도의 '한 부류'(一類)라서 '아홉 가지 [차별화된 모습으로 극락세계에 태어나는] 부류'(九品)[210]에 포함되지 않으니, 그러므로 헛되이 의혹을 일으키지 말아야 한다.

『무량수경종요』를 마친다.

---

210 구품九品: 극락정토에 태어나는 중생들을 9가지 부류로 구분한 것이다. 모든 중생을 상품上品·중품中品·하품下品의 3품으로 나누고, 다시 각 품을 상생上生·중생中生·하생下生으로 분류하여 총 9가지로 나눈 뒤 이들이 각각 극락정토에 가는 방법을 밝히고 있다.

미륵상생경종요彌勒上生經宗要

『미륵상생경종요彌勒上生經宗要』[1]

釋元曉撰

원효 지음

將說此經, 十門分別, 初述大意, 次辨宗致, 三二藏是非, 四三經同異, 五生身處所, 六出世時節, 七二世有無, 八三會增減, 九發心久近, 十證果前後.

[H1, 547b2~8; T38, 299a26~29]

이 『미륵상생경彌勒上生經』[2]을 해설하기 위해 '열 가지 부문'(十門)으로 구분한다. 처음은 '전체의 취지를 서술하는 것'(述大意)이고, 다음은 '핵심과 목적을 밝히는 것'(辨宗致)이며, 세 번째는 '두 가지 [경전들의] 창고[3] [가운데 어디에 포함되어야 하는가에 대한] 옳고 그름'(二藏是非)[에 대

1 한불전의 교감주에 따르면 『속장경』 제1편 35투套 4책에 수록된 것을 저본으로 하고, 대정장 제38권에 수록된 것을 갑본甲本으로 삼는다.

2 미륵상생경彌勒上生經: 정식 명칭은 『관미륵보살상생도솔천경觀彌勒菩薩上生兜率天經』 또는 『불설관미륵보살상생도솔천경佛說觀彌勒菩薩上生兜率天經』이라고 한다. 유송劉宋 때 저거경성沮渠京聲이 한역漢譯하였다. 『불전해설사전』(정승석 편, pp.112~113)의 설명에 따르면, 대정장 제14권에 수록된 여섯 가지 미륵경전 가운데서 가장 늦게 성립된 것이라고 한다. 주요 내용은 미륵보살이 12년 뒤 목숨을 마치고 도솔천에 태어나, 그곳에서 56억만 년 동안 밤낮으로 설법하여 모든 신과 대중들을 교화하는 것으로 구성되어 있다. 미륵보살을 따라 도솔천에 왕생하는 방법으로는, 십선十善의 실천과 미륵보살의 모습을 생각하고 그 이름을 부르는 것으로도 가능하다고 설한다.

3 이장二藏: 성문장聲聞藏과 보살장菩薩藏을 가리키는 말이다. 성문장이란 경經 ·

해 논하는 것]이고, 네 번째는 '[『미륵상생경』·『불설미륵하생경佛說彌勒下生經』·『불설미륵대성불경佛說彌勒大成佛經』, 이] 세 가지 경전[4]의 같은 점과 다른 점'(三經同異)[에 대해 논하는 것]이며, 다섯 번째는 '태어난 몸이 머무는 곳'(生身處所)[에 대해 논하는 것]이고, 여섯 번째는 [미륵이 하생下生하여] '세상에 나타나는 시기'(出世時節)[에 대해 논하는 것]이며, 일곱 번째는 '[과거와 미래, 이] 두 시기[에 미륵불의] 있음과 없음'(二世有無)[에 대해 논하는 것]이고, 여덟 번째는 '세 번에 걸친 법회 [횟수의] 늘어남과 줄어듦'(三會增減)[에 대해 논하는 것]이며, 아홉 번째는 [석가와 미륵 가운데] '[깨달음을 이루려는] 마음을 일으킴의 오래됨과 가까움'(發心久近)[에 대해 논하는 것]이고, 열 번째는 [석가와 미륵 가운데] '[깨달음의] 결실을 증득함의 먼저와 나중'(證果前後)[에 대해 논하는 것]이다.

Ⅰ. 전체의 취지를 서술함(述大意)

第一述大意者, 蓋聞彌勒菩薩之爲人也, 遠近莫量, 深淺莫測. 無始無終, 非心非色, 天地不能載其功, 字宙不能容其德, 八聖未嘗窺其迮,[5] 七辨無足談其極, 窈窈冥冥, 非言非嘿者乎. 然不周之山之高, 其跡可跋, 朝夕之池之深, 其壃[6]可涉. 是知至人之玄, 猶有可尋之跡, 玄

율律·논論 삼장三藏 가운데 소승의 경론들을 총칭한 것이고, 보살장이란 대승의 경론들을 총괄한 것이다. 『섭대승론석攝大乘論釋』 권1(T31, 321c14~16). "此中三藏者, 一素怛纜藏, 二毘奈耶藏, 三阿毘達磨藏. 如是三藏下乘上乘有差別故, 則成二藏, 一聲聞藏, 二菩薩藏."

4 삼경三經: 대정장 제14권에 수록된 미륵 관련 경전 가운데 『관미륵보살상생도솔천경觀彌勒菩薩上生兜率天經』, 『불설미륵하생경佛說彌勒下生經』, 『불설미륵대성불경佛說彌勒大成佛經』 셋을 가리킨다.

5 '庭'과 같은 글자이다.

6 한불전에는 '壃'자가 갑본에는 '疆'자로 나온다고 교감하였지만, 동일한 글자이므

德之遼, 非無可□[7]之行. 今隨跡壃之近蹤, 誠論始終之遠趣. 言其始也, 感慈定之光熾, 發廣度之道心, 浴八解之淸流, 息□[8]覺之菀林, 四等之情, 等閏四生, 三明之慧, 明導三界. 論其終也, 度苦海於法雲, 發等覺於長夢, 却二鄣之重闇, 照四智之明鏡, 乘六通之實[9]車, 遊八極之曠野, 千應萬化之述事, 啻百億□□□.[10]

[H1, 547b9~24; T38, 299b1~14]

['열 가지 부문'(十門) 가운데] 첫 번째인 '전체의 취지를 서술하는 것'(述大意)이란 [다음과 같다.] 대개 미륵보살의 사람됨은 그 멀고 가까움을 헤아릴 수 없고, 깊고 얕음을 재어볼 수 없다고 들었다. [그의 됨됨이는] 시작도 없고 끝도 없고, 마음[에 국한되는 것]도 아니고 신체[에 국한되는 것]도 아니며, 하늘과 땅도 그의 업적(功)을 [다] 실을 수 없고 우주도 그의 능력(德)을 [다] 담아낼 수 없으며, '여덟 부류의 고귀한 이들'(八聖)[11]도 아직 그의 내면을 엿본 적이 없고, '[불보살佛菩薩이 설법할 때 발휘하는] 일곱 가지 언어능력'(七辨)[12]으로도 그의 궁극적인 경지를 말하

로 교감하지 않고 그대로 두었다.

7 한불전 교감주에 "'□'는 '度'인 듯하다."라고 되어 있다. 이에 따라 번역한다.

8 한불전 교감주에 "'□'는 '七'인 듯하다."라고 되어 있다. 이에 따라 번역한다.

9 한불전 교감주에 "'實'자는 '寶'자인 듯하다."라고 되어 있다. 문맥에 따라 '寶'자로 교감하여 번역한다.

10 한불전 교감주에는 "'□□□'는 '之域哉'인 듯하다."라고 되어 있다. 이에 따라 번역한다.

11 팔성八聖: 소승의 수행자들 가운데 여덟 단계의 고귀한 경지를 얻은 이들을 가리키는 말이다. 여덟 가지는 사과四果와 사향四向을 합친 것이다. 예류과預流果(srotāpanna-phala, 수다원須陀洹), 일래과一來果(sakṛdāgāmi-phala, 사다함斯多含), 불환과不還果(anāgāmi-phala, 아나함阿那含), 무학과無學果(arhat, 아라한阿羅漢)의 '네 단계의 수행 결과'를 사과四果라 하고, 이 사과의 경지로 향해가는 과정에 있는 단계 넷을 다시 사향四向이라고 부른다.

12 칠변七辨: 불보살들이 막힘없이 가르침을 설하는 언어능력을 '변재辯才(辨才)'라

기에는 부족하니, '깊고도 깊고 멀고도 멀어'(窈窈冥冥) 말할 것도 아니고 침묵할 것도 아니구나.

그러나 '둘레를 헤아릴 수 없는 산'(不周山)[13]이 높다고 해도 그 자취

하고, 이 가운데 일곱 가지로 그 특성을 드러낸 것을 칠변이라 한다. 첫 번째는 첩질변捷疾辯이니 막히지 않고 능숙하게 가르침을 설하는 언어능력이다. 두 번째는 이변利辯이니 예리하게 가르침을 설하는 언어능력이다. 세 번째는 부진변不盡辯이니 진리의 참모습을 남김없이 설하는 언어능력이다. 네 번째는 불가단변不可斷辯이니 어떤 희론이나 비난으로도 중단시킬 수 없는 설법으로 진리를 설하는 언어능력이다. 다섯 번째는 수응변隨應辯이니 중생의 자질(根器)에 따라 자유자재로 진리를 설하는 언어능력이다. 여섯 번째는 의변義辯이니 열반에 이르는 방법을 막힘없이 설하는 불보살의 언어능력이다. 일곱 번째는 일체세간최상변一切世間最上辯이니 가장 높은 대승의 진리를 설하는 언어능력이다. 이 내용은 『마하반야바라밀경摩訶般若波羅蜜經』 권8(T8, 276c13~16)에서 "從諸佛所聽受法教, 乃至薩婆若初不斷絕, 未曾離三昧時, 當得捷疾辯, 利辯, 不盡辯, 不可斷辯, 隨應辯, 義辯, 一切世間最上辯."이라고 한 서술과 『대지도론大智度論』 권55(T25, 450a3~5)에서 확인할 수 있다. 각 내용에 대한 자세한 설명은 『번역명의집翻譯名義集』 권4(T54, 1124b17~27)의 "大品云. 從諸佛所, 聽受法教至薩婆若, 初不斷絕, 未曾離三昧時, 當得捷疾辯・利辯・不盡辯・不可斷辯・隨應辯・義辯・一切世間最上辯. 智論釋曰. 於一切法無礙故, 得捷疾辯. 有人雖能捷疾, 鈍根故不能深入, 以能深入故是利辯. 說諸法實相無邊無盡, 故名樂說無盡. 般若中無諸戲論, 故無能問難斷絕者, 名不可斷辯. 斷法愛故, 隨衆生所應, 而爲說法名隨應辯. 說趣涅槃利益之事, 故名義辯. 說一切世間第一之事, 所謂大乘, 是名世間最上辯."이라고 한 서술에서 살펴볼 수 있다. 그런데 다음의 글처럼 칠변에 대해 다르게 설명하는 경우도 있다. 『묘법연화경현찬妙法蓮華經玄贊』 권2(T34, 672c10~21). "辨才即是四辨・七辨而樂說故. 四辨者 … 即說法等七辨無滯智. 七辨者, 一捷辨, 須言即言, 無謇吃故. 二迅辨, 懸河澺泠, 不遲訥故. 三應辨, 應時應機, 不增減故. 四無疎謬辨, 凡說契經不邪錯故. 五無斷盡辨, 相續連環終無竭故. 六凡所演說, 豐義味辨, 一一句言多事理故. 七一切世間最上妙辨, 具甚深如雷清徹遠聞等五種聲故."

13 부주산不周山: 중국의 가장 오래된 백과사전인 『산해경山海經』에 나오는 전설의 신령스런 산 중의 하나이다. "다시 서북쪽으로 370리를 가면 부주산이 나온다. 이 산의 서북쪽 부분은 크게 뚫려 있다. 이렇듯 산이 비어 있는 이유는 예전에 전욱顓頊과 공공共工이 제위를 놓고 다투다가 공공이 노기怒氣를 못 참아서 머리로 들이받는 바람에 산이 무너져 버렸기 때문이다. 그때 하늘 기둥이 무너지고 땅덩이를 서로 이어주던 끈이 끊어지면서, 해와 달과 별의 위치가 바뀌었다고 한다."(서

는 밟을 수 있고, '바다와 같은 연못'(朝夕之池)[14]이 깊다고 해도 그 가장자리는 밟을 수 있다. 그러니 '지극한 경지의 사람이 지닌 오묘함'(至人之玄)에도 오히려 찾아볼 수 있는 자취가 있고, '오묘한 능력의 아득함'(玄德之遼)도 헤아릴 수 없는 작용(行)이 아님을 알 수 있다. 이제 흔적과 가장자리의 가까운 자취를 따라 [미륵보살 됨됨이의] 시작과 끝의 원대한 뜻을 정성껏 논해 본다.

그 시작(始)에 대해 말하자면, '자애 선정'(慈定)[15]의 환한 빛에 감응하여 [중생들을] 널리 구제하겠다는 '구도의 마음'(道心)을 일으키고, '여덟 가지 해탈'(八解[脫])[16]의 맑은 물에 목욕하며, '깨달음을 성취하게 하는 일곱 가지 수행'(七覺[支])[17]의 숲속에서 쉬고, '[제한 없이] 똑같이 펼

경지 · 김영지 역,『산해경山海經』, 안티쿠스, p.42).

14 '朝夕'은 '潮汐'과 통용되므로 조석지朝夕池는 바다를 가리킨다.

15 자정慈定: 자정慈定은 모든 중생이 안락을 얻을 것을 바라는 마음으로 수립한 선정을 말한다. 이는 초기불교의 자비관慈悲觀에서 그 연원을 찾을 수 있겠지만, 대승의 경론에서는 사무량심四無量心의 각 항목에 선수행(定)이 결합한 형태로 나타나고 있다. 다음의 경문에서 사무량심四無量心이 선정수행과 연관되어 나타나는 뜻을 살펴볼 수 있다.『대반야바라밀다경大般若波羅蜜多經』권48(T5, 272c2~8). "復次, 舍利子! 若菩薩摩訶薩以應一切智智心, 大悲爲上首, <u>入慈定時作如是念: '我當拯濟一切有情令得安樂.'</u> 入悲定時作如是念: '我當救拔一切有情令得離苦.' 入喜定時作如是念. '我當讚勸一切有情令得解脫.' 入捨定時作如是念: '我當等益一切有情令斷諸漏."

16 팔해탈八解脫: '색깔이나 모양 있는 것들'(色)에 대해 안과 밖에서 생겨나는 생각을 넘어서는 이해(觀)로 인한 해탈 두 가지와, '청정해지는 해탈'(淨解脫), 무형세계(無色界)와 관련된 '네 단계의 선정'(四無色定)과 '[느낌작용(受)과 '개념적 지각작용'(想)의 속박이] 모두 사라진 선정'(滅盡定) 등 8단계의 해탈 과정을 종합한 것이다. 이 '8가지 해탈'(八解脫) 개념의 연원은 니까야/아함에서부터 찾아볼 수 있다. 아함부阿含部,『대반열반경大般涅槃經』권1(T1, 192a16~21). "復次, 阿難! 有八解脫, 一者內有色想外觀色, 二者內無色想外觀色不淨思惟, 三者淨解脫, 四者空處解脫, 五者識處解脫, 六者無所有處解脫, 七者非想非非想處解脫, 八者滅盡定解脫, 此亦復是行者勝法. 若能究竟此等法者, 即於諸法, 自在無礙."

17 칠각지七覺支: 범어는 'saptabodhyaṅgāni'로서 칠등각지七等覺支, 칠변각지七遍

치는 네 가지의 마음'(四等之情)[18]으로 '[태생胎生 · 난생卵生 · 습생濕生 · 화생化生, 이] 네 가지 중생'(四生)을 똑같이 적셔 주며, '세 가지에 대해 환하게 아는 지혜'(三明之慧)[19]로 '[욕망세계欲界 · 유형세계色界 · 무형세계無色界, 이] 세 가지 세계'(三界)를 밝게 이끈다.

[또] 그 끝(終)에 대해 논하자면, '구름과도 같은 진리'(法雲)를 타고 '바다와도 같은 괴로움'(苦海)을 건너고, 긴 꿈[과도 같은 중생의 윤회하는 삶]에서 '[차이들을] 평등하게 볼 수 있는 깨달음'(等覺)[20]을 일으키며, '두

覺支, 칠보리분七菩提分, 칠각분七覺分, 칠각의七覺意, 칠각지七覺志, 칠각七覺 등이라고도 한다. 염각지念覺支, 택법각지擇法覺支, 정진각지精進覺支, 희각지喜覺支, 안각지安覺支(경안각지輕安覺支 · 의각지猗覺支), 정각지定覺支, 사각지捨覺支라는 일곱 가지에 의해 깨달음을 완성해 가는 체계이다.

18 사등四等: 자慈 · 비悲 · 희喜 · 사捨의 네 가지 한량없는 마음을 뜻하는 사무량심의 별칭別稱이다. 아함에서 대승의 경론에 이르기까지 선수행이 거론되는 대목에서 폭넓게 나타나고 있는데, '사등四等'으로 표현될 때에는 네 번째 항목에서 '사捨' 대신에 '호護'로 나온다. 『증일아함경增一阿含經』 권1(T2, 552a13~14). "於八萬四千歲善修梵行, 行四等心, 慈 · 悲 · 喜 · 護, 身逝命終, 生梵天上"; 『반주삼매경般舟三昧經』 권3(T13, 915b21~22). "具足六度攝一切, 慈悲喜護四等心, 善權方便濟衆生, 如是行者得三昧."

19 삼명三明: 부처님과 아라한의 지위에서 갖추어지는 세 가지 지혜이다. 여기서 '명明'은 초기불전에서부터 숙명지증명宿命智證明, 생사지증명生死智證明, 누진지증명漏盡智證明에서 공통하는 것으로 '완전하게 밝혀 아는 지혜'를 상징하는 표현으로 이해할 수 있다. '숙명지증명'은 나와 남의 과거전생을 환히 아는 지혜이고, '생사지증명'은 중생들이 행위(業)에 따라 받게 되는 생사와 과보, 즉 행위의 인과관계를 환히 아는 지혜이며, '누진지증명'은 사성제의 이치를 완전히 이해하여 번뇌를 남김없이 끊어 해탈하는 지혜이다. 이에 대한 자세한 설명은 『잡아함경』 권31 제885경(T2, 223b13~c12)에서 살펴볼 수 있다.

20 등각等覺: 원효의 관점에 따르면, 보살 수행의 52단계(52位)에서 십지十地 이전인 십신十信 · 십주十住 · 십행十行 · 십회향十廻向 단계에서의 관행은 모두 방편관에 속하고, 십지 초지初地부터의 관행은 정관에 해당한다. 그에 의하면, 자리행과 이타행이 하나로 결합되는 분기점은 십지의 초지이며, 십지부터는 자리행과 이타행이 근원에서 하나로 결합하는 경지가 펼쳐지게 되고, 등각等覺과 묘각妙覺에 이르러 그 완벽한 경지가 된다. 또 십지의 초지 이상의 지평을 여는 정관正觀의 핵심

가지 장애'(二鄣)[21]의 겹겹의 어둠을 물리쳐 '[성소작지成所作智 · 묘관찰지

을 원효는 유식관唯識觀으로 본다. 정관이 작동하는 초지 이상의 경지에서 현상과 존재의 사실 그대로인 진여공성眞如空性에 직접 접속하게 되고, 그때 '['사실 그대로'를] 비로소 깨달은' 시각始覺을 증득하여 본각本覺[인 '사실 그대로 앎']과 상통하게 되어 '시각이 곧 본각'이라는 일각一覺의 지평에 올라선다. 이후의 과제는 본각과의 상통 정도를 확장해 가는 것이다. 초지에서 위로 올라갈수록 상통의 원만성이 확대되다가, 등각等覺 경지에서 성취하게 되는 금강삼매에 의거하여 마침내 묘각 지평이 열려 시각과 본각이 완전하게 하나가 된다. 등각을 "行過十地, 解與佛同"이라고 설명하는 『보살영락본업경』의 이해(T24, 1018b2)에 따른다면, '등각'의 한글 번역은 '이해가 부처와 같아진 깨달음[의 경지]' 정도가 무난할 것이다. 그러나 이러한 번역어는 등각의 구체적 특징에 관한 정보를 제공하지 못한다. '부처와 같은 이해'가 구체적으로 어떤 특징적 내용을 염두에 두고 있는 것인지 알려주지 않는다. 번역자의 이해를 명확하게 반영하려는 해석학적 번역을 추구할 때는 이런 모호한 번역어에 그칠 수가 없다. 십지의 초지 이상에서 직접 접속하게 된 '진여공성'이라는 지평은 무지가 차이 현상들에 덧씌우던 불변 · 독자의 본질/실체/본질이 해체된 '사실 그대로의 지평'이다. 이러한 의미를 고려할 때 '등각'은, '차이들의 실체적/본질적 차별화를 만들어 내던 무지'에 매이지 않고 '차이들을 무실체/무본질의 지평 위에서 실체적/본질적 차별 없이 만날 수 있는 능력이 고도화된 경지'로 풀이해 볼 수 있다. 이런 이해를 반영하여 '등각'을 '[차이들을] 평등하게 볼 수 있는 깨달음'이라고 번역하였다. '등각'의 의미를 이렇게 이해한다면, 등각 이후에 등장하는 묘각은 '[차이들을] 사실대로 함께 만날 수 있는 깨달음'이라고 번역할 수 있을 것이다. 불교문헌에서 '묘妙'라는 개념을 사용할 때는 '실체적/본질적 구분이 해체되어 차이들이 동거/동행하는 지평'을 지시하기 때문이다. '묘'라는 한자어 자체도 '경계가 확정되지 않는 상태'를 지시하는 것이다. 『금강삼매경론』에서는 등각과 묘각에 관련된 내용이 자주 등장하는데, '등각'과 '묘각'을 각각 '[차이들을] 평등하게 볼 수 있는 깨달음' 및 '[차이들을] 사실대로 함께 만날 수 있는 깨달음'으로 번역하는 것을 지지해 줄 수 있는 『금강삼매경론』의 내용을 몇 가지 소개하면 다음과 같다: "〈[분별하는] 생각'(念)을 그쳐 일어나지 않게 한다〉(靜念無起)라는 것은, '[차이들을] 평등하게 볼 수 있는 깨달음의 경지'(等覺位)에서는 그 '동요하는 생각'(動念)이 '본래부터 [불변 · 독자의 본질/실체로 보는 분별의 동요가] 그쳐 평온한 것임'(本來寂靜)을 깨달아 일어나지 않게 하는 것이다. 〈마음이 늘 편안하고 평안하다〉(心常安泰)라는 것은, '[차이들을] 사실대로 함께 만날 수 있는 깨달음의 경지'(妙覺位)에 이르러 〈'[하나처럼 통하게 하는] 마음의 근원'(心源)에는 '[분별하는 생각이] 일어남도 없고 사라짐도 없고'(無起無滅) '본래 [분별에 따라] 동요하는 생각도 없으며'(本無動念) '[분별의] 시작됨도 없고 끝남도

妙觀察智 · 평등성지平等性智 · 대원경지大圓鏡智, 이] 네 가지 지혜'(四智)22

없음'(無始無終))〉을 증득하여 본[다는 뜻이]다. '[마음의 본원에는 분별하는 생각이] 일어남도 없고 사라짐도 없기'(無起滅) 때문에 '늘'(常)이고, [본래부터] '[분별에 따라] 동요하는 생각'(動念)이 없기 때문에 '편안하고'(安), '[분별하는 생각이] 시작됨도 없고 끝남도 없기'(無始終) 때문에 '평안'(泰)하지 않음이 없다. 이와 같이 수행하여 '궁극적인 깨달음'(究竟覺)을 얻으면 곧 '[근본무지에 매여] 생겼다가 사라지면서 [불변 · 독자의 본질/실체로 보아 분별하는] 한 생각이 일으킨 [분별망상의] [생기고(生) 머무르며(住) 변이되고(異) 사라지는(滅)] 네 가지 양상'(生死一念四相)이 없으니, 그러므로 〈곧 '[불변 · 독자의 본질/실체로 보아 분별하는] 한 생각'이 생겨나지 않을 것이다〉(卽無[生]一念)라고 말하였다."(〈靜念無起〉者, 等覺位中, 覺其動念本來寂靜, 令不起故. 〈心常安泰〉者, 至妙覺位, 得見心源無起無滅, 本無動念無始無終. 無起滅故常, 無動念故安, 無始終故無不泰然. 如是修行, 得究竟覺, 卽無生死一念四相, 以之故言〈卽無一念〉. 『금강삼매경론』, H1, 636b23~c5); "처음[인 '총괄적으로 밝힘'(摠明)]에는 두 가지가 있으니, 먼저는 질문이고 나중은 대답이다. 질문에서 말한 〈이 마음이 온전해질 때에는 '[욕망세계 · 유형세계 · 무형세계, 이] 세 가지 세계'(三界)도 없겠습니다〉(此心淨時, 應無三界)라는 것은 [다음과 같은 뜻이다.] '['열 가지 본격적인 수행경지'(十地)의] 첫 번째 경지'(初地) 이상에서는 '본연의 온전함'(本淨)을 증득하여 보기 때문에, ['본연의 온전함'(本淨)에] 응하여 증득하는 것에 따라 '세 가지 세계'(三界)가 없어진다. [구체적으로는] '세 가지 세계에서의 [분별하는] 현상'(三界事相)은 '['열 가지 본격적인 수행경지'(十地)의] 첫 번째 경지'(初地)에서, 혹은 '['열 가지 본격적인 수행경지'(十地)의] 여덟 번째 경지'(八地)에 이르러 없어진다. [또] '세 가지 세계의 속성'(三界自性)은 '[차이들을] 평등하게 볼 수 있는 깨달음의 경지'(等覺位)에서 없어지고, '세 가지 세계의 누적된 경향성'(三界習氣)은 '[차이들을] 사실대로 함께 만날 수 있는 깨달음의 경지'(妙覺位)에 이르러서야 없어진다."(初中有二, 先問後答. 問中言〈此心淨時, 應無三界〉者, 初地已上, 證見本淨故, 隨所應得, 三界滅無. 三界事相者, 或於初地, 或第八地, 而得滅無. 三界自性者, 等覺位中, 而得滅無, 三界習氣, 至妙覺位, 方得滅無. 『금강삼매경론』, H1, 641b10~16); "또한 이 지혜의 작용은, '[차이들을] 평등하게 볼 수 있는 깨달음의 경지'(等覺位)에 있을 때는 '[사실 그대로] 이해하여 [분별의 동요를] 그치게 하는 지혜'(照寂慧)라고 부르니 '[근본무지에 따라] 생겨나고 사라지는 동요 양상'(生滅之動相)에서 아직 벗어나지 못했기 때문이고, '[차이들을] 사실대로 함께 만날 수 있는 깨달음의 경지'(妙覺位)에 이를 때는 '[분별의 동요를] 그쳐 [사실 그대로] 이해할 수 있는 지혜'(寂照慧)라고 부르니 이미 제9식識의 '궁극적인 평온'(究竟靜)으로 돌아갔기 때문이다."(又此智用, 在等覺位, 名照寂慧, 未離生滅之動相故, 至妙覺位, 名寂照慧, 已歸第九識究竟靜故. H1, 657b18~21).

의 밝은 거울로 비추어 내며, '여섯 가지 특별한 능력'(六通)[23]이라는 보

---

21 이장二障: 번뇌장煩惱障과 소지장所知障의 두 가지 번뇌를 가리키는 명칭이다. 원효의 『이장의二障義』에서는 "言二障者, 一煩惱障, 亦名惑障, 二所知障 亦名智障."(H1, 789c8~9)이라고 하여, 번뇌장煩惱障은 혹장惑障이라고도 하고 지장智障은 소지장所知障의 다른 이름이라고 설명한다. 같은 곳에서는 먼저 번뇌장煩惱障에 관해 "煩惱障者, 貪瞋等惑煩勞爲性, 適起現行, 惱亂身心, 故名煩惱. … 障以遮止爲義, 亦用覆蔽爲功, 遮止有情, 不出生死, 覆蔽理性, 不顯涅槃."(H1, 789c10~16)이라고 하여 번뇌장의 명칭을 풀이한다. 이에 따르면 탐貪·진瞋·치癡 등 '미혹의 괴로움'(煩勞)을 본연으로 삼아 때마다 현행現行을 일으켜 신심身心을 뇌란惱亂하기 때문에 번뇌煩惱라 하고, 이 번뇌들은 중생들이 생사生死에서 벗어나는 것을 '가로막아 멈추게 하고'(遮止) '진리의 면모'(理性)를 '덮어 가려'(覆蔽) 열반涅槃을 드러내지 못하기 때문에 번뇌장이라고 한다. 아울러 번뇌장의 자성自性에 관해서는 "人執爲首, 根本煩惱, 忿恨覆等諸隨煩惱, 是爲煩惱障之自性."(H1, 790a17~18)이라고 하여, 인집人執을 으뜸으로 삼는 탐貪·진瞋·치癡·만慢·의疑·견見의 근본번뇌根本煩惱와 이 근본번뇌에 따르는 번뇌들인 분忿·한恨·부覆 등 수번뇌隨煩惱들이라고 설명한다. 다음으로 소지장所知障(智障)에 관해서는 "所知障者. 盡所有性, 如所有性, 二智所照, 故名所知. 法執等惑, 遮止智性, 不成現觀, 覆蔽境性, 不現觀心, 由是義故, 名所知障."(H1, 789c17~20)이라고 설명한다. 정체지正體智와 후득지後得智라는 '두 가지 지혜'(二智)에 의해 밝혀지는 진소유성盡所有性과 여소유성如所有性이 알아야 할 대상(所知)인데, 법집法執 등의 미혹이 '두 가지 지혜'(二智)라는 지성智性을 가로막아 멈추게 하여 현관現觀을 이루지 못하게 하고 진소유성과 여소유성이라는 경성境性을 덮어 가려 '이해하는 마음'觀心을 나타나지 못하게 한다는 것이다. 아울러 소지장의 자성自性에 관해서는 "所知障者, 法執爲首, 妄想分別及與法愛慢無明等, 以爲其體."(H1, 790a20~21)라고 하여, 법집法執을 으뜸으로 삼는 망상분별妄想分別과 법애法愛, 만慢, 무명無明 등이 그 바탕(體)이라고 설명한다.

22 사지四智: 유식학파에서 지혜를 네 가지로 구분한 것인데, '거울로 비추는 것처럼 [현상세계를] 온전하게 드러내는 지혜'(大圓鏡智)·'[불변·독자의 본질/실체라는 생각으로 비교하지 않아] 평등하게 보는 지혜'(平等性智)·'사실 그대로 이해하는 지혜'(妙觀察智)·'[중생들이 열반에 이르도록 성숙시키는] 일을 이루어 가는 지혜'(成所作智)를 말한다. 곧, 이 전식득지轉識得智로써 유식唯識의 도리로 들어간다는 것이다. 그런데 이 사지四智 개념은 『해심밀경解深密經』이나 『섭대승론攝大乘論』 등에서는 나타나지 않고, 『대승장엄경론大乘莊嚴經論』 권3(T31, 606c23~607a2)에서 사지의 설명이 나오는데, 이 네 가지 지혜를 제8식에서 전5식에 이르기까지 각각을 대응시켜 전식득지를 설하는 이론적 체계는 『성유식론成唯識論』

물 수레를 타고 '여덟 가지 방향'(八極)[24]으로 펼쳐진 너른 벌판을 노닐면서 천 가지로 응하고 만 가지로 변화하는 방편(述事)이 단지 백억의 지역에서뿐이겠는가.

今此經者, 斯乃略歎至人垂天之妙迹, 勸物修觀之眞典也. 彌勒菩薩者, 此云慈氏覺士, 賢劫千佛之內, 是其□□[25]如來. 弗沙佛時, 無[26]習慈定, 熏修其心, 遂成常性. 從此已來, 每稱慈氏, 乃至成佛, 猶立是名也. 兜率陀者, 譯言知足, 欲界六天之中, 是其第四. □□□□[27]欲情

권8(T31, 56a12~26)과 『불지경론佛地經論』 권3(T26, 302c1~11) 등에서 자세한 설명을 찾아볼 수 있다.

23 육통六通: 부처가 갖추었다고 하는 '여섯 가지 특별한 능력'으로 육신통六神通이라고도 한다. 여기서 '통通'으로 번역된 산스크리트어 원어는 '뛰어난 앎[의 능력](abhijñā/abhijñāna)' 또는 '수승한 존재(prabhāva)'이다. 여섯 가지를 간략히 설명하면 다음과 같다. ① 신족통神足通: 어느 곳이든 원하는 대로 도달할 수 있는 능력. ② 천안통天眼通: [중생의 생사生死에 대한] 미래의 인과를 아는 능력. ③ 천이통天耳通: 무엇이든 들을 수 있는 능력. ④ 타심통他心通: 다른 이들의 마음을 알 수 있는 능력. ⑤ 숙명통宿命通: 과거생의 개별화된 삶들을 관심 가는 대로 추급하여 확인할 수 있는 능력. ⑥ 누진통漏盡通: 번뇌(漏)를 다 없애버리는 능력. 앞의 다섯 가지 능력을 별도로 오신통五神通이라 부르면서 부처 특유의 신통은 누진통이라는 점을 강조하기도 한다. 또 숙명통 · 천안통 · 누진통 셋을 별도로 묶어 '세 가지 밝은 능력'(三明)이라 부르기도 하는데, 부처가 되기 직전 숙명통 · 천안통 · 누진통의 삼명三明을 차례대로 성취하였다고 전해진다. 초기경전에서는 이때의 천안통을 '삶의 연속적 전개 사이에 인과적 연관이 있음을 확인할 수 있는 능력'으로 기술하고 있다.

24 팔극八極: 팔방八方의 세상, 곧 온 세상을 말한다.

25 한불전 교감주에는 "'□□'는 '第五'인 듯하다."라고 되어 있다. 이에 따라 번역한다. 이때 '다섯'의 근거는 아래 각주에 서술한 것처럼, 현겁賢劫에 출현하는 천 명의 부처님 가운데 다섯 번째가 바로 미륵이기 때문이다.

26 한불전 교감주에 "'無'자는 '先'자인 듯하다."라고 되어 있고, 대정장본에도 동일하다. '先'자로 보고 번역한다.

27 한불전 교감주에는 "'□□□□'는 '天下三沈'인 듯하다."라고 되어 있다. 이에 따라 번역한다.

重, 上二浮逸心多. 此第四天, 欲輕逸少, 非沈非浮, 莫蕩於塵, 故名知足. □[28]受用具, 不待營作, 隨念自然, 故名爲天. 菩薩從人昇天, 故曰上生. 行者靜慮思察, 名之爲觀, 闓[29]金口演玉句, 澍法雨之沃潤, 成佛種之華菓, 故言佛說. 若人受持此經, 觀察彼天, 則能生妙樂之淨處, 承慈氏之至人, 登無退之聖階, 謝有死之凡塵. 擧是大意, 以標題目, 故言『佛說觀彌勒菩薩上生兜率陀天經』云云.

[H1, 547b24~c17; T38, 299b14~29]

지금 이 경전은 바로 '지극한 경지의 사람'(至人)이 하늘에 드리운 오묘한 발자취를 간략하게 찬탄하고, 중생들에게 '[사실대로] 이해하는 수행'(觀)을 닦기를 권하는 참된 경전이다. '미륵보살'이라는 이름을 여기서는 [한역漢譯하여] '자애로운 깨달은 분'(慈氏覺士)[30]이라고 하였으니, '현자들이 [중생들을 구제하는 현재의] 오랜 세월'(賢劫)[31] 동안 출현하

28 한불전 교감주에 "'□'자는 '諸'자인 듯하다."라고 되어 있고, 대정장본에도 동일하다. '諸'자로 보고 번역한다.

29 한불전 교감주에 "'闓'자는 '開'자인 듯하다."라고 되어 있고, 대정장본에도 동일하다. '開'자로 보고 번역한다.

30 자씨각사慈氏覺士: 미륵彌勒을 '자씨'라고 한 것은 산스크리트 원어인 'maitreya'가 여성명사 'maitrī(우정, 친애)'에서 비롯한 것이기 때문이다.(M. Monier Williams, Sanskrit English Dictionary, p.834.)

31 현겁賢劫: 겁劫(kalpa)은 고대 인도의 시간 단위에서 가장 오랜 시간을 가리킬 때 쓰이는 개념이다. 겁은 크기의 차이로는 대중소大中小로 나뉘고, 시간의 차이로는 과거·현재·미래의 겁으로 나뉘는데, 이 가운데 성成·주住·괴壞·공空 네 주기를 지나는 현재의 오랜 세월을 '현겁'(bhadra-kalpa)이라고 한다. 『불광대사전』(p.6174)의 설명에 따르면, '현賢'의 원어인 'bhadra'는 태타겁颰陀劫, 피타겁陂陀劫, 파타겁波陀劫 등으로 음역된다고 한다. 그런데 산스크리트어 사전(M. Monier Williams, Sanskrit English Dictionary, p.745)에 의하면, '현賢'으로 한역한 'bhadra'는 복된(blessed), 상서로운(auspicious), 운 좋은(fortunate), 번창한(prosperous), 행복한(happy), 좋은(good), 자애로운(gracious), 친숙한(friendly), 친절한(kind), 훌륭한(excellent), 공정한(fair), 아름다운(beautiful), 사랑스런

는 천 명의 부처님 가운데 [이 미륵은] 그 다섯 번째 여래이다.

불사불弗沙佛[이 출현하여 중생들을 교화하는] 시절에, 먼저 '자애 선정'(慈定)을 익히면서 그 마음을 '거듭해서 닦아'(熏修) 드디어 '[자애로 가득한] 한결같은 면모'(常性)를 성취하였다. 이때 이후로 늘 '자애로운 분'(慈氏)이라 불리었고, 부처를 이루고도 여전히 이 명칭을 내세웠다.

'도솔타(兜率陀, Tuṣita)'[32]는 한역漢譯하면 '만족할 줄을 앎'(知足)이니, '욕망세계[에 속하는] 여섯 가지 하늘세계'(欲界六天)[33] 가운데 그 네 번째에 해당한다. 도솔천 아래의 세 하늘세계[인 사왕천四王天 · 도리천忉利天 · 야마천夜摩天]에서는 욕정에 빠져듦이 무겁고, 위의 두 하늘세계[인 화락천化樂天 · 타화자재천他化自在天]에서는 '들떠 방일한 마음'(浮逸心)이 많다. [그런데] 이 네 번째 하늘세계[인 도솔천兜率天]에서는 욕정이 가볍고 [마음의] 방일함 적어서 [욕정에] 빠지지도 않고 [마음이] 들뜨지도 않아 대상세계(塵)에 휩쓸리지 않으니, 그러므로 '만족할 줄을 앎'(知足)

(lovely), 즐거운(pleasant), 소중한(dear), 위대한(great) 등의 뜻을 열거하고 있어서 '현賢'자의 어원을 확인할 수 있다. 『비화경悲華經』 권5(T3, 199c22~26)에서 "何因緣故, 名曰娑婆? 是諸衆生忍受三毒及諸煩惱, 是故彼界名曰忍土. 時有大劫, 名曰善賢. 何因緣故, 劫名善賢? 是大劫中, 多有貪欲 · 瞋恚 · 愚癡 · 憍慢衆生, 有千世尊成就大悲出現於世."라고 한 서술에 의거하면, 사바세계의 중생들을 구제하고자 천 명의 여래가 출현한다는 뜻에서 '선현善賢' 또는 '현賢'이라고 부른다는 것이다.

32 도솔타兜率陀: 범어 'Tuṣita'의 음역音譯으로, 의역하면 지족천知足天이다. 이 말을 '지족'이라고 번역한 데서, '투시타'의 어원이 동사어근 √tuṣ(만족하다)에서 비롯한 것으로 이해할 수 있다. 원효의 설명에 의거하면, 이곳에 사는 이들은 마음에 욕망과 흐트러짐이 적어서 만족하며 사는 세상이라고 한다. 도솔천은 내원內院과 외원外院으로 이루어져 있는데, 미륵보살은 이 내원궁에 머무르면서 먼 미래에 하생下生하여 중생들을 제도한다는 것이다.

33 욕계육천欲界六天: 욕망세계(欲界, kāma-dhātu)는 삼계三界에서 가장 아래에 위치한 세계로서 여섯 가지의 하늘로 구성되므로 '욕계육천'이라고 부른다. 육천六天에 속하는 하늘세계를 아래부터 순서대로 열거하면 사왕천四王天, 도리천忉利天, 야마천夜摩天, 도솔천兜率天, 화락천化樂天, 타화자재천他化自在天이다.

이라고 부른다. [또] 간직해서 쓰는 온갖 도구들은 만들어지기를 기다리지 않아도 생각(念)에 따라 저절로 생기므로 '하늘세계'(天)라 부르고, 보살이 인간세상에서 하늘세계로 올라갔으므로 '[도솔천으로] 올라가 태어났다.'(上生)라고 말하는 것이다.

수행자가 '[분별이 그친] 평온한 생각'(靜慮)[인 선정]에서 '사유하고 살피는 것'(思察)을 '이해'(觀)라고 부르고, '금[과 같은 고귀한] 입'(金口)을 열어 '옥[과 같은 수승한] 구절'(玉句)을 멀리 펼치고 '진리 비'(法雨)의 기름지고 윤택함으로 적셔 '[깨닫는] 부처 종자'(佛種)의 꽃과 열매를 이루게 하기 때문에 '부처님의 설법'(佛說)이라고 부르는 것이다.

만약 어떤 이가 이 경전을 받아 지녀 저 도솔천[의 인연]을 살펴 이해하면 '오묘한 즐거움이 있는 온전한 세상'(妙樂之淨處)에 태어나 '자애로운 지극한 경지의 사람'(慈氏之至人)[인 미륵보살]을 이어 '물러남이 없는 고귀한 단계'(無退之聖階)에 오르고 '[근본무지의 분별에 따라 태어나고] 죽는 범부의 세상'(有[生]死之凡塵)에서 떠날 수 있다. 이러한 '전체의 취지'(大意)에 의거하여 제목으로 삼았기 때문에 『불설관미륵보살상생도솔타천佛說觀彌勒菩薩上生兜率陀天』 등으로 부르는 것이다

II. 경전의 핵심과 목적을 밝힘(明經宗致)

次第二明經宗致者, 此經正以觀行因果, 而爲其宗, 令人生天, 永無退轉, 以爲意致. 所言觀者, 有其二種, 一觀彼天依報莊嚴, 二觀菩薩正報殊勝. 專念觀察, 故名三昧, 而非修慧, 唯在聞思, 此但名爲電光三昧. 而無輕安, 是欲界因也. 所言行者, 略有三種. 一者, 聞大慈名, 敬心悔前所作之罪. 二者, 聞慈氏名, 仰信此名所表之德. 三者, 行於掃塔塗地香華供養等諸事業. 如下文說, 此觀此行, 合爲一根, 所生之果, 略有四種. 一者, 牙莖離土之果, 二者, 華葉蔭凉之果, 三者, 妙華開敷之果, 四者, 芳菓成就之果. 第一, 牙莖離土果者, 伏滅前來所作衆罪, 是因初行所得果也. 第二, 華葉蔭凉果者, 不墮三途邊地耶[34]見, 因第二行所得果也. 第三, 妙華開敷果者, 謂得兜率依正妙報, 因第三行之所得也. 第四, 芳菓成就果者, 於無上道, 得不退轉, 依前二觀之所得也. 所以然者, 觀察菩薩依正報故, 生彼天時, 親承聖導, 永不退於阿耨菩提, 故依二觀, 得第四果. 由聞慈氏之名, 信其仁賢之德, 遠離不聞賢聖名處, 恒隨正見, 成就眷屬, 故依聞名, 得第二果. 餘二因果, 相當可知. 如[35]是觀行, 因果成就, 無上菩提, 自然而至, 是謂上生之果之所致也.

[H1, 547c18~548b1; T38, 299c1~24]

다음으로 ['열 가지 부문'(十門) 가운데] 두 번째인 '경전의 핵심과 목적을 밝히는 것'(明經宗致)이란 [다음과 같다.] 이 경전은 곧바로 '원인과 결과를 이해하여 실천수행하는 것'(觀行因果)으로써 그 핵심으로 삼고, 사람들을 도솔천에 태어나게 해서 끝까지 물러나지 않게 하는 것을 '[경전의] 뜻이 나아가는 목적'(意致)으로 삼는다.

'이해'(觀)라고 말한 것에는 두 가지가 있으니, 첫 번째는 저 도솔천의 '[행위의] 과보가 의지하는 세계의 탁월한 내용'(依報莊嚴)을 이해하는 것이고, 두 번째는 미륵보살의 '[행위로 인해] 직접 받은 온전한 과보의 수승함'(正報殊勝)을 이해하는 것이다. [이 이해는] '생각을 한결같이 하여'(專念) 관찰하기 때문에 삼매라고 부르지만 '[선정을] 닦아서 얻는 지혜'(修慧)가 아니라 오직 '듣고 사유함'(聞思)에 있기에[36] 이것은 단지

34 대정장본에는 별도의 언급이 없으나, 한불전에는 "'耶'는 '邪'인듯하다."라고 교감하였다. '邪'자가 문맥에 적절하므로 교감하여 번역한다.

35 한불전의 교감주에는 "'如'자가 '知'자인 듯하다."라고 되어 있다. 대정장본에는 '知'자로 되어 있다. 여기서는 그대로 '如'자로 보고 번역한다.

‘번갯불 같은 잠깐의 삼매’(電光三昧)라고 부른다. 그런데 [삼매이기는 하나] ‘[몸과 마음이] 가볍고 편안[한 상태]’(輕安)가 없기 때문에 이 [삼매]는 ‘욕망세계를 지어내는 원인’(欲界因)이다.

‘실천수행’(行)이라고 말한 것에는 대략 세 가지가 있다. 첫 번째는 ‘크나큰 자애’(大慈)라는 [미륵보살의] 명칭을 듣고 ‘공경하는 마음’(敬心)으로 이전에 저지른 죄를 참회하는 것이다. 두 번째는 ‘자애로운 분’(慈氏)이라는 명칭을 듣고 이 명칭이 드러내는 ‘이로운 능력’(德)을 우러러 믿는 것이다. 세 번째는 탑 청소, 땅 다지기, 향과 꽃 공양하기 등[37]의 여러 일을 행하는 것이다.

아래의 글에서 설명하는 것처럼 이러한 이해(觀)와 이러한 ‘실천수

---

36 문사수혜聞思修慧: 문혜聞慧(聞所成慧)·사혜思慧(思所成慧)·수혜修慧(修所成慧)의 3혜三慧를 말한다. 『아비달마구사론』 권22(T29, 116c4~9)에서 “諸有發心將趣見諦, 應先安住清淨尸羅然後, 勤修聞所成等, 謂先攝受順見諦聞. 聞已勤求所聞法義, 聞法義已無倒思惟. 思已方能依定修習, 行者如是住戒勤修. 依聞所成慧, 起思所成慧, 依思所成慧, 起修所成慧.”라고 하는 것에 따르면, 발심하여 진리를 이해하는 길에 나아가고자 하는 자는 먼저 청정한 계율(尸羅)을 지킨 연후에 문소성혜聞所成慧 등의 3혜三慧를 부지런히 닦아야 하는데, 먼저 ‘들은 것에 대한 이해에 순응하여’(順見諦聞) 받아들이고 다음으로는 ‘가르침의 뜻’(法義)을 부지런히 추구하여 전도됨이 없이 사유하고 나서야 비로소 선정(定)에 의거하는 수행으로 수소성혜修所成慧를 이룬다고 설명한다. 한편 『아비달마구사론』 권23(T29, 118c~119a1)에서도 “自性念住以慧爲體, 此慧有三種, 謂聞等所成, 即此亦名三種念住.”라고 하여 문사수 3혜를 4념주四念住와 결부시키는데, 4념주의 자성自性이 문사수聞思修 3혜三慧이기 때문에 4념주를 3종념주三種念住라고도 부른다고 설명한다.

37 원효가 생략한 ‘등제사업等諸事業’에 해당하는 내용을 『미륵상생경』의 본문에서 찾아보면, ‘갖가지 삼매를 행하고 선정에 듦’, ‘경전을 독송함’, ‘미륵의 명칭을 염송함’, ‘팔재계八齋戒를 간직함’, ‘온갖 청정한 행위를 닦음’, ‘사홍서원을 일으킴’ 등이다. 『불설관미륵보살상생도솔천경佛說觀彌勒菩薩上生兜率天經』 권1(T14, 420a10~17). “佛滅度後, 我諸弟子, 若有精勤, 修諸功德, 威儀不缺, 掃塔塗地, 以衆名香妙花供養, 行衆三昧深入正受, 讀誦經典, 如是等人應當至心, 雖不斷結如得六通, 應當繫念念佛形像稱彌勒名, 如是等輩, 若一念頃受八戒齋, 修諸淨業發弘誓願, 命終之後, 譬如壯士屈申臂頃, 即得往生兜率陀天, 於蓮華上結加趺坐. ….”

행'(行)은 합하여 '하나의 뿌리'(一根)가 되는데, [이 뿌리에서] 생겨나는 결과에는 대략 네 가지가 있다. 첫 번째는 '싹과 줄기가 흙에서 나오는 결과'(牙莖離土果)이고, 두 번째는 '꽃과 잎이 시원한 그늘을 만드는 결과'(華葉蔭凉果)이며, 세 번째는 '오묘한 꽃이 활짝 피어나는 결과'(妙華開敷果)이고, 네 번째는 '향기로운 열매가 이루어지는 결과'(芳菓成就果)이다.

첫 번째인 '싹과 줄기가 흙에서 나오는 결과'(牙莖離土果)라는 것은 이전부터 저질러온 갖가지 죄를 '제압하여 없애는 것'(伏滅)이니, 이것은 [세 가지 '실천수행'(行) 가운데] '첫 번째 실천수행'(初行)을 원인으로 하여 얻어지는 결과이다. 두 번째인 '꽃과 잎이 시원한 그늘을 만드는 결과'(華葉蔭凉果)라는 것은 '[지옥地獄 · 아귀餓鬼 · 축생畜生, 이] 세 가지 해로운 삶의 길'(三[惡]途)과 '변두리 땅'(邊地)과 '잘못된 견해'(邪見)에 떨어지지 않는 것이니, [세 가지 '실천수행'(行) 가운데] '두 번째 실천수행'(第二行)을 원인으로 하여 얻어지는 결과이다. 세 번째인 '오묘한 꽃이 활짝 피어나는 결과'(妙華開敷果)라는 것은_도솔천의 오묘한 '[행위의] 과보가 의지하는 세계'(依報)와 '[행위로 인해] 직접 받은 온전한 과보'(正報)를 얻는 것을 가리키니, [세 가지 '실천수행'(行) 가운데] '세 번째 실천수행'(第三行)을 원인으로 하여 얻어지는 것이다. 네 번째인 '향기로운 열매가 이루어지는 결과'(芳菓成就果)라는 것은 '최고의 [경지로 나아가는] 길'(無上道)에서 '[한번 도달한 곳에서] 다시 퇴보하지 않는 [경지]'(不退轉[地])를 얻는 것이니, 앞의 '[의보依報와 정보正報, 이] 두 가지에 대한 이해'(二觀)에 의거하여 얻어진 것이다. 왜냐하면, 미륵보살의 '[행위의] 과보가 의지하는 세계'(依報)[인 도솔천]과 '[행위로 인해] 직접 받은 온전한 과보'(正報)를 '살펴 이해하기'(觀察) 때문에 저 도솔천에 태어날 때 직접 고귀한 [미륵불의] 교화를 받아 끝내 '최고의 깨달음'(阿耨菩提)[을 추구하는 것]에서 물러나지 않으니, 그러므로 '[미륵불의 의보依報와 정보正報, 이] 두 가지에 대한 이해'(二觀)에 의거하여 '네 번째 결과'(第四果)를 얻는 것이다.

'자애로운 분'(慈氏)이라는 [미륵불의] 이름을 듣고 그분의 '어질고 지혜로운 능력'(仁賢之德)을 믿기 때문에 현인(賢)과 성인(聖)의 이름을 듣지 못함에서 멀리 벗어나 언제나 '진리다운 견해'(正見)에 따르면서 [도솔천에 상생하는] 무리가 되니, 그러므로 [미륵彌勒의 이름을] 듣는 것에 의거하여 '두 번째 결과'(第二果)까지를 얻는 것이다. 나머지 두 가지[인 세 번째와 네 번째]의 원인과 결과도 서로 들어맞음을 알 수 있을 것이다. 이와 같은 '이해'(觀)와 '실천수행'(行)으로 원인과 결과가 성취되면 '최고의 깨달음'(無上菩提)에도 저절로 도달하니, 이것을 '[도솔천으로] 올라가 태어나는 결과의 목적'(上生之果之所致)이라 일컫는다.

III. 두 가지 [경전들의] 창고 [가운데 어디에 포함되어야 하는가에 대한] 옳고 그름을 밝힘(明二藏是非)

次第三明二藏是非者, 諸說不同. 或有說者, 〈此上生經, 是小乘教, 聲聞藏攝. 所以然者, 說"阿逸多, 具凡夫身, 未斷諸漏." 又說, 彼果爲十善報, 以之故, 知非大乘教.〉 或有說者, 〈此經正是大乘之教, 菩薩藏收. 略以四文, 而證此義. 一者, 『智度論』說, "聲聞藏中, 無菩薩衆, 猶如川流不容大海. 菩薩藏中, 有菩薩衆及聲聞衆, 猶如大海容於衆流." 今此經中, 旣有聲聞及菩薩衆, 故知是大而非小也. 『金剛般若』序中, 雖無初菩薩衆, 後流通分列菩薩衆. 是故不應以彼作難. 二者, 經下文中說, "牢度大神禮十方佛, 發弘誓願." 故知是大而非小也. 以小乘教中無十方佛故. 三者, 下文說言, "晝夜六時, 常說不退轉地法輪之行, 逕[38]一時中, 成就五百億天子令不退於阿耨菩提", 此言實非小乘教所容, 故知是大而非小也. 四者, "聞說是經, 他方來會, 十萬菩薩, 得首楞嚴三昧, 八萬億諸天, 發菩提心", 准此得益菩薩行願, 故知所聞是

大乘教也.〉

[H1, 548b2~23; T38, 299c25~300a14]

다음으로 ['열 가지 부문'(十門) 가운데] 세 번째인 '두 가지 [경전들의] 창고 [가운데 어디에 포함되어야 하는가에 대한] 옳고 그름을 밝히는 것'(明二藏是非)에 대해서는 여러 설명이 같지가 않다. 어떤 사람은 [이렇게] 설명한다. 〈이 『미륵상생경』은 '소승의 가르침'(小乘教)이어서 '가르침을 들어서 [혼자] 깨달으려는 수행자[가 믿고 따르는 경전들의] 창고'(聲聞藏)에 속한다. 왜냐하면, [『미륵상생경』에서] "아일다(Ajita)[39]는 '범부의 몸'(凡夫身)을 갖추었기에 아직 '온갖 번뇌'(諸漏)를 끊지 못했다."[40]라고 설했기 때문이다. 또 [『미륵상생경』에서는 미륵이 상생上生하는] 그러한 결과는 '열 가지 이로운 행위[41]의 과보'(十善報)[42]라고 설하였으니, 따라서

---

38 『불설관미륵보살상생도솔천경佛說觀彌勒菩薩上生兜率天經』의 원문에 의거하여 '逕'자를 '經'자로 교감한다.

39 아일다阿逸多: 아일다는 산스크리트어 'Ajita'를 음역한 말이다. 산스크리트어 사전에 따르면(M.Monier Williams, Sanskrit English Dictionary, p.10), 'Ajita'의 뜻은 '정복되지 않는'(not conquered), '진압되지 않는'(unsubdued) 등으로 풀이된다고 한다. 이 해석에 따르면, 동사어근 √ji(이기다, 승리하다)에 부정접두어 'A-'가 첨가되어 파생된 뜻으로 이해할 수 있다. 힌두교에서 'Ajita'는 비슈누(Viṣṇu)와 시바(Śiva)신을 가리키는 별칭으로 쓰였지만, 불교에서는 미륵의 별칭으로 쓰인다.

40 이 내용은 우바리優婆離가 부처님께 미륵의 상생에 대해 질문하는 장면에서 나온다. 밑줄 친 곳은 원효가 인용한 내용을 가리킨다. 『불설관미륵보살상생도솔천경佛說觀彌勒菩薩上生兜率天經』 권1(T14, 418c5~9). "世尊! 世尊往昔, 於毘尼中及諸經藏說, 阿逸多次當作佛, 此阿逸多具凡夫身, 未斷諸漏, 此人命終當生何處? 其人今者, 雖復出家, 不修禪定, 不斷煩惱. 佛記此人, 成佛無疑, 此人命終生何國土?"

41 십선十善: 십선업十善業 또는 십선업도十善業道를 가리키는 말로, 십악十惡 또는 십악업十惡業의 반대가 되는 말이다. 이 십선과 십악의 개념은 『아함경』으로부터 대승의 경론에 이르기까지 폭넓게 나타나고 있다. 십악은 살생殺生, 투도偸盜, 사음邪淫, 망어妄語, 양설兩舌, 악구惡口, 기어綺語, 탐욕貪欲, 진에瞋恚, 사견邪見을

'대승의 가르침'(大乘敎)이 아님을 알 수 있다.〉

[또] 어떤 사람은 [이렇게] 설명한다. 〈이 경전은 바로 '대승의 가르침'(大乘敎)이어서 '보살[이 믿고 따르는 경전들의] 창고'(菩薩藏)에 포함된다. 간략하게 네 가지 구절로 이 뜻을 증명하겠다. 첫 번째는, 『대지도론大智度論』에서 설명하기를 "'가르침을 들어서 [혼자] 깨달으려는 수행자[가 믿고 따르는 경전들의] 창고'(聲聞藏) 안에는 '보살의 무리'(菩薩衆)가 [등장하는 경전은] 없으니, 마치 강물이 크나큰 바다를 끌어안을 수 없는 것과 같다. '보살[이 믿고 따르는 경전들의] 창고'(菩薩藏) 안에는 '보살의 무리'(菩薩衆)와 '가르침을 들어서 [혼자] 깨달으려는 수행자 무리'(聲聞衆)가 [함께] 있으니 마치 크나큰 바다가 온갖 강물을 끌어안는 것과 같다."[43]라고 하였다. 지금 이 『미륵상생경』에서는 이미 '가르침

가리킨다. 따라서 십선은 이 10가지 악을 행하지 않는 것으로 제시되는데, 경론에 따라서는 이들 십악 앞에 '不'자를 붙여서 십선을 나타내는가 하면 '離'자 또는 '斷'자 등을 첨가하기도 한다. 이것은 그 원류가 되는 『중아함경』의 경우처럼 이 세 글자가 혼용되고 있는 사례에서 잘 나타나고 있다. 『중아함경中阿含經』 제17 「가미니경伽彌尼經」(T1, 440b4~5). "離殺, 斷殺, 不與取, 邪婬, 妄言, 乃至離邪見, 斷邪見, 得正見." 한편 당唐나라 때 실차난타實叉難陀가 번역한 『십선업도경十善業道經』이라는 문헌도 나타나고 있어서 흥미롭다. 여기서 제시하고 있는 10가지 항목을 살펴보면 다음과 같다. 『십선업도경』 권1(T15, 158a2~6). "言善法者, 謂人天身, 聲聞菩提, 獨覺菩提, 無上菩提, 皆依此法以爲根本而得成就, 故名善法. 此法即是十善業道. 何等爲十? 謂能永離殺生, 偸盜, 邪行, 妄語, 兩舌, 惡口, 綺語, 貪欲, 瞋恚, 邪見."

42 『불설관미륵보살상생도솔천경佛說觀彌勒菩薩上生兜率天經』 권1(T14, 419c1~4). "此名兜率陀天, 十善報應勝妙福處. 若我住世一小劫中, 廣說一生補處菩薩報應及十善果者不能窮盡, 今爲汝等畧而解說."

43 이 내용은 『대지도론』에 있는 서술을 그대로 인용한 것이 아니라 그 취지를 요약한 것으로, 비유한 내용에도 약간의 차이가 있다. 『대지도론大智度論』 권4(T25, 86a5~10). "問曰. 如聲聞經初但說比丘衆, 摩訶衍經初, 何以不但說菩薩衆? 答曰. 摩訶衍廣大, 諸乘諸道皆入摩訶衍. 聲聞乘陜小不受摩訶衍. 譬如恒河不受大海, 以其陜小故. 大海能受衆流, 以其廣大故. 摩訶衍法亦如是如偈說."

을 들어서 [혼자] 깨달으려는 수행자 무리'(聲聞衆)와 '보살의 무리'(菩薩衆)가 [함께] 있으니, 그러므로 이 경전은 대승이지 소승이 아님을 알 수 있다. 『금강반야경金剛般若經』의 '시작하는 부분'(序分)에서는 비록 처음에는 '보살의 무리'(菩薩衆)가 [등장하는 내용이] 없지만 뒤의 '[세상에] 널리 퍼뜨리게 하는 부분'(流通分)에서 '보살의 무리'(菩薩衆)를 나열하고 있다. 그러므로 저 [『미륵상생경』의 처음 부분에서 보살의 무리가 등장하지 않는 경우] 때문에 의문을 제기해서는 안 되는 것이다.

두 번째는 『미륵상생경』의 아래 글에서 "뇌도발제牢度跋提라는 위대한 신이 '모든 곳에 있는 부처들'(十方佛)에게 예를 올리고 '크나큰 다짐과 바람'(弘誓願)을 일으켰다."[44]라고 설하였다. 따라서 [『미륵상생경』은] 대승이지 소승이 아님을 알 수 있다. '소승의 가르침'(小乘敎)에서는 '모든 곳에 있는 부처들'(十方佛)[이라는 말이 등장하는 내용]이 없기 때문이다.

세 번째는 [『미륵상생경』의] 아래 글에서 "'하루를 이루는 여섯 때'(晝夜六時)[45] 동안 '다시 퇴보하지 않는 가르침의 실천'(不退轉地法輪之行)을 항상 설하여 ['하루를 이루는 여섯 때'(晝夜六時) 가운데] 한 때를 지나는 동안 500억의 천자天子들로 하여금 '최고의 깨달음'(阿耨菩提)에서 물러나지 않게 하는 것을 이루었다."[46]라고 설하였는데, 이 말은 실로 '소승의 가르침'(小乘敎)이 수용하는 것이 아니기 때문에 [『미륵상생경』은]

---

44 『불설관미륵보살상생도솔천경佛說觀彌勒菩薩上生兜率天經』 권1(T14, 419a7~9). "爾時此宮有一大神, 名牢度跋提, 即從座起, 遍禮十方佛, 發弘誓願."

45 주야육시晝夜六時: 하루의 시간을 6등분한 것이다. 해가 떠 있는 시간을 아침(晨朝), 한낮(日中), 오후에서 해질 무렵까지(日沒)로 3등분하고, 해가 진 뒤 다시 뜰 때까지의 시간을 3등분하여 초저녁(初夜), 한밤중(中夜), 한밤중에서 새벽 무렵까지(後夜)로 3등분한 것이다.

46 『불설관미륵보살상생도솔천경佛說觀彌勒菩薩上生兜率天經』 권1(T14, 420a3~6). "晝夜六時, 常說不退轉地法輪之行, 經一時中, 成就五百億天子令不退轉於阿耨多羅三藐三菩提."

대승이지 소승이 아님을 알 수 있다.

네 번째는 [『미륵상생경』의 끝부분에서] "[부처님께서] 이 경전을 설하는 것을 듣고 다른 곳에서 와 모인 10만의 보살들이 수능엄삼매首楞嚴三昧[47]를 얻었고 8만억의 천신들이 '깨달음을 구하는 마음'(菩提心)을 일으켰다."[48]라고 하였는데, 이 [『미륵상생경』의 가르침]에 의거하여 '[대승] 보살의 실천과 바람'(菩薩行願)을 늘어나게 하였으므로 [보살들과 천신들이] 들은 것이 바로 '대승의 가르침'(大乘敎)임을 알 수 있다.〉

評曰, 此教通被大小根性. 如言"愛敬無上菩提心者, 欲爲彌勒作弟子者" 乃至廣說, 故但小不容大, 大能含小. 故隨所宗, 菩薩藏攝. 所以後師所說是也. 問. 若如後說, 初所引文, 云何和會? 解云. 所言"具凡夫身"等者, 是擧小乘所執釋作問. 而答文言"身圓光中, 有首楞嚴三昧, 波若波羅蜜字義炳然"者, 是表菩薩位登十地. 以此三昧在彼地故. 又言"十善報應"者, 欲明菩薩十善之報, 實遍十方, 非直在此, 但應物機,

---

47 수능엄삼매首楞嚴三昧: 수능엄삼매란 산스크리트어 'śūraṃgama-samādhi'를 음역音譯한 말이고, 작건상作健相三昧, 건행정健行定, 용건정勇健定, 용복정勇伏定, 대근본정大根本定 등으로 의역意譯한다. 산스크리트어 사전에 따르면, 형용사 'śūra'는 강한(strong), 힘찬(powerful), 용맹한(valiant), 영웅적인(heroic), 용감한(brave) 등의 뜻이 있다고 한다(M. Monier Williams, Sanskrit English Dictionary, p.1086). 이에 따르면 수능엄의 원어 'śūraṃgama'는 '강력하게(śūraṃ) [움직여] 나아간다(gama).'는 뜻으로 풀어 볼 수 있다. 『불광대사전』(p.4004)의 설명에 따르면, 수능엄삼매는 백팔삼매의 하나로서 제법諸法을 견고하게 섭지攝持하는 삼매라는 뜻으로, 모든 부처님 및 십지보살들이 증득한 선정이라고 한다. 『대지도론』에서 자세한 설명을 살펴볼 수 있다. 『대지도론大智度論』 권47(T25, 398c27~399a2). "首楞嚴三昧者, 秦言健相, 分別知諸三昧行相多少深淺. 如大將知諸兵力多少. 復次, 菩薩得是三昧, 諸煩惱魔及魔人無能壞者. 譬如轉輪聖王主兵寶將, 所往至處無不降伏."

48 『불설관미륵보살상생도솔천경佛說觀彌勒菩薩上生兜率天經』 권1(T14, 420c18~20). "佛說是語時, <u>他方來會, 十萬菩薩, 得首楞嚴三昧, 八萬億諸天, 發菩提心</u>, 皆願隨從彌勒下生."

局示彼天. 以之故言"十善報應", 由是道理, 彌合大教. 如下文言, "若我住世, 一小劫中, 應說一生補處菩薩報應及十善果者, 不能窮盡." 故知非直十善果義, 說名報應, 亦示以淨報應於物機. 依如是義, 故言報應, 非直實報, 名十善果. 由是, 不違大乘道理也. 問. 此中菩薩依正莊嚴, 爲是萬行所感實報, 爲是隨機所應化相? 若如前者, 非凡所見, 是報非應. 若如後者, 不遍十方, 是應非報, 云何得言菩薩報應? 解云. 彼一一相, 皆有分齊, 不壞分齊, 各遍十方. 遍十方邊, 非凡所見, 其分齊邊, 是凡所覩. 然分齊卽遍, 遍卽分齊, 無障無礙, 無二無別. 如是功德, 無非實報, 隨分所見, 無非應化. 由是道理, 故說報應. 就實而言, 因具萬行, 果圓萬德, 但今局說, 在天報應, 故說其因, 直取十善也.

[H1, 548b23~549a4; T38, 300a14~b9]

[『미륵상생경』이 성문장聲聞藏에 속한다는 주장과 보살장菩薩藏에 속한다는 주장에 대해] 평가하여 보자면, 이 경전의 가르침은 대승과 소승의 '자질과 특성'(根性)에 공통으로 해당된다. [『미륵상생경』에서] "'최고의 깨달음을 구하는 마음'을 사랑하고 공경하는 사람과 미륵의 제자가 되기를 바라는 사람은 [이와 같이 관찰해야 한다.]"(愛敬無上菩提心者, 欲爲彌勒作弟子者)[49] 등으로 자세하게 말한 것과 같으니, 따라서 소승만[의 가르침]이라면 대승을 포용하지 못하지만 대승은 소승을 품을 수 있는 것이다. 그러므로 [이 구절의] 핵심내용(宗)에 따라 [『미륵상생경』은] '보살[이 믿고 따르는 경전들의] 창고'(菩薩藏)에 포함된다. 따라서 [『미륵상생경』을 보살장에 포함시켜야 한다고 주장한] 뒤의 논사가 설명한 것이 옳다.

---

49 『불설관미륵보살상생도솔천경佛說觀彌勒菩薩上生兜率天經』 권1(T14, 419c4~10). "佛告優波離. '若有比丘及一切大衆, 不厭生死樂生天者, 愛敬無上菩提心者, 欲爲彌勒作弟子者, 當作是觀. 作是觀者, 應持五戒八齋具足戒, 身心精進不求斷結, 修十善法, 一一思惟兜率陀天上上妙快樂. 作是觀者, 名爲正觀, 若他觀者, 名爲邪觀.'"

묻는다. 만약 뒤 [논사의] 설명대로라면 처음[의 논사가] 인용한 경문은 [뒤 논사의 설명과] 어떻게 '서로 만나 통하게'(和會) 할 것인가?

해설해 보겠다. "[아일다는] '범부의 몸'을 갖추었기에"(具凡夫身)[50] 등으로 말한 것은 소승[의 무리가] 집착하는 해석에 의거하여 질문한 것이다. 그런데 부처님께서 답하는 글에서 "몸의 둥근 빛 속에는 수능엄삼매와 반야바라밀의 글자와 뜻이 빛난다."(身圓光中, 有首楞嚴三昧, 波若波羅蜜字義炳然)[51]라고 말한 것은 보살의 지위가 '열 가지 [본격적인] 수행경지'(十地)에 오른 것을 나타낸 것이다. 왜냐하면 이 [수능엄]삼매는 저 [십지十地의] 경지에서 존재하는 것이기 때문이다. 또 "[도솔천은] '열 가지 이로운 행위의 과보'에 응하여 나타낸 ['수승하고 오묘한 복으로 가득한 곳'(勝妙福處)]"(十善報應[勝妙福處])[52]이라고 말씀하신 것은, [미륵]보살의 '열 가지 이로운 행위의 과보'(十善之報)가 실제로는 '모든 곳'(十方)에 두루 펼쳐져 있고 단지 여기 [도솔천]에만 있는 것은 아니지만 단지 '중생의 자질'(物機)에 맞추어 저 [도솔천] 하늘세계만을 나타내었음을 밝히고자 한 것이다. 그런 까닭으로 "'열 가지 이로운 행위의 과보'에 응하여 나타낸 ['수승하고 오묘한 복으로 가득한 곳'(勝妙福處)]"(十善報應[勝妙福處])"이라고 말한 것이니, 이러한 도리 때문에 [『미륵상생경』의 이 구절은] '대승의 가르침'(大[乘]敎)과 더욱 합치한다. 아래의 글에서 "만약 내가 세상에 머물면서 일소겁一小劫[53]의 오랜 세월 동안 '한 생애만

---

50 『불설관미륵보살상생도솔천경佛說觀彌勒菩薩上生兜率天經』 권1(T14, 418c5~7). "世尊! 世尊往昔於毘尼中及諸經藏說阿逸多次當作佛, 此阿逸多具凡夫身, 未斷諸漏, 此人命終當生何處?"

51 『불설관미륵보살상생도솔천경佛說觀彌勒菩薩上生兜率天經』 권1(T14, 419c17~20). "(彌勒) … 上至兜率陀天, 其身舍利如鑄金像不動不搖, 身圓光中, 有首楞嚴三昧般若波羅蜜字義炳然."

52 『불설관미륵보살상생도솔천경佛說觀彌勒菩薩上生兜率天經』 권1(T14, 419c1~2). "佛告優波離. '此名兜率陀天十善報應勝妙福處."

53 일소겁一小劫: 겁劫(kalpa)은 고대 인도의 시간 단위에서 가장 오랜 시간을 가리

더 지나면 부처의 자리를 대신할 수 있는 보살[이 실천한 것의] 과보에 응하여 나타낸 것'(一生補處菩薩報應)과 '열 가지 이로운 행위의 과보'(十善果)에 대해 설하더라도 다 마칠 수가 없다."[54]라고 말씀하신 것과 같다. 따라서 단지 [소승의] '열 가지 이로운 행위의 과보'(十善果)의 측면(義)만으로 [도솔천을] '과보에 응하여 나타낸 것'(報應)이라고 부르는 것이 아니라 [도솔천이] [대승보살의] '온전한 과보'(淨報)로써 '중생들의 자질'(物機)에 맞춘 것이라는 것도 드러내는 것을 알 수 있다. 이와 같은 뜻에 의거하기 때문에 '과보에 응하여 나타낸 것'(報應)이라고 부르는 것이지 단지 ['열 가지 이로운 행위'(十善)에 따라 받는] '실제 과보'(實報)만을 '열 가지 이로운 행위의 과보'(十善果)라고 부르지는 않는다. 이 때문에 [『미륵상생경』의 가르침은] 대승의 도리와 어긋나지 않는 것이다.

킬 때 쓰이는 개념이다. 우주가 성립하여 소멸할 때까지의 세월을 성주괴공成住壞空의 1대겁大劫이라 하는데, 이 1대겁을 이루는 최소단위가 1소겁(antara-kalpa)이다. 그런데 이 일소겁의 길이에 대해서는 경론마다 설명이 같지 않다. 『불광대사전』(p.923)의 설명에 따르면, 『구사론俱舍論』에서는 인간의 수명이 8만 세가 되었을 때부터 100년마다 한 살씩 줄어드는 방식으로 계산하여 인간의 나이가 10살에 이르기까지의 긴 세월을 1감겁減劫이라 하고, 10살에서부터 거꾸로 100년마다 한 살씩 늘어드는 방식으로 다시 8만 살에 이르기까지의 긴 세월을 1증겁增劫이라고 한다. 이 1감겁과 1증겁을 각각 1소겁이라고 부른다는 것이다. 그러나 『대지도론』에서는 1증겁과 1감겁을 합쳐서 산출한 오랜 세월을 1소겁으로 간주한다. 또 『입세아비담론立世阿毘曇論』에서는 1소겁을 1중겁이라고도 하는데, 20소겁을 성주괴공成住壞空 가운데 주住 1겁에 해당하는 것으로 보고, 40소겁은 성成·주住 2겁, 60소겁은 성成·주住·괴壞 3겁으로 보아, 80소겁을 성·주·괴·공 4겁에 해당하는 것으로 간주한다. 한편 『보살영락본업경菩薩瓔珞本業經』에서는 사방 40리에 이르는 거대한 돌을 3년마다 한 번 강림한 천인天人이 그 위를 거닐어 그 돌이 모두 닳아 없어질 때까지의 오랜 세월을 1소겁으로 간주하는 방식도 있다. 이러한 차이에 대해서 원효는 제6 부문인 출세시절出世時節에서 자세한 설명을 덧붙이고 있다.

54 『불설관미륵보살상생도솔천경佛說觀彌勒菩薩上生兜率天經』 권1(T14, 419c1~4). "佛告優波離. '此名兜率陀天十善報應勝妙福處. 若我住世一小劫中, 廣說一生補處菩薩報應及十善果者, 不能窮盡. 今爲汝等略而解說.'"

묻는다. 여기서 보살의 '[행위의] 과보가 의지하는 세계'(依報)와 '[행위로 인해] 직접 받은 온전한 과보'(正報)의 '탁월한 내용'(莊嚴)은, '온갖 수행'(萬行)에 감응된 '실제 과보'(實報)인가, '[중생의] 자질'(機)에 따라 감응한 '만들어 낸 양상'(化相)인가? 만약 전자와 같은 것이라면 범부에게 보이는 것이 아니기에 이러한 과보는 [범부에] '응하여 나타낸 것'(應)이 아닐 것이다. [또] 만약 후자와 같은 것이라면 '모든 곳'(十方)에 두루 펼쳐지지 못하기에 이렇게 '응하여 나타낸 것'(應)은 [중생을 구제하기 위해 나타내는 보살의] 과보가 아닐 것이니, 어떻게 [도솔천이] '보살이 과보에 응하여 나타낸 것'(菩薩報應)이라 말할 수 있겠는가?

해설해 보겠다. 저 각각의 [과보의] 모습(相)에는 모두 한정(分齊)이 있지만 [그] 한정을 없애지 않으면서도 각각 '모든 곳'(十方)에 두루 펼쳐지는 것이다. '모든 곳의 끝'(十方邊)까지 두루 펼쳐지는 것은 범부에게 보이는 것이 아니지만, 그 '한정된 부분의 끝'(分齊邊)은 범부에게 보이는 것이다. 그러나 한정(分齊)이 곧 '두루 펼쳐짐'(遍)이고 '두루 펼쳐짐'(遍)이 곧 한정(分齊)이니, '[서로] 막힘이 없어 걸림이 없으며'(無障無礙) '둘[로 나뉨]이 없어 다름이 없다'(無二無別). [보살의 과보가 지니는] 이와 같은 능력(功德)은 [수행에 따른] '실제 과보'(實報)가 아닌 것이 없고, [중생이] 분수에 따라서 보는 것은 [중생의 자질에 따라] '감응하여 나타낸 것'(應化)이 아닌 것이 없다. 이러한 도리이기 때문에 '과보에 응하여 나타낸 것'(報應)을 설하는 것이다. 실제에 나아가 말하자면 원인에는 '온갖 수행'(萬行)을 갖추었고 결과에는 '온갖 능력'(萬德)을 원만히 하였지만, 단지 지금은 '도솔천에서 과보에 응하여 나타낸 것'(在天報應)에 국한해서 설한 것이기 때문에 저 [도솔천에 상생하는] 원인을 설하면서 단지 '열 가지 이로운 행위[를 실천한 과보]'(十善[報])만을 취한 것이다.

IV. 세 가지 경전의 같은 점과 다른 점을 밝힘(明三經同異)

次第四明三經同異者,『上生』·『下生』及『或[55]佛經』, 相望略有三種同異. 一所爲同異, 二所詮同異, 三所攝同異. 言所爲同異者, 修觀行[56]也, 有其三品. 上品之人, 或修觀佛三昧, 或因懺悔行法, 卽於現身, 得見彌勒, 隨心優劣, 見形大小. 此如『觀佛三昧海經』及『大方等陀羅尼經』說也. 中品之人, 或修觀佛三昧, 或因作諸淨業, 捨此身後, 生兜率天, 得見彌勒, 至不退轉. 是故『上生經』所說也. 不[57]品之人, 修施戒等, 種種善業, 依此發願, 願見彌勒. 捨此身後, 隨業受生, 乃至彌勒成道之時, 要見世尊, 三會得度. 是如『下生』·『成佛經』說. 是卽『上生』所爲, 爲中品人, 餘二經者, 爲下品人也. 第二所詮有同異者,『上生』所詮, 是天報應菩薩功德, 餘二經者, 詮於人報成佛等相. 此後二經, 互有廣略, 其所詮理大意同也. 第三所攝有同異者, 上生經者, 菩薩藏攝, 義如前說. 餘二經者, 聲聞藏收, 所以然者, 其『成佛經』, 出『長阿含』,『下生經』文, 深淺不異. 又說成道, 未明應現, 依經得益, 證小乘果, 以之故知, 非菩薩藏. 然縫衣之時, 短針爲要, 雖有長戟, 而無所用, 避雨之日, 小盖是用, 普天雖覆, 而無所救. 是故不可以小爲輕, 隨其根性, 大小皆珍者也.

[H1, 549a5~b7; T38, 300b10~c4]

---

55 한불전의 교감주에는 "'或'자는 '成'자인 듯하다."라고 되어 있다. '成'자로 교감한다.

56 대정장본에는 "'觀行' 뒤에 '人'자가 들어 있는 판본이 있다."고 교감하였다. 이에 따른다.

57 한불전의 교감주에는 "'不'자는 '下'자인 듯하다."라고 되어 있다. '下'자로 교감한다.

다음으로 ['열 가지 부문'(十門) 가운데] 네 번째인 '세 가지 경전의 같은 점과 다른 점을 밝히는 것'(明三經同異)이란 [다음과 같다.] 『상생경上生經』과 『하생경下生經』과 『성불경成佛經』은 서로 비교해 보면 대략 세 가지의 같은 점과 다른 점이 있다. 첫 번째는 '행하는 것의 같은 점과 다른 점'(所爲同異)이고, 두 번째는 '드러낸 내용의 같은 점과 다른 점'(所詮同異)이며, 세 번째는 '포함되는 경전의 같은 점과 다른 점'(所攝同異)이다.

'행하는 것의 같은 점과 다른 점'(所爲同異)[은 다음과 같다.] '[부처의 모습을] 관찰하는 수행'(觀行)을 닦는 사람에는 '[상품上品·중품中品·하품下品, 이] 세 가지 부류'(三品)가 있다. '높은 부류의 사람'(上品之人)은 '부처의 모습을 관찰하면서 성취하는 삼매'(觀佛三昧)를 닦거나 '참회하는 수행'(懺悔行法)을 원인으로 하여 바로 '현재의 몸'(現身)에서 미륵불을 뵐 수 있는데, 마음의 뛰어남과 뒤떨어짐에 따라 보이는 [미륵불의] 모습이 크기도 하고 작기도 하다. 이것은 『관불삼매해경觀佛三昧海經』[58]과 『대방등다라니경大方等陀羅尼經』[59]에서 설한 것과 같다.

'중간 부류의 사람'(中品之人)은 '부처의 모습을 관찰하면서 성취하는 삼매'(觀佛三昧)를 닦거나 '갖가지 청정한 행위'(諸淨業)를 짓는 것을 원인으로 하여 이 몸을 떠난 뒤 도솔천에 태어나 미륵불을 뵐 수 있고 '[한번 도달한 곳에서] 다시 퇴보하지 않는 [경지]'(不退轉[地])에 이르게 된

---

58 『불설관불삼매해경佛說觀佛三昧海經』 권7(T15, 681b29~c7). "佛滅度後, 如我所說觀佛影者, 是名眞觀如來坐. 觀如來坐者, 如見佛身等無有異, 除百千劫生死之罪. 若不能見, 當入塔觀一切坐像, 見坐像已懺悔障罪. 此人觀像因緣功德, 彌勒出世, 見彌勒佛初始坐於龍華樹下結加趺坐. 見已歡喜, 三種菩提隨願覺了."

59 『대방등다라니경大方等陀羅尼經』 권2(T21, 650c2~9). "佛告阿難. 若有善男子善女人, 修行此經者, 若眼見無量壽佛·釋迦牟尼佛·維衛佛·式佛·隨葉佛·拘樓秦佛·拘那含牟尼佛·迦葉佛. 過去雷音王佛·袐法藏佛, 是諸佛前至心懺悔, 當滅九十二億生死之罪. 此人於三塗永無有分生死漏盡, 卽時得見現前諸佛. 復更懺悔以種種香華幡蓋而供養之, 塗香末香亦用供養. 如是供養已, 卽見十方妙樂世界."

다. 그러므로 [이것은] 『상생경』에서 설한 내용[60]이다.

'낮은 부류의 사람'(下品之人)은 '널리 베풂'(施)과 '계율 [지킴]'(戒) 등의 여러 가지 '유익한 행위'(善業)를 실천하면서 이에 의지하여 '바람을 일으켜'(發願) 미륵불 뵙기를 바란다. [그는] 이 몸을 떠난 뒤 [이전에 지은] 행위에 따라 [또 다른] 생生을 받아 가다가 미륵보살이 '깨달음을 완성'(成道)하는 때가 되면 반드시 세존[인 미륵]을 뵙고 '세 번의 법회'(三會)에서 [미륵불의 설법을 듣고] '깨달음을 이룬다'(得度). 이것은 『하생경』[61]과 『성불경』에서 설한 것과 같다. 그렇다면 『상생경』에서 행하는 것은 '중간 부류의 사람'(中品人)을 위한 것이다. 나머지 두 경전[에서 행하는 것]은 '낮은 부류의 사람'(下品人)을 위한 것이다.

두 번째인 '드러낸 내용에 같은 점과 다른 점이 있다.'(所詮有同異)는 것은 [다음과 같다.] 『상생경』에서 드러낸 것은 '도솔천에서 과보에 응하여 나타낸 보살의 능력'(天報應菩薩功德)이고, 나머지 두 경전에서는 '[수행하는] 사람의 과보로 부처를 이루는 것'(人報成佛) 등의 모습을 드러낸 것이다. 이 뒤의 두 경전은 서로 간에 자세함과 간략함은 있지만 거기에서 드러낸 이치는 '전체의 취지'(大意)가 같다.

세 번째인 '포함되는 경전에 같은 점과 다른 점이 있다.'(所攝有同異)는 것은 [다음과 같다.] 『상생경』은 '보살[이 믿고 따르는 경전들의] 창고'(菩薩藏)에 포함되는데, [그] 뜻은 앞에서 설명한 것과 같다. 나머지 두 경

---

60 『불설관미륵보살상생도솔천경佛說觀彌勒菩薩上生兜率天經』 권1(T14, 420a19~24). "善哉善哉! 善男子! 汝於閻浮提廣修福業來生此處, 此處名兜率陀天. 今此天主, 名曰彌勒, 汝當歸依. 應聲即禮, 禮已諦觀眉間白毫相光, 即得超越九十億劫生死之罪. 是時菩薩隨其宿緣爲說妙法, 令其堅固不退轉於無上道心."

61 『불설미륵하생경佛說彌勒下生經』 권1(T14, 422b28~423b11).

전은 '가르침을 들어서 [혼자] 깨달으려는 수행자[가 믿고 따르는 경전들의] 창고'(聲聞藏)에 포함되는데, 왜냐하면 저 『성불경』은 『장아함경』에서 나왔고, 『하생경』의 글도 그 [뜻의] 깊고 얕음이 [『성불경』과] 차이가 없기 때문이다. 또 '깨달음을 이루는 것'(成道)을 말하고 있지만 아직 [중생 구제를 위해] '[중생에] 응하여 나타냄'(應現)을 밝히지는 않아 경전에 의지하여 얻게 되는 이익이 '소승의 과보'(小乘果)를 증득하는 것이니, 따라서 '보살[이 믿고 따르는 경전들의] 창고'(菩薩藏)가 아님을 알 수 있다.

그러나 옷을 꿰맬 때는 짧은 바늘이 필요하지 긴 창이 있다 해도 쓸모가 없고, 비를 피해야 하는 날에는 조그만 덮개가 쓰이는 것이지 [덮개가] 너른 하늘을 덮는다 해도 도움 될 게 없는 것이다. 그러므로 소승이라고 가볍게 여겨서는 안 되니, 저 [중생들의] '자질과 특성'(根性)에 따라 대승과 소승 모두 보물인 것이다.

V. 태어난 [미륵의] 몸이 머무는 곳에 대해 밝힘(明生身處所)

次第五明生身處所者, 說處不同. 『華嚴經』「入法界品」中, 彌勒菩薩告善財童子言, "我於此閻浮提南界摩離國內拘提聚落, 波羅門家種性中生, 爲欲滅彼憍慢心故, 化度父母及親屬故. 於此命終, 生兜率天, 爲欲化度彼諸天故也." 『賢愚經』第十二卷云, "爾時, 波羅奈王, 名波羅度達. 王有輔相, 生一男兒, 三十二相, 衆好備滿. 輔相增悅, 卽召相師, 令占相之, 因爲立字." 相師問言, '自從生來, 有何異事?' 輔相答言, '其母素性, 不能良善. 懷妊已來, 悲矜苦厄, 慈潤黎元. 相師喜曰, '此是兒志.' 因爲立字, 號曰彌勒. 其兒殊稱, 令土宣聞, 國王聞之, 懷懼言曰, '今此小兒, 名相顯美, 儻有高德, 必奪我位. 寧[62]其未長, 當豫除滅.' 作是計已, 卽勅輔相. '聞汝有子, 容相有異. 汝可將來? 吾欲得見.'

其兒有舅，名婆婆梨，在婆黎富[63]羅國，爲彼國師．於時輔相，憐哀[64]其子，懼被其容[65]．復作密計，密[66]遣人乘，送[67]與其舅，令彼長養"，乃至廣說．今此經言，"波羅奈國劫波梨村，波婆梨大婆羅門家本所生處．"此三種說，云何相會？解云．後二經文，文異意同．所以然者，『賢愚經』意，寄父表生，故言"輔相生一男兒"，此非的出其生之處．『上生經』文，的明生處．彼土之法，婦懷姙已，還本家產．本家在於劫波梨村，知此二經文，不相違也．『華嚴經』意，別顯異處，大聖分身，隨機異見，處處異生，不足致恠．由是道理，不相違背也．

[H1, 549b8~c14; T38, 300c5~301a2]

다음으로 ['열 가지 부문'(十門) 가운데] 다섯 번째인 '태어난 [미륵의] 몸이 머무는 곳을 밝히는 것'(明生身處所)에 대해서는 [그] 장소를 설명하는 것이 같지가 않다.

[먼저] 『화엄경』 「입법계품入法界品」에서는 미륵보살이 선재동자에게 [다음과 같이] 말한다. "나는 이 염부제閻浮提[68] 남쪽 지역의 마리국

---

62 대정장의 『현우경』 원문에는 '曼'자로 되어 있고, 교감주에서 '及'자로 되어 있는 판본도 있다고 밝혔다. 여기서는 한불전의 내용대로 '寧'자로 보고 번역하였다.

63 『현우경』의 원문에는 '弗多'로 되어 있고, 교감주에서 '弗多=富'라고 하였다. 음역音譯에서 비롯하는 차이이므로 교감하지 않고 그대로 두었다.

64 『현우경』의 원문에 따라 '哀'자를 '愛'자로 교감한다.

65 『현우경』의 원문에 따라 '容'자를 '害'자로 교감한다.

66 대정장본의 『현우경』 원문에는 '密'이 없는 판본이 있다고 교감하고 있으나, '密'자를 그대로 두고 번역하였다.

67 대정장본의 『현우경』 원문에는 '送'자 앞에 '象'자가 있는 판본이 있다고 교감하고 있으나, '送'자만 있는 것으로 보고 번역하였다.

68 염부제閻浮提: 고대 인도의 세계관에서 수미산須彌山의 사방에 있는 사대주四大洲 가운데 남쪽에 위치하고 있는 대륙을 가리킨다. 따라서 남염부주南閻浮州, 남섬부주南贍部洲, 남첨부주라고 부른다. 『불광대사전』(p.1731)에 따르면, 산스크리트어 'Jambu-dvīpa는 구역舊譯에서 남염부제南閻浮提라고 불렀다고 한다. 여

안의 구제 마을에서 바라문 집안의 [바라문] 혈통(種性)으로 태어났으니, 그 [바라문들]의 교만한 마음을 없애 주기 위해서였고, 부모와 친척들을 교화하여 제도하기 위해서였다. 여기서 목숨을 마치고는 도솔천에 태어날 것이니, 저 온갖 하늘세계 중생들을 교화해 제도하기 위해서이다."[69]

[또] 『현우경』 제12권에서는 [다음과 같이] 말한다. "그때 바라나波羅奈의 왕은 이름이 바라도달波羅度達이었다. 왕에게는 재상이 있었고, [그가] 아들을 하나 얻었는데 '32가지 수승한 용모'(三十二相)와 갖가지 좋

기서 '염부', '섬부'라는 말은 잠부(Jambu) 나무를 음역音譯한 말이다. 곧 잠부나무가 있는 세상이라는 뜻으로 볼 수 있다.

69 『대방광불화엄경大方廣佛華嚴經』 권60(T9, 783a28~b4). "我於此閻浮提南界, 摩離國內拘提聚落, 婆羅門家種姓中生, 爲欲滅彼憍慢心故, 化度父母及親族故, 於中受生. 善男子! 我於南方, 隨諸衆生所應, 示現而化度之, 於此命終, 生兜率天, 爲欲化度彼諸天故." 〈산스크리트본의 해당 내용: *Gaṇḍavy.*, p.417. jambudvīpe ca janmopapattisaṁdarśanārtham iha dakṣiṇāpathe māladeṣu janapadeṣu kūṭāgrāmake brāhmaṇakuleṣūpapannānāṁ mātṛpitṛjñātisaṁbandhināṁ vinayārthaṁ brāhmaṇakulajātiviśeṣeṇa caiṣāṁ jātyabhimānikānirabhimānatāyai tathāgatakule saṁjananārtham ihopapannaḥ / so 'haṁ kulaputra iha dakṣiṇāpathe anenopāyena yathāśayānāṁ sattvānāṁ yathāvineyānāṁ paripākavinayaṁ kurvan ihaiva vairocanavyūhālaṁkāragarbhe kūṭāgrāme prativasāmi / itaś cāhaṁ cyutaḥ tuṣitabhavane upapattiṁ saṁdarśayiṣyāmi yathāśaye sattvānuvartanatāyai, tuṣitakāyikānāṁ ca sabhāgacaritānāṁ devaputrāṇāṁ paripākāya,; 그리고 염부주에서 태어나는 것을 보여 주기 위해, 여기 남쪽에 있는 말라다국의 쿠타 마을에 브라흐만의 가계로 태어난 부모와 지인, 친척을 교화하기 위해 [태어난다.] 그리고 뛰어난 브라흐만의 가계로 태어났기 때문에 이들의 출생에 대해 교만하지 않고 여래의 가계에 함께 태어나도록 여기에 출생한다. 양가의 아들이여, 나는 여기 남쪽에서 이러한 수단으로 성향에 따라 교화해야 할 중생들을 성숙시키고 교화하면서 바로 이 비로자나의 장엄장인 쿠타마을에 산다. 그리고 나는 여기에서 죽은 후, 성향에 맞게 중생에게 따르기 위해 그리고 도솔천중과 같은 행위를 행하는 천신의 아들을 성숙시키기 위해, 도솔천궁에 태어나는 것을 보여 줄 것이다.〉

은 모습이 완전하게 갖추어져 있었다. 재상은 더욱 기뻐하며 곧 관상가를 불러서 [아기의] 모습을 점쳐 그에 따라 이름을 짓게 하였다. 관상가가 물었다. 〈[저 아이가] 생겨난 때부터 어떤 이상한 일이 있었습니까?〉 재상이 답하였다. 〈저 어미의 본래 품성은 선량하지 않았습니다. [그런데] 아이를 임신한 뒤부터는 고통스럽고 불행한 일을 불쌍히 여기더니, 자애로써 백성들을 적셔 주었소.〉 관상가가 기뻐하며 말하였다. 〈이 일은 아이의 뜻입니다.〉 이에 따라 이름을 지었으니 '미륵'이라 하였다. 그 아이에 대한 탁월한 찬탄이 나라에 널리 알려지자, 국왕이 그 말을 듣고 두려움을 품으며 말하였다. 〈지금 이 어린아이는 이름과 모습이 [그] 빼어남을 드러내고 있으니, 만약 탁월한 능력을 지니게 된다면 반드시 나의 지위를 빼앗을 것이다. 차라리 그 아이가 아직 어른이 되기 전에 미리 제거하여 없애야겠다.〉 이렇게 계획을 짜고는 재상에게 명령하였다. 〈그대에게 아들이 있다고 들었는데, 얼굴과 모습이 남다르다고 하더군. 그대가 데려올 수 있겠는가? 내가 보았으면 하네.〉 그 아이에게는 외삼촌이 있었는데 파파리婆婆梨라고 불리었고 파려부라국婆黎富羅國에 있으면서 그 나라의 국사國師였다. 그때 재상은 자기의 아들을 아끼고 사랑했기에 아들이 해를 입을까 두려웠다. [그래서] 다시 비밀스럽게 일을 꾸며, 몰래 사람을 보내 수레에 태워 외삼촌에게 보내어 그가 키우도록 하였다."[70] 등으로 자세히

---

70 『현우경賢愚經』 권12(T4, 432b15~c6). "爾時, 波羅棕王, 名波羅摩達. 王有輔相, 生一男兒, 三十二相, 衆好備滿, 身色紫金, 姿容挺特. 輔相見子, 倍增怡悅. 即召相師, 令占相之. 相師披看, 歎言. '奇哉! 相好畢滿. 功德殊備, 智辯通達, 出踰人表.' 輔相益喜, 因爲立字, 相師復問. '自從生來, 有何異事?' 輔相答言. '甚怪異常. 其母素性, 不能良善. 懷妊已來, 悲矜苦厄, 慈潤黎元, 等心護養.' 相師喜言, '此是兒志.' 因爲立字, 號曰彌勒. 父母喜慶, 心無有量. 其兒殊稱, 合土宣聞, 國王聞之, 懷懼言曰, '念此小兒, 名相顯美, 儻有高德, 必奪我位. 曼其未長, 當豫除滅, 久必爲患.' 作是計已, 即勅輔相. '聞汝有子, 容相有異, 汝可將來, 吾欲得見.' 時宮內人, 聞兒暉問, 知王欲圖, 甚懷湯火. 其兒有舅, 名波婆梨, 在波梨弗多羅國, 爲彼國師, 聰明高博, 智達殊才, 五百弟子, 恒逐諮稟. 於時

설하고 있다.

[그리고] 지금 이 『미륵상생경』에서는 "바라나국 겁파리 마을의 파파리 큰 바라문 가문이 본래 태어난 곳이다."[71]라고 말하였다. [『화엄경』, 『현우경』, 『미륵상생경』] 이 세 가지 설명을 어떻게 '서로 만나 [통하게]'(會[通]) 하겠는가?

해설해 보겠다. 뒤의 [『현우경』과 『미륵상생경』, 이] 두 경문은 글은 다르지만 뜻은 같다. 왜냐하면 『현우경』의 뜻은 [미륵의] 아버지에 의거하여 출생을 나타낸 것이기 때문에 "재상이 아들을 하나 얻었다."라고 말한 것이니, 이것은 그가 태어난 곳을 정확하게 나타낸 것은 아니다. [이에 비해] 『미륵상생경』의 글은 태어난 곳을 정확하게 밝힌 것이다. 그 나라의 법으로는 부인이 임신을 하면 친정으로 돌아가서 출산하게 된다. 친정은 겁파리 마을에 있었으니, [따라서] 이 두 경전의 글은 서로 어긋나지 않음을 알 수 있다. 『화엄경』의 뜻은 [미륵이 태어난] 다른 곳을 별도로 나타낸 것이지만, '위대한 성인'(大聖)이 몸을 나누어 [중생들의] 자질에 따라 달리 보이게 하고 곳곳에서 다르게 태어나는 것은 기이한 것이 아니다. 이러한 도리 때문에 [세 가지 경전에서의 설명이] 서로 어긋나지 않는다.

輔相, 憐愛其子, 懼被其害. 復作密計, 密遣人乘, 象送之與舅, 舅見彌勒, 覩其色好, 加意愛養, 敬視在懷."

71 『불설관미륵보살상생도솔천경佛說觀彌勒菩薩上生兜率天經』 권1(T14, 419c14~15). "彌勒先於波羅捺國劫波利村, 波婆利大婆羅門家生."

VI. [미륵이 하생下生하여] 세상에 나타나는 시기를 밝힘(明出世時節)

次第六明出世時節者, 欲顯彌勒世尊, 何劫何節幾時出世. 言“何劫”者, 在第十劫, 如『藏論』云, “二十住劫中, 有五佛出世故. 前五劫中無佛出世, 第六劫中, 拘留孫陀佛出世, 第七劫中, 拘那含牟尼佛出世, 第八劫中, 迦葉佛出世, 第九劫中, 釋迦牟尼佛出世, 第十劫中, 彌勒佛出世. 後十住劫中, 亦無佛出世”, 乃至廣說.

[H1, 549c15~23; T38, 301a3~10]

다음으로 ['열 가지 부문'(十門) 가운데] 여섯 번째인 [미륵불이 하생下生하여] '세상에 나타나는 시기를 밝히는 것'(明出世時節)이란, 미륵세존彌勒世尊께서 어느 겁劫, 어느 시절(節), 어느 때(幾時)에 세상에 출현하시는가를 드러내고자 한 것이다.

"어느 겁劫"이라고 말한 것은 [20주겁住劫 가운데] 제10겁에 [미륵불이 하생下生하여] 계시는 것이니, 이를테면 『장론藏論』(『구사론기俱舍論記』)에서 [다음과 같이] 말한 것과 같다. "[한 세계가 지속되는] 20주겁住劫[72] 동

72 이십주겁二十住劫: 1대겁大劫(mahā-kalpa)은 한 세계가 '만들어져(成), 지속하다가(住), 무너지고(壞), 다시 다음 한 세계가 이루어질 때까지 아무것도 없는(空)' 네 가지 과정을 합친 오랜 세월을 가리킨다. 『아비달마대비바사론阿毘達磨大毘婆沙論』과 『유가사지론瑜伽師地論』 등의 경론에 따르면, 1대겁은 80중겁으로 이루어진다고 한다. 이것은 성겁成劫, 주겁住劫, 괴겁壞劫, 공겁空劫이 각각 20중겁으로 이루어져 있기 때문이다. 겁劫에 대해서는 앞의 각주 '소겁小劫' 참고. 『아비달마대비바사론阿毘達磨大毘婆沙論』 권135(T27, 700c16~19). "有二十中間劫經二十中劫世間成, 二十中劫成已住, 此合名成劫. 經二十中劫世間壞, 二十中劫壞已空, 此合名壞劫,總八十中劫合名大劫"; 『유가사지론瑜伽師地論』 권2(T30, 285c4~6). "又此世間二十中劫壞, 二十中劫壞已空, 二十中劫成, 二十中劫成已住, 如是八十中劫, 假立

안에 다섯 부처님이 세상에 나타나시기 때문이다. 앞의 5겁 동안에는 부처님이 세상에 나타나시지 않았고, 제6겁에서는 구류손타불拘留孫陀佛이 세상에 나타나셨으며, 제7겁에서는 구나함모니불拘那含牟尼佛이 세상에 나타나셨고, 제8겁에서는 가섭불迦葉佛이 세상에 나타나셨으며, 제9겁에서는 석가모니불釋迦牟尼佛이 세상에 나타나셨고, 제10겁에서는 미륵불彌勒佛이 세상에 나타나셨다. 뒤의 10겁 동안에는 또한 부처님이 세상에 나타나시지 않았다."[73] 등으로 자세히 설명하고 있다.

言"何節"者, 劫減時出, 如『論』說云, "爲劫上時, 諸佛出世, 爲於劫下? 偈曰. 成佛於劫下, 減八萬至百. 云何不於劫上時出? 此時衆生, 難教厭離. 從百歲至十, 厭離心重, 最應易生, 何故不出於此時中? 五濁熾盛故", 又云, "人壽無量時, 乃至八萬歲, 輪王出世, 不減八萬時. 何以故? 減八萬時, 非此吉祥福樂品[74]故." 問. 依此論文, 輪王與佛出世時異, 云何輪王與佛同世? 解云. 輪王生時, 未減八萬, 末及始減, 故得相値. 如『賢劫經』言, "稍增至六萬歲時, 有轉輪王, 輪王相次, 經第七王時, 人壽八萬四千歲, 彌勒出興."『大彌勒成佛經』亦云, "八萬四

爲一大劫數."

73 여기서 『장론藏論』이라 한 것은 『대법장론對法藏論』 즉 『마구사론磨俱舍論』 또는 『구사석론俱舍釋論』을 가리키는 말로 보이지만, 본문의 내용은 이들 문헌에서는 나타나지 않는다. 『구사론기』의 다음 내용이 본문의 취지를 담고 있다. 『구사론기俱舍論記』 권12(T41, 194c19~27). "又泰法師云. 若依立世經, 此二十住劫中, 後十住劫無佛出世. 前時住劫有佛出世, 就前十住劫中, 前五住劫無佛出世. 後五住劫有佛出世. 第六住劫減至四萬歲時, 拘留孫佛出世. 第七住劫減至三萬歲時, 拘那含牟尼佛出世. 第八住劫減至二萬歲時, 迦葉波佛出世. 第九住劫減至百歲時, 釋迦牟尼佛出世. 第十住劫初減八萬歲時, 彌勒佛出世, 撿立世文."

74 『아비달마구사석론阿毘達磨俱舍釋論』의 원문에 의거하여 '품品'을 '기器'로 교감하여 번역한다.

千”, 『阿含經』及『賢愚經』中, 止論“八萬”, 『俱舍論』云, “長極八萬, 短至十歲.” 案云, 言“八萬”者, 擧其大數, 不至九萬, 故言“極八”. 又佛出時, 始減數十, 大數未闕, 所以猶言“八萬四千”. 若依此經, 六萬歲時, 亦有輪王, 如何『論』說“不減八萬”者? 『經』說增時, 『論』說減時. 由是道理, 不相違也.

[H1, 549c23~550a20; T38, 301a10~27]

“어느 시절”(何節)이라고 말한 것은 ‘[인간의 수명이] 감소하는 겁’(劫減)일 때 [부처님께서 세상에] 출현하신다는 것으로, 『구사석론俱舍釋論』에서 “‘[인간의 수명이] 늘어나는 겁’(劫上)일 때 모든 부처님이 세상에 나타나신다는 것인가, ‘[인간의 수명이] 줄어드는 겁’(劫下)[일 때 세상에 나타나신다는 것]인가? 게송으로 말한다. ‘부처를 이룸’(成佛)은 ‘[인간의 수명이] 줄어드는 겁’(劫下)일 때에서니, 8만 세에서 [한살 씩] 줄어들어 100세가 될 때까지라네. 어째서 ‘[인간의 수명이] 늘어가는 겁’(劫上)일 때 [부처님이 세상에] 나타나시지 않는가? 이때의 중생들에게는 ‘[세속적 삶을] 싫어하여 벗어남’(厭離)[75]을 가르치기가 어렵다. 100세로부터 10세로 줄어드는 때에는 ‘[세속적 삶을] 싫어하여 벗어나고자 하는 마음’(厭離心)이 커져서 삶을 바꾸는 것이 가장 적합한데, 무슨 이유로 이때 나타나시지 않는가? ‘다섯 가지 오염’(五濁)[76]이 맹렬하고 왕성하기 때문이

---

75 염리厭離: ‘염리’의 팔리어는 여성명사 ‘nibbida’이다. 팔리어사전에 따르면 이 말은 권태(weariness), 세속적 삶에 대한 혐오(disgust with wordly life), 지루함(tedium), 혐오감(aversion), 무관심(indifference), 각성(disenchantment) 등의 뜻으로 풀 수 있다고 한다(*Pali-English Dictionary*, T.W.Rhys Davids & WilliamStede, p.365). 『잡아함경』 제1경(T2, 1a7~9)의 “當觀色無常. 如是觀者, 則爲正觀. 正觀者則生厭離, 厭離者喜貪盡, 喜貪盡者, 說心解脫. 如是觀受想行識 …”이라는 구절에서, ‘오온의 무상無常을 정관正觀 → 염리厭離 → 희열과 탐욕의 소멸 → 심해탈心解脫 → 해탈지견解脫知見’이라는 깨달음 과정에서의 염리의 역할이 확인된다.

다."[77] 라고 말하고, 또 말하기를 "인간의 수명이 헤아릴 수 없이 [길었던] 때에서 [차츰 줄어들어] 8만 세에 이르는 때에 전륜성왕이 세상에 나타나셨으니, 8만 세 [이하로] 줄어들지 않던 시대였다. 어째서인가? [인간의 수명이] 8만 세 [이하로] 줄어드는 시절에는 [중생들이] 이러한 상서로운 복락을 누릴 만한 자질이 아니기 때문이다."[78]라고 한 것과 같다.

---

76 오탁五濁: 말법 시대가 되면 나타나는 '다섯 가지 오염현상'을 가리킨다. 『법원주림(法苑珠林)』에 따르면, '다섯 가지 오염된 상태'는 ① 겁탁劫濁: 굶주림, 질병, 전쟁 등으로 세상이 오염되는 것. ② 견탁見濁: 갖가지 삿된 견해와 사상이 난무하는 것. ③ 번뇌탁煩惱濁: 중생들의 마음이 온갖 번뇌에 의해 오염되는 것. ④ 중생탁衆生濁: 해로운 행위를 일삼는 악한 인간들이 넘쳐 세상이 오염되는 것. ⑤ 명탁命濁: 본래 8만 년인 인간들의 수명이 점차 줄어드는 것이라고 한다.

77 『아비달마구사석론阿毘達磨俱舍釋論』 권9(T29, 221c25~222a1). "爲於劫上時, 諸佛出世, 爲於劫下時, 諸佛出世. 偈曰, 成佛於劫下, 減八萬至百. 釋曰. 世間人壽八萬歲時, 壽減正發, 乃至人壽百歲, 於此中間, 諸佛世尊出現於世. 云何不於劫上時出? 於此時中衆生難教厭離故. 云何不於百下時出? 於此時中, 五濁熾盛." 〈산스크리트본의 해당 내용: AKBh., pp.182-183. kiṃ punar utkarṣā buddhā utpadyante, āhosvid apakarṣāḥ / apakarṣo hi śatād yāvat tadudbhavaḥ / 94ab / aśītivarṣaśatāyuṣi prajāyām apakarṣe ārabdhe yāvad varṣaśatāyuṣo manuṣyā bhavanty etasminn antare buddha utpadyante / kasmān notkarṣakāle / tadā hi duḥsamudvejāḥ sattvā bhavanti / kasmān na śatāt / tadā ca pañca kaṣāyā abhyutsadā bhavanti /; 붓다들은 [겁이] 성장할 때 출세하는가? 아니면 [겁이] 쇠퇴할 때 [출세하는가?] [겁이] 쇠퇴하여 [인간의 수명이] 100세가 될 때까지 그 [붓다는] 출세한다. //94ab// 중생의 수명이 8만 세에서 쇠퇴하기 시작하여 인간의 수명이 100세가 될 때까지, 그 사이에 붓다는 태어난다. 왜 [겁이] 성장할 때 [태어나지] 않는가? 그때는 중생들이 [세간을] 혐오하기 어렵기 때문이다. 왜 100세 이하일 때 [태어나지] 않는가? 그때는 다섯 가지 혼탁함[五濁]이 왕성하기 때문이다.〉

78 『아비달마구사석론阿毘達磨俱舍釋論』 권9(T29, 222b5~8). "釋曰. 人壽無量時, 乃至壽八萬歲, 轉輪王生於世間, 不減八萬時. 何以故? 若人壽減八萬, 是人非此吉祥富樂器故." 〈산스크리트본의 해당 내용: AKBh., p.184. amite cāyuṣi manuṣyāṇāṃ yāvad aśītisahasrake cotpattiś cakravarttināṃ nādhaḥ / tasyāḥ sasyasaṃpadas tadūnāyuṣām abhājanatvāt /; 인간의 수명이 무한할 때부터 8만 세까지 전륜왕들이 태어나고, 그 이하에서는 [태어나지] 않는다. 그들의 그 [중생의] 수명이 짧을 때는 그 [전륜성왕들]의 위덕의 그릇이 되지 않기 때문이다.〉

묻는다. 이 논서의 글에 의거하면, 전륜성왕과 부처님이 세상에 나타나시는 때가 다른데, 어떻게 전륜성왕과 부처님이 [세상에 출현한] 때가 같은가?

해설해 보겠다. 전륜성왕이 태어날 때는 아직 [인간의 수명이] 8만 세 [이하로] 줄어드는 시기가 아니고 [이 시기의] 끝에 이르러서야 비로소 [인간의 수명이] 줄어드는 것이니, 따라서 [전륜성왕과 미륵불이] 서로 만날 수 있는 것이다. 『현겁경』에서 [다음과 같이] 말한 것과 같다. "[인간의 수명이] 차츰 늘어나 6만 세에 이를 때 전륜성왕이 있게 되고, 전륜성왕이 서로 뒤를 잇다가 일곱 번째 왕을 거치는 때에 인간의 수명은 8만4천 세이고 미륵불이 나타나신다."[79] 또 『대미륵성불경大彌勒成佛經』에서도 "8만4천"이라고 말하였고, 『아함경』 및 『현우경』에서는 "8만"이라고만 논하였고, 『구사론』에서는 "[인간의 수명이] 길어지는 최고치가 8만이고, 짧아지면 10세까지 이른다."[80]라고 말하였다.

생각하건대, "8만"(八萬)이라고 말한 것은 그 큰 숫자를 든 것이니, 9만에는 이르지는 못하기 때문에 "최고치가 8만"(極八)이라고 한 것이다. 또한 부처님이 [세상에] 나타나실 때, 처음에 수십 년이 줄어들지만 [8만이라는] 큰 숫자는 아직 빠지지 않았기 때문에 여전히 "8만4천"이라고 말한 것이다.

---

79 현존하는 『현겁경賢劫經』(T14)에서는 이 내용이 찾아지지 않는데, 당나라 규기窺基가 지은 『관미륵상생도솔천경찬觀彌勒上生兜率天經贊』에서는 유사한 구절을 인용하면서 『현겁경』이라고 명시하였다. 규기와 원효가 본 판본이 같은 것이었을 가능성이 있다. 『관미륵상생도솔천경찬』 권1(T38, 276b20~22). "從增六萬歲, 至增八萬, 皆有轉輪聖王相次而出. 八萬歲時, 王名儴佉, 彌勒方出."

80 이 내용은 『구사론』에서 찾아지지 않는다. 『불설입세아비담론佛說立世阿毘曇論』에 해당 내용이 보인다. 『불설입세아비담론』 권7(T32, 206b7~8). "長極八萬歲, 短極十歲."

만약 이 경전(『현겁경』)에 의거하면, [인간의 수명이] 6만 세 때에도 역시 전륜성왕이 있는데 어째서 『구사론』에서는 "[인간의 수명이] 8만 세 [이하로] 줄어들지 않는 [시기]"(不減八萬)라고 말했을까? 『현겁경』에서는 [인간의 수명이] 늘어나는 때를 설한 것이고, 『구사론』에서는 [인간의 수명이] 줄어드는 때를 설명한 것이다. 이러한 도리에 따라 서로 어긋나지 않는다.

言"幾時"者, 經論不同. 『賢劫經』言, "人壽二萬歲時, 第六迦葉佛出世, 人壽增減至千二百歲時, 釋迦始上兜率天, 於天四千歲, 人間得五十六億七千七萬歲. 人壽百年時, 下閻浮提." 『雜心論』云, "彌勒菩薩滅後, 生第四天, 壽四千歲. 一日一夜, 當人間四百年, 卽准[81]人間合五十七億六百萬歲. 然後下閻浮提, 成等正覺." 『賢愚經』云, "五十六億七千萬歲", 『菩薩處胎經』亦同此說. 『一切智光仙人經』云, "五十六億萬歲", 今『上生經』亦同此說. 『定意經』云, "彌勒五億七十六萬歲作佛." 案云, 彼天四千歲, 准人間歲數, 得五萬七千六百之萬年, 此是以萬爲首, 而數至於五萬七千六百. 此中若依千萬爲億, 卽爲五十七億六百之萬歲, 當於『雜心』之文. 若依萬萬爲億之數, 卽爲五億七千六百之萬歲, 近於『定意經』說. 而言"七十六萬歲"者, 算位誤取之耳, 七千爲七十, 六百爲六也. 其餘三經, 皆云五十餘億等者, 並依千萬爲億之數, 而隨翻譯之家, 頗有增減之云耳. 天人歲數, 相配如是, 而於其中, 多有妨難. 何者? 『俱舍論』說, "如是此壽, 長遠究竟, 極此八十千歲. 是時諸人, 安坐受樂, 無所馳求, 壽八十千歲, 住阿僧祇年, 乃至衆生未造十惡. 從起十惡集[82]道時節, 壽命因此十十歲減, 度一百年, 卽減十

81 한불전에서는 '准'자가 "準자로 되어 있는 판본이 있다고 하였다. 대정장본에는 '準'자로 되어 있다. 같은 뜻으로 해석할 수 있으므로 교감하지 않고 그대로 두었다. 이하에서 동일한 경우가 나오더라도 다시 언급하지 않는다.

歲", 乃至廣說. 今於彼天四千歲數, 不滿人間阿僧祇[83]年. 況從百歲稍減至十, 從十稍增至於八萬, 乃至減時. 准此而言, 不得相當, 是一難也. 又依彌勒, 百歲時上, 至於八萬, 減時下生, 此於中劫纔過其半. 若論釋迦, 人壽千二百歲時上, 稍減至十, 增至八萬, 還減至百, 方乃下生. 此過一劫, 倍長於前. 而於二處, 齊言於天四千歲, 人間得五十餘億等. 如是相違, 是二難也. 若言"釋迦逕多死生, 彌勒於彼逕少死生, 非但受彼四千一生. 故不違於半劫一劫"者, 卽違經說"一生補處", 亦違"五十餘億"等文, 是三難也.

[H1, 550a21~c14; T38, 301a28~c5]

"어느 때"(幾時)라고 말한 것은 경론마다 [설명하는 내용이] 같지 않다. 『현겁경』에서는 [다음과 같이] 말하였다. "인간의 수명이 2만 년일 때 여섯 번째로 가섭불이 세상에 나타나시고, 인간의 수명이 늘어났다가 [다시] 줄어들어 1천2백 년에 이르렀을 때 석가모니불이 비로소 도솔천으로 올라가서 그 하늘세계에서 4천 년 [동안 계셨는데] 인간세상[의 시간]으로는 56억7천7만 년이다. [그리고] 인간의 수명이 100세가 되었을 때 염부제로 내려오셨다."[84]

『잡아비담심론雜阿毘曇心論』에서는 [다음과 같이] 말한다. "미륵보살은 [인간세상에서의 일생을] 마친 뒤 '[욕망세계(欲界)의 여섯 가지 하늘세계 중

---

82 한불전과 대정장본 모두 '集'자로 되어 있지만, '業'자의 오기로 보인다. '業'자로 교감하여 번역한다.

83 한불전에는 '祗'가 '祇'로 되어 있는 판본이 있다고 교감하였고, 대정장본에는 '祇'로 나온다. 음역音譯 과정에서 나타나는 차이에 불과하므로 '祗'자를 그대로 둔다.

84 『현겁경賢劫經』에서 이 내용이 찾아지지 않는다. 다음의 글이 인용한 내용에 근접한 것이다. 『미륵경유의彌勒經遊意』 권1(T38, 265a20~27). "『賢劫經』云 … 經云四萬歲也, 二萬歲時, 有第六迦葉佛出世, 壽命二萬歲, 迦葉佛後漸漸減人命至千二百歲時, 釋迦始上兜率天. 於天數四千歲, 則人間五十六億七千萬歲, 人壽命百歲時, 從兜率下, 閻浮提作佛."

에서] 네 번째 하늘세계[인 도솔천]'(第四天)에 태어났는데, [그곳의] 수명은 4천 년이다. [하루의] 낮과 밤은 인간세상의 4백 년에 해당하니 곧 인간세상을 기준으로 [도솔천의 4천 년을 모두] 합치면 57억600만 년인 것이다. 그런 뒤 [인간세상인] 염부제로 내려와 '완전한 깨달음'(等正覺)을 이루셨다."[85]

[또] 『현우경』에서는 "56억7천만 년"이라고 말하는데, 『보살처태경菩薩處胎經』에서도 역시 이 설명과 같다.[86] 『일체지광선인경一切智光仙人經』에서는 "56억만 년"이라고 말하는데, 지금 『상생경』에서도 이 설명과 같다. 『정의경定意經』[87]에서는 "미륵은 5억76만 년 뒤에 부처님을 이루신다."라고 말한다.[88]

생각하건대, 저 도솔천의 4천 년은 인간세상의 햇수를 기준으로 치면 5만7천6백만 년이 되는데, 이것은 만萬을 한 단위로 삼으면 [그] 수數가 5만7천6백에 이른다. 여기서 만약 천만을 억億으로 치는 [계산법에] 의거하면 곧 57억6백만 년이 되니, 『잡아비담심론』의 글 [내용]에

85 여기서 『잡심론雜心論』은 『잡아비담심론雜阿毘曇心論』을 가리키는데, 인용한 내용이 그대로 나타나지 않지만, 유사한 구절은 보인다. 『잡아비담심론雜阿毘曇心論』 권2(T28, 887c2~5). "爲兜率陀天上一日一夜, 如是日月歲數, 兜率陀天壽四千歲人間五十七億六百萬歲, 是呼地獄一日一夜. 如是日月歲數, 呼地獄壽四千歲人間八百歲."

86 이 내용은 다음의 글을 참고한 것으로 보인다. 『관미륵상생도솔천경찬觀彌勒上生兜率天經贊』 권2(T38, 295a22~23). "『菩薩處胎經』及『賢愚經』云, 五十六億七千萬歲."

87 여기서 『정의경』은 『현겁정의경賢劫定意經』을 가리키는 것으로 보인다. 대정장본 『현겁경』의 첫머리(T14, 1a3)에 "亦名颰陀劫三昧, 晉曰賢劫定意經."이라는 교감주에 근거한 것이다.

88 이 문단의 설명은 다음의 글을 참고한 것으로 보인다. 『미륵경유의彌勒經遊意』 권1(T38, 270b6~9). "又二如『賢劫定意經』云, 彌勒五億七十六萬歲下作佛. 三如『觀經』與『一切智光仙人經』同云, 五十六億萬歲與下作佛."

해당한다. 만약 만萬의 만萬 배를 억億으로 치는 계산법에 의거하면 곧 5억7천6백만 년이 되는데, [이것은] 『정의경』의 설에 가깝다.

[『정의경』에서] "76만 년"이라고 말한 것은 계산하는 단위를 잘못 취한 것일 뿐이니, 7천을 7십이라 하고 6백을 6이라 한 것이다. 저 나머지 [『현우경』, 『보살처태경』, 『일체지광선인경』, 이] 세 가지 경전에서 모두 50여 억億 등이라고 말한 것은 다 천만을 억億으로 치는 계산법에 의거한 것이지만 번역하는 사람에 따라 조금 늘리거나 줄여서 말한 것일 뿐이다. 하늘세계와 인간세상의 햇수를 서로 짝지어 보면 이와 같지만, 그 가운데는 여러 가지로 [이해를] 방해하는 어려운 문제가 있다. 어떤 것인가?

『구사론』에서는 "이와 같이 이곳의 수명은 길어지고 멀어져서 끝에 이르러도 [그] 최고치는 이 8만 세이다. 이때 모든 사람은 편안하게 앉아서 즐거움을 누리면서 달려나가 구하는 것이 없고 수명이 8만 세로 아승지겁[89] 동안 머무르는데 [이 오랜 세월 동안에] 중생들은 '열 가지 해로운 행위'(十惡[業])를 아직 짓지 않는다. [그러나] '열 가지 해로운 행위'(十惡業)을 일으키는 길[을 따라가는] 시절부터 수명이 이에 따라 100년이 줄어들고, 100년이 지날 때마다 곧 10년씩 줄어드는 것이다."[90] 등으로 자세하게 설명한다.

지금 저 도솔천에서 [누리는] 4천 년이라는 숫자도 인간세상에서 [살아가는] 아승지겁 동안의 햇수를 가득 채울 수는 없다. 하물며 100세부

89 아승지겁阿僧祇劫: 보살이 수행을 하여 불과佛果를 완전히 이루는 데 필요한 시간을 의미한다. 아승지阿僧祇(asaṃkhya)를 의역하면 '헤아릴 수 없는 수'이며, 겁劫 또한 매우 오랜 시간을 가리키는 말이다.

90 앞의 각주에서 지적한 것처럼 여기서 『구사론』이라고 한 것도 착오로 보인다. 『불설입세아비담론』 권9(T32, 217a20~b1). "壽量長遠究竟極此八十千年. 是時女人 … 是時諸人, 安坐受樂, 無所馳求, 壽命八十千歲, 住阿僧祇年. 乃至衆生未造十惡, 從起十惡業道時節, 壽命因此十惡減度, 一百年則減十歲."

터 조금씩 줄어들어 10세에 이르고, 10세부터 [다시] 조금씩 늘어나서 8만 세가 되며, 나아가 [또다시] 수명이 줄어드는 때[가 시작되는 1겁도 안 되는 시간에 대해서는] 말해서 무엇하겠는가. 이에 근거하여 말하면 서로 맞지 않으니 이것이 첫 번째로 [이해하기] 어려운 문제이다.

또한 미륵[의 경우]에 의거한다면, [인간의 수명이] 100세일 때 [도솔천으로] 올라가서 [인간의 수명이 늘어나] 8만 세에 이르렀다가 [다시 수명이] 줄어들 때 [인간세상으로] 내려오시니, 이것은 1중겁에서 그 반을 겨우 넘긴 시간이다. 만약 석가모니[의 경우]를 논한다면, 인간의 수명이 1천2백 세일 때 [도솔천으로] 올라가서 [인간의 수명이] 조금씩 줄어들어 10세에 이르렀다가 [다시] 늘어나서 8만 세가 되며 [다시 수명이] 줄어들어 100세에 이르렀을 때 비로소 [인간세상으로] 내려오신다. 이것은 1[중]겁을 넘어서니 앞[의 미륵의 경우]보다 배나 긴 시간이다. 그러나 [석가불과 미륵불이] 머무시는 두 곳[인 도솔천과 인간세상]에 대해 똑같이 〈도솔천에서는 4천 세이고 인간세상에서는 50여 억億 등이다.〉라고 말한다. 이와 같이 서로 어긋나니, 이것이 두 번째로 [이해하기] 어려운 문제이다.[91]

만약 〈석가는 죽음과 삶을 많이 거치고 미륵은 그곳에서 죽음과 삶을 적게 거치면서 [석가와 미륵 모두] 그곳 [도솔천]에서 4천 세의 일생만을 받은 것은 아니다. 따라서 [미륵이 하생下生하기까지 도솔천에서 누린] 반 겁과 [석가가 하생하기까지 도솔천에서 누린] 1겁은 [서로] 어긋나지 않는

---

91 『미륵상생경술찬彌勒上生經述贊』에 거의 유사한 내용이 보인다. 『미륵상생경술찬』 권1(X21, 820b24~c4). "若據彌勒, 百歲時上, 至於八萬歲時下生, 即於中劫, 纔過其半論也. 釋迦人壽千二百歲時上, 稍減至十, 增至八萬, 還減至百, 方乃下生, 即過一劫, 億長於前. 而皆言於天四千歲, 人間得五十餘　億等, 如何相當, 三聖教相違難."

다.〉라고 말한다면, 곧 경전에서 "한 생애만 더 지나면 부처의 자리를 대신할 수 있는 [보살]"(一生補處[菩薩])[92]이라고 설한 것과 어긋나고, 또 "50여 억"(五十餘億) 등의 글과도 어긋나니, 이것이 세 번째로 어려운 문제이다.

如是相違, 云何和會? 此中眞諦三藏解云, "補處菩薩, 生於彼天, 雖無中夭, 受多死生. 所以然者, 一由旬城所有芥子, 百年去一, 乃至盡時, 是一兵刀劫量. 是卽人間四百年, 爲彼一日一夜, 一日一夜中, 除四芥子, 一月除百二十芥子, 乃至四千年中, 除五十七億六萬芥子, 不過二三升. 然釋迦菩薩, 下生之時, 一由旬城芥子已盡, 彌勒菩薩, 下生之時, 彼城芥子, 除其半餘. 故知於彼逕多死生, 而於剡浮, 唯有一生. 故說此爲一生補處." 三藏法師, 作如是通. 若依此義, 通餘經論者, 諸說"五十餘億"等文, 直理當於彼天一生之數, 不說上下之間, 唯有爾許之年. 由是道理, 故不相違也. 若准『論』文, "於彼天中, 逕多死生", 其[93]有道理. 如『瑜伽論』第四卷云, "四大王衆天滿足壽量, 是等活大那落伽一日一夜, 則以此三十日爲一月, 十二月爲一歲, 彼壽五百歲. 如是以三十三天壽量, 成黑繩壽量, 以時分天壽量, 成衆合壽量, 以知足天壽量, 成號叫壽量, 以樂化天壽量, 成大號叫壽量, 以他化自在天壽量, 成燒熱壽量. 應知亦爾, 極燒熱大那落迦有情壽量半中劫, 無間大那落迦壽一中劫." 准此而言, 彼知足天滿足壽量, 是號叫大那落迦一日一夜. 卽以此三十日爲一月, 十二月爲一歲, 彼壽四千歲. 如是大號叫壽量, 燒熱壽量, 轉倍於前. 極熱半劫, 無間一劫, 亦轉倍之. 然今彌

92 『불설관미륵보살상생도솔천경』 권1(T14, 419c1~4). "佛告優波離. '此名兜率陀天, 十善報應勝妙福處. 若我住世一小劫中, 廣說一生補處菩薩報應及十善果者, 不能窮盡, 今為汝等畧而解說.'"

93 한불전에는 "'其'자는 '甚'자인 듯하다."라고 되어 있다. 대정장본에도 동일하다. 이에 따라 '甚'자로 교감한다.

勒菩薩, 在知足天, 逕半劫餘, 釋迦菩薩, 在於彼天, 逕一劫餘. 且經號叫一壽量時, 已逕彼天無數死生, 況逕半劫及一劫乎?

[H1, 550c14~551a24; T38, 301c5~302a5]

이와 같이 [경론의 설명이] 서로 어긋나는데, 어떻게 '서로 만나 통하게'(和會) 할 것인가? 이에 대해 진제眞諦 삼장[94]은 [다음과 같이] 설명하였다. "'[한 생애만 더 지나면] 부처의 자리를 대신할 수 있는 보살'([一生]補處菩薩)이 저 도솔천에 태어나서 비록 일찍 죽는 경우는 없지만 [수없이] 많은 죽음과 삶을 겪는다. 그 이유는 다음과 같다. 1유순由旬[95]의 성城에 담긴 겨자씨를 백 년에 한 알씩 제거해서 다 없어질 때, 이것이 1병도겁兵刀劫[96]의 분량이다. 그렇다면, 인간세상의 4백 년은 저 도솔

94 진제삼장眞諦三藏: 진제眞諦(499~569)는 6세기 중반 무렵 중국의 불교경전 번역에 크게 공헌한 서북 인도 출신의 역경승이다. 본명은 파라마르타(Paramārtha)이다. 중국의 위진남북조 시대인 546년에 불교경전을 가지고 남조인 양나라에 들어왔는데 나중에 무제武帝를 만나기도 하였다. 이후 우여곡절을 겪으면서도 경론 번역에 매진하게 되는데, 특히 『섭대승론』을 번역함으로써 중국 섭론종攝論宗이 성립하는 데 결정적인 영향을 끼치게 된다. 『대승기신론』을 비롯해서 모두 64부 278권을 번역했다고 전하지만 현존하는 것은 30부에 불과하다. 그가 번역한 불교 경론을 통해 유식불교를 비롯하여 중국인들이 대승불교를 심도 있게 이해하는 데 크게 기여했다고 평가할 수 있다. 삼장법사三藏法師란 경經, 율律, 논論에 모두 통달한 이를 높여 부르는 말이다.

95 유순由旬: 고대 인도에서부터 거리를 재는 단위의 하나로 쓰인 것인데 산스크리트어 '요자나(yojana)'의 발음을 옮긴 말이다. 'yojana'는 동사어근 √yuj(묶다)에서 파생한 말로서 산스크리트어 사전(M. Moniar Williams, *Sanskrit English Dictionary*, p.858)에 따르면 '결합', '연결'을 의미한다고 되어 있다. 이 사전에 따르면 현대 영어권의 마일(mile)로 따져서 대략 4~9마일에 해당한다고 추정하고 있으므로 1요자나는 대략 6~15km 정도에 해당한다고 볼 수 있다. 한편 『불광대사전佛光大辭典』(p.1473)의 설명에 따르면, 소 수레를 타고 하루 동안 갈 수 있는 거리를 가리킨다고 하거나 『대당서역기』의 기록에 의거하여 제왕의 군대가 하루 동안 행군하는 거리를 의미한다고도 서술되어 있다.

96 병도겁兵刀劫: 오랜 세월인 겁劫을 설명하는 하나의 방식으로 보이는데, 이 『미륵

천의 하루 낮밤에 해당하는데 [그] 하루 낮밤 동안 네 알의 겨자씨를 없앤다면 한 달에 120개의 겨자씨를 없앨 것이고, 4천 년 동안에는 57억6만 개[97]의 겨자씨를 없애겠는데 [이것은] 두 세 되 분량을 넘지 않는다. 그러므로 석가보살이 [인간세상으로] 내려올 때는 1유순의 성에 들어 있는 겨자씨가 이미 다 없어지고, 미륵보살이 [인간세상으로] 내려오는 때에는 그 성[에 담겨 있던] 겨자씨가 절반쯤 없어진다. 그렇기 때문에 저 도솔천에서는 수많은 죽음과 삶을 거치지만 인간세상(剡浮)에서는 오직 한 번의 생애만이 있다는 것을 알 수 있다. 따라서 이러한 경우를 '한 생애만 더 지나면 부처의 자리를 대신할 수 있는 [보살]'(一生補處[菩薩])이라고 설한 것이다."[98]

상생경종요』 이외의 문헌에서는 나타나지 않는 용어이기 때문에 그 뜻을 파악하기가 어렵다. '병도兵刀'가 '개자芥子'의 오기가 아닌지 의심스럽다.

97 동국대 출판부의 『미륵상생경종요』(김호성 역, 49쪽)에 따르면, 계산의 결과가 576만이 되어야 한다고 주석하였다. 그러나 『미륵상생경술찬彌勒上生經述贊』의 계산방식을 참고하면 여전히 의문이 남아 교감하지 않고 그대로 두었다.

98 이 내용은 『미륵상생경술찬』에 나오는 내용과 취지와 서술이 거의 유사하다. 그러나 이 문헌의 저자와 한역한 연대가 명시되지 않았기 때문에 『미륵상생경』의 해석에 대해서 그 선후관계를 파악하기 어렵다. 『미륵상생경술찬彌勒上生經述贊』 권1(X21, 820c17~821a12). "如此妨難, 如何可會? 眞諦三藏云. 補處菩薩, 生於彼天. 雖無中夭, 受多死生, 何者? 一由旬城所有芥子, 百年去一芥子盡, 一刀兵劫量. 此之人間四百年, 爲彼一日一夜. 一日夜中, 除四芥子, 一月除百二十芥子, 一年除一千四百四十芥子, 十年除一萬四千四百, 百年除一億四萬四千, 千年除十四億四萬芥子, 四千年除五十七億六萬粒芥子, 不過二三升餘. 然釋迦菩薩, 第八劫二萬歲, 迦葉佛時, 相好業滿, 上生兜率多天, 至第九劫百年時方出世. 從迦葉佛時, 二萬歲漸至十歲, 第八劫盡, 後第九劫. 從十歲漸上至八萬歲, 從八萬漸減至二萬歲時, 已一劫滿, 計既經一由旬芥子盡. 復更從二萬歲, 漸減至百年, 方下生故, 在彼天經一劫餘, 是知補處生兜率天, 無數死生, 但必盡四千歲, 然後命終, 故言不中夭. 五百菩薩等, 雖兜率天有多死生, 於剡浮提, 並有一生, 故名一生作天生也. 若依此義, 通餘經論者, 諸說五十餘億等之文. 直顯當於彼天一生之數, 不說上下之間, 唯有爾許之年. 以是義故, 前所設難, 都無可會."

삼장법사 [진제眞諦]는 이와 같이 [서로] 통하게 하였다. 만약 이 뜻에 의거하여 나머지 경론[의 내용]과 통하게 한다면, 여러 곳에서 설한 "50여 억" 등의 글은 단지 [그] 이치가 저 도솔천에서의 '한 생애의 햇수'(一生之數)에 해당하는 것이지, '[도솔천에] 올라갔다가 [다시 인간세상으로] 내려오는 시간'(上下之間)이 오직 그만큼의 햇수만 있다고 설한 것은 아니다. 이러한 도리이기 때문에 서로 어긋나지 않는다.

만약 『잡아비담심론雜阿毘曇心論』의 글을 기준으로 하면, "저 도솔천에서 [미륵은] 수많은 죽음과 삶을 거친다."(於彼天中, 逕多死生)라는 말에는 매우 [타당한] 도리가 있는 것이다. [이것은] 『유가사지론』 제4권에서 [다음과 같이] 말한 것과 같다.

"사대천왕[99]이 갖가지 하늘세계에서 완전하게 채우는 수명의 양은, 등활대지옥[100][에서 겪어야 하는] 하루의 낮밤[에 해당하는 것]이니, 곧 이 [사바세계의] 30일을 한 달로 하고 12달을 한 살로 하여 그 수명이 5백 살[에 해당하는 것]이다. 이와 같이 삼십삼천三十三天[101][에서 누리는] 수명

---

99 사대왕四大王: 욕계欲界의 육천六天 가운데 첫 번째 하늘세계인 사왕천四王天의 동서남북 사방을 지키는 신들의 무리로서 사대천왕四大天王 또는 사천왕四天王이라고도 한다. 원래 힌두교의 신들의 무리에 속하지만, 불교에서는 사찰의 사방을 지키는 수호신으로서의 자격을 부여하여 천왕문天王門의 주인공으로 봉안한다. 사대왕은 동쪽의 지국천왕持國天王, 서쪽의 광목천왕廣目天王, 남쪽의 증장천왕增長天王, 북쪽의 다문천왕多聞天王을 가리킨다.

100 등활대나락가等活大那落迦: 등활等活은 범어 'Saṃjiva'를 의역한 말로서 '상지옥想地獄'이라고도 한다. 나락가那落迦는 지옥을 가리키는 말로서, 범어 'nāraka'를 음역音譯한 데서 기인한다. 나락那落, 나라가那羅柯, 나락奈落이라고도 한다. 등활지옥은 팔열지옥八熱地獄의 하나로서, 살생을 저지른 죄인들이 가게 된다는 지옥이다. 철로 된 손톱이 자라는 등 갖은 고통을 받으며 죽는데, 찬 바람이 불면 다시 살아나 고통을 끊임없이 받는다고 한다.

101 삼십삼천三十三天: 욕계육천欲界六天의 두 번째 하늘세계인 도리천忉利天이다. '도리'는 '33'을 의미하는 범어 'Trāyastriṃśa'를 음역한 것이다. 도리천은 가운데

의 양으로써 흑승[지옥][102][에서 겪어야 하는] 수명의 양을 이루고, 시분천時分天[103][에서 누리는] 수명의 양으로써 중합[지옥][104][에서 겪어야 하는] 수명의 양을 이루며, 도솔천(知足天)[105][에서 누리는] 수명의 양으로써 호규號叫[지옥][106]의 수명의 양을 이루고, 낙화천樂化天[107][에서 누리는] 수명의 양으로써 대호규[108][지옥에서 겪어야 하는] 수명의 양을 이루며, 타화자재천他化自在天[109][에서 누리는] 수명의 양으로써 소열燒熱[지옥][110][에서 겪어

제석천이 거주하는 하늘궁전이 있고, 그 사방에 있는 봉우리에 각각 8천天이 있으므로 모두 33천天으로 이루어져 있다고 한다.

102 흑승黑繩: 팔열지옥八熱地獄의 하나로서, 살생하고 도둑질을 저지른 죄인이 죽어서 가게 된다는 지옥이다. '흑승'은 범어 'Kālasūtra'를 의역한 말이다. 뜨거운 불꽃 속에서 검은 쇠사슬에 묶인 채 칼과 톱으로 잘리는 고통을 받는다고 한다.

103 시분천時分天: 욕계육천欲界六天의 세 번째 하늘세계인 야마천夜摩天이다. 야마夜摩는 산스크리트어 'yāma'의 음역한 말로서 이곳에 있는 신들은 때때로 즐거움을 누린다고 하여 '시분時分'이라고 의역한다.

104 중합衆合: 팔열지옥八熱地獄의 하나로서, 살생하고 도둑질하고 음란한 짓을 한 죄인이 죽어서 가게 된다는 지옥이다. '중합'은 범어 'Saṃghāta'를 의역한 말로서, 철위산 사위에 끼이거나, 뜨거운 쇠구슬에 눌려 고통을 받는다고 한다.

105 지족천知足天: 욕계육천欲界六天의 네 번째 하늘세계인 도솔천을 말한다. '만족되다, 만족시키다.'는 뜻을 가진 범어 'Tuṣita'를 음역音譯하면 '도솔천'이고, 의역하면 지족천知足天이다. 이 말을 '지족'이라고 번역한 데서, '투시타'의 어원이 동사 어근 √tuṣ(만족하다)에서 비롯한 것으로 이해할 수 있다.

106 호규號叫: 팔열지옥八熱地獄의 하나로서, 범어 'Raurava'를 음역하여 누갈樓葛이라고 한다. '호규'는 의역인데 규환叫喚지옥이라고도 한다. 살생 · 도둑질 · 음행 · 음주의 죄를 저지른 이가 죽어서 가게 된다는 지옥이다. 끓는 가마솥이나 불 속에서 고통을 받는다고 한다.

107 낙화천樂化天: 욕계육천欲界六天의 다섯 번째 하늘세계이다. 화락천化樂天이라고도 한다. '화락'은 범어 'Nirmāṇarati'를 의역한 말이다.

108 대호규大號叫: 팔열지옥八熱地獄의 하나로서, 범어 'Mahāraurava'를 의역한 말이다. 살생 · 도둑질 · 음행 · 음주의 죄에 거짓말의 죄까지 저지른 이가 가게 되는 지옥이다. 혓바닥이 뽑히고 펄펄 끓는 구리 쇳물을 혓바닥에 붓는 등의 극심한 고통을 당한다고 한다.

109 타화자재천他化自在天: 욕계육천欲界六天 가운데 여섯 번째 하늘세계를 가리킨다. '타화자재'는 범어 'Para-nirmita-vaśa-vartino'의 뜻을 옮긴 말이니 화락천이

야 하는] 수명의 양을 이룬다. 또한 마찬가지로 알아야 하니, 극소열대지옥(極燒熱大那落迦)[111][에서 겪어야 하는] 중생들의 수명의 양은 0.5중겁中劫이고, 무간대지옥(無間大那落迦)[112][에서 겪어야 하는] 수명은 1중겁이다."[113]

좋아하는 대상을 변화시키는 능력이 자유자재함을 의미하는 데 비해, '타화자재'는 다른 이가 변화시킨 대상까지도 자유자재로 즐긴다는 뜻이 포함된다.

110 소열燒熱: 팔열지옥八熱地獄의 하나로서, 범어 'Tapana'를 의역한 말이다. 오계五戒를 모두 깨뜨리고 그릇된 견해를 일으킨 죄인이 죽어서 가게 된다는 지옥으로, 뜨거운 철판 위에 눕혀져 뜨거운 쇠 방망이로 두들겨 맞는 고통을 받는다고 한다.

111 극소열대나락가極燒熱大那落迦: 범어 'Pratāpana'를 의역한 말이다. 오계五戒를 모두 깨뜨리고 그릇된 견해를 일으키며 어진 이를 해친 죄인이 죽어서 가게 된다는 지옥이다. 지옥의 한가운데 있는 뜨거운 불구덩이에 빠지고 용암에 데여 온몸이 타서 재가 되는 극심한 고통을 받는다고 한다.

112 무간대나락가無間大那落迦: 범어 'avīci'를 의역하여 무간지옥이라 하고, 음역하여 아비지옥이라 한다. 'avīci'의 뜻에 따라 쉼 없이 고통을 받는 지옥이라고 한다. 아버지를 죽인 자, 어머니를 죽인 자, 아라한을 죽인 자, 승가의 화합을 깨뜨린 자, 부처의 몸에 피를 나게 한 자 등의 오역五逆의 지극히 무거운 죄를 지은 자가 죽어서 가게 된다는 지옥이다.

113 『유가사지론瑜伽師地論』 권4(T30, 295b14~25). "又四大王衆天滿足壽量, 是等活大那落迦一日一夜. 即以此三十日夜爲一月, 十二月爲一歲, 彼大那落迦壽五百歲. 以四大王衆天壽量, 成等活大那落迦壽量. 如是以三十三天壽量, 成黑繩大那落迦壽量, 以時分天壽量, 成衆合大那落迦壽量, 以知足天壽量, 成號叫大那落迦壽量, 以樂化天壽量, 成大號叫大那落迦壽量, 以他化自在天壽量, 成燒熱大那落迦壽量, 應知亦爾. 極燒熱大那落迦有情壽半中劫, 無間大那落迦有情壽一中劫." 〈산스크리트본의 해당 내용: YBh., pp.77-78. yal khalu cāturmahārājakāyikānāṃ devānāṃ kṛtṣṇam āyus tat sañjīve mahānaraka ekaṃ rātrindivasaṃ / tena ratrindivasena triṃśadrātrakeṇa māsena dvādaśamāsakena ca saṃvatsareṇa nārakāṇi pañcavarṣaśatāny āyuḥ / yathā cāturmahārājakāyikānām āyuṣā sañjīve mahānarake upapannānām āyur evaṃ trayastriṃśānām āyuṣā kālasūtropapannānām āyuḥ / yāmānām āyuṣā saṅghātopapannānām āyuḥ / tuṣitānām āyuṣā rauravopapannānam āyuḥ / paranirmitavaśavartinām āyuṣātapanopapannānām āyur veditavyaṃ / pratāpanopapannānaṃ sattvānām antarakalpenārdhakalpam āyuḥ / avīcikānaṃ sattvānam antarakalpena kalpam āyuḥ /; 실로 4대왕중천의 완전한 수명은 등활대지옥에서 하루 밤낮과 같다. 서른 낮밤으로 한 달을, 열두 달로 1년을 삼아 지옥중생은

이 설명을 기준으로 말하자면, 저 도솔천(知足天)에서 완전하게 채우는 수명의 양은 호규대지옥[에서 겪어야 하는] 하루 낮밤[에 해당하는 것]이다. 곧 이 [사바세계의] 30일을 한 달로 하고 12달을 한 살로 하여 그 수명이 4천 살[에 해당하는 것]이다. 이와 같이 대호규[지옥에서 겪어야 하는] 수명의 양과 소열[지옥에서 겪어야 하는] 수명의 양은 앞의 지옥들보다 두 배로 늘어난다. 극열[지옥에서 중생들이 겪어야 하는 수명의 양은] 0.5겁이고, 무간[지옥에서 중생들이 겪어야 하는 수명의 양은] 1겁이니 [이] 또한 두 배가 된다.

그런데 지금 미륵보살은 도솔천(知足天)에 계시면서 0.5겁 남짓을 지내고, 석가보살은 저 도솔천에 계시면서 1겁 남짓을 지낸다. 그리고 호규[지옥에서 중생이 겪어야 하는] 한 수명[에 해당하는] 시간을 지날 때 이미 저 도솔천에서 무수한 죽음과 삶을 거치니, 하물며 [미륵보살과 석가보살이 도솔천에서] 0.5겁과 1겁을 지나는 것[은 얼마나 많은 죽음과 삶을 거친 것]이겠는가?

VII. [과거와 미래, 이] 두 시기[에 각각 천불千佛이] 있는지 없는지에 대해 밝힘(明二世有無)

次第七明二世有無者. 慈氏出世在於賢劫, 賢劫千佛, 諸經同說. 過去未來二劫之中, 千佛有無, 經說不同. 如『觀藥王藥上經』中, 釋迦佛

500살이 수명이다. 4대왕중천의 수명으로 등활지옥에 태어난 중생의 수명을 삼는 것처럼 마찬가지로 33천의 수명은 흑승지옥에 태어난 중생의 수명으로 삼는다. 야마천의 수명으로 중합지옥에 태어난 중생의 수명을 삼는다. 도솔천의 수명으로 호규지옥에 태어난 중생의 수명을 삼는다. 타화자재천의 수명으로 소열지옥에 태어난 중생의 수명으로 삼는다고 알아야 한다. 극소열지옥에 태어난 중생의 수명은 중겁의 반이다. 무간지옥 중생의 수명은 1중겁이다.〉

言, "我昔於妙光佛末法中出家, 聞是五十三佛名, 以心喜故, 後轉教人, 乃至三千人, 同音讚歎, 一心敬禮, 卽時超越無數億劫生死之罪. 其初千人者, 華光佛爲首, 下至毗[114]舍, 於莊嚴劫成佛, 過去千佛是也. 中千人者, 拘留孫佛爲首, 下至樓至, 於賢劫中, 次第成佛. 後千人者, 日光如來爲首, 下至須彌相佛, 於星宿劫, 當得成佛." 依此經文, 三世有千佛也. 『大智度論』第九卷云, "前九十劫有三佛, 後一劫有千佛. 九十劫初劫有毗婆尸佛, 第三十劫中有二佛, 一名尸棄, 二名鞞恕婆附. 第九十一劫初有四佛, 一名迦羅鳩飡陁, 二名迦那含牟尼佛, 三名迦葉佛, 四名釋迦牟尼."『賢劫經』言, "從拘留秦佛, 至九百九十九佛, 共出前半劫, 後有樓至佛, 獨用半劫. 樓至滅後, 更六十二劫, 空過無佛. 過爾有一佛興, 號曰淨光稱王. 壽十小劫, 過此佛後, 復三百劫, 亦空過無佛."

[H1, 551b1~24; T38, 302a6~26]

다음으로 ['열 가지 부문'(十門) 가운데] 일곱 번째인 '[과거와 미래, 이] 두 시기[에 각각 천불千佛이] 있는지 없는지에 대해 밝히는 것'(明二世有無)이란 [다음과 같다.] '자애로운 분'(慈氏)께서 세상에 나타나시는 것은 '현자들[이 중생들을 구제하는 현재]의 오랜 세월'(賢劫)에서 있는 일인데, '현자들[이 중생들을 구제하는 현재]의 오랜 세월에서 나타나는 천 명의 부처님'(賢劫千佛)에 대해서는 갖가지 경전들마다 설명이 같다. [그러나] '과거에 있었던 오랜 세월'(過去劫)과 '미래에 있게 될 오랜 세월'(未來劫)의 두 시기에 '천 명의 부처님'(千佛)이 있는지 없는지에 대해서는 경전마다 설명이 같지 않다.

---

114 『관약왕약상경』의 원문에는 '毘'자로 되어 있지만, 동일한 글자이므로 교감하지 않고 그대로 두었다. 이하에도 동일한 경우가 나타나지만 다시 언급하지 않는다.

이를테면 『관약왕약상경觀藥王藥上經』에서 석가모니 부처님께서 [다음과 같이] 말씀하신다. "나는 옛날 묘광불妙光佛[이 계시던] 말법 시대에 출가하여 이 53명 부처님의 명칭을 듣고는 마음이 기뻤기 때문에 이후 거듭하여 사람들에게 가르쳐 [그 수가] 3천 명에 이르렀는데, [그들이] 같은 소리로 찬탄하면서 [53 부처님들께] '한결같은 마음'(一心)으로 공경하여 예를 올리자 곧바로 '헤아릴 수 없이 오랜 세월'(無數億劫) 동안 삶과 죽음[을 되풀이하면서 저질러온] 죄에서 벗어났다. 그 [3천 명 가운데] 처음의 1천 명은 화광불華光佛을 으뜸으로 하여 아래로 비사불毗舍佛에 이르기까지 '탁월한 내용으로 [가득한 과거의] 오랜 시절'(莊嚴劫)[115] 동안에 '부처를 이루셨으니'(成佛), '과거에 계셨던 천명의 부처님'(過去千佛)이 이들이다. 중간의 1천 명은 구류손불拘留孫佛을 으뜸으로 하여 아래로 누지불樓至佛에 이르기까지 '현자들[이 중생들을 구제하는 현재]의 오랜 세월'(賢劫) 동안에 차례로 '부처를 이루셨다'(成佛). 나중의 1천 명은 일광여래日光如來를 으뜸으로 하여 아래로 수미상불須彌相佛에 이르기까지 '별이 늘어선 [것처럼 부처님들이 출현하는 미래의] 오랜 세월'(星宿劫)[116] 동안에 '부처를 이루실 것'(成佛)이다."[117] 이 경전의 글에

---

115 장엄겁莊嚴劫: 과거 · 미래 · 현재의 삼대겁三大劫 가운데 과거의 겁劫을 가리키는 말이다. 산스크리트어 사전에 따르면, '장엄'에 해당하는 'vyūha'는 '따로따로 배치함'(pacing apart), 배분(distribution), 배열(arrangement) 등으로 그 뜻을 풀 수 있다고 한다(M. Monier Williams, Sanskrit English Dictionary, p.1041). 그런데 과거의 오랜 세월을 '장엄겁'이라고 부르는 것은, 『삼미륵경소三彌勒經疏』 권1(T38, 317c26~27)에서 "莊嚴劫者, 曾千佛彼劫中莊嚴故."에서 설명한 것처럼, 과거겁에 출현하는 천 분의 부처님이 탁월한 내용으로 세상을 장엄하는 시절이기 때문이다.

116 성수겁星宿劫: 과거 · 미래 · 현재의 삼대겁三大劫 가운데 미래의 겁劫을 가리키는 말이다. '성수'는 산스크리트어인 별을 뜻하는 'Nakṣatra'를 의역한 말로서, 미래에 출현하실 부처님들이 마치 별처럼 늘어서는 모습을 묘사한 표현이다. 『삼미륵경소三彌勒經疏』 권1(T38, 317c25~26). "星宿者, 千佛當來世似列星故."

117 『불설관약왕약상경이보살경佛說觀藥王藥上二菩薩經』 권1(T20, 664a16~27). "我

의거하면, '과거 · 현재 · 미래'(三世)에 [각각] '천 명의 부처님'(千佛)이 계시는 것이다.

[그런데] 『대지도론』 제9권에서는 [다음과 같이] 말하였다. "['현자들[이 중생들을 구제하는 현재]의 오랜 세월'(賢劫)] 이전의 90겁에 세 부처님이 계셨고, 뒤의 1겁에 '천 명의 부처님'(千佛)이 계셨다. 90겁의 첫 1겁 동안에는 비바시불毗婆尸佛이 계셨고, 제30겁 동안에는 두 부처님이 계셨으니 첫 번째는 시기尸棄라는 부처님이었고, 두 번째는 비노바부鞞恕婆附[라고 부르는 부처님]이었다. 제91겁의 처음에는 네 부처님이 계셨으니, 첫 번째는 가라구손타迦羅鳩飡陀라 불렀고, 두 번째는 가나함모니불迦那含牟尼佛이라 불렀으며, 세 번째는 가섭불迦葉佛이라 불렀고, 네 번째는 석가모니釋迦牟尼라고 불렀다."[118]

[또] 『현겁경賢劫經』에서 [다음과 같이] 말하였다. "['현자들[이 중생들을 구제하는 현재]의 오랜 세월'(賢劫)에] 구류진불拘留秦佛로부터 999명의 부처까지는 모두 앞의 0.5겁 동안에 나타나셨고, [그] 뒤에 누지불樓至佛이 계셨으니 홀로 0.5겁의 세월을 쓰신 것이다. 누지불이 열반하신 뒤, 다시 62겁 동안을 부처님[이 출현하여 교화를 펼치는 일] 없이 지나간

曾往昔無數劫時, 於妙光佛末法之中出家學道, 聞是五十三佛名, 聞已合掌心生歡喜, 復教他人令得聞持, 他人聞已展轉相教, 乃至三千人, 此三千人, 異口同音, 稱諸佛名, 一心敬禮, 以是敬禮, 諸佛因緣功德力故, 即得超越無數億劫生死之罪. 其千人者, 花光佛爲首, 下至毘舍浮佛, 於莊嚴劫, 得成爲佛, 過去千佛是也. 此中千佛者, 拘留孫佛爲首. 下至樓至如來, 於賢劫中次第成佛. 後千佛者, 日光如來爲首. 下至須彌相, 於星宿劫中當得成佛."

118 『대지도론大智度論』 권9(T25, 125a10~16). "無量億劫時時一有, 是九十一劫中, 三劫有佛. 賢劫之前九十一劫, 初有佛名鞞婆尸, 第三十一劫中有二佛, 一名尸棄, 二名鞞恕婆附, 是賢劫中有四佛, 一名迦羅鳩飡陀, 二名迦那伽牟尼, 三名迦葉, 四名釋迦牟尼. 除此餘劫皆空無佛, 甚可憐愍!"

다. [이 62겁의 세월이] 그렇게 지나간 뒤 한 분의 부처님이 등장하시니, 그 이름을 정광칭왕淨光稱王이라고 부른다. [그] 수명이 10소겁小劫이고, 이 부처님이 지나가신 뒤에는 다시 3백 겁의 세월이 또 부처님 없이 지나간다."[119]

依此經論, 去來二劫, 應無千佛, 云何和會? 解云, 有無二說, 皆實不虛. 所以然者, 隨機見聞, 有無不定, 故說有無, 皆不相妨. 問. 賢劫之量, 以何爲限? 樓至如來, 獨用半劫, 爲一相續故, 是一壽, 爲多過去故, 爲多壽. 解云. 『金剛力士經』言, "昔有轉輪聖王千子發心, 願求作佛. 王欲試其誰先得佛. 於是取千籌, 以香湯洗之, 令千子取. 得第一者, 最初成佛. 如是至九百九十九佛, 最後一子, 爲第千佛. 諸兄譏言, 〈我等成佛, 化人已盡, 汝後作佛, 何所度邪[120]?〉 於是小子聞此悲泣, 後復思惟, 〈世界無邊, 衆生不盡. 我今發願, 願我後作佛時, 壽命與諸兄等, 所度衆生, 其數亦同.〉 於是地動, 佛與其記. 是因緣故, 獨用半劫, 以啼泣故, 名啼泣佛, 於是諸兄, 卽願作金剛神護樓至佛." 『賢劫經』中, 亦同此說. 依此經文, 一壽之量, 等諸兄等. 言"一壽"者, 數多爲一, 一本所垂, 一名出故. 賢劫量者, 相傳說言, "六十四劫爲一大劫, 名賢劫"等. 所以然者, 火水風劫一周轉訖, 合六十四, 以此爲限也.

[H1, 551b24~c23; T38, 302a26~b16]

이 경론(『현겁경賢劫經』과 『대지도론』)에 의거하면 '과거에 있었던 오

119 『미륵경유의彌勒經遊意』 권1(T38, 265b21~27). "從拘樓秦佛, 至九十九佛, 共出前半劫, 後樓至如來, 獨用半劫, 樓至佛滅後, 更六十二劫中, 空過無有佛出世. 過爾與後, 第六十三劫中, 有一佛, 號爲淨光稱王如來, 出世壽命十小劫, 化衆生. 過此佛後, 復三百劫, 空無有佛出也. 此雖有千佛, 前後合言三千佛也."

120 한불전과 대정장본에 모두 '邪'자로 나오지만, '耶'자의 오기로 보인다.

랜 세월'(過去劫)과 '미래에 있게 될 오랜 세월'(未來劫) 두 시기 동안에는 [각각] '천 명의 부처님'(千佛)[이 출현하는 일]이 없어야 하는데, ['과거·현재·미래'(三世)에 각각 '천 명의 부처님'(千佛)이 계신다는 설명과] 어떻게 '서로 만나 통하게'(和會) 할 것인가?

해설해 보겠다. [과거겁과 미래겁 동안 천불千佛이] 있는지 없는지에 대한 두 가지 설명은 모두 참되어 헛되지 않다. 그 까닭은, [중생들은 부처를 자신의] 자질(機)에 따라 보고 듣기에 [과거겁과 미래겁 동안 천불千佛이] '있는 것과 '없는 것'이 정해지지 않으니, 따라서 '있다'[는 설명]과 '없다'[는 설명]이 모두 서로 방해하지 않는 것이다.

묻는다. '현자들[이 중생들을 구제하는 현재]의 오랜 세월'(賢劫)의 분량은 그 한계치(限)가 얼마나 되는가? [또] 누지樓至여래께서는 홀로 0.5겁의 세월을 쓰신다고 했는데, [현겁賢劫 동안] 이 한 [부처의] 삶이 서로 이어진 때문이라면 [0.5겁 동안] '한 수명'(一壽)이고, 수많은 과거 때문이라면 [0.5겁 동안] '많은 수명'(多壽)이 되는 것이다.

해설해 보겠다. 『금강역사경金剛力士經』에서 [다음과 같이] 말하였다. "옛날에 전륜성왕의 천 명의 아들이 '[깨달음을 구하는] 마음을 일으켜'(發心) 부처가 되기를 바라고 구한 일이 있었다. 왕은 그들 중에 누가 먼저 부처를 이루는지 시험해 보고 싶었다. 이에 천 개의 산가지를 가져와 향기 나는 끓는 물로 씻어서 천 명의 아들에게 [하나씩] 뽑게 하였다. 첫 번째 [번호를 붙인] 산가지를 얻은 자가 가장 먼저 부처를 이룰 것[으로 보는 예측]이었다. 이렇게 해서 9백9십9불까지 [정해지고] 맨 마지막 아들이 '천 번째 부처'(第千佛)로 [정해지게] 되었다. 모든 형이 놀리며 말하였다. 〈'우리가 부처를 이루어 사람들을 교화하여 [중생들이] 다 없어지면 네가 나중에 부처가 된들 누가 [너에 의해] 구제받겠는가?〉 이에 어린 아들이 이 말을 듣고 슬퍼서 울다가 나중에 다시 [이렇게] 생각하였다. 〈세계가 끝이 없으니 중생도 다 없어지지 않는다. 내

이제 바람(願)을 일으키노니, '내가 나중에 부처가 될 때에는 수명이 모든 형[의 수명을 합친 것]과 같고 구제받는 중생들도 그 숫자가 또한 [형들에 의해 구제받은 것과] 같기를 바라옵니다.'〉 이에 땅이 진동하더니 부처님이 그에게 [바람이 모두 성취될 것이라는] 기별을 주셨다. 이러한 인연 때문에 홀로 0.5겁의 세월을 쓰게 된 것이고, 슬피 울었기 때문에 제읍불啼泣佛이라고 부른 것이니, 이때 모든 형은 곧 금강신金剛神이 되어 누지불樓至佛을 호위하겠다는 바람(願)을 세웠다."[121]

『현겁경』에서도 이와 마찬가지로 설하였다. 이 『금강역사경』의 글에 의거하면 [누지불樓至佛의] '한 수명의 양'(一壽之量)이 모든 형[의 수명을 합친 것]과 같다. "한 수명"(一壽)이라고 말한 것은 수량이 많은 것을 '하나'(一)로 한 것이니, '한 근본'(一本)이 드리워져 '한 이름'(一名)으로 나타났기 때문이다. [그리고] '현자들[이 중생들을 구제하는 현재]의 오랜 세월'(賢劫)의 분량은, 전하는 설명으로는 "64겁을 1대겁大劫으로 삼고, [이것을] '현자들[이 중생들을 구제하는 현재]의 오랜 세월'(賢劫)이라고 부른다." 등으로 말한다. 왜냐하면, '불과 물과 바람[의 재앙이 차례로 반복하여 일어나 세상을 파괴하는] 시기'(火水風劫)[122]가 두루 한 바퀴 돌기를

121 이 내용은 『관미륵상생도솔천경찬觀彌勒上生兜率天經贊』 권1(T38, 276c7~15)에서 확인된다. "昔有輪王千子具足, 各發勝心共求作佛. 父王試子何者先成佛. 香水浴籌, 令千子取, 得第一者, 即最初成, 最後得者, 即最後成. 其最後者, 爲餘者譏. 我等成佛, 人已化盡, 汝何所度? 小子悲泣復思惟, 世界無邊, 衆生無數, 諸兄所度, 何能盡也. 願我作佛, 度人壽命一等諸兄. 岌然地動, 佛即咸記. 由是因緣故, 後一佛獨出一劫, 以啼泣故, 名啼泣佛."

122 화수풍겁火水風劫: 대겁大劫을 이루는 성成 · 주住 · 괴壞 · 공空 가운데 괴겁壞劫의 마지막 1겁의 기간에는 물, 불, 바람의 대재앙이 반복하여 일어나 세계가 모조리 파괴되는 시기를 맞는다. 이 1소겁의 세월 동안 겪게 되는 물, 불, 바람의 재앙을 대삼재大三災라고 한다. 『아비달마구사론』 권12(T29, 67a15~19)에서 "所說三災云何次第? 要先無間起七火災, 其次定應一水災起. 此後無間復七火災. 度七火災, 還有一水. 如是乃至滿七水災, 復七火災, 後風災起. 如是總有八七火災, 一七水災, 一風災起."라고 한 서술에 따르면 7번의 화재와 1번의 수재가 일어나는데, 이 과정이

마치고서 [이 오랜 세월을] 합치면 64겁이 되기 때문에 이 기간을 한계치(限)로 삼은 것이다.

VIII. 세 번에 걸친 법회 [횟수의] 늘어남과 줄어듦[에 대해 밝힘] (三會增減)

次第八三會增減者. 然通論, 一化說法之會, 有無數會, 何得唯云, 而說三會? 度爾許者, 准度前佛所遺弟子. 通論諸佛度先所遺, 此亦未必唯在三會. 或一二會, 度先所遺, 或有四五, 乃至十會. 然今釋迦彌勒二佛, 齊有三會, 度先弟子, 但其所度有多小耳. 如『菩薩處胎經』, 佛語彌勒言, "汝生快樂國, 不如我累[123]苦. 汝說法甚易, 我說法甚難. 初說九十六億, 二說九十四億, 三說九十二億, 我初說十二, 二說二十四, 三說三十六. 汝所說三人, 是吾先所化. 九十六億人, 受持五戒者, 九十四億人, 受持三皈者, 九十二億人, 一稱南無佛者. 汝父梵摩淨將八萬四千, 非我先所化, 是汝所開度", 乃至廣說. 案云, 三會唯度小乘弟子, 以皆證得阿羅漢果故. 若論大乘根性之人, 令得無生忍等果者, 無非先佛之所化度, 故無限於三四會等. 於中委悉, 文處當說也.

[H1, 552a1~20; T38, 302b17~c4]

7번 반복된 뒤 다시 7번의 화재와 1번의 풍재가 일어난다고 한다. 따라서 총 56번의 화재, 7번의 수재, 1번의 풍재가 일어나 세상을 모조리 파괴하는 것이 괴겁의 시기이다.

123 한불전과 대정장본에는 '累'자로 나오지만, 『보살종도술천강신모태설광보경菩薩從兜術天降神母胎說廣普經』(T12, 1025c22)에는 '界'자로 되어 있다. 또 『처태경處胎經』이라고 명시하면서 이 내용을 인용하고 있는 주석서인 『관미륵상생도솔천경찬』(T38, 298a15)과 『미륵상생경술찬彌勒上生經述贊』(X21, 826b19) 등에서는 '國'자로 되어 있다. 여기서는 한불전과 대정장본 원문대로 '累'자로 번역한다.

다음으로 여덟 번째인 '세 번에 걸친 법회 [횟수의] 늘어남과 줄어듦'(三會增減)[에 대해 밝히는 것]이란 [다음과 같다.] 그런데 통틀어 논하면, 한 번 교화하려 '진리를 설하는 법회'(說法之會)에는 헤아릴 수 없이 많은 법회가 있는 것인데, 어찌 오직 '세 번의 법회'(三會)만 [한다고] 말할 수 있겠는가? 제도[하는 법회의 숫자]는 이전 부처님이 [교화한 뒤] 남긴 제자들을 제도하는 것에 의거하는 것이다. 모든 부처님이 이전 [부처님이] 남긴 제자들을 제도하는 것을 통틀어 논한다면, 이 [법회 숫자] 또한 반드시 오직 세 번의 법회만 있는 것은 아닐 것이다. 어떤 경우에는 한두 번의 법회로 이전 [부처님이] 남긴 제자들을 제도하고, 또 어떤 경우에는 네다섯 번 내지 열 번의 법회도 있을 것이다. 그런데 지금 석가와 미륵 두 부처님은 모두 세 번의 법회로 이전 [부처님이 남긴] 제자들을 제도하는데, 다만 저 제도하는 이들[의 숫자]에 많고 적음이 있을 뿐이다. 이를테면 『보살처태경菩薩處胎經』에서 부처님이 미륵에게 [다음과 같이] 말한 것과 같다.

"그대는 '기쁨과 즐거움이 [가득한] 나라'(快樂國)에 태어나기에 나처럼 고통[을 겪어야 하는 세상]에 연루되지는 않는다. [그래서] 그대의 설법은 매우 쉽고 나의 설법은 매우 어렵다. [그대는] 첫 번째 설법에서 96억 명, 두 번째 설법에서 94억 명, 세 번째 설법에서 92억[명을 제도할 것이지만], 나는 첫 번째 설법에서 12명, 두 번째 설법에서 24명, 세 번째 설법에서 36명[을 제도하였다]. 그대가 설법한 세 번[의 법회에 모인] 사람들은 내가 예전에 교화하던 이들이다. [그대가 첫 번째 법회에서 설법한] 96억의 사람들은 [내가 교화할 때] '다섯 가지 계'(五戒)를 '받아 간직한'(受持) 이들이고, [그대가 두 번째 법회에서 설법한] 94억의 사람들은 [내가 교화할 때] 삼귀의계三歸[依戒]를 '받아 간직한'(受持) 이들이며, [그대가 세 번째 법회에서 설법한] 92억의 사람들은 [내가 교화할 때] 한 번이라도 '부처님께 귀의합니다.'(南無佛)를 말했던 이들이다. 그대의 아버지인 범마정梵摩淨이 거느리는 8만 4천 명은 내가 예전에 교화하던 이들이 아니니, 이들은 그대가 [비로소 가르침을] 열어 제도해야 할 이들이다."[124] 등으로 자세하게 설명하였다.

생각건대, [석가모니 부처님은] '세 번의 법회'(三會)에서 오직 소승의 제자들만 제도한 것이니, 모두 '아라한의 결과'(阿羅漢果)를 얻었기 때문이다. 만약 '대승의 자질과 특성을 지닌 사람'(大乘根性之人)을 거론한다면, [대승이 설하는] '[불변 · 독자의 본질/실체로서] 생겨난 것이 없다는 이해를 확고하게 간직하는 경지'(無生忍)[125] 등의 결과를 얻게 한 이들은 이전 부처님이 교화하여 제도하던 이들이 아님이 없으니, 따라서

124 『보살종도술천강신모태설광보경菩薩從兜術天降神母胎說廣普經』 권2(T12, 1025c22~29). "汝生快樂國, 不如我界苦. 汝說法甚易, 我說法甚難. 初說九十六, 二說九十四, 三說九十二. 我初說十二, 二說二十四, 三說三十六. 汝所三說人, 是吾先所化. 汝父梵摩淨, 將八萬四千, 非我先所化, 是汝所開度."

125 무생인無生忍: 무생법인無生法忍이라고도 하는데, 이 세상 모든 현상(法)이 단독으로 생겨나지 않는다는 이치를 받아들인다(忍)는 의미로 '불변 · 독자의 본질/실체가 없음'(空)이라는 속성(性)을 설명할 때 주로 사용되는 술어이다. 산스크리트 원어로는 'anutpattika-dharma-kṣānti'이고, 줄여서 무생인無生忍이라 한다. 이 무생법인의 개념은 반야부 계열의 경전에서 가장 먼저 제시하였는데, 이후 『유마경』, 『법화경』을 비롯하여 『유가사지론』 등의 유식학 논서에도 나타나며, 후기 대승경론에 속하는 『입능가경』과 『무량수경』 등의 정토계 경전에서도 등장하고 있어서 대승불교 사상의 핵심을 담고 있는 개념어 중에서도 매우 폭넓게 사용된 술어로 이해할 수 있다. 관련 내용 중에서 무생법인의 의미를 설명하고 있는 것을 몇 가지 소개하면 다음과 같다. 『대반야경大般若經』 권327(T6, 672a20~25). "善現! 是菩薩摩訶薩, 以自相空觀一切法, 已入菩薩正性離生, 乃至不見少法可得不可得故, 無所造作. 無造作故, 畢竟不生. 畢竟不生故, 名無生法忍. 由得如是無生法忍故, 名不退轉菩薩摩訶薩"; 『대지도론大智度論』 권50(T25, 417c5~6). "無生法忍者, 於無生滅諸法實相中, 信受通達無礙不退, 是名無生忍"; 『십지경론十地經論』 권10(T26, 179b11~15). "入一切法, 本來無生 · 無成 · 無相 · 無出. 不失, 無盡, 不行, 非有有性, 初中後平等. 眞如無分別入一切智智, 是菩薩遠離一切心意識憶想分別, 無所貪著, 如虛空平等. 入一切法如虛空性, 是名得無生法忍"; 『입능가경入楞伽經』 권7(T16, 555b17~18). "菩薩摩訶薩, 遠離心意意識分別相故, 得無生法忍."

[이들까지 모두 교화하려 한다면] 서너 번의 법회 등에 제한되지 않는 것이다. 이에 관한 자세한 것은 [해당하는] 글이 나오는 곳에서 설명할 것이다.

IX. [석가와 미륵 가운데] [깨달음을 이루려는] 마음을 일으킴의 오래됨과 가까움을 밝힘(明發心久近)

次第九明發心久近者,『佛本行經』第一卷云,“昔有如來, 號曰善恩,[126] 彌勒菩薩, 於彼佛所, 最初發心, 彌勒菩薩, 在於我前, 四十餘劫, 發菩提心, 然後我發道心. 昔有佛, 名示海幢如來, 我於彼佛國, 作轉輪王, 名曰牢□[127]弓, 初發道心.”『智度論』第二十四卷云,“釋迦牟尼佛與彌勒等諸菩薩, 同時發心, 精進力故, 超越九劫.” 案云, 釋迦彌勒, 各有衆多, 同時前後, 皆無妨也. 問.『論』說釋迦所超九劫, 爲是大劫, 爲是小劫? 若是大劫, 同劫成佛, 何得言超? 若是小劫, 在前一劫, 云何超九? 若言釋迦應在彌勒之後, 九劫成佛, 而今同在一劫成道. 所以得言“超九劫”者, 云何而言“同時發心”? 解云. 此中所超准是大劫. 所以然者, 言“超劫”者, 非就實行, 但依獲迹,[128] 示其超耳. 謂三僧祇已滿之後, 修相好業, 應逕百劫, 而於九十一劫修滿, 故言“超九”也.『論』說“第九十一劫中, 千佛出世”, 故知其九亦是大劫. 然此二菩薩, 同時所發, 是不定心. 若論決定發心之時, 彌勒發心, 九劫已後, 釋迦乃發決定之心, 故應在後九劫成道, 而今超九, 同在一劫. 此論約彼最

126 『불본행집경』의 원문에 의거하여 ‘恩’을 ‘思’로 교감한다.

127 『불본행집경』의 원문에는 ‘牢弓’이다.

128 한불전에는 ‘迹’자가 ‘準’자로 되어 있는 판본이 있다고 교감하였고, 대정장본에도 ‘準’자로 나온다. 그러나 여기서는 문맥에 따라 ‘迹’자로 보고 번역하였다.

初發心, 故言"同時發心"之耳. 由是道理, 不相違背也. 餘處所說"超十二劫", 准此應知也.

[H1, 552a21~b23; T38, 302c5~27]

다음으로 ['열 가지 부문'(十門) 가운데] 아홉 번째인 '[석가와 미륵 가운데] '[깨달음을 이루려는] 마음을 일으킴의 오래됨과 가까움'(發心久近)을 밝히는 것'(明發心久近)이란 [다음과 같다.]

『불본행집경佛本行集經』 권1에서는 [이렇게] 말하였다. "옛날에 선사善思라고 불리는 여래가 계셨는데, 미륵보살이 그 부처님이 계신 곳에서 가장 먼저 마음을 일으켰으니, 미륵보살은 나보다 40여 겁을 앞서 '깨달음을 구하는 마음을 일으켰고'(發菩提心) 그 후에 내가 '깨달음[을 구하는] 마음을 일으킨'(發道心) 것이다. [또] 옛날에 시해당示海幢여래라고 불리는 부처님이 계셨는데, 내가 그 부처님의 나라에서 전륜성왕이 되었으니 뇌궁牢弓이라 불리었으며 [그때] 처음으로 '깨달음[을 구하는] 마음을 일으켰다'(發道心)."[129] [또] 『대지도론』 제24권[130]에서는 "석가모니불과 미륵 등의 모든 보살이 같은 때에 마음을 일으켰지만, '정진하는 힘'(精進力)[의 차이] 때문에 [석가모니가] 9겁을 뛰어넘었다."[131]라

---

129 이 인용문은 다음의 경문을 요약하여 서술한 것이다. 『불본행집경佛本行集經』 권1(T3, 656b18~28). "'希有世尊! 願我當來得作於佛, 十號具足, 還如今日善思如來, 爲於大衆聲聞人天恭敬圍繞, 聽佛說法信受奉行, 一種無異.' 彌勒又言. '願我當來爲多衆生作諸利益, 施與安樂, 憐愍一切天人世間.' 目揵連! 彌勒菩薩在於我前, 四十餘劫發菩提心, 而我然後始發道心, 種諸善根, 求阿耨多羅三藐三菩提. '目揵連! 我念往昔有一佛, 名示誨幢如來. 目揵連! 我於彼佛國土之中作轉輪聖王, 名曰牢弓, 初發道心, 種諸善根, 求阿耨多羅三藐三菩提.'" 동일한 내용이 『삼미륵경소三彌勒經疏』(T38, 308a29~b4)와 『관미륵상생도솔천경찬觀彌勒上生兜率天經贊』(T38, 278b12~15)에도 나타난다.

130 현존하는 대정장본 『대지도론』에서는 권30에 수록되어 있다.

131 『대지도론大智度論』 권30(T25, 283b28~29). "如釋迦牟尼佛與彌勒等諸菩薩, 同時

고 말하였다. 생각건대, 석가와 미륵에게는 각기 수많은 [전생]이 있기에 [‘깨달음을 구하려 마음을 일으킴’(發心)이] 같은 때[의 일]이라 하건 앞뒤[의 일]이라 하건 [실제로는] 모두 방해가 없다.

묻는다. 『대지도론』에서 설명한 석가가 뛰어넘은 9겁은 대겁大劫인가 소겁小劫인가? 만약 대겁大劫이라면 [둘 다] 똑같은 겁劫에서 ‘부처를 이룬 것’(成佛)이니, 어떻게 [석가모니가] 뛰어넘었다고 말할 수 있겠는가? 만약 소겁小劫이라면 [석가모니불은] 1겁 앞에 있는데 어떻게 9겁이나 뛰어넘겠는가? 만약 석가가 미륵의 뒤에 있어야 한다면 9겁에 ‘부처를 이루어야’(成佛) 할 것이지만 지금 함께 1겁에 있으면서 ‘깨달음을 이룬 것’(成道)이다. 따라서 “[석가모니가] 9겁을 뛰어넘었다.”(超[越]九劫)라고 말할 수 있다면, 어째서 “같은 때에 마음을 일으켰다.”(同時發心)라고 말하는가?

해설해 보겠다. 여기서 뛰어넘은 것의 기준은 대겁大劫이다. 왜냐하면, “겁을 뛰어넘었다.”(超劫)라고 말한 것은 ‘[깨달음의] 실제 수행’(實行)에 의거한 것이 아니라 단지 ‘[깨달음을] 획득하기까지의 [모든] 행적’(獲迹)에 의거하여 그 [9겁을] 뛰어넘었음을 보인 것일 뿐이기 때문이다. 3아승지겁[의 아득하게 긴 세월]을 채운 뒤 ‘[깨달은 사람의] 탁월한 신체적 특징[을 성취하는] 행위’(相好業)를 닦는데 [다시] 100겁을 거쳐야 하지만 [석가는] 91겁에서 닦음을 완성하였으니, 따라서 “9겁을 뛰어넘었다.”(超九[劫])라고 말한 것이다. 『대지도론』에서는 “제91겁 동안 천명의 부처님이 세상에 나타난다.”(第九十一劫中, 千佛出世)[132]라고 설명하

發心, 釋迦牟尼佛精進力故, 超越九劫.”

132 이 내용은 『대지도론』의 내용을 그대로 인용한 것이 아니라, 권9(T25, 121b21~127b14)의 전체 내용 가운데 하나를 요약한 것이다.

였으니, 따라서 저 '9' 또한 대겁임을 알 수 있다.

그런데 [석가와 미륵] 이 두 보살이 같은 때에 일으킨 것은 '확고하지 못한 마음'(不定心)이다. 만약 '[깨달음을 성취하려는] 확고한 마음을 일으킨 때'(決定發心之時)를 논한다면, 미륵이 마음을 일으키고 9겁 이후에 석가가 '확고한 마음'(決定之心)을 일으켰기 때문에 [미륵이 발심한] 9겁 뒤에 [석가가] 깨달음을 성취해야 하지만, 지금 9겁을 뛰어넘었기에 함께 1겁에 있는 것이다. 이 『대지도론』은 저 ['확고하지 못한 마음'(不定心)인] '[깨달음을 성취하려는] 최초의 마음을 일으킴'(最初發心)에 의거하였기 때문에 "같은 때에 마음을 일으켰다."(同時發心)라고만 말한 것이다. 이러한 도리 때문에 서로 어긋나지 않는다. 다른 곳에서 말하는 "12겁을 뛰어넘었다."(超十二劫)라는 것은 이에 의거하여 알 수 있을 것이다.

Ⅹ. [석가와 미륵 가운데] [깨달음의] 결실을 증득함의 먼저와 나중에 대해 밝힘(明證果前後)

次第十明證果前後者, 如『十住結[133]結經』云, "彌勒菩薩方習菩薩行乎? 莫造斯觀. 所以者何? 慈氏積行恒沙數劫, 先以誓願成等正覺, 吾方習行, 而在其後." 案此而言, 彌勒之本, 在先證果. 然釋迦證果, 經說不同. 如『因果經』言, "善慧菩薩, 功行成滿, 位登十地, 在一生補處, 生兜率天, 名聖善白.[134]" 『梵網經』言, "我今盧舍那, 方坐蓮華臺, 周匝

133 한불전에는 "結은 斷인 듯하다."라고 하였다. '斷'으로 교감한다.

134 『인과경』 원문에는 한불전과 마찬가지로 '白'으로 되어 있지만, 대정장본에는 【元】【明】의 경우 '白'이 아니라 '慧'로 되어 있다고 주석하였다. 이에 따르면 '善慧'로 교감해야 하지만, 그대로 두었다.

千華上，復現千釋迦．一華百億國，一國一釋迦，各坐菩提樹，一時成佛道"，乃至廣說．案此而言，寄迹表本．善慧菩薩生兜率，本在十地，釋迦如來坐樹下時，本方證果．又『法華經』「壽量品」云，"我實成佛已來，無量無邊百千萬億那由他劫"，乃至廣說．案此而言，釋迦證果，有久有近，彌勒成道，例亦應爾．良由多本，共垂一迹，所以異言，莫不皆實．由是道理，不相違也．

[H1, 552b24~c17; T38, 302c28~303a14]

다음으로 ['열 가지 부문'(十門) 가운데] 열 번째인 '[석가와 미륵 가운데] [깨달음의] 결실을 증득함의 먼저와 나중에 대해 밝히는 것'(明證果前後)이란 『십주단결경十住斷結經』에서 [다음과 같이] 말한 것과 같다. "〈미륵보살이 [지금] 비로소 보살수행을 익히는 것인가?〉라는 이러한 이해를 지어서는 안 된다. 어째서인가? '자애로운 분'(慈氏)[인 미륵]께서는 '갠지스강 모래알만큼의 [수많은] 겁'(恒沙數劫) 동안 보살행을 쌓아서 [이미 오래전에 나보다] 앞서 '다짐과 바람'(誓願)으로써 '완전한 깨달음'(等正覺)을 이루셨고, 나는 [지금] 비로소 보살행을 익히는 것이어서 저 미륵의 뒤에 있는 것이다."[135]

이에 대해 생각하여 말해 보자면, 미륵의 근본(本)은 [이미 오래전에 석가보다] 앞서 '[깨달음을] 증득한 결과'(證果)에 있다. 그런데 석가가 '증득한 결과'(證果)에 대해서는 경전마다 설명이 같지 않다. 이를테면 『인과경因果經』에서는 [이렇게] 말한다. "선혜보살善慧菩薩이 '이로운 능력[을 갖추는] 수행'(功行)을 완전하게 이루어 그 지위가 '열 가지 [본격

---

135 『최승문보살십주제구단결경最勝問菩薩十住除垢斷結經』 권8(T10, 1027c8~13). "'諸佛世界不可思議，改形變化權現無方，汝等焉知慈氏菩薩方習菩薩行乎？莫造斯觀．所以然者？慈氏積行恒沙數劫，先以誓願成等正覺，吾方習行而在其後．或現苦行，或現光相，或現菩薩儒童弟子，隨人本行而爲說法．'

적인] 수행경지'(十地)에 올라 '한 생애만 더 지나면 부처의 자리를 대신할 수 있는 [보살]'(一生補處)로 있으면서 도솔천에 오르니, '고귀한 선백善白'이라 부른다."[136] [또] 『범망경』에서는 [이렇게] 말한다. "내 이제 노사나 부처로서, 연꽃 대좌에 앉으려니, 둘레에 두루하는 천 송이 꽃 위에, 다시 일천의 석가모니가 나타나네. 한 송이 꽃에는 백억의 나라가 [있고], [그] 한 나라마다 한 석가가 [있어], 각각 보리수[아래]에 앉으니, 동시에 '부처의 깨달음'(佛道)을 이룬다네."[137] 등으로 자세하게 설하였다.

이에 대해 생각하여 말해 보자면, [이것은] '[깨달음을 얻기까지의] 행적'(迹)에 의거하여 [석가의] 근본(本)을 드러낸 것이다. 선혜보살이 도솔천에 올라갈 때는 [그] 근본(本)이 '열 가지 [본격적인] 수행경지'(十地)에 있지만, 석가여래가 보리수 아래에 앉을 때는 [그] 근본(本)이 '비로소 증득한 [깨달음의] 결과'(方證果)인 것이다.

또 『법화경』 「여래수량품如來壽量品」에서는 "내가 실제로 부처를 이룬 뒤 헤아릴 수도 없고 끝도 없이 긴 세월인 백천만 억 나유타[138]겁 [이나 지났다.]"[139]라고 말하면서 자세히 설하고 있다.

---

136 『과거현재인과경過去現在因果經』 권1(T3, 623a24~26). "爾時善慧菩薩, 功行滿足, 位登十地, 在一生補處, 近一切種智, 生兜率天, 名聖善白."

137 『범망경梵網經』 권2(T24, 1003c29~1004a3). "我今盧舍那, 方坐蓮花臺, 周匝千花上, 復現千釋迦. 一花百億國, 一國一釋迦, 各坐菩提樹, 一時成佛道."

138 나유타那由他: 큰 수 또는 긴 세월을 뜻하는 시간의 단위이다. 나유타는 범어 'nayuta(niyuta)'를 음역한 말로서 '나유타那由佗', '나유다那由多', '나유차那遊哆', '나술那術(那述)', '나유那維' 등으로도 부른다. 그러나 이 단위가 얼마를 뜻하는 지에 대해서는 문헌마다 차이가 있어 정확히 말하기가 어렵지만 1천만 또는 1천억을 뜻한다.

139 『묘법연화경妙法蓮華經』 권제5 「여래수량품如來壽量品」(T9, 42b12~13). "我實成佛已來, 無量無邊百千萬億那由他劫." 〈산스크리트본의 해당 내용: SP.,p.316. api tu khalu punaḥ kulaputrā bahūni mama kalpakoṭīnayutaśatasahasrāṇy anuttarāṃ samyaksaṃbodhimabhisaṃbuddhasya /; 그러나, 양가의 아들들이

이에 대해 생각하여 말해 보자면, 석가모니가 '[깨달음의] 결과'(果)를 증득한 것은 오래된 것이기도 하고 가까운 것이기도 하며, 미륵이 '깨달음을 이룬 것'(成道)도 그 일이 [석가모니와] 마찬가지여야 한다. [석가모니와 미륵은] 참으로 수많은 근본(本)에 의거하여 모두 하나의 [깨달음의] 행적을 드리우니, 따라서 [그들의 근본과 행적을 설명하는] 말은 달리하여도 모두 진실 아님이 없는 것이다. 이러한 도리 때문에 서로 어긋나지 않는다.

彌勒上生經宗要終.
『미륵상생경종요』를 마친다.

여, 실로 내가 최고의 올바른 깨달음을 [얻은 이후] 수많은 백천만 억의 나유타 겁이 지났다.〉

ㄱ

거원무위중권발심擧願無違重勸發心 [극락세계에 태어나려는] 바람은 어긋남이 없음을 들어 거듭 마음을 일으킬 것을 권유함 87, 101, 102, 104

겁탁劫濁 [굶주림, 질병, 전쟁 등으로 비참한 고통을 겪어야 하는] 시대에 의한 오염 37, 106

견정見淨 견해가 온전함 81, 82

견탁見濁 [잘못된] 견해에 의한 오염 37, 106

결권結勸 [발원發願을] 권하면서 맺음 87, 88, 96, 102, 108

결탄권신結歎勸信 찬탄하고 믿을 것을 권유하면서 마무리함 102, 108

경종치經宗致 경의 근본적인 이치 36, 43

경행經行 걸어 다니며 수행함 68, 70

계誡 깨우쳐 가르쳐 줌 39

계정戒淨 행위단속이 온전함 81

공덕장엄功德莊嚴 이로운 것들로 꾸며짐, 좋은 것들로 꾸며짐 66, 68, 74-76

광명무량光明無量 [아미타불의] 광명이 한계가 없음 78-80

광장설상廣長舌相 넓고 긴 혀로 설법하는 모습 97-100

광해廣解 자세하게 해석함 59, 60, 79, 101

구품九品 아홉 가지 [차별화된 모습으로 극락세계에 태어나는] 부류 87, 90

구품인九品因 아홉 가지 [차별화된 모습으로 극락세계에 태어나는] 원인 86, 90

권수이종정인勸修二種正因 ['온전한 환경'(器世間淸淨)[인 극락세계]와 '중생사회를 온전하게 하는 과보'(衆生世間淸淨)[인 아미타불]을 과보로 얻게 하는] 두 가지 바른 원인을 닦을 것을 권하는 것 59, 60, 79, 87, 88, 96, 101

극락국토極樂國土 탁월한 즐거움이

어나 있다   36, 40, 41

리성離性 불변·독자의 본질에서도
　　벗어나 있다   36, 40, 41

ㅅ

ㅇ

ㅈ

ㅎ

ㄱ

ㄹ

ㅁ

ㅂ

ㅇ

ㅈ

ㅊ

ㅌ

ㅍ

ㅎ

ㄱ

ㄷ

ㅁ

ㅂ

ㅅ

ㅇ

ㅈ

ㅎ

佛說阿彌陀經疏
彌陀證性偈
無量壽經宗要
彌勒上生經宗要